南开大学"十四五"规划核心课程精品

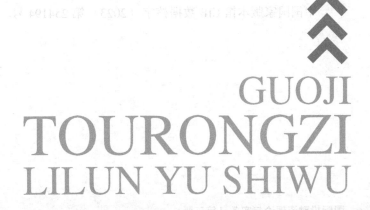

# 国际投融资理论与实务 （第三版）

邓向荣　王凤荣 ◎ 编著

首都经济贸易大学出版社
Capital University of Economics and Business Press
·北京·

图书在版编目（CIP）数据

国际投融资理论与实务／邓向荣，王凤荣编著. --
3 版. -- 北京：首都经济贸易大学出版社，2024.10
ISBN 978-7-5638-3644-4

Ⅰ.①国…　Ⅱ.①邓…　②王…　Ⅲ.①国际投资-教
材②国际金融-融资-教材　Ⅳ.①F831.6

中国国家版本馆 CIP 数据核字（2023）第 254194 号

国际投融资理论与实务（第三版）
邓向荣　王凤荣　编著

| | |
|---|---|
| 责任编辑 | 薛晓红 |
| 封面设计 | 砚祥志远·激光照排　TEL：010-65976003 |
| 出版发行 | 首都经济贸易大学出版社 |
| 地　　址 | 北京市朝阳区红庙（邮编 100026） |
| 电　　话 | (010) 65976483　65065761　65071505（传真） |
| 网　　址 | http://www.sjmcb.com |
| E - mail | publish@cueb.edu.cn |
| 经　　销 | 全国新华书店 |
| 照　　排 | 北京砚祥志远激光照排技术有限公司 |
| 印　　刷 | 北京建宏印刷有限公司 |
| 成本尺寸 | 185 毫米×260 毫米　1/16 |
| 字　　数 | 422 千字 |
| 印　　张 | 18.25 |
| 版　　次 | 2010 年 5 月第 1 版　2020 年 1 月第 2 版 |
| | **2024 年 10 月第 3 版**　2024 年 10 月总第 8 次印刷 |
| 书　　号 | ISBN 978-7-5638-3644-4 |
| 定　　价 | 45.00 元 |

# 第三版前言

《国际投融资理论与实务》出版至今已经十年有余，先后已有两版问世，多次印刷发行，为国内数十所高校采纳作为本科教材，为培养投融资领域专业人才做出了应有的贡献。

从第二版发行至今，世界经济金融形势发生了重大而深刻的变化。新科技革命下金融创新的速度加快，以互联网金融、金融科技为代表的新金融组织与模式正以前所未有的力量冲击着原有的金融运行体系，并拓展或革新着传统的金融知识谱系。"碳达峰碳中和"的绿色发展理念正在成为全人类可持续发展的共同诉求，数字经济也成为各国新经济发展的核心要素。国际经济发展态势的变迁，也向中国提供了更多的机会与要求。在中国倡导的"一带一路"合作共享机制下，各种国际性基金组织日益发展并已然成为支持共建"一带一路"国家产业与贸易提升的最重要的金融载体。与此相联系，离岸金融、跨境交易、国际并购等投融资活动也在更大范围内以及更深层次上展开，人民币国际化稳步推进。新理念、新模式、新市场、新业态不断涌现，极大地拓展了理论与实践的空间，也必然影响着国际投融资理论的发展。为了准确呈现国际投融资领域的发展动态，需要对原有教材的内容进行及时更新。与时俱进是本教材的编写理念，也是编写本教材第三版的动力所在。

中国经济的发展已由高增长阶段转向高质量发展阶段，新的历史使命对教材内容提出了新的要求。为深入贯彻落实国家教材委员会办公室《关于做好党的二十大精神进教材工作的通知》，并体现新时期教育要突出以正确思想政治为导向的要求，南开大学与山东大学联合启动了此次修订工作，为新时代的人才培养提供更优质、更适用的精品教材。

本次修订秉承第二版教材理论联系实际的理念，强调正确的思想政治统领作用，深刻领会党的二十大精神对新时期中国经济发展的纲领性作用及对教书育人的要求，以系统、客观、科学的视角，反映中国近十年来在国际投融资领域的金融创新实践，尽可能地贴近现实改革、发展与创新，将最新的国际投融资理论与实务呈现给读者。其中既有对现实做法的介绍，也有作者对改革创新结果的认识与思考。

本版相较于前两版不仅在体量上做了适当的精简，删减了一些与相关教材重复的内容，以更精准地把握该教材要传达的理论与实务，而且在内容上增加了当今世界及中国发展理论与实践中的新知识点，并对全书的数据资料进行了更新，特别是更新了反映近三年形势变化的数据，以更好地使学习者掌握最新的理论前沿动态以及投融资新市场及新工具的应用。本版总的修订量达到40%以上，具体调整的内容如下：

1. 强调正确的思想导向。结合党的二十大精神，强调传统投资理论要服务新形势下中国经济发展的需要。深入系统地阐述了习近平总书记对国际形势的科学判断及理论阐述，反映中国基于"一带一路"建设的实施而展现的投融资新思想及实践。适当压缩对传统理论，特别是西方投融资理论的介绍，加大了对中国特色社会主义理论的介绍与评述。具体包括：对所有章前的引导案例都进行了更新，强调思政元素对学习的引导性思考，也对章后的思考题进行了调整，目的是引导学生在把握中国实践及对世界发展贡献的前提下，加强对学习内容的思考与扩展。

2. 重点调整第二章基础理论部分以及第三、第四章的部分内容。具体而言，在第二章基于中国实践经验增加了现代投融资发展动态的新理论、新的概念表述、新的实践总结。从理论系统上将第二章与第三、第四章联系起来，形成逻辑一致的理论体系。具体反映在：介绍国际投融资组织与市场时，增加评述的内容；客观评价当今以美国为首的西方国家主导下的国际组织与市场体系的作用；客观评价现行国际组织与市场代表的利益集团对规则制定的影响，以及对包括我国在内的众多发展中国家的抑制。对新型国际投融资机构进行介绍与阐述时，在有关离岸金融与网络金融机构的组织形式与运作方式的内容中，适当增加中国在国际投融资新的组织机构形成中的作用，并突破以西方国家为主导的组织架构与市场固化，反映中国在世界经济发展中，特别是"一带一路"建设中，项目投融资的积极探索。在区域国际金融机构中加入了多边贸易框架协议下具有代表性的投融资组织。

3. 第五到第九章的内容集中介绍了有关国际投融资的实务操作知识及其最新发展。第五章在原有内容的基础上增添了国际供应链融资的内容，压缩了国际证券融资的篇幅。第六章则增加了有关国际黄金市场重心正向"一带一路"转移的相关内容，分析了全球环境治理下国际投资的新特点与新趋势。第七章增加了国际私募股权基金和国际风险投资在中国的最新发展态势及其影响。第八章阐释了跨国并购新趋势，并分析了中国在"一带一路"建设中的跨国并购特征。第九章特别增加了新形势下国际投融资环境评价与测度问题分析，突出有关绿色发展指数的内容，以适应全球对环境绿色发展趋势的要求。在此次修订中，更深入地拓展了这方面的内容，以体现在国际投融资中中国作为负责任的大国对世界起到的示范作用。

4. 加强了国际投融资风险理论的阐述，不仅清晰阐述了现时期国际组织对国际资本流动的监管的趋势、规则与工具等，更在新的调整中加入了当今国际局势变化、国际冲突加剧环境下对中国投融资的影响，以及中国在推进"一带一路"建设中新的风险管控难点，表明中国主动参与全球治理的决心与能力。因此，在第十章增加了全球治理视角下国际投融资监管的新趋势，客观呈现了中国政府参与全球投融资的新理念、新举措与新贡献。

本教材由南开大学邓向荣教授与山东大学王凤荣教授主编，二者共同负责本次修订稿的整体框架设计及内容安排，以及整部书稿的编审及部分内容的编排工作。山东师范大学冯学良博士承担了第一至第四章及最后一章，以及部分引导案例与章后思考题等的修订工作，齐鲁工业大学李安然博士及山东大学经济研究院的研究生刘颖、曲信威、张月潇、袁铨、袁一凡承担了第五至第九章以及部分引导案例与章后思考题等的修订工作。

　　本次修订加强了教材的思想性、实时性，全面融入党的二十大精神，引导学生在学习掌握专业理论与相关专业知识的同时，增强民族自豪感，旨在培养有理想、有知识、有能力的人才。将中国的理论创新与世界发展实践联系起来，体现教材理论的前瞻性、创新性及适用性，力求为学习者与专业读者提供一部较高质量的教材。

　　本次修订要特别感谢首都经济贸易大学出版社的彭芳和薛晓红老师，她们为教材的修订提供了非常有价值的专业指导意见。感谢南开大学给予的支持，该教材的第三版获得了"'十四五'南开大学新时代核心课程教材建设工程"项目的支持，并纳入"南开大学'十四五'规划核心课程精品教材"。感谢所有在教材撰写与出版过程中给予我们支持和帮助的老师、同学及每一次参与编写修订的作者，你们的贡献将永远记录在我们共同的成果中。我们将把这种精神和理念接续下去，与时俱进地编撰高质量的教材，为中国经济发展奉献专业精进的力量。

# 目 录

# 第一章　国际投融资导论

【引导案例】

## 近十年中国对世界经济增长平均贡献率居全球首位

国家统计局发布的党的十八大以来经济社会发展成就系列报告显示，2013—2021年，我国国内生产总值（GDP）年均增长6.6%，高于世界2.6%和发展中经济体3.7%的同期平均增长水平；对世界经济增长的平均贡献率超过30%，居世界第一。

根据报告，按年平均汇率折算，2021年我国经济总量占世界经济总量的比重达18.5%，比2012年提高7.2个百分点，稳居世界第二位。2021年，我国人均GDP达80 976元，扣除价格因素，比2012年增长69.7%，年均增长6.1%。

创新发展动能增强，创新型国家建设取得新进展。我国研发经费总量在2013年超过日本，成为世界第二大研发经费投入国。世界知识产权组织报告显示，我国在全球创新指数中的排名由2012年的第34位跃升至2021年的第12位。

协调发展步伐稳健，经济结构不断优化。2021年，制造业增加值达31.4万亿元，比2012年增长74.3%。2021年，最终消费支出对经济增长的贡献率为65.4%，比2012年提高10个百分点，是经济增长的第一拉动力。

绿色发展态势向好，人与自然和谐共生加快形成。2021年，全国地级及以上城市平均空气质量优良天数比例为87.5%，比2015年提高6.3个百分点。2013—2021年，全国累计造林总面积约5 944万公顷。

开放发展迈向更高层次，全面开放新格局加快形成。2020年，我国货物和服务贸易总额达5.3万亿美元，首次超过美国成为全球第一大贸易国。2021年，我国货物和服务贸易总额达6.9万亿美元，继续保持世界第一。

共享发展持续加强，发展成果更多、更公平，惠及全体人民。在现行贫困标准下，2013—2020年，全国农村贫困人口累计减少9 899万人，贫困发生率年均下降1.3个百分点。2013—2021年，全国就业人员稳定在7.4亿人以上。

（资料来源：《近十年我国GDP年均增长6.6% 对世界经济增长平均贡献率超30%》，https：//www.gov.cn/xinwen/2022-09/18/content_ 5710523.htm，有删改。）

1

**【学习目标】**
- ◆ 熟悉国际投融资的相关概念;
- ◆ 掌握国际投融资的形成与演进历程;
- ◆ 理解金融全球化的内涵、动因与影响;
- ◆ 了解当期国际金融发展的新格局;
- ◆ 了解中国对国际投融资发展的贡献。

# 第一节　国际投融资概述

## 一、国际投融资的相关概念与分类

### (一) 投资与融资

**1. 投资的含义**

投资是人类组织社会生产和再生产的主要行为之一,是特定经济主体为了在未来获得可预期的收益,而在一定时期内向一定领域投放足够数额的资金或实物的货币等价物,用于经济活动的行为过程。按照投资标的不同,可以分为实物投资、资本投资和证券投资。投资的特点主要表现在以下四个方面:

(1) 投资是经济主体进行的一种有意识的经济活动。投资主体既可以是自然人,也可以是法人;既可以是企业,也可以是政府。投资活动既可以是私人投资,也可以是公共投资。

(2) 投资的本质在于其经济行为的获利性。投资者的目的是投入一定量的货币或其他资产以获得更高的经济回报,即能够使其资本增值或得到更高的经济效益。

(3) 投资是把一定量的资金或实物的货币等价物转换为资产的增值过程。资产既可以指有形资产,如机器设备、原材料、厂房等实物资产和现金及其他货币形式的金融资产等,也可以指专利、商标、技术诀窍等无形资产。

(4) 投资是一个伴随风险的过程。投资者的预期收益是在未来获得的,而在收益得到之前,可能会出现各种难以预料的风险因素及由此造成的损失。因此,投资同时具备了收益性和风险性,而且二者正相关,预期收益越大,风险越高。

**2. 融资的含义**

从狭义上讲,融资 (financing) 即企业资金筹集的行为与过程,它是指企业根据自身的生产经营状况、资金拥有状况以及企业未来经营发展的需要,采用一定的方式和渠道向投资者和债权人筹集资金,以满足企业正常生产、经营管理活动需要的行为过程。它仅包括资金的融入过程。

从广义上讲,融资就是货币资金的融通,是指为支付超过现金的购货款而采取的货币交易手段,或为取得资产而采取的货币手段[①],包括资金的融入 (资金的来源) 和融出

---

① ［英］伊特韦尔:《新帕尔格雷夫经济学大辞典》,经济科学出版社,1996 年。

（资金的运用）。

融资的常见方式包括银行贷款、股票融资、债券融资、融资租赁、海外融资、典当融资。此外，融资的方式还包括项目融资，共有八种方式，分别为基金组织（贷款）、银行承兑、直存款、银行信用证、委托贷款、直通款、对冲资金、贷款担保。

（二）国际投资的内涵、特点及其分类

1. 国际投资的内涵

国际投资又称"对外投资"或"海外投资"，是指跨国公司等国际投资主体，在不同国家之间进行资本的配置，以实现价值增值的经济行为。

2. 国际投资的特点

国际投资的特点体现在以下三个方面：

（1）国际投资的资本形式多样。其中，既有表现为机器设备、商品等的实物资本形式，也有表现为专利、情报信息、管理技术等的无形资产形式，还有以债券、股票、衍生证券等表现的金融资产形式。

（2）国际投资主体多元化。国际投资的主体包括跨国公司、中小企业、投资银行、个体投资者、政府机构等，参与国际投资的个体、企业或机构来自不同的国家和地区。21世纪以来，跨国公司和跨国银行是最重要的国际投资主体。

（3）国际投资是国际资本的跨国经营活动。参与国际投资的主体在全球范围内重新配置资源，以追求最大的利益。这种全球性的资本流动和配置活动目标在于实现资本的有效运作和增值。

3. 国际投资的分类

国际投资内容丰富、主体多元化，因此，不同的投资方式、投资区域、投资主体、投资期限等各有特点。按照分析问题的不同角度，国际投资有不同的分类。

（1）按照投资对象的不同，国际投资可分为实物投资、金融投资和无形资产投资。

实物投资又称"直接投资"，是指一个国家的个人、企业或政府将资金、资源或技术投入另一个国家的实体中，通常是通过购买或建立新的企业、工厂或其他业务实体来实现的。

金融投资是指活动于国际资本市场并形成金融商品的投资，包括股票投资、债券投资、衍生工具投资等。

无形资产投资是指投资者对那些无法以具体实物形式展现，且缺乏流动性的资产进行的投资。这类资产属于特定主体所有，具备能够在未来为企业带来额外经济利益的特性。无形资产投资主要是对知识产权和专有技术的投资，包括专利权、版权、特许权、租赁权、商标权等。

（2）按照投资主体的不同，国际投资可分为私人投资和公共投资。

私人投资是指一国的个人或企业将其拥有的货币资本或产业资本投放到国外以实现价值增值的经济行为，如私人或私人企业购买其他国家企业发行的股票、债券，或直接在国外兴办企业。

公共投资一般被界定为中央和地方政府投资，由于政府不能在微观层次上直接介入企业活动领域，这些政府投资往往被限定在特定的公共服务领域中，被称为公共投资或政府投资，是政府调节经济的主要工具之一。

（3）按照投资性质的不同，国际投资可分为直接投资和间接投资。

直接投资是投资者以控制企业经营管理为核心，以获得利润为目的而对外投入资本。其特点是：①在国外创办企业，或是投资购买现有的企业，取得对企业的控制权。②不仅涉及货币资本流动，还涉及生产要素流动。对于拥有多少股份才能控制企业并成为直接投资者，各国的标准不同，一般是在 10%~25%，中国一般规定外方持股在 51% 以上。

间接投资，又称"证券投资"，是指投资者通过使用资本购买公司债券、金融债券或公司股票等各种有价证券，以期获得相应的投资回报。

（4）按照投资期限的不同，国际投资可分为短期投资和长期投资。

根据国际收支平衡表的统计方法和标准，投资期限在一年以下的称为短期投资，投资期限在一年以上的称为长期投资。短期投资的变现能力非常强，可以随时在证券市场出售，因此常被人们称为"准现金"。长期投资包括银行信贷的中长期贷款、持有中长期债券、兴办企业等。

（三）国际融资的概念、特点及其分类

1. 国际融资的概念

国际融资是公司或实体在国际市场获取资金的过程。其涉及各种融资工具和形式，包括国际项目融资、国际贸易融资、国际信贷融资、国际票据融资、国际债券融股、国际股票融资等。企业或政府可能会寻求国际融资来满足资本需求、支持项目、拓展业务或进行其他投资。

2. 国际融资的特点

（1）国际融资具有跨国性。国际融资的跨国性，是指企业或实体以非居民法人身份在国际金融市场进行资金的筹集、借贷。与国内融资相比，国际融资面临更加复杂的环境和挑战。

（2）国际融资以国际货币为主。国际融资一般以非本国发行的货币为主。当今国际金融市场上进行融资的币种主要是美元、欧元、日元、加元、英镑、澳元和人民币等。

（3）国际融资的风险较大。企业进行国际融资面临着不同于国内的政治经济和文化环境，而较大的汇率风险和利率风险导致国际融资的风险也较大。

（4）国际融资企业的资信条件要求较高。在国际金融市场上融资，不管是发行股票，还是发行债券、申请银行贷款，抑或是以国际贸易、国际租赁等形式融资，一般都要求企业的资产状况良好、获利能力高，企业的资产规模等财务指标都要符合国际惯例或有关规定。

（5）国际融资的规模受到国内配套资金的制约。进行国际融资，需要国内有相应的配套资金。融进外资，不仅要考虑引进的条件和价格，而且要考虑国内拥有配套资金的可能性。如果是债务性融资，还要考虑本国外汇储备状况。

3. 国际融资的分类

依据不同的视角与标准，国际融资类型主要包括以下几方面：

（1）按照资金供求双方是否直接形成债权债务关系划分，国际融资可分为直接融资和间接融资。

直接融资是指资金供求双方通过一定的金融工具直接形成债权债务关系的金融行为。

采取该方式，需要进行国际融资的企业与投资者双方通过直接协议后进行货币资金的转移。

间接融资是指资金供给者与资金需求者通过金融中介机构间接实现资金融通的行为。资金供给者通过存款的形式向金融机构提供资金，然后金融机构以贷款、贴现等形式将资金提供给资金需求者，从而实现资金的流通过程。

（2）按照融资目的进行划分，国际融资可分为国际贸易融资、国际项目融资和一般融资。

国际贸易融资是指银行对进口商或出口商提供的与进出口贸易结算相关的短期融资或信用便利。

国际项目融资是指以境内建设项目为基础，在境外筹集资金，并通过项目自身的收入、资产和权益来承担债务偿还责任。它属于无追索或有限追索的融资方式。

一般融资主要用于解决企业的短期资金需求问题，不与国际贸易、特定项目结合。实务操作中，这类融资主要用于解决资金短缺问题或弥补国际收支逆差，甚至以稳定汇市为目的。

（3）按照融资期限划分，国际融资可分为短期融资、中期融资和长期融资。

短期融资是指融资借贷期限在一年以下的资金融通。多数是以银行同业拆借为主的借贷，如银行隔夜拆借。中期融资的期限一般在 1~3 年，中长期融资的期限一般在 3~5 年，长期融资一般是指融资期限在 5 年以上的融资。

## 二、国际投融资的研究对象与研究范围

（一）国际投融资的主体与客体

1. 国际投融资的主体

投融资主体是具有独立投融资决策权，并对投资结果负有责任的经济法人或自然人。国际投融资的主体可以分为以下四类：

（1）跨国公司（transnational corporation），是国际直接投融资的主体。有关跨国公司的具体内容将在后面章节中详细介绍。

（2）国际金融机构（international financial institution），包括跨国银行及非银行金融机构，是由会员国认购股份组成的专门从事某些特殊国际金融业务的金融机构。根据其成员的组成及其从事的业务范围的不同，国际金融机构可以分为全球性国际金融机构和区域性国际金融机构两大类。它们是参与国际证券投融资和金融服务业直接投融资的主体，主要从事某些较为特殊的国际信贷业务。

（3）官方与半官方组织与机构。这类投融资主体包括各国政府部门及各类国际性组织，它们主要承担某些带有国际经济援助性质的基础性、公益性的国际投融资，如对东道国政府发放政府贷款（或称政府优惠贷款）、出口信贷、世界银行贷款等。其中，政府贷款通常以两国外交关系良好、有合作诚意为前提条件，放贷国政府也会给政府贷款附加一些条件。

（4）个人。个人（或称自然人）作为国际投融资主体，以参与国际间接投融资为主，

参与国际直接投融资相对较少。个人参与国际间接投资的方式一般是在国际证券市场上进行证券投资，而适合个人买卖或持有的国际证券投资品种或工具主要有：国际投资基金（international investment fund）、外国债券（foreign bonds）和存托凭证（depositary receipts）等，对这些投资品进行交易并不需要作为投资主体的个人离开自己的母国。而个人参与国际直接投融资的方式一般是在东道国设立合伙制企业（partnership）或公司制企业（corporation），投融资者需离开母国进行境外投资。

2. 国际投融资的客体

国际投融资的客体是相对国际投融资主体而言的，它是投融资主体通过一定的经营运作以完成投资目标的作用对象。随着商品经济的高度发展，尤其是科学技术在社会各方面的渗透，开展国际投融资的标的物可以包括多种形式的资产，因此，国际投融资的客体也已呈现出多元化趋势。其资产形式简单分为：

（1）货币性资产。货币性资产（monetary assets）是指持有的现金及将以固定或可确定金额的货币收取的资产，包括现金、应收账款和应收票据以及准备持有至到期的债券投资等。这里的现金包括库存现金、银行存款和其他形式的货币资金。

（2）非货币性资产。非货币性资产（non-monetary assets）是指货币性资产以外的资产，包括存货、固定资产、无形资产、股权投资以及不准备持有至到期的债券投资等。非货币性资产有别于货币性资产的最基本特征是，其在将来为企业带来的经济利益，即货币金额是不固定的或不确定的。

由于国际投融资的主体既可能采用一种客体投资形式，又可能同时采用多种客体投资形式，所以国际投融资具备多样化和复杂性等特征。

（二）国际投融资的组织机构

国际投融资的组织机构包括区域性的经济组织、跨国公司以及国际金融机构，如表1-1所示。详细内容可参见本书第三章。

**表 1-1　国际投融资的组织机构**

| | | 欧洲区域经济组织 | 欧洲联盟 |
|---|---|---|---|
| 非金融性国际投融资的组织与机构 | 国际区域经济组织 | 亚洲区域经济组织 | 东南亚国家联盟、中国-东盟自由贸易区、印度-东盟自由贸易区、韩国-东盟自由贸易区 |
| | | 中美洲、南美洲国家的区域经济组织 | 中美洲国家组织、安第斯一体化体系等 |
| | | 北美自由贸易区 | |
| | | 亚太经济合作组织 | |
| | 跨国公司 | 合资公司、独资公司 | |

续表

| 金融性国际投融资的组织与机构 | 全球性国际金融机构 | 国际货币基金组织 | |
|---|---|---|---|
| | | 世界银行集团 | 国际复兴开发银行、国际开发协会、国际金融公司、多边投资担保机构、国际投资争端解决中心 |
| | | 国际清算银行 | |
| | 区域性国际金融机构 | 亚洲开发银行、泛美开发银行、欧洲投资银行、非洲开发银行、金砖国家新开发银行等 | |
| | 新型金融机构 | 离岸金融机构 | 欧洲货币市场、新加坡美元市场、香港美元市场、东京金融市场 |
| | | 网络金融机构 | |

### （三）国际投融资的方式与范围

#### 1. 国际投资的方式与范围

国际投资分为国际直接投资和国际间接投资。

国际直接投资，又称"对外直接投资"，它是指一国投资者为实现持久利益而对本国之外的企业进行投资，并对该国外企业的经营管理实施有效影响和控制的经济活动。国际直接投资既包括投资方与被投资方两个经济实体之间的初次交易，也包括它们之间以及所有附属企业之间的后续交易。国际直接投资的主要形式有：

（1）绿地投资（foreign direct investment，FDI），又称"新建投资"或"创建投资"，是指跨国公司等投资主体在东道国境内依据相关法律设置的部分或全部资产所有权归外国投资者所有的企业投资行为。

（2）国际合资经营企业，是指两国或两国以上的国家或地区的投资者，在选定的国家或地区进行投资，并按照该投资国和地区的有关法律组织建立起来以营利为目的的企业的投资行为。

（3）跨国并购，是跨国兼并和跨国收购的总称，是指一国企业（又称并购企业）为了达到某种目标，通过一定的渠道和支付手段，将另一国企业（又称被并购企业）的所有资产或足以行使运营活动的股份收买下来，从而对另一国企业的经营管理实施实际的或完全控制的投资行为。

国际间接投资，又称"国际证券投资"，是指在国际证券市场上通过购买外国企业发行的股票和外国企业或政府发行的债券等有价证券，来获取利息或股金红利的投资行为。国际间接投资以取得一定的收益为目的，一般不存在控制企业经营管理权的问题，即使是在投资股权证券的情况下，也不构成对企业经营管理的有效控制。

国际间接投资与国际直接投资的根本区别在于对筹资者的经营活动有无控制权（见表1-2）。

表 1-2　国际直接投资与国际间接投资的比较

| 国际投资方式 | 国际直接投资 | 国际间接投资 |
|---|---|---|
| 对经营活动的控制权 | 有控制权 | 无控制权 |
| 流动性与风险性 | 流动性小，风险性大 | 流动性大，风险性小 |
| 投资渠道 | 双方谈判成功即可签订协议 | 必须通过证券交易所 |
| 频率 | 较不频繁 | 频繁 |
| 收益获取 | 利润 | 利息和股息 |

2. 国际融资的方式与范围

国际融资的方式与运作特点也多种多样，按照是否有金融媒介参与，可以分为国际直接融资和国际间接融资；根据融资目的不同，可以分为国际贸易融资、国际项目融资和一般融资；按照融资期限不同，可以分为短期融资、中期融资和长期融资。本书第五章将详细展开介绍。

（四）国际投融资的风险与监管

国际投融资在跨国投资过程中面临各种不确定因素，如何减少和避免这些风险带来的损失是跨国投资融资企业需要考虑的问题，也是各国政府及监管部门所重点关注与防范的政策出发点。国际投融资中的风险包括外汇风险、利率风险、政治风险与其他不可抗拒的风险。国际金融市场上的风险管理与创新一直是国际金融市场发展的核心主题。加强国际资本流动的监管，开展国际投融资之间的全球协调合作，是国际投融资发展中需要研究的重要问题①。

# 第二节　国际投融资演进特征及发展新趋势

## 一、国际投融资的演进过程

近代国际投融资可以追溯到 19 世纪上半叶。资本主义国家在完成工业革命后，国家内部出现资本过剩，国内市场趋于饱和。一方面，英国在取得工业革命的胜利后，积累了大量的资本，形成了向其他新兴国家提供资金的资本市场；另一方面，新兴国家在经济发展过程中本国资本积累难以支撑商品贸易的快速扩张，形成了对外部资金的巨大需求。借助国际资本解决本国发展中要素积累不足的问题，成为商品贸易初期的重要形式。此外，英国的工业资本家为获取工业革命所需的原材料和生活资料而大举向海外投资，甚至进行殖民掠夺，如成立了从事鸦片贸易的东印度公司。随后，其他资本主义国家也纷纷加入拓

---

① 本部分内容详情请见第九章与第十章。

展海外市场、海外投融资的队伍中。这就形成了早期的国际投融资活动,它是伴随着商品经济发展到一定阶段而出现的产物,是随着国际资本流动与海外需求扩大而逐渐发展起来的。其发展大概经历了以下几个阶段。

(一)第一次世界大战前的国际投融资

19世纪末到20世纪初,英国、美国、日本等国家纷纷建立了股份制公司制度,并以法律的形式加以规范和指导。这些早期股份制公司通过公开发行股票,大规模募集社会闲散资金,形成了股权与权益融资模式的基础。随着产业革命的爆发和商品贸易的发展,早期资本主义国家对资金的需求与本国资本积累之间存在较大缺口,寻求国际资本以实现本国经济发展,成为国际资本流动的重要推动力。商品贸易的扩大进一步推动了国际资本的流动:一方面,作为产业革命发祥地的英国,凭借世界工厂的地位与优势,通过对外贸易和殖民掠夺,积累了丰富的国外资本,为进一步扩大海外贸易与资金的国际流通提供了物质基础;另一方面,为了获得工业发展所需要的原材料、寻求新的海外市场、扩大资金的使用范围、获取更大的垄断利润,新兴贸易国家频繁对外投融资。这一时期私人投资非常活跃,截至1914年,各资本主义工业国的对外投资总额超过了410亿美元,其中以私人投资为主。英、法、德成为世界上最大的国际投资债权国。从投资形式看,这一时期间接投资(即借贷资本和证券投资)形式占90%左右,直接投资比重还很小。从投资流向看,英国的投资目的地从1870年以后由欧洲大陆转向美国、澳大利亚、加拿大、阿根廷等农矿产品原料产地。直到19世纪末,法、德才开始对外投资,主要投资地还是欧洲地区。

这个时期正值资本主义从自由竞争向垄断竞争阶段过渡,世界经济活动的重要特征是资本输出,借贷资本和证券投资占主要地位,资本主要是从先进的工业国流向殖民地或落后国家。这一阶段国际投融资的主要特征表现为:

(1)从事投融资的国家较少,以英国、德国、法国、荷兰和美国等少数早期资本主义工业化国家为主,而且英国对外投融资业务一直占据主导地位。

(2)国际投融资资本主要流向北美洲、拉丁美洲、大洋洲等自然资源丰富的国家以及亚洲、非洲的一些殖民地半殖民地国家,以获取工业革命所需的原材料等。

(3)国际直接投资所占比重较小,以国际间接投资(借贷资本和证券投资为主要形式)为主。

(4)东道国处于自由竞争的资本主义阶段,国家对私人投资的干预和管制十分宽松,这一时期国际私人投资活动相当活跃。

(二)两次世界大战期间的国际投融资

受两次世界大战以及20世纪30年代经济危机的影响,国际投融资在曲折动荡中发展。当各国都忙于应付战争时,国际投融资活动也陷于停滞状态,甚至出现倒退。第一次世界大战给国际投融资格局带来了重大变化,英、法由于大量战争借款而削减了对外投资,德国也由于战败而沦为净债务国,只有美国从净债务国变成了最大的债权国。第一次世界大战后,国际长期资本的来源地由英国转移到美国,而美国对外投融资的主要流向有两个:一是发放巨额商业贷款以帮助欧洲国家进行战后救济和经济复兴;二是对亚洲国家、拉丁美洲国家等发放政治性贷款进行经济扩张。此时,政府贷款成为对外投融资的主要形式。直至 20 世纪 20 年代，私人对外投资才有所发展，但受到 20 世纪 30 年代世界经济萧条的影响，政局动荡、贸易锐减、国际货币体系崩溃等，导致国际投融资中止，并出现国际性债务危机。而第二次世界大战（简称"二战"）的爆发，则使各国经济活动的重心转移到战争储备上。

这一阶段国际投融资的主要特征为：

（1）国际投融资总额大幅下降。受两次世界大战以及其间持续四年之久的经济危机的影响，国际投融资活动受到重大冲击，甚至陷于停滞，投融资额增长缓慢，甚至出现下降。

（2）世界投融资格局发生深刻变革。曾经的欧洲老牌资本主义国家在两次世界大战期间的借款额大大增加，对外投资活动受到抑制，其国际投资大国的地位被严重削弱。而美国借战争机遇，源源不断地向其他国家提供贷款，成为国际投资大国。

（3）这一时期的国际投融资活动仍以国际间接投资为主，例如，美国 1920 年的私人投资中有 60% 为证券投资。但需要指出的是，国际直接投资规模迅速扩大，而国际间接投资受到一定程度的影响。

（4）国际投资主体发生了变化。第一次世界大战以前的对外投融资以私人海外投资为主，此后虽然私人投资仍占较大比重，但政府的海外投资规模迅速扩大。

（三）第二次世界大战后至 20 世纪 70 年代初的国际投融资

二战后，除美国外，各参战国受战争影响而经济惨遭破坏。美国乘机向外扩张，取得了经济、军事、政治上的世界霸主地位。从 1946 年到 1965 年，美国对外贷款与赠予（军事援助除外）总额达 840 亿美元①；到 1956 年，美国私人对外投资超过以往任何一个时期，而且直接投资迅速发展。其中，美国私人对外投资活动中，直接投资比重占到 82%，与此同时，政府对外投资也逐年增长。直到 20 世纪 60 年代末和 70 年代初，由于国内收支持续呈现逆差和受国际石油危机的冲击，美国的世界债权国地位开始发生动摇，日本和德国经济迅速恢复和发展，在对外投资中开始名列前茅。而许多发展中国家和地区在积极吸引外资的同时，也在加速开展对外投资。据世界银行估计，大约有 3/4 的外国直接投资流向了发达工业国家，对发展中国家的投资则仅限几个新兴工业化国家或地区。苏联和其他东欧国家一方面吸收发达国家的资金和技术，另一方面也在主要的经济互惠国家成员和一些发展中国家之间相互投融资，其内容主要是苏联提供的经济援助和多种形式的经济合作。总之，二战后，由于受冷战对峙的影响，世界各国对外投融资出现两个不同的流向，并逐步趋向联盟国家内部相互流动的局面。但这一时期科学技术的进步在很大程度上降低了国际投融资的成本，加速了国际投融资在一定区域内的发展。

这一阶段的国际投融资活动的特征主要体现在：

（1）国际投资与国际融资规模均迅速扩大，改变了以往国际投资占主导的局面。这一时期，政治局势相对稳定，发达资本主义国家扩大海外投资规模，新兴国家也积极在国际金融市场获取资金以满足本国经济发展的需要。

（2）国际投资方式由以国际间接投资为主转变为以国际直接投资为主。第三次科技革

① 王斯德、钱洪：《世界当代史 1945—2000》，高等教育出版社，2008 年 6 月。

命背景下，科技产品相继问世，交通运输、通信技术持续发展，企业组织与管理方式不断创新，为跨国经营带来了极大的便利，国际资本、技术与管理的联系更加密切。

（四）20 世纪 70 年代初至 80 年代的国际投融资

20 世纪 70 年代以后国际直接投资得到了迅速发展，这主要是跨国公司这一新型国际垄断资本集团快速发展的结果。同时，主要资本主义国家政府和国际金融组织也日益成为重要国际投融资主体。所以，国际投融资达到了空前的规模。截至 1982 年，仅私人海外投资一项金额就高达 5 000 亿美元以上，欧洲货币市场的国际流动资本约达 1 万亿美元[①]。

20 世纪 80 年代以来，资本主义经济进入了低速增长时期，但主要资本主义国家国民生产总值占世界经济比重仍居主要地位。美、日、欧（尤其是德国）已成三足鼎立之势，1973—1983 年美国直接海外投资占世界直接投资的比重从 49% 下降至 43.19%。到 20 世纪 80 年代末，日本年度对外直接投资规模已超过美国，位居世界第一。日、美、欧（法、英、德）的对外直接投资在 1980—1985 年占世界对外投资的 69%，1986—1990 年为 72%[②]，而美国在 1982 年吸引的外资首次超过其对外投资成为世界最大的投资对象国。这样就同时形成了所谓的"大三角"等国家投资来源与投放的集聚化趋势。

这一时期国际投融资的主要特征为：

（1）国际投融资规模迅速扩大，参与国际投融资活动的资本形式更加多样化。资本形式既包括以实物资本形式表现的资本，如机器设备、商品等，也包括以无形资产形式表现的资本，如商标、专利、情报信息、生产技术等，还包括以金融资产形式表现的资本，如资金、债券、股票、远期、期货、期权等金融衍生品。

（2）国际投融资格局发生重大变化。在很长一段时间内，美国作为国际资本的主要来源地和世界债权国，对外进行大规模的投资活动。但受石油危机冲击，美国的债权国地位发生了变化。日本、英国、法国及德国快速发展，在国际资本市场的作用进一步凸显。

（3）融资方式和融资规模出现新的形式。经济全球化以及金融监管的放松，使各国政府或企业可以通过更多的渠道参与国际金融市场的融资活动。

（4）国际投融资的方式更加灵活。二战前国际投融资的方式以股权参与为主，但随着全球经济的发展，海外投融资除股权参与方式外，与东道国兴办合营企业等方式也得到了广泛发展。

（五）20 世纪 90 年代至今的国际投融资

随着苏联解体、东欧剧变和冷战对峙的结束，世界经济在 20 世纪 90 年代以后进一步朝着多元化方向发展，加上金融监管的逐步放松，金融创新产品的层出不穷，国际投融资手段变得越来越复杂和多样化，不再局限于以往的单一投融资形式。在经济全球化浪潮的推动下，各种投融资手段也不仅限于部分国家或地区小范围的运作，而发展为全球范围内的广泛博弈。国际投融资活动表现出许多值得注意的新趋向和特点，也为各国经济发展带来新的机遇和挑战。

（1）产业资本转移逐渐在国际投融资活动中凸显，海外产业投资在 20 世纪 90 年代成

---

① 资料来源：Federal Reserve, Financial Accounts of the United States。
② 同①。

为国际投融资的重要形式。随着发达国家在经历了黄金发展阶段后经济总量迅速提升，国内产业格局发生变化，劳动密集型为主导的产业布局已经不适应其发展要求，迫切向海外转移落后的低端产业，进行海外投资成为主流。

（2）国际投融资的全球化特征进一步明显，国际资本的投机性显著增强。私人游资以及衍生金融工具等短期资本的发展，带有极大的投机性和冒险性。在金融全球化的驱使下，脆弱性较为突出的各国金融体系暴露于逐利的国际资本面前时，极易引发大范围的金融危机。1997年国际"资本大鳄"击溃泰国货币体系引爆了亚洲金融危机，进而导致各国对国际投融资行为的恐慌。金融危机的全球性蔓延，促使国际监管机构对金融系统的脆弱性与金融危机的传染性高度关注，由此加强了对金融监管的研究与制度建设。

（3）跨国投资规模不断扩大，倾斜性日益明显。主要发达经济体在经历了高速发展阶段后，资本积累大幅增加，对外投资的集聚化进一步加强，发展中国家吸引跨国投资增长很快。但国际资本投向的倾斜性更趋明显，发达国家对发展中国家的援助变为对发展中国家的投资，加剧了国际资本地域流向上的不平衡性。

（4）跨国公司迅猛增加，国际企业并购持续升温。为争夺科技制高点，国际企业纷纷采取合并或控股兼并方式，以及战略联盟等形式，以加强国内外的竞争实力和垄断地位。

（5）世界经济区域化、集团化合作增强，在经贸、投资全球化进程加速的同时，各类国家集团化竞争进一步加剧。金砖国家在新的发展阶段中谋求多层次、全方位的合作，使国际投融资格局朝着多极化与多元化方向发展。

（6）以中国为代表的新兴市场化国家在国际投融资中的地位逐渐凸显。随着中国经济总量的扩大，中国政府与企业寻求海外投融资活动、推动国际金融市场发展的作用越来越明显。

## 二、国际投融资的最新发展趋势

2020年全球新冠疫情暴发，国际投融资格局受到极大冲击，进一步加剧了2018年逆全球化"寒流"，使国际投融资环境恶化，国际投融资趋势波动起伏。国际金融市场波谲云诡，经济发展和市场运行中的不稳定因素和意外事件频发，国际投融资也在动荡与曲折中发展。但随着新冠疫情的影响逐渐减弱，以资本和技术为主的各种生产要素在更深层次的跨国流动，使国际投融资活动呈现以下趋势：

（一）国际投资中直接投资比重回落，出现了新的投资热点或者投资重心发生了转移

近年来，全球外国直接投资（FDI）流量呈波动态势，2020年受新冠疫情影响，全球直接投资总额下降了1/3以上，降至1万亿美元（2019年为1.5万亿美元）[①]，是自2005年以来的最低水平，比2009年全球金融危机后的低谷低了近20%。新冠疫情对最具生产力的投资类型——工业和基础设施项目的绿地投资，产生了巨大的负面影响。这意味着作为全球经济增长和发展引擎的国际生产受到了严重影响。联合国贸易和发展会议

---

① 数据来源：《2021年世界投资报告》，联合国贸易和发展组织（UNCTAD），2021年6月21日。

（UNCTAD）报告《投资趋势监测》显示，2021 年，全球 FDI 总额强劲反弹至 1.65 万亿美元，同比增长 77%，且已经超过疫情前水平。2022 年，全球 FDI 下降 12%，至 1.3 万亿美元（见图 1-1）。这一下降主要是由于发达国家的融资和并购交易减少造成的。对实际资产的投资趋势相对较好，大多数地区和行业的新建投资项目都有所增长。发展中国家的外国直接投资略有增加，但增长局限于几个大型新兴经济体，许多较小的发展中国家的外资流入停滞不前，对最不发达国家的外国直接投资出现下降。行业趋势显示，面临基础设施和供应链重组压力的行业项目数量不断增加，包括电子、汽车和机械行业。为应对全球芯片短缺，全球最大的五个投资项目中有三个是在半导体领域。在经历了 2020 年和 2021 年的繁荣之后，数字经济领域的投资放缓。

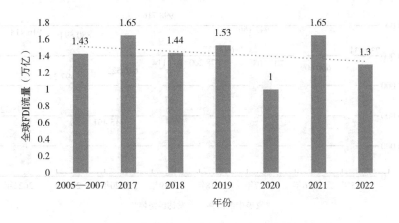

**图 1-1 2005—2022 年全球外国直接投资流量（亿美元）**

资料来源：历年联合国贸易和发展会议（UNCTAD）《世界投资报告》。

从总体规模看，2022 年，全球外国直接投资额为 12 947.38 亿美元，较 2021 年下降 21.2%。从发达经济体吸引的外国直接投资规模看，流向发达经济体的外国直接投资仅有 3 783.2 亿美元，较上一年下降 36.6%。2022 年，美国虽然还是全球外国直接投资流入最多的国家，但当年流入美国的外国直接投资已大幅下降，全年吸引的外国直接投资仅有 2 850.5 亿美元，同比下降 26.5%。同年，中国香港地区吸引的外国直接投资也大幅回落，全年吸引的外国直接投资仅有 1 177.7 亿美元，同比下降 16.4%[①]。

俄罗斯与乌克兰也都因为战争而使外国直接投资大幅下降。在俄罗斯，随着更多大公司撤资，外国直接投资流量从 2021 年的 386 亿美元降至 2022 年的 186 亿美元，下跌 51.8%；而流向乌克兰的资金从 2021 年的 73 亿美元降至 2022 年的 8 亿美元，同比下跌 89%。

（二）国际投融资格局加剧分化，区域不平衡问题明显

统计数据显示，流向发达经济体与发展中经济体的外国直接投资不平衡加剧。2022 年，流向发达经济体的外国直接投资下降了 36.6%，而流向发展中国家的外国直接投资达 9 164.2 亿美元（见图 1-2），较上一年增长 4%，占全球外国直接投资流量的 70.7%。发

---

① 数据来源：《2023 年世界投资报告》，联合国贸易和发展会议（UNCTAD），2023 年 7 月 5 日。

展中经济体内部各国之间吸引的外国直接投资不平衡也在进一步加剧。虽然 2022 年流向发展中经济体的外国直接投资较上一年增长 4%，但这种增长仅局限于几个大型新兴经济体，许多较小的发展中国家的外资流入停滞不前，对最不发达国家的外国直接投资出现大幅下降。2022 年，流向最不发达经济体的外国直接投资仅有 220.43 亿美元，同比减少了 16.5%。

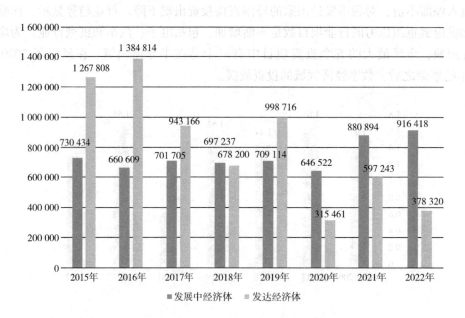

**图 1-2　历年发达经济体和发展中经济体吸引外国直接投资流量对比（单位：百万美元）**
资料来源：联合国贸易和发展会议（UNCTAD）《2023 年世界投资报告》

此外，区域不平衡也在加剧，东盟、南亚区域吸引的外国直接投资越来越多，拉丁美洲和加勒比地区的外国直接投资在 2022 年也增长了 51%，达到 2 080 亿美元，创历史新高。但西亚以及非洲的外国直接投资在 2022 年出现了下降，与上一年相比，流入非洲的资金下降了 44%。

（三）全球供应链加速重构，新兴经济体受到国际资本追逐

2022 年，面临供应链重组压力的全球价值链密集型行业，包括电子、汽车和机械等都有一定的增长，其中投资项目数量增长了 5%，投资金额增长了 34%。这些行业的投资趋势受到供应链风险和重组压力的影响较为明显，电子和电气设备领域宣布的绿地项目数量增长了 6%。

《2023 年世界投资报告》也显示，许多跨国企业一直在重组其全球供应链，这对中国的外国直接投资产生了影响，也使得流向东南亚、南亚等区域的外国直接投资增多。报告数据显示，流向东南亚的资金增加了 5%，达到 2 225 亿美元（见图 1-3），这是有记录以来的最高水平；已宣布的绿地项目增长了 28%。新加坡不仅是东盟最大的外国直接投资吸引国，而且也是全球第三大外国直接投资接受国，2022 年吸引的外国直接投资达 1 410 亿美元，同比增长 8%。流入马来西亚的资金增长了 39%，达到 170 亿美元，创下该国的新纪录。流入越南和印度尼西亚的资金分别增长了 14% 和 4%，达到 180 亿美元和 220 亿美元。

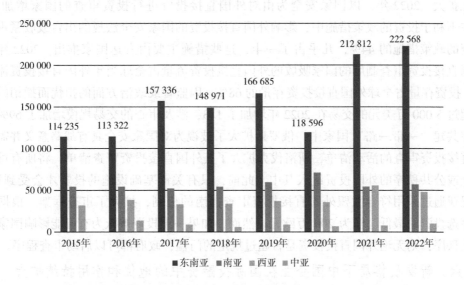

**图 1-3　新兴经济体吸引外国直接投资流量对比（单位：百万美元）**

资料来源：联合国贸易和发展会议（UNCTAD）《2023 年世界投资报告》

在南亚，流向印度的外国直接投资增长了 10%，达到 490 亿美元，使其成为已宣布的绿地项目的第三大接受国。

（四）全球能源投资转型与产业升级步伐变缓

在产业发展方面，经历过 2020 年和 2021 年的繁荣之后，数字经济领域的投资放缓，与往年相比，项目数量下降了 20%，但仍处于较高水平。2022 年，互联网平台的绿地投资虽然还是很活跃，项目数量增长了 6%，但增幅较上一年已有较大收缩。

能源方面，在气候目标、声誉风险和财务考虑的推动下，顶级能源跨国公司已承诺优先考虑脱碳战略，并减少对矿石燃料资产的依赖。过去五年，联合国贸易和发展会议排名前 100 名的能源跨国公司每年以约 150 亿美元的速度出售化石燃料资产，撤资规模在 2021 年达到顶峰。但在 2022 年，由于俄罗斯对乌克兰的特别军事行动招致西方国家制裁，对国际能源供给格局产生重要影响，原油价格高涨，主要石油公司对石油资产的出售步伐放缓，这种撤资趋势五年来首次发生了逆转。一些国家宣布重启已停止的煤电项目，有些国家则宣布了新的煤电项目。不过，从长期趋势看，能源转型与产业升级的趋势不可逆转。

（五）投资便利化与安全审查同时加剧

2022 年，为应对预期的经济衰退，众多国家制定了吸引外国投资的政策措施。从全球范围看，有利于投资的措施达到 102 项，较 2021 年翻了一番，恢复到了疫情前水平。投资便利化措施在发达国家和发展中国家均占有突出地位。发展中国家采取的大多数措施侧重于便利化和向外国直接投资开放新的部门或活动。自疫情以来，2022 年，发达国家采取的有利于投资的措施数量也首次大幅增加。

在推进投资便利化措施的同时，主要国家对外国直接投资的审查力度增强，涉及的范围也在扩大。2022 年，以国家安全为由对外国直接投资进行投资审查的国家增加到 37 个。在不利于投资的政策措施中，影响外国直接投资的国家安全法规的出台或收紧占不利于投资的政策措施的 44%，几乎占了一半，这些措施主要由发达国家推出。2022 年，实行外国直接投资审查制度的国家吸收的外国直接投资流量占全球当年外国直接投资流量的 71%；投资存量占全球外国直接投资存量的 68%。因监管或政治方面的担忧而撤销的并购金额超过 5 000 万美元的交易在 2022 年增加了 1/3，涉及审查的交易规模增加了 69%①。

在共建"一带一路"国家中，俄罗斯扩大了被视为对国家安全具有战略意义并需接受外国直接投资审查的活动清单，斯洛伐克扩大了其外国直接投资审查清单，将所有可能威胁安全或公共秩序的外国投资纳入其中。此前，只有关键基础设施的投资才会受到审查。罗马尼亚通过采用符合欧盟外国直接投资审查指南的机制，扩大了审查框架。根据新法律，筛选投资的最低门槛为 200 万欧元。然而，如果一项投资被认为有可能影响国家安全或公共秩序，则无论外国直接投资是否超过规定的门槛，政府都可以启动审查程序。

（六）新发展格局下中国企业在国际投融资中的地位和作用持续扩大

自 2001 年中国重新加入世界贸易组织以来，中国企业境外投资为中国整体经济发展和社会建设做出了积极贡献。近年来，在世界经济遭遇多重冲击、复苏缓慢的背景下，中国企业在"走出去"，虽然面临日益复杂的境外投资环境及风险形势，依然取得了可观的发展成就。在以国内大循环为主体、国内国际双循环相互促进的新发展格局下，中国企业在国际投融资中的地位和作用持续扩大。根据 2022 年商务部、国家统计局和国家外汇管理局联合发布的《2021 年度中国对外直接投资统计公报》，2021 年中国对外直接投资继续保持两位数增长，流量为 1 788.2 亿美元，位列世界第二，占全球份额的 10.5%。截至 2021 年底，中国累计对外直接投资净存量为 2.78 万亿美元，位列世界第三（见图 1-4）。在对外非金融类直接投资 2.48 万亿美元存量中，国有企业占比达到 51.6%。

图 1-4  2010 年以来中国对外直接投资趋势

资料来源：中华人民共和国商务部网站。

① 数据来源：商务部、国家统计局和国家外汇管理局联合发布的《2022 年度中国对外直接投资统计公报》。下同。

中国对外直接投资存量分布在全球的 190 个国家（地区），占全球国家（地区）总数的 81.5%。截至 2021 年末，中国在发展中经济体的直接投资存量占比为 89.7%，中国在发达经济体的直接投资存量占比为 10.3%，其中，欧盟占发达经济体投资存量的 33.5%，美国占发达经济体投资存量的 26.9%。此外，中国对共建"一带一路"国家的直接投资存量为 2 138.4 亿美元，占中国对外直接投资存量的 7.7%。对共建"一带一路"国家的直接投资存量位列前五的国家为：新加坡、印度尼西亚、越南、俄罗斯、马来西亚。

从不同地区的行业分布情况看，中国对外直接投资的行业高度集中，租赁和商务服务业的投资以 1.1 万亿美元高居榜首，占中国对外直接投资存量的 40%，包括以投资控股为主的对外投资活动。投资对象主要包括英属维尔京群岛、开曼群岛、新加坡、美国、澳大利亚、英国、卢森堡等。对制造业的投资 2 633 亿美元，占比为 9.5%，主要分布在汽车制造业、计算机/通信及其他电子设备制造业、专用设备制造业、医药制造业、食品制造业等领域。对采矿业的投资以 1 815 亿美元位列第五，占比为 6.5%，主要分布在石油和天然气开采业、有色金属矿采选业、黑色金属矿采选业、煤炭开采和洗选业等领域。

综上所述，在金融全球化的背景下，国际投融资格局发生了新的变化。在金融危机后的十多年时间里，尤其是 2018 年以来，经济全球化遭遇逆流，民粹主义、单边主义、保护主义、强权主义大行其道，全球供应链、产业链加速重构，地缘政治和经济格局的变化导致非传统性风险和传统性风险持续上升，国际金融市场出现较大幅度震荡，严重冲击了以往的国际资本流动趋势，世界投融资格局呈现出新的不确定性与变数。此外，以中国为代表的新兴市场化国家通过开展多方位全面战略合作，提倡经济发展新理念，在国际金融市场上持续发力，对国际投融资新发展格局产生较大影响。

## 第三节　国际金融发展新格局与国际投融资发展中的中国贡献

### 一、国际金融发展新格局

2008 年全球金融危机是国际金融市场发展的重要分水岭，世界经济格局向着多元化、差异化的方向发展。一方面，世界主要发达经济体为摆脱长期经济增长低迷而出台和实施了一系列应对策略，使国际金融秩序发生深刻变化，新的金融大事件频出，加剧了世界格局的不确定性和复杂性；另一方面，以中国为代表的新兴经济体在危机后不断寻求多领域、多层次、大范围的国际合作，成为推动国际金融市场发展的重要力量。近年来，国际金融发展主要呈现以下几大特征。

（一）俄乌冲突引发能源危机，全球性通货膨胀风险不断累积

自 2022 年 2 月 24 日爆发俄罗斯与乌克兰冲突后，全球能源危机和粮食贸易保护主义加剧，导致全球能源市场和粮食市场价格剧烈波动，生产成本大幅上升，全球性通货膨胀

成为各国面临的首要挑战。俄乌冲突升级后，欧盟跟随美国对俄实施多轮制裁，导致欧洲各国能源价格飙升。2022 年夏季的热浪和干旱对欧洲的水电、核电和煤电等电力生产造成了严重影响，使得能源供应紧张，将欧洲天然气和电力价格推至历史新高。例如，欧洲天然气价格一度达到疫情前水平的 10 倍，欧洲主要市场交割的电力期货交易价格一度涨至上年同期的 8 倍。同时，疫情冲击和地缘政治动荡，叠加各国财政支出减少和全球金融环境收紧，全球经济增长前景黯淡。各国面临的滞胀压力存在显著分化，走出滞胀困境需要打好政策"组合拳"，依靠单一的货币政策很难有效消除滞胀。

（二）美欧各国开启加息潮，全球经济衰退风险增大

受高通货膨胀率影响，近年来，美国和欧洲各国中央银行开启激进加息模式。从 2022 年 3 月开始，美联储全年共计加息 7 次，累计加息 425 个基点，最终将联邦基金利率目标区间上调到 4.25% 至 4.50% 之间，到达 2008 年国际金融危机以来的最高水平。欧洲央行自 2022 年 7 月累计加息 4 次，将三大关键利率上调 250 个基点。在美欧央行的引领下，全球主要国家掀起"加息潮"。美欧央行激进的货币政策立场推高了全球借贷成本，导致新兴市场和发展中经济体面临资本外流、汇率贬值和债务压力等挑战。全球金融环境收紧，进一步抑制了经济增长，同时使投资活动的风险增大。

（三）强势美元引发全球货币贬值

2022 年以来，由于美联储的货币政策加速收紧，美元指数强势上涨，连创 20 年来新高。根据美联储公布的美元指数，2022 年上半年，美元对主要贸易伙伴国货币升值 5.0%，其中对发达国家货币升值 7.2%，对新兴市场国家货币升值 2.9%。非美货币整体偏弱，其中发达国家货币相对新兴市场国家货币更弱。日元对美元贬值超 15%，欧元对美元贬值超 8%。随着全球经济增速放缓、地缘政治风险高企、美元步入强势周期，全球货币大幅贬值，汇率波动水平显著上升，日、韩相继陷入货币暴跌旋涡，并打起汇率保卫战。

（四）《区域全面经济伙伴关系协定》（RCEP）全面生效，助力地区和全球经济长期稳定发展

2022 年 1 月 1 日，《区域全面经济伙伴关系协定》（RCEP）正式生效。2023 年 6 月 2 日，RCEP 对菲律宾正式生效，标志着 RCEP 对东盟 10 国和澳大利亚、中国、日本、韩国、新西兰共计 15 个签署国全面生效。

RCEP 的全面生效充分体现了由 15 国参与的支持开放、自由、公平、包容和以规则为基础的多边贸易体制的决心和行动，为区域经济一体化注入强劲动力，全面提升东亚贸易投资自由化便利化水平，助力地区和全球经济长期稳定发展。应充分发挥 RCEP 在促进产业链供应链合作、推动高水平开放和高质量发展等方面的积极作用。同时，中国将与其他各方一道，履行好协定义务，不断加强 RCEP 机制建设，提升协定的整体实施水平，为 RCEP 合作行稳致远提供有力保障。

（五）"一带一路"与亚洲基础设施投资银行的国际影响力持续扩大

"一带一路"是"丝绸之路经济带"和"21 世纪海上丝绸之路"的简称，是由中国

国家主席习近平分别于 2013 年 9 月和 10 月提出的合作倡议，依靠中国与有关国家既有的双边与多边机制，借助既有的、行之有效的区域合作平台，积极发展与合作伙伴的经济合作关系，共同打造政治互信、经济融合、文化包容的利益共同体、命运共同体和责任共同体。

亚洲基础设施投资银行（Asian Infrastructure Investment Bank，AIIB）简称"亚投行"，是全球首个由中国倡议设立的多边金融机构。亚投行为亚洲域内外国家提供新的发展机遇。亚洲地区基础设施需求强劲，融资缺口高达数万亿美元。亚投行作为第一家新兴经济体主导的、政府合作的亚洲区域多边开发机构，为亚洲国家基础设施和其他生产性领域提供资金支持，有效促进亚洲地区的基础设施建设和经济健康发展。截至 2023 年 7 月底，亚投行有 104 个成员国，遍及五大洲。作为新型多边开发银行，亚投行以其创新融资模式、专业高效的管理运营机制等独特优势展现出旺盛的生命力，为促进世界经济复苏发挥了积极作用。

综合以上分析不难发现，国际金融市场的发展趋势起伏不定，受国际金融危机影响，国际金融市场格局的演变大概呈现了三条线索：

（1）从摆脱经济低迷、促进经济增长的量化宽松政策到主要发达经济体的加息、缩表、退出量化宽松的信贷收紧政策，新兴市场资本流出与全球汇率波动成为主要态势。这在很大程度上改变了国际资本流动的方向，增加了新兴市场国家投资的不确定性和风险。

（2）新兴市场国家寻求在多边组织和多边框架下的合作，形成了新的世界经济增长极。其中具有广泛影响力的，是金砖五国等新兴经济体探索在财经、经贸、科技、卫生、农业、人文等领域的全面合作，促进了国际金融市场发展的多元化。中国提出"一带一路"国家倡议，发起建立亚投行，为新兴国家参与国际事务与合作提供了新的平台，形成了新的亚洲秩序，对国际金融发展产生了巨大影响。

（3）贸易保护主义与"逆全球化"加剧了未来全球市场的不确定性和复杂性。2008年金融危机后，美国贸易保护主义势力抬头，号称美国贸易保护"核武器"的"301 调查"被再度启动，全球贸易保护主义情绪明显升温。由全球贸易保护主义可能引发的贸易战使国际金融市场面临诸多不确定性，未来国际投融资走势也出现了新的风险。

## 二、中国对国际投融资发展的贡献

2008 年全球金融危机对全球各国经济发展以及随后 10 年的世界格局产生了深远影响，致使全球经济长期疲软，复苏乏力。中国在经历了 30 多年快速发展后，在 2010 年超越日本成为世界第二大经济体，此后一直保持着中高速的经济发展，中国也成为全球经济增长的重要推动者和新秩序的维护者。据国家统计局综合司数据，2013—2022 年，我国国内生产总值（GDP）从 59.3 万亿元增长到 121 万亿元，按年平均汇率折算，经济总量达 18 万亿美元，稳居世界第二位。在这 10 年间，中国经济总量占世界经济的比重从 12.3%上升到 18%左右，货物贸易总额连续 6 年位居世界第一，对世界经济增长的年平均贡献率超过30%，成为推动世界经济增长的最大引擎。中国正成为推动国际投融资发展的重要力量，主要体现在以下几个方面：

第一，中国已经成为推动世界跨国直接投资增长的主要动力。2008 年国际金融危机之后，中国对外投资始终保持强劲的增长态势，成为拉动全球 FDI 增长的新引擎，由此改变了世界跨国直接投资一直由发达经济体主导的历史，开创了发达国家和发展中国家双轮驱动的新格局。数据引证见引导案例部分。

第二，逐步形成发展中国家与发达国家双向拓展的全球投资布局。随着中国经济总量的快速提升，中国企业盈利水平和国际竞争力也在逐步增强，中国国内资本的积累总量居世界前列。积极拓展海外市场，寻求新的价值增值机会成为 2008 年金融危机后中国投资者的选择。2010 年以来，中国企业进行的境外绿地投资和跨国并购呈爆发式增长，中国资本参与国际投融资活动的规模不断扩大，数量不断增长。以中国为代表的新兴市场国家对国际投融资的贡献正逐渐凸显。数据引证见引导案例部分。

第三，"一带一路"和境外经贸合作区建设，拓展了国际化空间和中国新时代国际投融资格局。随着"一带一路"沿线国家经济往来的日益密切和投融资活动的稳步推进，中国与共建"一带一路"国家形成了新的推动世界经济增长国际化空间，国际资本流动的空间与渠道被进一步拓宽。越来越多的境外企业秉持共商、共建、共享原则赴沿线国家和地区建立生产基地，主要投资于矿能资源、轻纺、装备、汽车、船舶、钢铁、水泥等制造业，生产基地多数分布在基础设施和工业化相对落后的国家和地区，推动了东道国信息化、绿色化、现代化的工业体系建设。数据引证见引导案例部分。

第四，投资结构由资源获取型向技术引领型与迈向全球价值链中高端转变。中国经济快速增长的过程，也是产业结构变迁的过程。产业的技术水平和附加值与改革开放初期相比都发生了根本性变化。尽管在对接国际前沿科技水平和创新能力上，中国还存在一定的差距，中国实现国内产业转型升级面临着相当程度的压力，但从中国参与国际投融资的产业分布变化看，中国企业海外投资活动正在加快向全球的贸易、金融、生产、服务和创新网络转变。这表明借助中国企业的资本和技术，国际投融资活动进一步提高了国际创新合作研发技术水平，提升了国际价值链分工中的层次，既有利于中国国内的产业升级，也加速了全球产业技术水平和产品附加值的提升。

党的十八大以来，利用外资质量进一步提高，外资更多地流向高技术产业。2012 年到 2020 年，我国服务业吸收外资额增长较快，从 3 398.7 亿元增长到 7 767.7 亿元，年均增长 10.88%，占比从 48.2%上升至 77.7%。与此同时，我国高技术产业利用外资占总额的比重逐年上涨，2022 年达到 36.1%[①]。

第五，中国开展海外投资对于拉动外贸出口、促进产业转型的作用越来越明显。长期以来，中国在很大程度上依靠高污染、高耗能、低附加值的劳动密集型产业，通过低廉的劳动力优势，向世界源源不断地输送物美价廉的产品。但金融危机后，以出口为导向的外向型经济对经济增长的贡献逐渐减弱，产业升级面临艰难挑战。随着经济总量的迅速扩张，中国企业开始寻求海外投融资，倡导国际合作共享、国际经济包容性增长、国际产能高度融合的开放理念。随着国际产能合作和装备制造业合作进一步推进，中国有效实现了

---

① 数据来源：中国政府网，https://www.gov.cn/xinwen/2023-01/18/content_ 5737750.htm，2023 年 1 月 18 日。

国内富余产能的有序转移，同时带动了装备、零部件出口及国内先进技术、标准、服务、品牌走出去，扩大了海外影响力。

中国对外投资影响力持续扩大，2013—2021 年，中国境外投资累计带动出口超过 1.1 万亿美元，境外中资企业实现销售收入超过 17 万亿美元。商务部、国家统计局和国家外汇管理局发布的《2022 年度中国对外直接投资统计公报》显示，2022 年，中国对外直接投资流量达 1 631.2 亿美元，居全球第二位。截至 2022 年末，中国境内投资者在全球 190 个国家和地区共设立境外企业 4.7 万家。

第六，海外并购成为中国企业共享核心战略资源、加快国际化发展的重要方式。实行跨国并购是近年来中国企业海外投资的重要方式，这不仅是中国企业参与国际化进程加快、跨国经营能力飞速提升的体现，也是中国企业借助海外核心战略资源、推动自主创新能力提升和自主品牌国际化的重要途径。在经济全球化背景下，中国企业扩大海外并购规模，在获取跨国公司生产、市场和创新要素的同时，实现了国际核心关键技术、管理经验等方面的交流。

近年来，中国企业的海外并购呈现出显著的增长趋势。2021 年中国企业跨境并购 50 强榜单显示，在 2019 年、2020 年两年间，中国企业出海跨境并购总量为 1 084 单，合计交易额为 1.8 万亿元。其中，金额最高的前 50 强交易总额为 4 200 亿元，50 强入围门槛交易额为 21.3 亿元。从交易价值规模来看，中国企业出海跨境并购 50 强中有 9 起交易的价值超过 100 亿元，有 15 起交易的价值在 50 亿~100 亿元，榜单其余 26 起交易的价值在 20 亿~50 亿元[①]。

第七，中国民营企业在国际投融资中的主力军作用日益突出。近年来，中国民营企业海外融资的规模和数量都呈现了明显的增长趋势。一方面，随着中国经济的快速发展和国际化进程的加速，越来越多的中国民营企业具备了海外融资的能力和需求。另一方面，中国政府也在积极推动企业"走出去"，鼓励企业参与国际市场竞争，进一步促进了中国民营企业海外融资的增长。

此外，一些中国民营企业也在积极探索海外融资渠道，如通过海外上市、发债、资产证券化等方式进行融资。这些企业通过海外融资获取了更多的资金支持，也为国际市场提供了更多的投资机会。

在 2008 年金融危机以后，中国的国际影响力在稳步提升。新的时期，中国将继续秉持共享、合作、双赢的理念向全球扩大开放，提升中国经济发展对世界的贡献。正如习近平总书记在党的十九大上强调的那样，必须统筹国内国际两个大局，始终不渝走和平发展道路、奉行互利共赢的开放战略，坚持正确义利观，谋求开放创新、包容互惠的发展前景，促进和而不同、兼收并蓄的文明交流，始终做世界和平的建设者、全球发展的贡献者、国际秩序的维护者。

---

① 数据来源：《2021 胡润中国跨境并购百强榜》，胡润研究院，2021 年 12 月 6 日。

**【思考题】**

1. 试说明国际投资活动与国际融资活动的概念及相互联系。
2. 概括国际投融资的演进过程及特征。
3. 简述国际投资的不同分类。
4. 简要概括国际投融资发展的新趋势。
5. 简述当前国际金融发展新格局。
6. 如何理解中国在推动国际投融资发展中的贡献？

# 第二章　现代国际投融资理论

**【引导案例】**

### 以理论创新适应全球金融治理新格局

党的十八大以来，习近平总书记多次强调加快构建开放型经济新体制。开放安全的金融体系是构建开放型经济新体制的主要内容，其中包括不断完善并用好投融资国际合作机制。推进多元联动的投融资国际合作机制是一个重要方向。

历史上，西方发达国家凭借强大经济优势，在全球经济治理体系中占据主导地位，其实施的"先架构制度，再展开实践"的经济全球化战略更多服务于发达国家，导致传统的经济全球化路径缺乏包容性。随着国际分工的变化，原有全球经济金融治理体系无法适应新的世界经济形势。

中国秉持经济全球化理念，摈弃本国利益优先的零和博弈思维，强调构建开放透明的多边治理体系和多元、公正、高效的全球金融治理机制。中国先后主导成立的亚投行等新型多边机构，既是现有全球金融治理体系、多边开发机构和国际发展议程的有益补充，也是中国主动参与全球治理的有益尝试。

推动投融资国际合作机制建设，需要通过理论创新以适应正在深度调整的全球金融治理要求，一是坚持多边合作理念，二是坚持平等合作理念，三是坚持可持续发展理念。

（资料来源：冯玲等，《光明日报》2023 年 3 月 5 日。）

**【学习目标】**

- ◆ 了解中国在国际投融资理论发展与创新中的贡献；
- ◆ 理解与运用国际投资理论的主要内容和国际投资理论的最新发展；
- ◆ 掌握并熟悉国际融资理论的主要内容和跨国公司融资理论的组成部分；
- ◆ 把握绿色金融理论下的国际投融资最新发展；
- ◆ 掌握数字经济对传统投融资理论的影响。

# 第一节　国际投资理论

## 一、国际直接投资理论

第二次世界大战后，以跨国公司为主体的国际直接投资得到迅速发展，其增长速度超过了世界经济与国际贸易的增长速度，成为推动世界经济增长的重要影响因素。20 世纪 60 年代后，学者们不断完善了国际直接投资的理论，并从不同的侧面研究探讨了国际直接投资产生的内在动因、发展条件及其行为方式，从而形成了较为完整的国际直接投资理论体系，为企业进行国际化经营提供了有益的理论支持。其中，最具代表性的传统理论包括垄断优势理论、内部化理论、比较优势理论、国际生产折衷理论等。此外，许多学者还对发展中国家的国际直接投资理论进行研究，提出了小规模技术理论、技术地方化理论和技术积累理论等。

（一）发达国家传统国际直接投资理论

1. 垄断优势理论

垄断优势理论产生于 20 世纪 60 年代，由于古典国际贸易理论无法解释战后跨国公司海外扩张导致国际直接投资超越国际间接投资的现象，垄断优势理论应运而生。1960 年，美国麻省理工学院的学者斯蒂芬·海默（Stephen Hymer）在他的博士论文《国内企业的国际经营：对外直接投资研究》中，首先提出了以垄断优势来解释国际直接投资的理论。

垄断优势理论认为，国际直接投资是结构性市场不完全尤其是技术和知识市场不完全的产物。企业在不完全竞争条件下获得的各种垄断优势，如技术优势、规模经济优势、资金和货币优势、组织管理能力的优势，是该企业从事对外直接投资的决定性因素或主要推动力量。跨国公司倾向于以对外直接投资的方式来利用其独特的垄断优势。基于此，跨国公司拥有的垄断优势主要表现在以下几个方面：

（1）技术优势。跨国公司具有极强的科研能力，它们投入巨额资金不断开发和研制新产品、新技术、新工艺，并通过获取知识产权来保护其技术的垄断，同时将这种技术优势运用于对外直接投资中，与东道国企业相比具有明显的技术优势，从而获得高于在本国投资的投资收益。

（2）管理优势。跨国公司具备完善的组织机构和管理系统，拥有众多经验丰富的高级管理人员和训练有素的员工队伍，能保证整个企业的高效、有序运营。同时，跨国公司在长期的国际市场竞争中总结出一整套先进管理技术，也成为它们在与东道国企业的竞争中获胜的重要法宝。

（3）资金优势。跨国公司海外扩张的资金来源主要是自有资金和国际金融市场上的筹资。跨国公司机构庞大，资金雄厚，母公司为实现其海外发展战略，与子公司之间频繁调拨数额庞大的资金，这是东道国企业无法比拟的优势。同时，跨国公司以其良好的资信在国际金融市场上能够以较低成本筹措到巨额资金，不仅大大降低了筹资成本，同时为其海外扩张提供了融资保证。

（4）规模优势。跨国公司能够利用其在经济全球化经营中取得的规模经营优势降低生产成本，提高边际收益。跨国公司通过国际化分工，利用东道国的生产要素优势实施全球化生产战略，一方面扩大了在国际市场的占有份额，另一方面获得了大量的规模报酬收益。

（5）政策优势。跨国公司在对外直接投资活动中，可以获得母国及东道国政府政策方面的支持，这些政策主要涉及市场准入、关税、利率、汇率、外汇管制等方面。和东道国企业相比，跨国公司可以通过较低的市场准入条件、税收减免、利息补贴、宽松的外汇政策等获得某种垄断优势。

（6）全球化信息与销售优势。跨国公司通过其覆盖全球的服务及销售网络，利用先进的通信设备，迅速、全面地获取有效市场信息，占据市场主动，降低销售成本，加快商品流转速度，谋求最大限度的投资回报。

垄断优势理论的提出，标志着独立的国际直接投资理论开始形成。该理论后经麻省理工学院的金德贝格（Kindleberger）在 20 世纪 70 年代进行了补充和发展。

2. 内部化理论

内部化理论又称"市场内部化理论"，是从市场不完全与垄断优势理论发展起来的，其核心概念是市场不完全。这种市场不完全并非指规模经济、寡头垄断或关税壁垒等，而是指某些市场失效，以及某些产品的特殊性质或垄断势力的存在，导致企业市场交易成本增加。该理论是由英国学者巴克莱（Buckley，1976）、卡森（Casson，1978）和加拿大学者拉格曼（Rugman，1981）完成的。1976 年和 1978 年英国里丁大学的学者巴克莱和卡森合作出版了《跨国企业的未来》和《国际经营论》两本著作，以市场不完全为假设，提出将外部市场内部化，以降低成本，获取更多收益。1981 年，加拿大学者拉格曼出版了《跨国公司内幕》一书，指出市场内部化是"将市场建立在公司内部的过程，以内部市场取代原来固定的外部市场，公司内部的调拨价格起着润滑内部市场的作用，使它能像固定的外部市场一样有效地发挥作用"。

内部化理论有三个假设前提：企业在不完全市场竞争中追求利润最大化，中间产品市场的不完全性使企业难以通过外部市场实现其经营目标，以及企业通过内部组织体系以较低成本在内部转移该优势的能力。

内部化理论认为，中间产品市场尤其是知识产品市场的不完全，使得企业不能有效利用外部市场来协调其经营活动，这构成了内部化的关键前提。为了弥补外部市场的缺陷，降低交易成本，企业倾向于通过对外直接投资，在组织内部创造市场，以内部市场来代替外部市场。因此，内部化理论强调企业通过内部组织体系以较低成本在内部转移该优势的能力，并把这种能力当作企业对外直接投资的真正动因。

总之，内部化理论强调企业内部市场的重要性，解释了企业为何选择通过内部化方式来进行国际直接投资，以追求整体利润的最大化。该理论为企业国际化经营提供了有益的理论支持。

3. 小岛清的比较优势理论

小岛清的比较优势理论，也被称为"边际产业扩张论"或"产业选择理论"，是日本学者小岛清（Kiyoshi Kojima）在 20 世纪 70 年代中期提出的国际直接投资理论。1977 年小岛清出版的《对外直接投资论》一书，从国际分工原则出发，第一次系统地阐述了他的对外直接投资理论，并在 1981 年第五版的《对外贸易论》和 1982 年出版的《跨国公司的对外直接投资》等论著中做了进一步的补充。

小岛清的比较优势理论包括三个基本命题：第一，赫俄理论①（Heckscher–Ohlin Theorem）中的劳动和资本要素可以用劳动与经营资源来代替，这意味着在国际贸易和投资中，除了劳动和资本外，经营资源也是一个重要的要素。第二，比较利润率的差异与比较成本的差异有关。这一命题表明，企业在进行跨国投资时，应该考虑不同国家之间的比较利润率和比较成本。第三，美国式的对外直接投资与日本式的对外直接投资不同。这一命题指出，不同国家的对外直接投资方式存在差异。

该理论的核心观点是，对外直接投资应该从本国（投资国）已经处于或即将陷于比较劣势的产业（可称为边际产业，这也是对方国家具有显在或潜在比较优势的产业）依次进行。这些边际产业中的企业拥有与东道国企业相近的生产函数，因此可以更容易地在海外找到立足点并生存下去。通过对外投资，本国可以缩小与外国之间的差距，将本国因资源条件限制而不能充分利用的"边际产业"进行转移，以促进对外贸易的发展。

小岛清详细地分析和比较了日本与美国对外直接投资的特点，提出以下推论：第一，国际贸易和国际直接投资可统一到比较成本原理基础上进行解释；第二，日本的对外投资属于贸易创造型，不仅可以带动日本设备和技术的出口，东道国国民收入提高后也会增加从日本的进口；第三，应从比较成本的角度对两种或两种以上产业或产品进行分析；第四，应在比较成本差距较大的产业或产品上进行对外直接投资；第五，投资国与东道国在同一产业的技术差异越小越容易移植，因为这样的国际直接投资更容易被东道国所接受，使双方都产生比较优势，创造更高的利润。

### 4. 国际生产折衷理论

国际生产折衷理论是关于国际生产的统一的、综合的理论，又称"国际生产综合理论"。该理论由英国学者邓宁（Dunning）在 1977 年提出，并在其 1981 年出版的《国际生产与跨国企业》一书中进行了系统阐述。邓宁继承了海默关于垄断优势的观点，吸收了巴克莱、卡森等人的内部化理论的内涵，增加了区位优势的分析，构成了国际生产折衷理论的核心。国际生产折衷理论认为，企业从事国际直接投资是由该企业本身所拥有的所有权优势、内部化优势和区位优势三大基本因素共同决定的。具体来说：第一，所有权优势，也称"厂商优势"，指一国企业拥有或能够获得的、国外企业所没有或无法获得的资产及其所有权。这些优势主要包括技术优势、企业规模优势、组织管理优势、金融和货币优势等。第二，内部化优势，指企业在通过对外直接投资在其资产或所有权内部化过程中所拥有的优势。也就是说，企业将拥有的资产通过内部化转移给国外子公司，可以比通过交易转移给其他企业获得更多的利益。第三，区位优势，指跨国企业在投资区位上所具有的优势，包括直接区位优势和间接区位优势。直接区位优势是指东道国的某些有利因素所形成

---

① 由两位瑞典经济学家赫克歇尔（Heckscher）和俄林（Ohlin）提出，合称为 H–O 理论，也称"要素禀赋理论"。

的区位优势，而间接区位优势是指由于投资国和东道国某些不利因素所形成的区位优势。邓宁认为，企业对外直接投资必须具备所有权、内部化和区位三种优势，如果只具备所有权和内部化优势，可以只进行对外贸易，而在企业只具备所有权一项优势的情况下，则最好通过许可证安排来进行技术转让。

### （二）发展中国家国际直接投资理论

传统的国际直接投资理论大都是以发达国家为研究对象的，但20世纪80年代后，随着发展中国家海外直接投资的形成和发展，传统的国际直接投资理论受到了严峻的挑战，一些学者开始关注和研究发展中国家对外直接投资的动因和行为，提出了一些专门用来解释发展中国家国际直接投资行为的理论。

#### 1. 小规模技术理论

小规模技术理论是关于发展中国家跨国公司的理论。该理论由美国学者刘易斯·威尔斯（Lewis Wells）在1977年提出，并在其1983年出版的《第三世界跨国企业》一书中进行了详细阐述。

小规模技术理论认为，发展中国家跨国公司的竞争优势主要来自低生产成本，这种低生产成本与其母国的市场特征相关。具体来看有以下三点优势：第一，小规模生产技术优势。发展中国家制成品市场规模一般不大，发达国家跨国企业大规模生产技术很难从中获益，而发展中国家跨国企业将先进的生产技术运用于小规模生产和提供品种繁多的产品，以满足发展中国家多样化的市场需求。第二，当地采购和特殊产品优势。发展中国家引进技术后，利用本国原材料和零部件加工成品，可以降低生产成本。同时，发展中国家的产品具有鲜明的民族特色，在海外生产又往往使用母国的资源，生产成本比较低廉，在海外生产具有较强优势。第三，低价产品营销优势。物美价廉是发展中国家与发达国家产品竞争的最大特点，成为提高发展中国家跨国企业市场占有率的有利条件，这主要是因为发展中国家劳动力成本和母国原材料成本普遍较低，而且广告支出较少。

#### 2. 技术地方化理论

技术地方化理论是一种解释发展中国家对外直接投资行为的理论。该理论由英国经济学家拉奥（Lall）在1983年提出，其核心观点是发展中国家通过对技术的引进和创新，形成具有本国特色的国际直接投资竞争优势。技术地方化理论认为，发展中国家的跨国公司通过对国外技术进行消化、改进和创新，使产品更适合自身的经济条件和需求。这种技术的形成包含着企业内在的创新活动，使得技术更适应发展中国家生产要素的条件和市场需求，即把这种技术知识当地化，然后投资到与母国经济环境相似的国家或地区，从而形成具有本国特色的国际直接投资竞争优势。

技术地方化理论强调发展中国家在引进发达国家的成熟技术之后，根据自身特点对引进的技术进行创新和升级的重要性。这种创新活动不仅有助于提升发展中国家的技术水平，还能为发展中国家在国际直接投资中创造独特的竞争优势。

#### 3. 技术积累理论

技术积累理论又称"技术创新产业升级理论"，它是由英国学者坎特威尔（Cantwell）和其学生托兰惕诺（Tolentino）于1991年提出的。技术积累理论强调企业作为一个有机系统，在从事技术活动过程中获得的一种寓于企业组织之中的知识积累和技术能力的递进。这种积累有利于巩固和增强企业技术优势，提高用户对企业技术能力的信任度，巩固和发展优势产品市场，开拓新产品市场，以及在同业企业的竞争中提高市场的防御和进攻能力。该理论认为，技术的发展是连续性的，技术创新的发展进程是由量变到质变的过程，在足够积累的基础上，才能实现技术突破。企业一旦形成丰厚的技术底蕴，就能在激烈的市场竞争中处于领先地位。

技术积累是企业市场竞争力的根本源泉，也是企业创新发展的根本性的内在基础。这些技术财富，通常是以技术文档和技术骨干为载体保存的。

## 二、国际间接投资理论

国际间接投资理论源于西方证券投资理论在国际投资领域的拓展，它的研究对象是以国际债券、国际股票及其他国际金融衍生工具等作为投资标的的国际间接投资行为。20世纪80年代以来，随着金融全球化程度的提高，在新的国际货币制度下，金融创新活动日益活跃，对国际间接投资理论的研究也在不断深入，研究方法趋于多样化。这里主要论述证券投资组合理论、资本资产定价理论、套利定价理论、有效市场假说、期权定价理论、投资行为金融理论等国际间接投资理论，特别是以哈里·马柯维茨（Harry Markowitz）为代表的证券投资组合理论。

### （一）证券投资组合理论

证券投资组合理论（portfolio theory）起源于20世纪初。传统理论以分散风险为原则，并根据基本分析和技术分析来选择证券进行组合投资，以规避投资风险。1952年3月，由美国纽约大学巴鲁克学院经济学教授哈里·马柯维茨发表《资产选择：有效的多样化》一文，首次运用定量分析方法研究资产的选择与组合。1959年，他又出版了代表著作《资产选择：有效的多样化》，从而开创了现代证券投资组合理论的先河。

马柯维茨的证券投资组合理论假定投资者是理性的，他们具有厌恶风险和追求收益最大化的基本行为特征，可以在股票、债券、商业票据、银行存款等不同金融资产之间进行投资选择和投资组合。马柯维茨认为，资产的预期收益并不能作为投资者选择资产的唯一依据，而应将资产的收益与风险结合起来进行考虑。因此，现代证券投资组合理论的核心是如何解决收益和风险的关系问题。一般情况下，收益与风险呈正相关关系。不同资产具有不同的期望收益和风险，不同资产按不同方式进行投资组合也具有不同的期望收益和风险。理性投资者应在给定期望风险水平下使期望收益最大化，或者在给定期望收益水平下使期望风险最小化，从而选择最优的投资组合。

### （二）资本资产定价理论

资本资产定价理论（capital asset pricing model，CAPM）产生于20世纪60年代初。1964年，美国斯坦福大学教授威廉·夏普（William Sharpe）在马柯维茨证券组合理论的基础上，分析了证券组合的预期收益与预期风险之间的关系，从而提出了资本资产定价理论，在投资理论上再次取得重大突破。1990年，夏普与马柯维茨、默顿·米勒（Merton Miller）共同获得诺贝尔经济学奖。

资本资产定价理论的假设条件主要包括：第一，投资者通过在单一投资期内的期望收益率和标准差来评价投资组合；第二，资本市场无管制，资金可以自由进出，税收与交易成本为零；第三，所有投资者均为风险的厌恶者；第四，所有投资者的投资预期相同，包括期望收益率、标准差、协方差的预期均相同；第五，存在相同的无风险利率；第六，所有投资者的投资期限均相同；第七，每种资产都是无限可分的，投资者可以任意买卖单位资产或组合资产。

资本资产定价理论的主要内容是系统提出了资本市场线（capital market line，CML）、证券市场线（security market line，SML）和市场组合（product market combination，PMC）。其中，资本市场线（CML）反映在均衡市场状态下有效证券投资组合的收益率与风险之间的关系，在 CML 中，用标准差衡量有效组合的风险大小。证券市场线（SML）同样是反映在均衡市场状态下，单证券、有效证券组合的收益率与风险之间的关系。证券市场线是资本资产定价模型的一般形式。在 SML 中，用 $\beta$ 系数衡量风险。夏普认为，凡是有效的证券组合都会落在资本市场线上，也一定会落在证券市场线上，市场组合是最有效的组合，投资者最好的投资策略就是买进并持有一个尽可能分散的投资组合。

（三）套利定价理论

套利定价理论（arbitrage pricing theory，APT）是由美国经济学家斯蒂芬·罗斯（Stephen Ross）首先提出的。1976 年 12 月，他在《经济理论》杂志上发表了题为《资本资产套利定价》的论文，提出了资本市场均衡时的资本资产套利定价理论。

套利定价理论是在证券投资组合理论和资本资产定价理论的基础上，通过套利行为而不是通过计算证券组合的期望收益率和方差来测算收益与风险的关系的理论。根据套利定价理论，在同一个完全竞争的商品市场上，同一产品会以相同的价格出售，那么在证券市场同样如此，所有证券的收益率都应该是相同的，如果不同，就会通过贱买贵卖的套利行为使其达成一致。因此，投资者会考虑 $n$ 种风险因素，每种风险都与一定的期望收益相联系。罗斯的 APT 假设条件比夏普的 CAPM 更为宽松，更接近实际情况和更具有实用价值。

罗斯的 APT 模型从外部因素入手来考察证券收益与风险之间的相关性，这些外部因素主要包括国民生产总值、通货膨胀率、利率等因素，根据这些风险因素，将套利定价模型分为单因素模型和多因素模型，利用同一资产在不同时间和地点的价格差异来赚取无风险利润。若投资者选择足够多的证券进行套利组合，可降低非系统性风险。

（四）有效市场假说

对金融市场有效性的研究工作至少可以追溯到 20 世纪初。1900 年，法国数学家劳雷斯·巴舍利耶（Lowis Bachelier）在其博士论文《投机理论》中提出了有效市场和随机漫步的思想。1953 年，英国统计学家莫里斯·肯德尔（Maurce Kendall）在对股票市场进行研究后也发现，股价的波动实际上是随机的，根本无规律可言。1959 年，罗伯茨（Roberts）揭示了这些股票市场研究和金融分析的结论所隐含的意义，首次提出了市场有效性假说（efficient markets hypothesis，EMH）。萨缪尔森（Samuelson，1965）和芒德尔（Mundell，1966）在仔细研究了随机游走理论后，较为严密地揭示了市场有效性假说期望收益模型中的"公平游戏"原则。1970 年 5 月，美国芝加哥大学教授尤金·法玛

（Eugene Fama）发表了一篇题为《有效资本市场：理论和实证研究回顾》的论文，将罗伯特定义的有效市场分类加以完善，提出了一套更完整的 EMH 理论框架。

有效市场假说以一个完美的市场为前提，在这个市场上，信息是充分和完全的；所有交易者都是价格的接受者，他们根据自己的判断和得到的信息独立买卖股票，追求利润最大化；市场完全竞争，资产完全可分割；不存在交易成本和税收；证券价格变动是随机的，受即时信息的影响，与上一次价格的变动没有联系。

法玛根据信息集的不同将有效市场分为弱式有效市场、半强式有效市场和强式有效市场三类。

**1. 弱式有效市场**

弱式有效市场指的是证券价格充分反映了历史上一系列交易价格和交易量中所隐含的信息的有效市场。这意味着在弱式有效市场中，投资者不可能通过分析以往价格获得超额利润。也就是说，使用当前及历史价格对未来做出预测是徒劳的。要想获得超额利润，必须寻求历史价格信息以外的信息。

**2. 半强式有效市场**

半强式有效市场是指证券价格既能反映历史信息，也能反映与公司股票有关的公开信息的有效市场。这些公开信息主要包括公司盈利预测股票分红预案、公司财务报表信息等。目前大多数较成熟的证券市场都属于这一类型。由于在半强式有效市场上，信息公开程度较高，投资者对公司前景十分了解，不会给投资者带来超额利润，基本分析将失去作用。

**3. 强式有效市场**

强式有效市场是指证券价格不仅反映历史信息和公开信息，而且还能反映内部信息的有效市场。这些内部信息主要包括公司管理层拥有的尚未公开的公司内幕信息。如果市场为强式有效的，说明市场信息的公开度十分高，投资者不可能持续获得超额利润。

（五）期权定价理论

期权定价理论模型最早由法国数学家劳雷斯·巴舍利耶（Lowis Bachelier）于 1900 年提出。随后，斯普里克尔（Sprecher，1961）、博内斯（Boness，1964）、萨缪尔森（Samuelson，1965）、卡苏夫（Kassouf，1969）等分别提出了不同的期权定价模型，但都没能完全解出具体的方程。1973 年，美国芝加哥大学教授费雪·布莱克（Fischer Black）与马尤·斯科尔斯（Myron Scholes）共同发表了《期权和公司负债的定价》一文，提出布莱克-斯科尔斯期权定价模型（简称 B-S 期权定价模型），奠定了现代期权定价理论的基础，也成为经济学中唯一一个先于实践的理论。关于期权定价模型，请参见第四章第四节国际衍生证券市场的相关内容。

（六）投资行为金融理论

**1. 投资行为金融理论的形成**

20 世纪 80 年代以来，金融市场上出现了若干异常现象，它对建立在资本资产定价理论（CAPM）和有效市场假说（EMH）两大基础理论上的现代金融理论提出了严峻挑战。于是，以投资者实际投资行为为研究对象的投资行为金融理论应运而生，它为人们合理解释金融市场提供了新的视角，现已成为金融研究中非常引人注目的领域。

行为金融学是由心理学、行为科学及金融学交叉形成的，是从人的角度来解释和研究投资者的决策行为及其对资产定价的影响的学科。早在1951年，美国俄勒冈大学教授巴伦（Burren）就探讨了用构建实验室来验证理论的必要性。随后，该校的巴曼（Bauman）和斯诺维奇（Slovic）继续将金融学与行为科学相结合进行研究。20世纪70年代末至90年代，行为金融学的研究得到了迅速发展.

**2. 行为金融学的理论基础**

（1）期望理论。1979年卡纳曼（Kahneman）和特沃斯基（Tversky）通过实验发现，大多数投资者并非理性投资者，他们的投资行为并不总是风险回避的。投资者并非传统金融理论假设的标准金融投资者，而是行为投资者。由此，他们提出了一个更符合投资者实际投资行为的效用理论——期望理论。根据期望理论，行为投资者在损失的情况下通常是风险偏好的，在盈利时则往往是风险规避的，这与现实情况是一致的。期望理论解释了许多金融市场上的"怪异"现象，但并未给出价值函数的具体形式。

（2）行为组合理论。1994年，谢弗瑞（Shefrin）和斯塔特曼（Statman）构筑了行为资产定价模型（behavioral asset pricing model，BAPM），它是对主流金融学中资本资产定价模型（CAPM）的挑战。该理论针对均值-方差方法及以其为基础的投资决策行为分析理论的缺陷，从投资人的最优投资决策实际上是不确定条件下的心理选择的事实出发，确立了以预期财富和安全质量来进行组合与投资选择的方法，以此来研究投资者的最优投资决策。

1999年，上述两位经济学家又提出了用行为组合理论（behavioral portfolio theory，BPT）来替代现代资产组合理论（modern portfolio theory，MPT）。现代资产组合理论认为投资者应把注意力集中在资产组合而非单一资产的风险与预期收益上，这就需要考虑不同资产之间的相关性；而行为组合理论认为投资者应该把注意力集中在整个组合上，最优的组合配置处在均值方差有效前沿上。行为组合理论将人类心理与行为纳入金融的研究框架，但是由于涉及人类心理与行为研究的难度，加上行为金融刚刚起步，因而其本身也存在很多缺陷。

**3. 行为金融理论模型**

（1）DSSW模型。1990年，迪隆（De Long）、施雷弗（Shleifer）、萨莫斯（Summers）、沃德曼（Waldmann）发表了噪声交易模型，即DSSW模型，该模型将金融市场上的投资者分为理性套利者和非理性的噪声交易者。后者具有随机的行为倾向，其行为的不可预测性常常导致资产价格的异常波动。因此，即使不存在基本风险，股票价格也会显著地偏离其基本价值。噪声交易者自身会制造很大风险，但同时具有比理性套利者更高的预期收益率。该模型可用来解释市场上资产价格的过分波动、股票溢价、基金价格偏低等现象。

（2）DHS模型。1998年，丹尼尔（Daniel）、何什弗（Hirshleifer）和萨伯曼雅姆（Subrahmanyam）提出了DHS模型，该模型将投资者分为有信息和无信息两类。资产价格是由有信息的投资者决定的，有信息的投资者又分为对信息过度自信和过分偏爱两种。过度自信导致投资者夸大对资产价格判断的准确性，低估市场风险；过分偏爱所掌握的私人信息导致投资者低估关于资产价值的公共信息。当包含噪声的公共信息到来时，价格的无效偏差得到部分矫正。当越来越多的公共信息到来后，对私人信息的过度反应和对公共信息的反应不足就会得到根本矫正，资产价格及回报就会出现短期的惯性和长期的反转。

（3）BSV 模型。1998 年，巴布里斯（Barberis）、施雷弗（Shleifer）和韦斯尼（Vishny）提出了 BSV 模型。该模型认为，人们进行投资决策时存在两种错误范式：一种是选择性偏差，即投资者过于重视近期数据的变化，而忽略这些数据的总体特征；另一种是保守性偏差，即投资者不能根据实际情况的变化及时修正预测模型。以上两种错误范式会导致投资者对市场信息的反应过度和反应不足。该模型解释了投资者决策模型是如何导致市场价格变化偏离市场效率的。

（4）HS 模型。1999 年，洪（Hong）和斯坦（Stein）提出了 HS 模型，又称"统一理论模型"（unified theory model, UTM）。该模型与 BSV 模型、DHS 模型一样，都是用来解释一些异常回报现象的原因的。但不同的是，BSV 模型和 DHS 模型是从部分心理学角度刻画投资者行为的，而 HS 模型是从市场参与者的相互作用角度提出市场反应不足、动量反应和过度反应的统一理论模型。HS 模型把投资者分为观察消息者和动量交易者两类。前者进行投资时过分依赖所获得的未来价值信息，后者则完全依赖过去的价格变化。私人信息在观察消息者群体中是逐步扩散的。最初是观察消息者对私人信息反应不足，使得动量交易者试图通过套利活动来获利，而套利活动的不断进行，势必推动价格出现过度反应，一旦市场意识到过度反应，就会发生逆转。

（5）羊群效应模型。羊群效应模型（herd behavioral model）是行为金融理论中的一个重要模型。所谓羊群效应，是指由于受其他投资者投资决策的影响而采取相同的投资策略的行为。羊群效应在生活中运用非常普遍，股市里跟风、跟庄的行为就是典型的羊群效应。1990 年，沙尔夫斯坦（Sharfstein）研究指出，在一些情况中，经营者简单地模仿其他经营者的投资决策，忽略独立的私人信息，虽然从社会角度看这种行为是无效的，但对于关心其市场声誉的经营者而言却是合理的。

羊群效应模型可分为序列型和非序列型两种。1992 年，班纳吉（Banerjee）提出序列型羊群效应模型。班纳吉认为，投资者通过典型的贝叶斯过程，从市场噪声以及其他个体的决策中获取自己决策的信息。这种依次决策的过程，导致市场中的信息流。该模型假设了投资者的决策次序，但缺乏实践支持。1998 年，奥德安（Odean）基于贝叶斯法则提出了非序列型羊群效应模型。该模型假设任意两个投资主体之间的仿效倾向是固定相同的。这样，当仿效倾向较弱时，市场总体表现为收益服从高斯分布；当仿效倾向较强时，则表现为市场崩溃。

## 三、国际投资理论的发展

20 世纪 90 年代以后，金融全球化的加速和跨国公司对全球政治经济的影响日益扩大，国际理论界对国际投资理论的研究更加深入，研究视角和范围不断扩展，国际投资领域出现了一些新的理论，对传统理论未能涉及的领域进行了广泛的探索。它们既包括对原有理论的修正、检验和发展，以推动研究更贴近现实，也包括基于后发国家发展现实而出现的新理论。

（一）动态比较优势投资理论

动态比较优势投资理论是日本经济学家小泽辉智（Tereto Ozawa）于 1992 年提出的，也称为"新综合的国际投资阶段发展论"。该理论强调，发展中国家的比较优势不是一成不变的，而是会随着时间和条件的变化发生转移或消失。因此，发展中国家需要积极地通过对外投资，寻求新的比较优势，以促进经济增长和发展。动态比较优势投资理论的核心观点是，发展中国家应该专注于那些具有潜在比较优势或正在形成比较优势的行业或领域，通过对外投资获取先进的技术、管理经验和市场资源，从而加速本国产业的发展和升级。这种投资不仅可以提高本国的生产效率和竞争力，还可以促进国际贸易和投资的合作与交流。

基于此，各国经济发展水平具有阶梯形的等级结构，发展中国家的跨国投资模式必须结合工业化战略，对经济发展、比较优势和国际直接投资三种因素进行综合分析。为了激发国家现有和潜在的比较优势，并使其最大化，发展中国家应从单纯吸引外资转变为向海外进行直接投资，这种转换过程分为四个阶段：第一阶段是单纯吸引外国直接投资；第二阶段是外资流入并向国际直接投资转型；第三阶段是从劳动力导向型、贸易支持型的海外投资向技术支持型的国际直接投资过渡；第四阶段是资本密集型的资金流入和资本导向型对外投资交叉发展。

（二）投资诱发要素组合理论

投资诱发要素组合理论也称"综合动因理论"，是国际学术界在 20 世纪 80 年代末 90 年代初形成的。其核心在于强调直接诱发要素和间接诱发要素的组合作用。

直接诱发要素主要是指各类生产要素，包括劳动力、资本、资源、技术、管理及信息知识等。这些要素在投资国和东道国中都可能存在，它们可以直接诱发对外直接投资。例如，如果投资国在某种生产要素上具有优势，如技术或资本，那么它可能会利用这种优势进行对外直接投资。相反，如果投资国没有直接诱发要素的优势，而东道国却有这种要素的优势，那么投资国可以通过对外直接投资方式来利用东道国的这种要素。间接诱发要素是指除直接诱发要素以外的其他诱发对外直接投资的因素，主要包括三个方面：投资国政府诱发和影响对外直接投资的因素，如鼓励性投资政策和法规、政府与东道国的协议和合作关系等；东道国诱发和影响对外直接投资的因素，如东道国政局稳定、吸引外资政策优惠、基础设施完善、涉外法规健全等；全球性诱发和影响对外直接投资的因素。

投资诱发要素组合理论试图从新的角度阐释对外直接投资的动因和条件，其创新之处在于强调间接诱发要素（包括经济政策、法规、投资环境以及宏观经济）对国际直接投资起着重要作用，而以往诸多理论都仅从直接诱发要素单方面来解释对外直接投资的产生，从而导致某些片面性和局限性。

（三）综合动因论

卢进勇（2016）提出了综合动因论。该理论认为，任何一个国际投资项目往往都是母国企业、东道国环境、母国环境以及世界经济四个因素综合发挥作用的结果，其中发挥主要作用的是母国企业动因和东道国环境动因，而母国环境动因和国际环境动因往往起到辅助作用。但在部分情况下，对某些类型的国家、某些类型的企业或某些类型的投资项目，后两个因素也可能发挥主要作用。对综合动因的进一步解释为：

（1）母国企业动因。根据企业属性，中国企业可以分为国有企业和中小民营企业两类，两类企业参与国际市场的动机不尽相同。国有企业因其国有属性，主要代表国家意志力开展对外投资；民营企业则主要在其利润驱动下参与国际分工。

（2）东道国动因。东道国作为母国企业投资的接受者，在国际经济活动中扮演着重要角色，其对外直接投资动因的影响涉及制度、环境以及加入全球价值链等多方面因素。

（3）母国环境动因。一国开展对外直接投资顺利与否，与其母国环境息息相关，其中涉及投资母国的经济外交、国家发展战略、国际核心竞争力以及承担国际社会责任等。

（4）国际环境动因。一方面，全球范围内建立起的新型国际分工体系，是再一次促进国际经济合作的推动力；另一方面，世界格局多元化、经济全球化、国际区域组织影响以及国际资本市场的发展极大地推动了企业在全球范围内的国际直接投资活动。

# 第二节　国际融资理论

## 一、资本结构理论

### （一）资本结构理论的基本概念、符号及公式

企业的资本结构理论源于 20 世纪 50 年代。最早对资本结构理论进行评价、归纳的是美国经济学家大卫·戴兰德（David Durand）。现代资本结构理论的创始人是弗兰克·莫迪利安尼（Franco Modigliani）和默顿·米勒（Merton Miller）。20 世纪 70 年代权衡理论的问世标志着资本结构理论的新发展，20 世纪 80 年代不对称信息理论等被引入这一领域，大大拓宽了人们对资本结构理论的研究视野。

为了便于理解资本结构理论，在此给出下列基本概念、符号及公式：

$S$——企业普通股股票的市值；

$D$——企业负债的市值（假设企业无优先股，企业仅适用固定年金式债券）；

$V$——企业总价值；

$EBIT$——息税前收益（假设预期 $EBIT$ 为一常数）；

$K_s$——企业普通股成本；

$K_d$——企业负债成本；

$K_a$——加权平均资金成本；

$T$——企业所得税税率。

假设 $EBIT$ 固定不变，可得到：

$$S = \frac{(EBIT - K_d D)(1 - T)}{K_s} \tag{2-1}$$

加权平均资金成本为：

$$K_a = \left(\frac{D}{V}\right)K_d(1 - T) + \left(\frac{S}{V}\right)K_S \tag{2-2}$$

用公式（2-1）计算股本价值加上负债的价值可得到：

$$V = \frac{EBIT(1 - T)}{K_a} \tag{2-3}$$

可以用式（2-1）、式（2-2）和式（2-3）来检验不同理论中的资本结构变化对企业价值的影响。

（二）资本结构理论的内容

**1. 传统的资本结构理论**

（1）净收入理论。净收入理论假设：投资者以一个固定不变的收益率 $K_S$ 来估计企业的净收入；企业能以一个固定利率 $K_d$ 取得借款。由于 $K_S$ 大于 $K_d$，当企业加大财务杠杆程度，由式（2-2）和式（2-3）推出，$K_a$ 将趋于下降，而企业的价值 $V$ 将增大。倘若企业的负债由 0 趋于 100%，企业价值将持续上升直至最大，即 100%负债时企业的市场价值将达到最大，此时资本结构最优。由于该理论完全没有考虑资金成本的变化和风险因素的影响，缺乏实践经验，不具有可行性。因为在现实中，企业负债增加，债务成本也会增加，企业财务风险也随之增大，一旦出现债务危机，企业股票的市值会大大降低，为补偿这种风险，债权人就会提出更高的收益率要求。

（2）净经营收入理论。净经营收入理论是传统资本结构理论中另一极端理论。该理论假设：投资者是以一个固定的加权平均资金成本 $K_a$ 来估计企业的 EBIT 的，不论企业负债为多少，企业的价值（$V$）都是固定的。因为资金成本降低使债务资本增加，会加大股本的风险，从而使股本成本上升，意味着低成本举债的利益正好被股本成本的上升所抵消，所以更多的负债将不再增加企业的价值。根据这种假设推断，企业价值与资本结构和资金成本无关，资本结构对策对于企业毫无意义，所以企业并不存在最佳资本结构。此观点显然也与企业财务实践不相符。

（3）传统折衷理论。传统折衷理论是介于净收入理论和净经营收入理论之间的一种理论。该理论认为，企业负债在一定限度内时，企业股本和负债的风险都不会显著增加，$K_d$ 和 $K_S$ 相对稳定，适当的负债融资对企业是有利的，因为负债具有部分抵税效应；而负债一旦超过一定限度，融资风险便会更大，$K_d$ 和 $K_S$ 都将上升，并因此降低企业的市场价值。由此可以推断：某种负债低于 100%的资本结构可以使企业价值最大，即存在着最优资本结构（如图 2-1 所示）。由图 2-1 可以看出，当负债权益比率小于一定点时，适当增加负债在资本结构中的比重，不仅可以使企业的市场价值降低，而且会使企业的市场价值不断提高；反之，则会使企业的市场价值降低。

**2. 现代资本结构理论**

（1）MM 理论。MM 理论是米勒教授所提出的资本结构理论，对于开拓人们的视野，推动资本结构理论乃至投资理论的研究，引导人们从动态的角度把握资本结构与资本成本、公司价值之间的关系以及股利政策与公司价值之间的关系，具有十分重大的意义。因此，MM 理论被西方经济学界称为"革命性变革"和"整个现代企业资本结构理论的奠基石"。这一理论的基本假设是：

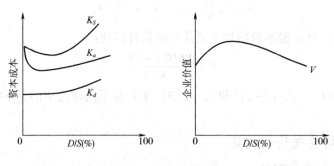

图 2-1　最优资本结构

◆ 企业的经营风险是可衡量的，有相同经营风险的企业即处于同一风险等级。

◆ 投资者对企业未来收益和取得这些收益所面临风险的预期是一致的。

◆ 投资者预期的 EBIT 不变，即假设企业的增长率为零，从而所有现金流量都是年金。

◆ 无论借债多少，公司及个人的负债均无风险，故负债利率为无风险利率。

◆ 证券市场是完善的，没有交易成本。

◆ 公司的股利政策与公司价值无关，公司发行新债不影响已有债务的市场价值。

（2）平衡理论。平衡理论是企业资本结构理论在 20 世纪 70 年代最重要的发展，该理论权衡了负债带来的利益与风险和各种费用之间的关系，并对它们进行了适当的平衡。平衡理论又可分为平衡理论和后平衡理论。平衡理论的代表人物包括罗比切克（Robichek，1967）、梅耶斯（Myers，1984）、考斯（Kraus，1973）、鲁宾斯坦（Rubinstein，1973）、斯科特（Scott，1976）等人，他们的模型基本引自 MM 理论的修正模型。平衡理论认为，制约企业无限追求免税优惠或负债最大值的关键因素是债务上升而形成的企业风险和费用。因此，企业最佳融资结构应当是在负债价值最大化和债务上升带来的财务危机成本以及代理成本之间选择最合适的位置。后平衡理论的代表人物是迪安吉罗（Diamond，1984）、梅耶斯（Mayers，1984）等人，他们将负债的成本从破产成本进一步扩展到代理成本、财务困境成本和非负债税收利益损失等方面。同时，又将税收收益从原来单纯讨论的负债税收收益引申到非负债税收收益方面，实际上是扩大了成本和利益所包含的内容，把企业融资结构看成在税收收益与各类负债相关成本之间的平衡。

3. 控制权理论

控制权理论的出发点是：企业融资结构在决定企业收入流分配的同时，也决定了企业控制权的分配。

控制权理论的主要代表人物是菲利普·阿吉翁和帕特里克·博尔顿（Aghion and Bolton，1973）等。他们在交易成本和契约不完全的基础上，提出一种与财产控制权相关的企业融资理论，认为债务融资与股票融资不仅在收益索取权上有所不同，在控制权安排上也不相同。通常债务融资契约是和破产机制相联系的，而股票融资契约是与企业经营控制权相联系的。企业控制权理论认为，企业融资方式的选择在很大程度上影响着企业控制权的变化，在契约及信息不完全的情况下，融资结构的选择就是控制权在不同证券持有者之间分配的选择，最优的负债比率应该是在控制权从股东转移给债权人的临界状态实现的。

## 二、国际融资理论的发展

事实上，在 20 世纪 80 年代之后，融资理论随着实践的发展已经产生创新发展的需求，学者们不断放松理论假设条件，拓展了大量的经济学与管理学最新的分析方法和思路，形成了财务契约理论、优序融资理论等新的理论思想。这个时期的理论创新浪潮一直延续到 2000 年之后，形成了一系列新理论。

### （一）财务契约理论

财务契约理论是 20 世纪 80 年代兴起的公司财务研究领域，该理论使用博弈分析方法，探讨如何解决代理成本问题。财务契约理论认为，企业实际上是一系列契约的组合，契约的订立和执行过程存在交易成本，股东和债权人之间存在严重的利益分歧，因此，企业并不具有共同的最大化企业价值的目标。而契约理论就提出，如何设计一组契约来减少企业内部不同利益主体之间的冲突，反映到融资问题上，则体现在通过合理的财务契约设计来实现各方的利益均衡。从财务学角度来看，财务契约问题源于 MM 定理条件的放宽，人们重点分析财务约束对于降低代理成本和提高经济效率的影响，在理论形成过程中形成了成本契约假说、财务契约设计和最优债务契约条件三种观点。

### （二）优序融资理论

优序融资理论（pecking order theory）是关于公司资本结构的理论，该理论在 1984 年由美国金融学家迈尔斯（Myers）与智利学者迈勒夫（Majluf）共同提出。这一理论以信息不对称及交易成本的存在为基础，认为公司在为新项目融资时，会优先考虑使用内部的盈余，其次是采用债券融资，最后才会考虑股权融资。也就是说，公司在融资时会遵循内部融资、外部债权融资、外部股权融资的顺序。前面所述的 MM 理论假设企业经理和投资者双方都是在对企业未来收益流量有充分的信息的条件下自主做出决策的，充分有效的资本市场正是依据这个假设来评价企业市场价值的。而在现实中这个假设很难实现，因为企业经理比投资者更多地了解企业的内部经营活动和状况，这是一个典型的不对称信息环境。

优序融资理论的意义在于解释了当企业内部现金流不足以满足净经营性长期资产总投资的资金需求时，企业更倾向于债务融资而不是股权融资的原因。这一理论揭示了企业在筹资过程中对不同筹资方式选择的顺序偏好。

### （三）股利迎合理论

2003 年，哈佛商学院的马尔科姆·贝克（Malcolm Baker）和纽约大学斯特恩商学院的杰弗瑞·沃格勒（Jeffrey Wurgler）提出了股利迎合理论，也被称为红利迎合理论。该理论认为，公司是否发放现金股利取决于投资者需求，当投资者对那些发放现金股利的股票具有较高的购买意愿时，公司决策者就会迎合投资者的需求而发放现金股利；相反地，当投资者对那些不发放现金股利的股票具有较高的购买意愿时，公司决策者就会迎合这种需求而不发放现金股利。该理论的核心观点是，公司管理者会迎合投资者的需求来制定股利政策。

具体来说，投资者对股利的需求和偏好会影响他们对股票的选择和购买决策。如果投资者更倾向于购买支付高股利的股票，那么公司管理者为了吸引这些投资者，可能会选择支付更高的股利。相反，如果投资者更偏好于不支付股利或支付低股利的股票，管理者可能会选择不支付股利或支付较低的股利。

贝克与沃格勒（Baker and Wurgler，2004）建立了股利迎合理论静态模型，对股利迎合理论做了进一步完善，并假定股利迎合理论满足三个基本要素：

（1）投资者对支付股利的股票有盲目、变化的需求。也就是说，投资者有时会偏好发放股利的股票，有时又偏好不发放股利的股票。

（2）有限套利使得股票需求能够影响股价。在完美和有效的市场假说下，投资者对股利的需求不同不会影响股票价格。

（3）管理者理性地迎合投资者变化的偏好。公司管理者会根据投资者的需求和偏好来制定股利政策，以吸引投资者并提升公司价值。

（四）企业估值理论

企业估值理论属于财务管理研究以及金融领域的核心内容之一，随着跨国公司投资与并购业务的开展，企业估值理论也被应用到国际投融资中，在判断企业效率并由此决定融资和投资流向中发挥了重要作用。企业估值理论分为传统企业估值理论和现代企业估值理论，其中传统企业估值理论包括基于成本的单项资产估值理论、基于比较的乘数理论、基于收益的现值理论和基于风险的期权定价理论；而现代企业估值理论主要以奥尔森（Olson，1995，2001，2006，2009）的剩余收益模型以及后续的拓展模型为代表。奥尔森估值理论是为了避免股利贴现模型的"股利迷局"（the dividends conundrum）（Penman，2006）而提出来的，其目标是把当期会计实现与预期未来股利现值联系起来，在简单线性动态信息的基础上建立一个十分简洁的股票价格与当期会计实现的模型。奥尔森模型的基本观点是一个企业的市场价值等于其账面净值加上其预期的未来超常收益（剩余收益）的贴现值，而与现金流和股息无关。

奥尔森模型有着广泛的应用：在投资领域，该模型用于估计股票的合理价格，帮助投资者判断股票的价值是否被低估或高估；在企业估值和财务分析中，可用于评估企业的价值和盈利能力，辅助决策者进行投资决策和财务管理。此外，奥尔森模型还可用于债券估值、并购和重组等各类金融活动中。

需要注意的是，奥尔森模型由于假设过于严格而存在一些限制，如财务信息的可靠性、未来盈利能力和不确定性的准确预测等。在使用该模型时，需要结合其他方法和信息进行综合分析。

# 第三节　新发展格局下的理论创新

## 一、绿色金融理念下的投融资理论

党的二十大报告中提出："推动绿色发展，促进人与自然和谐共生。"习近平总书记指出："推动经济社会发展绿色化、低碳化是实现高质量发展的关键环节。"

绿色金融是指为支持环境改善、应对气候变化和实现资源节约高效利用的资金配置活动，即对环保、节能、清洁能源、绿色交通、绿色建筑等低污染领域的项目投融资、项目运营、风险管理等所提供的金融服务。绿色金融可以促进环境保护及治理，引导资源从高污染、高能耗产业流向理念、技术先进的部门，并推动经济结构绿色转型。此外，绿色金融还可以为投资者提供更多参与绿色项目和可持续发展的机会，实现经济效益和社会效益的双重目标。

近年来，绿色金融蓬勃发展，为相关领域资金需求和资源优化配置提供重要支撑。在绿色金融快速发展的背景下，国际投融资理论也得以丰富和发展。

### （一）国际绿色信贷准则

绿色信贷也称"可持续融资"或"环境融资"。绿色信贷是银行、金融机构在遵循对应产业政策的基础上对高能耗、高污染行业实施信贷管制，通过项目准入、高利率、额度限制等约束其发展，引导其转变经营模式；同时通过提供配套优惠的信贷政策与信贷产品，来加大对节能环保、低碳循环产业的扶持力度；帮助企业、个人购买环保产品，建设环保项目，减少环境污染。

绿色信贷作为绿色金融的实践工具，银行在贷款过程中，将符合环境监测标准、污染治理效果和生态保护作为信用贷款的重要考核条件。绿色信贷对实践绿色发展具有重要意义：一方面，绿色信贷在绿色金融发展中具有促进金融机构、产业和企业绿色转型的作用，能够推动绿色经济发展；另一方面，商业银行作为绿色信贷的参与主体，可通过发展绿色信贷，达到社会与经济效益双赢的目的。

目前国际最具代表性、应用较为广泛的是"赤道原则"。此外，国际上还形成了"绿色信贷原则"和"可持续发展关联贷款原则"，作为发展绿色信贷产品和项目的重要标准。

#### 1. 赤道原则

赤道原则（Equator Principles，EPs）在 2003 年由花旗银行、荷兰银行、巴克莱银行等不同银行共同制定，并经过多次修订和完善，至 2019 年已发布第四版。赤道原则要求金融机构对融资项目给环境和社会造成的潜在影响进行综合评估，并利用金融杠杆支持项目融资以促进社会的可持续发展。赤道原则的制度体系较为全面，包括项目评估、环境和社会风险管理、贷款协议和披露要求等方面的规定。接受赤道原则的银行（赤道银行）需要自觉接受外部独立的监督和审查，在贷款存续期需要由外部独立的机构和社会专家来进行项目评估，环境评估报告也需要由外部独立的机构和社会专家来审查。同时，赤道银行也要求借款人建立环境评估信息公开披露和投诉机制等。赤道原则被广泛用于国际绿色信贷实践，目前全球有 37 个国家的 123 家金融机构采用赤道原则。

2. 绿色信贷原则

绿色信贷原则，也称"绿色信贷政策"（geen loan policy，GLP），是国际绿色信贷的另一重要标准，它是由欧洲投资银行（EIB）和世界银行（World Bank）等机构共同制定的，为金融机构的绿色信贷提供了高标准的指导框架。绿色信贷原则要求金融机构在信贷决策中考虑环境因素，促进环境保护和可持续发展。该原则涵盖了广泛的领域，包括环境评估、风险管理、合规性和信息披露等方面。与赤道原则不同，绿色信贷原则详细列出了绿色项目类型，对贷款资金管理的制度约束做出了明确要求，可有效引导银行通过发放绿色贷款，使资金流向绿色产业。

3. 可持续发展关联贷款原则

可持续发展关联贷款原则是针对绿色金融领域的另一项国际准则。2019 年，贷款市场协会、亚太区贸易市场协会和贷款银团贸易协会联合发布了可持续发展关联贷款原则，对可持续发展贷款市场提供了进一步的框架性指引。该原则强调将贷款与可持续发展目标相结合，通过金融手段促进可持续发展。可持续发展关联贷款原则要求金融机构在贷款协议中加入与可持续发展相关的条款和条件，以确保借款人实现可持续发展目标。同时，金融机构还需要对贷款项目的社会和环境影响进行全面评估和管理，以确保项目的可持续发展性。

（二）ESG 投资理论

ESG 投资是指在投资决策过程中，基于可持续发展理念，突出三个价值评估因素，即环境（environmental）、社会（social）和治理（governance）因素，简称 ESG。通过这三个维度考察企业中长期发展潜力，以此为评价选择依据，找到既创造股东价值又创造社会价值、具有可持续成长能力的投资标的。

ESG 理念起源于社会责任意识，在早期的西方国家，经济高速增长带来的社会和环境负面效应逐步显现，环保及社会责任主题的公众运动盛行一时。在市场选择机制的作用下，社会和环保因素逐渐渗透到商业活动中，成为多数利益相关者最为重视的企业发展要素之一。1997 年，联合国环境规划署金融倡议组织（UNEP FI）颁布《关于可持续发展的承诺声明》，提出企业应"将环境和社会因素纳入运营和战略"的建议；2004 年，在联合国全球契约组织（UN Global Compact）发布的《有心者胜——将金融市场与变化的世界联结起来》（*Who Cares Wins—Connecting Financial Markets to a Changing World*）报告中，"ESG"概念被首次正式提出；2006 年，时任联合国秘书长科菲·安南发起成立责任投资原则组织（Principles for Responsible Investment，PRI），正式将 ESG 责任投资领域纳入基本行为准则，鼓励投资机构在决策中纳入 ESG 指标。在此背景下，高盛、贝莱德等金融机构和组织相继开展 ESG 投资实践，推出一系列 ESG 投资组合和 ESG 指数等新型产品；同时，以明晟公司①（Morgan Stanley Capital International，MSCI）、富时罗素指数公司②（FTSE Russell）等为首的第三方评级机构和国际公益组织持续开展方法学研究，推动ESG 理论体系的量化应用和信息披露标准。

ESG 从 E、S 和 G 三个维度出发，代表了一系列的指标，可从国家、城市、行业、企业和项目等层面形成评价体系，通过提供多维度的评价方法，用以反映不同层级的活动对外产生的环境、社会效益，对内的治理机制水平。

1. ESG 信息披露

ESG 信息披露，主要是指企业及发债主体通过对外披露财务信息以外的绩效表现，包括 ESG 维度下相关影响及应对措施，以帮助利益相关方了解自身的可持续发展水平，提升市场整体 ESG 信息质量与透明度，具体包含强制性披露和自愿性披露两种形式。其中，强制性披露是指在政府或者监管部门的相关法律法规及披露框架下，企业必须向社会公众披露 ESG 信息；自愿性披露则指企业自主采纳其他组织和机构所制定的框架，主动向社会公众披露 ESG 信息。

2. ESG 评级

ESG 评级，主要是指第三方评级机构在国际通用政策及标准文件的基础上，设置较为规范和统一的 ESG 评级指标体系，并根据公开来源信息，对企业的 ESG 表现进行打分评级，为 ESG 投资提供参考。此外，部分评级机构会选择 ESG 表现较好企业的数据，编制形成 ESG 相关指数，并根据固定周期内的企业 ESG 表现进行标的池的更新。当前，国际市场上较为主流的 ESG 评价体系来源于明晟（MSCI）、汤森路透（Thomson Reuters）/路孚特（Refinitiv）、富时罗素（FTSE Russell）、道琼斯（S&P DJI）、晨星（Morningstar-Sustainalytics）等机构。

3. ESG 投资

ESG 投资，主要是指将环境、社会和治理三因素整合，实现整体风险降低，以获得更高的投资收益为主要目标的投资实践方式。作为与可持续理念高度相似的国际化表达公式，ESG 能够科学衡量企业的可持续发展能力。在应对市场中"黑天鹅事件"的外部冲击时，其相关主题指数能够在资本市场上表现出一定的抗风险能力，甚至在长期维度下获取超额收益。因此，ESG 投资具备充分的理论依据，能够将标的公司的 ESG 表现以及可持续治理方式以量化手段纳入常规的标准化金融产品中，为外部投资者提供了稳定、科学的 ESG 应用渠道，将资本与可持续实践进行了有机融合。

---

① 摩根士丹利资本国际公司（Morgan Stanley Capital International），又称明晟（MSCI），是美国著名的指数编制公司。

② 富时罗素指数公司（FTSE Russell），简称"富时"。富时罗素指数公司是一家注册在英国的公司，其所编制的指数涵盖了全球各地 98% 可投资的股票市场、世界上排名前 100 的资产管理公司中的 98 家、美国排名前 50 的退休基金当中的 48 家以及全球前十大投资银行。截至 2017 年底，全球跟踪使用富时罗素指数的资产值达到 16.2 万亿美元，为中国编制的中国股票指数即富时中国 a50 指数。

## 二、大格局平衡下的投融资理念

### （一）共建"一带一路"国家的投融资创新机制

#### 1. "一带一路"投融资体系的形成与发展

自 2013 年中国提出"一带一路"倡议以来，中国与共建"一带一路"国家货物贸易额累计达 9.2 万亿美元，增长率高于中国整体外贸增长速度。根据商务部数据，倡议提出以来，我国与共建国家贸易和投资规模稳步扩大，基础设施互联互通不断加强，产业链供应链合作水平持续提升，共建了"一带一路"资金融通渠道，逐步形成了以各国国内金融机构为主导、亚投行及丝路基金为先锋、传统国际金融机构为重要补充的多层次的融资服务体系结构，投融资模式趋于多元化。在这个过程中，本币债券市场快速发展。人民银行推进国内债券市场对外开放，便利共建国家政府和企业发行熊猫债，为共建"一带一路"拓宽资金来源。

据亚投行官方数据，亚投行已涵盖 103 个成员国，并批准了 26 个经济体共计 90 个贷款或投资项目，涉及交通、能源、卫生、医疗、环境保护、信息网络等关键基础性行业，总额近 200 亿美元。丝路基金通过股权、债权等方式多元化融资，已完成 34 个项目签约，承诺投资金额约 123 亿美元①。沿线国家经济发展和居民生活质量得到改善，整个区域实现了经济效益、社会效益和环境效益的统一。亚投行作为多边金融机构，通过提供投融资支持，促进亚洲地区的基础设施建设和经济发展，对于加强区域合作、推动人民币国际化以及提高中国在国际经济治理中的话语权具有重要意义。

#### 2. "一带一路"投融资规则

"一带一路"投融资规则设计的理念是共商、共建、共享原则。这一原则强调参与各方在平等协商的基础上，共同制定和遵守规则和标准，以实现互利共赢的目标。"一带一路"投融资规则的制定目标是推动亚洲基础设施建设和经济发展，促进区域经济一体化进程，加强各国之间的联系与合作，提高各国的经济实力和国际竞争力。具体来说，"一带一路"投融资规则主要包括以下内容：

（1）政策沟通。"一带一路"沿线各国就"一带一路"建设开展充分交流合作，完善双多边合作机制，推动国际政策沟通、设施联通、贸易畅通、资金融通、民心相通。

（2）设施联通。"一带一路"标志性基础设施建成一批重大互联互通项目，促进交通基础设施互联互通，构建全方位、多层次、复合型的互联互通网络。

（3）贸易畅通。进一步巩固中国同发展中国家之间的传统友谊与政治互信，深化经贸合作，优化区域产业链布局，维护全球产业链安全稳定，促进贸易均衡共赢发展。

（4）资金融通。充分发挥新型多边金融合作机制的作用，加强同世界银行及其他开发性金融机构合作，共同推进"一带一路"框架下的金融合作。

（5）民心相通。共建"一带一路"国家的人文交流更加广泛深入，教育、科技、文

---

① 数据详见亚洲基础设施投资银行（AIIB）官方网站 https：//www.aiib.org/en/index.html；丝路基金官方网站 http：//www.silk roadfund.com.cn/cnweb/19930/19938/41162/index.html。

化等领域合作不断拓展，多元互动的人文交流格局已经初步形成。

3. "一带一路" 投融资的基本原则

（1）坚持共商共建共享原则。倡导多边主义和开放包容精神，尊重各国主权和领土完整，照顾各方舒适度，不强加于人。通过平等协商和集体决策，共同推进 "一带一路" 建设。

（2）坚持和平合作原则。秉持和平发展理念，致力于与沿线国家建立长期稳定的合作关系，推动构建人类命运共同体。

（3）坚持开放包容原则。尊重各国发展道路和模式选择，加强与其他国际机制和倡议的对接合作，推动构建开放型世界经济。

（4）坚持市场运作原则。遵循市场规律和国际通行规则，发挥市场在资源配置中的决定性作用，激发各类市场主体活力。

（5）坚持互利共赢。以共同发展为目标，追求各自利益的同时兼顾他方利益，实现各方共同发展和繁荣。

（二）RCEP 跨境投资

1. RCEP 跨境投资的概念介绍

RCEP 是《区域全面经济伙伴关系协定》的简称。RCEP 跨境投资是指企业或个人在 RCEP 成员国之间进行的直接投资活动，包括对目标国家的投资、跨国并购、合资企业等。这种投资活动旨在利用 RCEP 成员国之间的优惠政策和便利化措施，实现资源的优化配置和经济效益的最大化。

RCEP 涵盖人口超过 35 亿人。RCEP 的生效实施，标志着全球人口最多、最具发展潜力的自由贸易区正式落地，充分体现了各方共同维护多边主义和自由贸易、促进区域经济一体化的信心和决心，将为区域乃至全球贸易投资增长、经济复苏和繁荣发展做出重要贡献。

2. RCEP 跨境投资的形成过程

RCEP 跨境投资的形成过程可以追溯到 20 世纪 90 年代初，随着亚太地区的经济崛起和自由贸易区的兴起，一些国家开始探索在区域内进行更深入的经济合作，以促进贸易和投资的自由化。在此背景下，东盟和中国等开始进行自贸区谈判，并逐步形成了包括 15 个成员国的 RCEP 自由贸易协定。

2012 年 11 月 15 日，由东盟发起，历时八年，由包括中国、日本、韩国、澳大利亚、新西兰和东盟十国共 15 方成员制定的《区域全面经济伙伴关系协定》（Regional Comprehensive Economic Partnership，RCEP）正式签署。《区域全面经济伙伴关系协定》的签署，标志着当前世界上人口最多、最具发展潜力的自由贸易区正式启航。2022 年 1 月 1 日，RCEP 正式生效，首批生效的国家包括文莱、柬埔寨、老挝、新加坡、泰国、越南等东盟 6 国和中国、日本、新西兰、澳大利亚等非东盟 4 国。2022 年 2 月 1 日起 RCEP 对韩国生效。2022 年 3 月 18 日起对马来西亚生效。2022 年 5 月 1 日起对缅甸生效。2023 年 1 月 2 日起，对印度尼西亚生效。2023 年 6 月 2 日，对菲律宾生效。

3. RCEP 跨境投资的基本内容

RCEP 跨境投资的基本内容包括以下几个方面：

（1）市场准入。RCEP 成员国之间相互开放市场，为跨境投资提供了更多的机会和空间。同时，协定还规定了市场准入负面清单，列出了不开放或限制开放的行业和领域。

（2）投资保护。RCEP 规定了投资者保护和权益保障的相关条款，为跨境投资者提供了更加稳定和可预期的投资环境。此外，协定还设立了争端解决机制和贸易救济措施，为跨境投资者提供了更加公正和可预测的投资环境。

（3）投资便利化。RCEP 成员国之间简化投资程序和手续，减少行政壁垒，提高投资便利化程度。此外，协定还规定了知识产权保护、环境保护、劳工权益等方面的条款，为跨境投资者提供了更加规范和可持续的投资方向。

（4）促进区域经济一体化。RCEP 跨境投资旨在促进区域经济一体化和贸易自由化，通过加强成员之间的经济联系和合作，推动区域经济的发展和繁荣。

4. RCEP 框架下的投资规则

RCEP 投资规则涵盖投资保护、投资自由化、投资促进和投资便利化四个方面，既继承了传统投资协定的主要内容，也体现了国际投资缔约实践的新发展。文本规则包含投资章节 18 个条款和两个附件，对投资保护和市场准入的实体义务等做出了较为全面的规定。主要规则包括：①给予成员方投资者及其准入的投资者国民待遇和最惠国待遇。②规定了投资待遇（公平公正待遇）、征收、外汇转移、损失补偿等投资保护的具体纪律。③纳入了高级管理人员和董事会、超过世界贸易组织（WTO）水平的禁止业绩要求等条款。④细化了投资促进和投资便利化措施，重视外商投资纠纷的协调解决。⑤设置了负面清单（保留和不符措施）、安全例外等机制，保留政府管理外资的合理政策空间。

其中，准入前国民待遇+负面清单、间接征收、禁止业绩要求等内容实现了在成员方之间既有投资协定基础上的增值，又体现了高水平国际投资协定的发展趋势。同时，RCEP 投资规则通过设置审慎过渡期、国别保留等多种方式兼顾成员方经济发展水平差异和个别成员的特定关切，体现了规则的灵活性和包容性。

5. RCEP 投资规则下的投资便利化

RCEP 成员方高度重视进一步促进和便利互相之间的投资。投资促进和投资便利化方面的国际规则对吸引外商投资、营造良好营商环境及扩大国际合作都具有积极意义。RCEP 投资章第十六条和第十七条在投资促进和投资便利化方面有较为具体的规定。此外，依据 RCEP 协定建立的服务与投资委员会的工作内容包括便利合作和确定进一步促进投资的措施。

投资促进的主要方式包括：在缔约方之间组织联合投资促进活动，促进商业配对活动，组织和支持举办与投资机会以及投资法律法规和政策相关的各种介绍会和研讨会，就与投资促进有关的其他共同关心的问题进行信息交流，等等。

投资便利化的主要内容包括：简化其投资申请及批准程序；设立或维持联络点、一站式投资中心、联络中心或其他实体，向投资者提供帮助和咨询服务，包括提供经营执照和许可方面的便利；接受并适当考虑外商提出的与政府行为有关的投诉，以及在可能的范围内帮助解决外商和外资企业的困难。

## 三、数字经济对传统投资理论的影响

数字经济的快速发展，使传统的投资理论面临着前所未有的挑战。数字经济不仅改变了信息的传播方式，提高了市场的透明度和效率，还使投资者的行为和预期发生了重大变化，进而产生了数字经济对传统投资理论的冲击，包括投资组合理论、资本资产定价模型（CAPM）、效率市场假说（EMH）以及风险管理等方面。

### （一）数字经济下的投资组合理论

传统的投资组合理论由马科维茨于 1952 年提出，该理论通过构建多样化的投资组合来降低风险。在数字经济时代，投资者面临着海量的信息和多元化的投资渠道，这使得他们可以更加准确地评估各类资产的风险和回报，并依据个人风险偏好和投资目标构建更加个性化的投资组合。

（1）信息技术的发展使得信息传播速度加快、成本降低，投资者可以更加及时地获取和处理信息。例如，通过大数据分析技术，投资者可以实时监测市场动态、分析行业趋势，从而制定更加精准的投资策略。

（2）数字经济使得资产类别之间的相关性发生变化。在传统投资理论中，股票、债券和现金等资产类别之间具有较高的相关性，而在数字经济时代，由于互联网和移动支付的普及，这些资产类别之间的相关性减弱。

（3）数字经济的发展带来了新的投资工具和渠道。例如，比特币和以太坊等新型投资工具的出现，为投资者提供了更多的选择。此外，社交媒体、在线金融平台等也为投资者提供了更加便捷的投资渠道。新出现的投资工具和交易平台引起了广泛关注，但相关概念仍有待进一步界定。

### （二）数字经济下的资本资产定价模型（CAPM）

CAPM 是一种用来决定资产合理预期收益的模型，它考虑了资产的系统性风险和非系统性风险。在数字经济时代，CAPM 面临着以下挑战：

（1）风险测量的准确性。在数字经济时代，市场的复杂性和不确定性增加，这使得准确测量资产的风险变得更加困难。例如，随着金融衍生品和复杂投资产品的出现，传统的风险测量方法可能无法准确反映其潜在风险。

（2）系统性风险的衡量。在数字经济时代，系统性风险可能更加突出，例如，网络攻击、数据安全事件等都可能对整个金融体系造成影响。然而，如何准确地衡量和控制系统性风险仍是 CAPM 面临的重要挑战。

（3）个性化投资的需求。在数字经济时代，投资者的需求更加个性化，他们更加关注自身的风险偏好和投资目标。因此，如何根据投资者的个性化需求来调整 CAPM 的参数和假设是数字经济时代需要解决的问题。

### （三）数字经济下的有效市场假说（EMH）

EMH 认为市场是有效的，即市场价格反映了所有可用信息，因此无法通过分析信息或者采用特定的投资策略来获得超额收益。然而，在数字经济时代，EMH 面临以下挑战：

（1）信息不对称。尽管数字技术的发展提高了信息的传播速度和透明度，但仍存在信息不对称的情况。例如，某些投资者可能拥有更多的数据和信息渠道，从而获得更多的优势。

（2）市场操纵。在数字经济时代，市场操纵变得更加容易。例如，通过大数据分析和算法交易，某些投资者可能更容易操控市场价格、获取超额收益。

（3）过度交易。数字经济的发展带来了更多的交易机会和渠道，这使得投资者更容易过度交易。过度交易可能导致市场价格的波动性增加、风险加大，从而影响市场的有效性。

（四）数字经济下的风险管理

传统的风险管理方法主要基于历史数据和统计分析，但在数字经济时代，市场不确定性和波动性增加，以及新兴技术和模式的出现，传统的风险管理方法可能无法准确预测和管理风险。数字经济对风险管理的影响可以体现在以下几个方面：

（1）复杂性和不确定性增加。数字经济的发展带来了更多的复杂性和不确定性因素。例如，新兴技术的出现可能导致新的风险产生；互联网的普及使得舆情对企业的影响加大，增加了企业的声誉风险；等等。这些复杂性和不确定性因素使得传统的风险管理方法难以准确预测和管理风险。

（2）数据安全风险。随着数字经济的深入发展，数据安全问题日益突出。例如，客户信息泄露事件、网络攻击等都可能对企业的经营和声誉造成重大影响。如何保障数据安全、防范数据风险成为数字经济时代风险管理的重要内容之一。

（3）流动性风险。在数字经济时代，由于市场波动性增加，在投资者情绪不稳定等因素影响下，流动性风险呈现出新的特点。例如，在某些极端情况下可能会出现流动性枯竭的情况，这给传统的流动性风险管理带来了新的挑战。

（4）模型风险。随着大数据分析技术和量化交易的普及，许多企业采用复杂的数学模型来进行风险管理，然而这些模型可能存在缺陷或者被错误使用，从而导致模型风险的发生，给企业带来损失。

（5）监管风险。数字经济的发展给监管带来了新的挑战。例如：随着金融科技的发展，传统金融机构与互联网企业的融合加深，导致监管难度加大；各国对于数字经济领域的监管政策和法规尚不完善，也给风险管理带来了不确定因素。

综上所述，数字经济背景下国际投融资理论的发展是一个不断探索和完善的过程。随着数字经济的深入发展和技术手段的不断创新，国际投融资活动将面临更多的机遇与挑战。因此，有必要对数字经济背景下的国际投融资理论进行持续的研究和创新，以适应不断变化的市场环境和发展需求。

【思考题】

1. 简述小岛清的比较优势理论的核心内容。
2. 简要概括国际生产折衷理论。
3. 阐述国际绿色信贷准则包含的内容。
4. 垄断优势理论的基本观点是什么？如何评价垄断优势理论？

5. 比较优势理论的基本命题与核心内容是什么？
6. 资本资产定价模型的假设条件和主要内容是什么？
7. 阐述有效市场的三种类型。
8. 简要说明 ESG 投资理念与传统投资理念有何不同。
9. MM 理论的假设条件是什么？
10. "一带一路"投融资规则的基本原则有哪些？
11. 简述数字经济对传统投融资理论的影响。
12. 简述中国在推进国际投融资理论发展中的具体贡献。
13. 结合中美竞争新格局，简述中国在国际投融资理论发展中的贡献。
14. 如何看待"一带一路"投融资理论对西方传统投融资理论的挑战？

# 第三章　国际投融资组织与机构

## 国际金融组织与机构助力世界经济稳定向好

第二次世界大战之后由发达国家建立起来的国际秩序深刻影响着国际资金的流动，国际投融资组织与机构在维护金融稳定、提供金融援助方面发挥着不可缺失的作用。这主要表现在：通过制定并维护共同的国际货币制度，稳定汇率，保证国际货币体系正常运转，促进国际贸易增长；为出现金融危机或债务危机的会员提供短期资金，调节国际收支逆差，在一定程度上缓和国际支付危机；为发展中国家的经济发展和改革计划提供长期资金援助；组织商讨国际经济、金融领域中的重大事务，协调各国和地区间的相互关系等。

据印度新德里电视台（NDTV）报道，2022 年 6 月 23 日，世界银行已批准三笔总额为 5.62 亿美元的贷款，用于资助印度古吉拉特邦的一个教育项目、泰米尔纳德邦的一个社会保障计划以及一个帮助渔业部门在新冠疫情后恢复的项目。世界银行执行董事会在一份新闻稿中表示，为"加速学习成果"（GOAL）计划提供了 2.5 亿美元的额外融资，该项目旨在改善古吉拉特邦儿童的教育成果。此外，世界银行执行董事会还批准了 1.5 亿美元的资金，用于支持印度渔业部门的复苏，并批准了 1.62 亿美元用于 RIGHTS 项目，以加强泰米尔纳德邦的社会保障体系和能力。

据金字塔在线报道，欧洲复兴开发银行（EBRD）向埃及提供 1.65 亿欧元贷款，用于输电网升级。贷款于 2023 年 12 月 13 日开始发放，主要用于扩建电站和输电线路建设，包括一座 500 伏变电站和一条 200 公里长的高压空中输电线路，以输送苏伊士湾地区的 2.1 吉瓦可再生能源电力。埃及电网升级项目将耗资 2 亿欧元，其中 1.65 亿欧元由 EBRD 提供贷款，剩余 3 500 万欧元由欧盟提供。EBRD 表示，电网升级项目对埃及实现 2030 年 42% 的电力来自可再生能源的战略至关重要。

随着发展中国家和新兴经济体的崛起，国际金融组织在全球经济发展中发挥越来越重要的作用。为了提升在国际金融事务中的话语权，越来越多的发展中国家谋求建立区域经济和金融组织，建立更紧密的贸易伙伴关系。

（资料来源：作者根据相关资料整理。）

**【学习目标】**

◆ 理解中国在推进世界金融组织创新上的努力与贡献；

◆ 了解中国在国际投融资市场中地位提升的意义；

◆ 了解国际投融资组织与机构的基本概念、分类及演进趋势；

◆ 掌握国际金融市场的概念及不同的分类形式；

◆ 掌握全球性国际金融组织（国际货币基金组织、世界银行集团、国际清算银行）、区域性国际金融组织（欧洲投资银行、泛美开发银行、非洲开发银行、亚洲开发银行、金砖国家新开发银行、清迈倡议多边化）的机构组成、资金来源和主要业务活动。了解国际金融组织与机构的历史演进与意义；

◆ 了解新型金融机构基本概念，掌握亚洲、欧洲货币货币市场的离岸金融机构的特点与职能；

◆ 了解互联网金融机构的发展特点。

# 第一节 国际投融资组织与机构的一般分析

## 一、国际投融资组织与机构的概念

经济全球化和经济金融化背景下，国际投融资越来越成为国家、组织及企业参与全球经济活动的重要载体和路径。国际投融资活动的行为主体，包括政府组织、企业组织、区域金融组织和国际金融机构，统称为国际投融资组织与机构。因此，国际投融资组织与机构是指那些专门从事国际金融管理以及国际融资业务的超国家性质的组织机构。这些机构旨在通过协调各国间的金融活动，促进国际间的投资流动，从而推动全球经济的增长与发展。国际投融资组织与机构主要包括：

一是全球性国际金融机构：如国际货币基金组织（IMF）、世界银行（WBG）、国际开发协会（IDA）以及国际金融公司（IFC）等。这些机构的成员来自世界的大多数国家，拥有广泛的国际影响力。

二是区域性国际金融机构：如欧洲投资银行（EIB）、阿拉伯非洲经济开发银行（BADEA）以及欧洲中央银行（ECB）等。这些机构的成员由一定区域内的国家组成，主要关注区域内的金融合作与投资。

三是半区域性国际金融机构：如国际清算银行（BIS）、亚洲开发银行（ADB）、泛美开发银行（IADB）以及非洲开发银行（AfDB）等。这些机构的成员主要由某一区域内的国家组成，同时也吸收部分区域外的国家参加。

## 二、国际投融资组织与机构的分类

国际投融资组织与机构可分为非金融中介性组织和金融中介性组织，其组成主体及职能见表3-1。

表 3-1　国际投融资组织与机构的分类

| 分类 | 组成主体 | 职　能 |
|---|---|---|
| 非金融中介性组织 | 政府组织 | 公益性国际投资 |
| | | 出口信贷 |
| | | 国际储备经营 |
| | | 通过贷款及发行债券等方式融资 |
| | 企业组织 | 国际金融市场上的融资者 |
| | | 国际金融市场上的投资者 |
| | | 促进投资银行业务发展 |
| | | 促进以规避风险为目的的金融衍生品发展 |
| 金融中介性组织 | 存款性国际金融机构 | 吸收存款或信托投资资金汇聚资金 |
| | | 通过发放贷款或购买原始有价证券等方式输出资金 |
| | 非存款性国际金融机构 | 跨国投资银行国际投资业务 |
| | | 保险公司、投资基金公司、信托投资公司 |

## 三、国际投融资组织与机构的发展及特征

近30年来，国际经济金融格局发生了重大变化。从宏观角度看，金融全球化和金融自由化趋势明显；从微观角度看，金融工程化和资产证券化日益凸现。在这一背景下，国际投融资组织与机构出现了新的特征。

第一，市场参与主体进一步多元化。传统的以大银行、大企业和主权国政府为代表的国际投融资主体正在为越来越多元化的国际参与者所代替。投资银行、保险公司、养老基金、对冲基金等机构投资者，甚至私人投资者成为新的国际投融资市场主体。特别是近十几年来，科技的发展使得电子信息交易系统普及，交易费用大大降低，全球市场日益成为一个网络，市场的流通性大大增加，机构整合规模也不断扩大。

第二，市场主体的投融资手段多元化。金融工具的创新和资产证券化趋势为投资者和筹资者提供了更多可供选择的新证券种类，他们可以依据自己的资金额度及风险态度进行组合投资或融资。对金融中介来说，新型金融工具和资产证券化的出现，增加了其经营运作的实体性工具，有利于改善其资产的流动性，也是其低成本获取资金来源，增加收入的新渠道。

第三，市场主体面临的风险复杂化。金融创新在两个层面上影响国际市场参与者的风

险。从非金融市场主体角度，金融创新短期给予企业更多的融资渠道，资产交易更为宽松，从而减小了危机发生的可能性；但长期来看，由于放松了对贷款人的金融约束，一旦危机爆发，其对市场主体和经济系统的冲击会更严重。从金融中介角度看，金融工具的创新，如信用违约互换（credit default swap，CDS），在资本市场形成了多渠道分散商业银行风险的通道，避免了风险向银行的过度集中。但金融创新使得中介或媒介链条不断加长，会因其间加重的信息不对称加大市场失灵和金融危机的风险。

# 第二节　国际金融组织与机构

20 世纪 30 年代以后，尤其是第二次世界大战后，一系列国际金融组织与机构相继出现，并在国际货币关系与世界经济的发展中起着越来越重要的作用。在这些国际金融组织中，既有全球性国际金融组织，如国际货币基金组织（International Monetary Fund，IMF）、世界银行（World Bank，WB）和国际清算银行（Bank for International Settlements，BIS），又有区域性国际金融组织，如亚洲开发银行（Asian Development Bank，ASDB）、泛美开发银行（Inter-American Development Bank，IDR）、欧洲投资银行（European Investment Bank，EIB）、非洲开发银行（African Development Bank，AFDB）、金砖国家新开发银行（New Development Bank，NDB）等。各个国际金融组织都在其特定的方面和特定地域的国际金融活动中发挥着重要的作用，其中全球性和洲际性的国际金融组织的作用和影响更加突出。

## 一、国际货币基金组织

1946 年，根据布雷顿森林会议签订的《国际货币基金协定》建立的国际货币基金组织（International Monetary Fund，IMF）是政府间的全球性国际金融机构，总部设在华盛顿。20 世纪 60 年代后期，随着亚非拉发展中国家纷纷独立，基金组织也由初始的 39 个成员国增加到 128 个成员国（地区），它是世界上最大的政府间金融机构之一，是战后国际货币体系的核心。之后规模不断壮大，截至 2023 年，其成员国（地区）已增至 190 个[①]。

（一）国际货币基金组织的宗旨

《国际货币基金协定》明确国际货币基金组织的宗旨是通过一个常设机构来促进国际货币合作，为国际货币问题的磋商和协作提供方法；通过国际贸易的扩大和平衡发展，把促进和保持成员国（地区）的就业、生产资源的发展、实际收入的提高，作为经济政策的首要目标；稳定国际汇率，在成员国（地区）之间保持有秩序的汇价安排，避免竞争性的汇价贬值；协助成员国（地区）建立经常性交易的多边支付制度，消除妨碍世界贸易的外汇管制；在有适当保证的条件下，基金组织向成员国（地区）临时提供普通资金，使其有

---

① 数据来源于 IMF 官方网站：http：//www.imf.org/external/index.htm。

信心利用此机会纠正国际收支的失调，而不采取危害本国（地区）或国际繁荣的措施；缩短成员国（地区）国际收支不平衡的时间，减轻不平衡的程度等。

（二）国际货币基金组织的机构组成

国际货币基金组织由理事会（Board of Governors）、执行董事会（Board of Executive Directors）、总裁（Managing Director）和业务机构组成，根据业务需要，理事会和执行董事会可任命若干特定的常设委员会，理事会还可以建立临时委员会。

基金组织内部设有5个地区部门（非洲、亚洲、欧洲、中东、西半球）和12个职能部门（行政管理、中央银行业务、汇兑和贸易关系、对外关系、财政事务、国际货币基金学院、法律事务、研究、秘书、司库、统计、语言服务局），负责管理日常业务活动。此外，基金组织还有两个永久性的海外机构，即欧洲办事处和日内瓦办事处，并在纽约联合国总部派遣一名特别代表。

临时委员会（Interim Committee）全称是"国际货币基金组织关于国际货币制度的临时委员会"，成立于1974年。临时委员会由22个部长级成员组成，一年举行2~4次会议，是一个重要的决策机构。该委员会具有管理和修改国际货币制度和修改基金条款的决定权，其主要职能是就一些重大问题向理事会做出报告或提议，例如关于IMF协议内容的修改、国际货币体系的管理方法和调整措施等。

发展委员会（Development Committee）的全称是"世界银行和国际货币基金组织理事会关于实际资源向发展中国家转移的联合部长级委员会"，由IMF理事、世界银行理事、部长级人士以及职位与此相当的人士组成，发展委员会一般与临时委员会同时、同地举行会议。

（三）国际货币基金组织的资金来源与业务活动

国际货币基金组织的资金主要由三部分组成，分别是成员国（地区）缴纳的基金份额、借款和信托基金。

国际货币基金组织业务活动主要是：汇率监督与政策协助、储备资产创造与管理，对国际收支逆差国家（地区）提供短期资金融资服务，并为成员国（地区）提供各种培训咨询服务。

1. 汇率监督与政策协助

为了保持有秩序的汇率安排，国际货币基金组织对成员国（地区）提出了以下要求：第一，将各自的经济和金融政策的目标放在促进有秩序的经济增长，既可实现合理的价格稳定，又适当照顾自身的国情；第二，通过创造有序的经济、金融条件以及避免经常造成货币动荡的货币制度，促进货币稳定；第三，避免操纵汇率或国际货币制度来妨碍国际收支的有效调整或取得对其他成员国（地区）不公平的竞争优势；第四，奉行与国际货币基金组织规定相一致的汇兑政策。

2. 储备资产创造与管理

为了弥补国际储备的不足，国际货币基金组织于1970年开始正式特别提款权（special drawing right，SDR），即IMF给它的成员国（地区）的一种授信。1970—1981年先后共分配了214.33亿特别提款权，为成员国（地区）提供了一种新的储备资产和一项新的资金来源。特别提款权按照各成员国在 IMF 的份额无偿分配给各成员国（地区），作为该成员国（地区）的储备资产。成员国（地区）在发生国际收支逆差时，可用它向基金组织指定的其他成员国（地区）换取外汇，以偿付国际收支逆差或偿还基金组织的贷款，还可与黄金、自由兑换货币一样充当国际储备，但没有流通职能，不能用于国际贸易的结算。2015 年 IMF 董事会决定将人民币纳入 SDR 篮子，根据这一决定，人民币与美元、欧元、日元和英镑一起正式成为 SDR 一篮子货币，于 2016 年生效。人民币入篮后加快了人民币国际化的步伐，作为全球第五大储备货币，全球人民币外汇储备规模占比于 2022 年达到 2.83%。截至 2023 年 9 月，我国与 40 个国家和地区签署了货币互换协议，在 29 个国家和地区授权了 31 家人民币清算行。

### 3. 短期资金融通服务

提供资金融通的贷款业务是国际货币基金组织最主要的业务活动。成员国（地区）如有国际收支需要，且自身条件无法获得足够资金来满足净国际支付需要并同时保持足够的储备缓冲时，可以请求基金组织提供资金援助。基金组织根据不同成员国（地区）制定了具体的贷款工具，贷款限额也因此不同，通常是成员国（地区）在基金组织份额的数倍。

基金组织给予易受到国际经济影响的低收入国家（地区）的优惠贷款为"减贫与增长信托（PRGT）"，目的是使基金组织的资金支持更加灵活，并更好地适应成员国（地区）的不同需要。贷款的主要目的是实现与支持持久减贫和增长相一致的可持续的宏观经济状况，其中低收入成员国（地区）可以通过中期信贷（ECF）、备用信贷（SCF）和快速信贷（RCF）获得优惠贷款。此外，在基金组织 2 500 亿美元的特别提款权分配中，有 180 多亿美元提供给了低收入国家（地区）。这些国家（地区）可以将这些特别提款权当作储备的额外资产，也可通过出售特别提款权取得硬通货，用于满足国际收支需求。

对于中等收入国家（地区），基金组织提供的贷款援助通常采用"备用安排"（SBA）的形式提供。所谓"备用安排"又称"普通贷款"，是国际货币基金组织最基本也是最早设立的贷款。"备用安排"的目的是帮助各国（地区）解决短期国际收支问题。

对于那些经济基本面表现良好、政策得到有效实施的国家（地区），基金组织提供的贷款是灵活信贷额度（FCL）。灵活信贷额度安排的批准要求有关国家（地区）达到事先确定的资格标准。灵活信贷额度拨款不分阶段进行，而是一次性在前期支付。与备用安排不同，其贷款拨付也不以实施某具体政策谅解为条件。成员国（地区）可以选择在批准之时提用额度，也可以将其作为谨慎额度。

中期贷款（EFF）是基金组织为了帮助成员国（地区）解决长期国际收支问题，并要求成员国（地区）采取重大经济改革而提供的。因此，中期贷款安排的期限比备用安排长，通常为 3 年。还款一般在拨款之后的 4.5~7 年进行。

为帮助遭遇自然灾害和发生战争冲突的国家（地区），基金组织还提供紧急援助。紧急援助收取基本费率，但在有资金的情况下，对一些国家（地区）提供利息补贴。贷款需在 3~5 年内偿还。

除此之外，IMF 还提供出口波动补偿贷款、补偿与应急贷款、缓冲库存贷款、补充贷款、临时性信用贷款、结构调整贷款等。

### 4. 提供培训咨询服务

IMF 还在提供各项贷款的同时，也向成员国（地区）提供培训咨询服务，包括向成员国（地区）提供有关国际收支、财政、货币、银行、外汇、外贸和统计等方面的咨询和技术援助，帮助成员国（地区）组织人员培训、编辑、出版各种反映世界和国际金融专题的刊物和书籍等。

## 二、世界银行集团

世界银行集团是联合国系统下的多边开发机构，包括五个机构：国际复兴开发银行、国际开发协会、国际金融公司、多边投资担保机构和国际投资争端解决中心，其中前三个机构是世界银行集团的主体。

（一）国际复兴开发银行（International Bank of Reconstruction and Development，IBRD）

国际复兴开发银行于 1944 年 7 月 1 日与国际货币基金组织同时成立，1946 年开始运作，1947 年 11 月 15 日起成为联合国专门机构中负责长期贷款的国际金融机构。截止 2024 年 7 月，国际复兴开发银行已有 189 个成员国[①]。

1. 国际复兴开发银行的宗旨

国际复兴开发银行作为一个全球性政府间的国际金融组织，主要是为了资助会员国使其被战争破坏的经济获得复兴和发展，目标在于鼓励不发达国家生产和资源开发，并为其投资提供便利；保证私人贷款和投资，促进私人对外投资；向会员提供技术支持，促进国际贸易长期均衡的增长和保持国际收支平衡。总之，国际复兴开发银行的宗旨在于通过向中等收入国家和信用好的贫困国家提供贷款和分析咨询服务，促进公平和可持续的发展，创造就业，减少贫困，应对全球和区域性问题。

2. 国际复兴开发银行的机构组成

国际复兴开发银行主要由理事会和执行理事会组成。理事会是国际复兴开发银行的最高权力机构，负责银行的重大决策和规划。理事会由每个成员国各指派一名理事和一名副理事组成。理事及副理事的任期为 5 年，可以连任，副理事在理事缺席时才有投票权。作为最高权力机关，理事会的主要职权是负责讨论批准接纳新会员、决定普遍增缴或调整应缴股本、决定停止会员国资格、决定银行净收入的分配以及其他重大问题。另外，理事会可授权执行理事会代行各项职权。

执行理事会是国际复兴开发银行负责处理日常事务的常设机构，负责处理银行的日常业务，并行使理事会所委托的一切权力。执行理事会的最高首脑是执行董事会的主席，由执行理事会推选一人产生，负责主持日常投票活动，在执行董事会表决中双方票数相等时，可投出决定性的 1 票。

3. 国际复兴开发银行的资金来源与业务活动

国际复兴开发银行的所需借贷资金主要从国际资本市场筹措。资金来源主要有：会员国缴纳的股金；借款；出让债权。另外，利润收入也是其资金来源之一。

国际复兴开发银行的业务活动主要体现在两个方面：其一，为会员国尤其是发展中国

---

① 数据来源于世界银行官方网站，http://www.worldbank.org/en/about/leadership

家经济的复兴与开发提供中长期贷款；其二，为私人向发展中国家投资、贷款提供担保。

另外，国际复兴开发银行还涉及其他业务活动，如向会员国提供技术援助，为发展中国家培训中高级专门人才，帮助会员国制定社会经济发展计划并提供某些特殊问题的解决方案等，同时，作为联合国的专门机构之一，还参与其他国际机构的相关活动。

（二）国际开发协会（International Development Association，IDA）

国际开发协会是世界银行集团的组成机构之一，就法律地位和资金构成而言，它也是一个独立的全球性国际金融机构，成立于1960年。截至2024年7月，国际开发协会包括174个成员国。国际开发协会的宗旨是：通过向世界上最贫困国家提供无息贷款和赠款，促进其经济发展，减少不平等现象，提高人民生活水平。

1. 国际开发协会的组织机构

国际开发协会的组织机构与国际复兴开发银行相同，理事会是其最高权力机关，执行董事会是理事会下设的常设机构，负责组织领导日常业务工作。协会的正副理事、正副执行董事、正副经理分别由国际复兴开发银行的正副理事、正副执行董事、正副行长兼任，其办事机构的各部门负责人也由国际复兴开发银行相应部门的负责人兼任。

2. 国际开发协会的资金来源

国际开发协会的资金来源主要有四个方面：第一，会员国认缴的资本，各国按照不同的经济发展程度分别缴纳不同的数额；第二，补充资金（Replenishment），为了保证协会的财源，维持其收益增长的信贷需要，会员国在一定时期还须认缴一部分资金作为补充其中；第三，国际复兴开发银行的拨款，它是国际复兴开发银行从其净收益中拨给协会的资金；第四，协会业务经营的净收益，由于协会贷款条件极其优惠，这部分资金来源很少。

3. 国际开发协会的主要业务活动

国际开发协会的主要业务是向较贫穷的发展中国家的公共工程和项目等提供比国际复兴开发银行更为优惠的长期贷款。国际开发协会所提供的资金一般称作"信贷"，这种"信贷"的优惠性主要体现在：第一，期限长达50年，并有10年的宽限期，第二个10年开始还本，每年还本1%，其余30年每年还本3%；第二，不收利息，对已支付额每年仅收0.75%的手续费，对未支付额每年仅收0.5%的承诺费；第三，贷款可全部或部分用本国货币偿还。协会提供的信贷主要集中在南亚的印度、巴基斯坦和孟加拉国以及非洲撒哈拉以南地区的国家。

（三）国际金融公司（International Finance Corporation，IFC）

国际金融公司也是世界银行集团的组成机构之一，于1956年成立。截至2024年7月，国际金融公司包括186个成员国，其宗旨主要是向成员国特别是发展中国家的重点私人企业提供无须政府担保的贷款或投资，鼓励国际私人资本流向发展中国家，以推动这些国家私人企业的成长，促进其经济发展。

1. 国际金融公司的机构组织

国际金融公司的组织机构和管理办法与国际复兴开发银行相同，其最高权力机构是理事会，理事会下设执行董事会，负责处理日常事务。正副理事、正副执行董事也就是国际复兴开发银行的正副理事和正副执行董事。总经理下设若干办事部门，其工作也由国际复兴开发银行相应机构、人员担任。所以，同国际开发协会一样，国际金融公司与国际复兴开发银行也是两块牌子，一套班子。

**2. 国际金融公司的资金来源**

国际金融公司的资金来源主要有三个方面：第一，会员国缴纳的股金；第二，从国际复兴开发银行和其他来源借入的资金，它是国际金融公司最主要的资金来源；第三，国际金融公司业务经营的净收入。

**3. 国际金融公司的主要业务**

根据国际金融公司的宗旨，国际金融公司的主要业务有两个方面：第一，对会员国私人企业提供无须政府担保的贷款。贷款对象主要是亚非拉发展中国家的制造业、加工业及开采业、公用事业和旅游业等；第二，对私人企业进行投资，直接入股，投资对象主要是发展中国家的集体所有制和公私合营企业。

20 世纪 80 年代以来，国际金融公司的业务呈现多样化的趋势，如参与发展中国家国有企业私有化及企业改组活动，向发展中国家中的重债国提供有关债务转换为股本的意见安排等。

## （四）多边投资担保机构（Multinational Investment Guarantee Agency，MIGA）

多边投资担保机构成立于 1988 年 4 月，是世界银行集团中最年轻的成员。其宗旨是：鼓励生产性外国私人资本向发展中国家提供流动直接投资，促进东道国的经济增长，特别是发展中国家的经济增长。截至 2023 年 10 月，多边投资担保机构拥有 182 个成员国，包括 154 个发展中国家和 28 个发达国家[①]。

多边投资担保机构的主要功能是为跨国投资在东道国可能遇到的非商业性风险提供担保，主要承保的险别有货币汇兑风险、征用风险、违约风险、战争和内乱风险等。多边投资担保机构对投资项目提供担保前需要对项目进行评估，而评估的重要标准是该投资项目对东道国经济发展的影响程度，包括对社会环境、社会经济、自然与生态环境、自然资源等的影响。

## （五）国际投资争端解决中心（The International Center for Settlement of Investment Disputes，ICSID）

国际投资争端解决中心是一个专门解决国际投资争议的仲裁机构，成立于 1966 年，是依据《解决国家与他国国民间投资争端公约》（又称《华盛顿公约》）而建立的。该公约于 1965 年 3 月在世界银行赞助下于美国华盛顿签署，并于 1966 年 10 月 14 日正式生效。其宗旨是通过调解和仲裁方式，专为解决政府与外国私人投资者之间的争端提供便利，从而在国家和投资者之间培育一种相互信任的氛围，促进国外投资不断增加。

**1. 组织机构与职责**

国际投资争端解决中心的组织机构包括理事会、仲裁庭、调解委员会和秘书处等部分。理事会是国际投资争端解决中心的最高权力机构，由各成员国派 1 名代表组成，每年举行一次会议，世界银行行长为理事会主席。理事会负责审批重要事项和监督秘书处的工作。仲裁庭是处理争端的主要机构，由双方当事人自主选定或者由 ICSID 随机指定仲裁员

---

① 数据来源于 MIGA 官方网站，https：//www.miga.org。

组成。仲裁庭负责审理案件并做出裁决。调解委员会主要负责调解争端，如果达成调解协议，则形成调解书。调解是国际投资争端解决中心争端解决程序的第一阶段，旨在通过协商和谈判解决争端。秘书处负责日常管理和运行工作。

2. 争端解决程序

国际投资争端解决中心的争端解决程序包括调解和仲裁两个阶段。

一是调解阶段。调解员根据双方当事人的请求，提出调解方案，并协助双方进行协商和谈判。如果达成调解协议，则形成调解书，并由 ICSID 存档。调解是自愿的，且调解协议对双方当事人具有约束力。

二是仲裁阶段。如果无法达成调解协议，则进入仲裁阶段。仲裁庭根据双方当事人的仲裁协议和 ICSID 的仲裁规则进行审理，并做出裁决。裁决是终局的，对双方当事人具有约束力，且可以在各成员国直接执行，无须通过各国国内法院予以承认后再予以执行。

# 三、国际清算银行

第一次世界大战之后，为了处理对德国的战争赔款问题，由英国、法国、德国、意大利、比利时、日本等国的中央银行与代表美国银行界利益的摩根银行、纽约和芝加哥的花旗银行组成的财团在荷兰海牙签订国际协议，决定成立国际清算银行（Bank for International Settlements，BIS）。第二次世界大战后，国际清算机构的宗旨发生改变，旨在促进各国中央银行之间的合作，并向之提供更多的国际金融业务的便利，在国际清算业务方面充当受托人或代理人，同时也致力于维护国际金融市场的稳定，确保所有商业银行持有维持运作所需的足够成本。

1996 年 9 月 9 日，国际清算银行董事会通过决议，决定接纳中国、巴西、（中国）香港、印度、韩国、墨西哥、俄罗斯、沙特、新加坡的中央银行和货币当局为该行的新成员。

（一）国际清算银行的机构组成

国际清算银行的最高权力机构是股东大会，负责批准银行的年度报告、资产负债表、损益表等。理事会是最高权力机关，理事会下设的董事会负责总管银行的日常业务。国际清算银行下设银行部、货币经济部、法律处、秘书处等办事机构。

（二）国际清算银行的资金来源

国际清算银行原核定资本为 5 亿金法郎，由英国、法国、德国、意大利、比利时、日本等国的中央银行与代表美国银行界利益的摩根银行、纽约和芝加哥的花旗银行组成的财团平均认购。注册资本后来增至 15 亿金法郎。

（三）国际清算银行的主要业务

国际清算银行从事的业务主要有：买卖、存储和保管黄金等贵金属；为各国中央银行管理、买卖外汇；提供证券、存贷款、清算业务；可作为国际组织的金融代理人从事代理业务。同时，国际清算银行为各国中央银行进行交流合作提供理想场所，为各国货币当局研讨金融最新动态提供良好机会，并且，其提供的货币金融数据是世界上最权威的研究、分析和预测信息来源的渠道之一。

## 四、区域性国际金融机构

国际金融机构作为国际金融管理和国际金融活动的超国家性质的组织，除了前文介绍的全球性机构以外，还有许多区域性的，它们在国际货币金融关系的发展中同样发挥重要作用。区域性国际金融机构的建立，一方面是为了抑制超级大国对金融事务的控制和操纵，另一方面则是为了适应本区域内各国经济合作的实际需要，谋求本区域内各国经济的持续稳定发展。第二次世界大以后成立的区域性国际金融机构主要有欧洲投资银行、泛美开发银行、非洲开发银行、亚洲开发银行、金砖国家新开发银行等。

### （一）亚洲开发银行（Asian Development Bank，ADB）

亚洲开发银行是亚洲和太平洋国家和地区同部分西方国家合办的一个区域性政府间金融开发机构。亚洲开发银行的宗旨是：为亚太地区发展中国家和地区的经济发展筹集资金，提供技术援助，帮助恢复协调成员国在经济、贸易和开发事务方面的政策，以促进亚太地区的经济增长。

1. 亚洲开发银行的组织结构

亚洲开发银行的最高权力与决策机构是理事会，其职责是：负责接纳新成员，调整银行股金，选举董事和行长以及修改银行章程等。理事会由每个成员国（地区）委派理事、副理事各一名组成，理事会通常定期召开年会。理事会下设董事会，作为理事会的执行机构，在理事会的授权下负责管理银行的日常业务活动。

2. 亚洲开发银行的资金来源

亚洲开发银行的资金来源主要有四个方面：第一，成员国（地区）认缴的股本。亚洲开发银行属股份制企业性质的金融机构，凡成员国（地区）均需认缴该行的股本。日本、美国和中国是前三位的出资者。第二，借款。亚洲开发银行从国际金融市场上筹措资金，主要有三种方式：一是在主要国际资本市场以发行债券形式借款，二是同有关国家政府、中央银行及其他金融机构直接安排债券销售，三是直接从商业银行借款。第三，亚洲开发基金。该基金主要由发达国家成员国（地区）捐赠，用于向亚太地区贫困成员国（地区）发放优惠贷款。第四，特别基金。该基金主要是帮助发展中成员国（地区）提高人力资源质量，加强执行机构的建设及其他特殊用途。

3. 亚洲开发银行的主要业务活动

亚洲开发银行的业务活动表现在三个方面：为发展中成员国（地区）经济发展提供长期贷款；以股本投资方式，对发展中国家的私人企业融资；对成员国（地区）提供技术援助；等等。

（1）提供贷款，即对本地区各成员政府、政府附属机构、公私企业，以及与本地区开发有关的国际机构提供长期贷款。它是亚洲开发银行主要的业务活动。对于比较富裕的发展中国家，通过普通贷款形式，利率随金融市场的变化而调整，期限为12~15年；对于比较贫穷的发展中国家，通过特别基金贷款，贷款年利率为1%~3%，期限为25~30年，有援助性质。

（2）以股本资本方式融资，即通过购买私人企业股票或私人开发金融机构股票形式，对发展中国家的私人企业融资。

（3）向成员国（地区）提供技术援助。亚洲开发银行技术援助的内容较多，包括咨询服务、派遣长期或短期专家顾问团、与各国或国际组织进行合作、协助拟订和执行开发计划等。

## （二）泛美开发银行（Inter-American Development Bank，IDB）

泛美开发银行是美洲国家组织的专门机构，其他地区的国家也可加入，但非拉美国家不能利用该行资金，只可参加该行组织的项目投标。泛美开发银行的宗旨是：集中各成员国（地区）的力量，对拉丁美洲国家的经济、社会发展计划提供经济和社会发展项目贷款资金和技术援助，以促进该地区经济的发展和"泛美体制"的实现。

### 1. 泛美开发银行的组织机构

泛美开发银行的最高权力机构为董事会，董事会下设常设机构执行董事会，执行董事会下设行长和副行长，支持日常事务。在拉美各成员国首都设置分支机构，代表银行同当地借款者处理有关事务，并对银行资助项目进行监督。同时，泛美开发银行成立投资机构，促进私人产业发展，提供良好投资环境。

### 2. 泛美开发银行的资本组成

泛美开发银行的资本由以下三部分组成：第一，成员国认缴的股本；第二，发达国家成员国提供的资金；第三，在世界金融市场和有关国家发放的债券。

### 3. 泛美开发银行的主要业务活动

泛美开发银行最主要的业务活动是发放贷款，方式有三种：一是普通资金贷款，用于成员国政府和公私机构的特定经济项目，期限 10~25 年，年利率 8%，以借贷货币偿还；二是特别业务基金贷款，主要用于拉美国家的经济发展计划项目，期限是 25~40 年，利率很低，可全部或部分用本国货币偿还。三是其他基金贷款，它是成员国存放于该行并由其管理的款项，用于对拉美成员国的投资。

## （三）欧洲投资银行（European Investment Bank，EIB）

欧洲投资银行是欧洲经济共同成员国合资经营的金融机构。它根据 1957 年《建立欧洲经济共同体条约》（《罗马条约》）的规定，于 1958 年 1 月 1 日成立，1959 年正式开业，总行设在卢森堡。欧洲投资银行的宗旨是利用国际资本市场和共同体内部资金，促进共同体的平衡和稳定发展。其主要贷款对象是成员国不发达地区的经济开发项目，以及和欧共体有较密切联系或有合作协定的共同体外的国家。

欧洲投资银行的最高权力机构是理事会，由共同体成员国财政部长组成。理事会设主席 1 人，理事会主席下设总管理部、共同体融资部、共同体对外融资部、金融与财政部，以及研究院、法律与技术咨询服务中心等。同时，该行还在布鲁塞尔、罗马和伦敦设有办事处。

## （四）非洲开发银行（African Development Bank，AFDB）

非洲开发银行是非洲国家一个区域性金融机构。1964 年，在联合国非洲经济委员会的赞助下非洲开发银行正式宣告成立，行址设在科特迪瓦的首都阿比让。该行的创始成员国有 23 个。随着非洲以外的国家不断加入，其成员国已增至 75 个。1985 年，我国也加入非洲开发银行。但是，为保持银行的非洲特点，非洲开发银行政策规定领导权由非洲国家掌握，行长必须由非洲人担任，行址永远设在非洲，非洲国家至少控制银行资本的 66%。非洲开发银行的宗旨是为成员国的经济和社会发展提供资金，或给予技术援助，并充分利用本大陆的人力和资源，协调各国发展的计划，促进非洲经济的一体化。

非洲开发银行的最高权力与决策机构是理事会，董事会是负责银行日常事务的常设机构，董事长即银行行长，由董事会选举产生，任期 5 年。另外，非洲开发银行还有许多附属机构或联系机构，如非洲开发基金组织、尼日利亚信托基金、非洲投资开发国际金融公司、非洲再保险公司等。

非洲开发银行的主要业务分为普通业务和特别业务两种。前者是银行用普通资本基金提供贷款和担保的业务；后者是用银行规定专门用途的"特别基金"开展贷款业务，其条件较为优惠。银行贷款主要用于公用事业、交通运输、农业、银行和社会部门。

### （五）金砖国家新开发银行（New Development Bank，NDB）

金砖国家新开发银行是金砖国家集团（BRICS）包括巴西、俄罗斯、印度、中国和南非五国共同出资设立的多边开发机构。2014 年 7 月 15 日，金砖国家领导人在巴西福塔莱萨第六次会晤，期间签署了《成立新开发银行的协议》，成立金砖国家新开发银行（以下简称"金砖银行"）和建立金砖国家应急储备安排，总部设在中国上海，同时在南非设立非洲区域中心。2017 年，金砖银行理事会批准了 2017—2021 年的总体战略文件，这份文件阐述了金砖国家、其他新兴经济体和发展中国家将在基础设施和可持续发展项目方面调动资源，发挥辅助职能，在现有多边和地区金融机构运作基础上，促进全球经济增长和发展①。2023 年 4 月 20 日，金砖银行首次发行规模为 12.5 亿美元的 3 年期绿色债券，该笔债券是新开发银行在国际资本市场采取的又一积极融资举措，体现了银行促进资本市场可持续发展的积极意愿。

金砖银行旨在为金砖国家及其他新兴经济体和发展中国家的重要基础设施计划提供资金。通过制度性安排，帮助金砖国家以及更广泛意义上的发展国家，增进资源的有效配置，提高资金的运用效率和收益率。从中长期看，这将促进这些国家的经济发展，最终实现共同繁荣。

1. 金砖银行的组织机构

金砖银行的创始成员为金砖五国，2022 年 5 月 19 日，金砖银行举办第七届理事会年会，孟加拉国和阿拉伯联合酋长国成为该行正式成员。2023 年 3 月，埃及加入金砖银行。金砖银行行长采取轮值制，五年轮值一次，在创始成员国中按印度、巴西、俄罗斯、南非、中国的顺序轮流产生。第一任行长由印度人出任，首任理事会主席来自俄罗斯，首任董事会主席来自巴西。

2. 金砖银行的资金来源

金砖银行法定资本 1 000 亿美元，初始认缴资本 500 亿美元，在五个创始成员国间平均分配。在金砖国家应急储备安排中，初始资金规模为 1 000 亿美元，每个金砖国家的央行将投入一定数额的资金，具体为：中国 410 亿美元，南非 50 亿美元，其他三个金砖国

---

① 数据来源于 New Development Bank 官方网站：https：//www.ndb.int。

家分别出资 180 亿美元。

3. 金砖银行的业务活动

金砖银行的主要业务活动有三个方面：第一，致力于金砖国家同世界各国的脱贫致富事业，支持金砖国家民生基础工程建设，帮助金砖国家人民脱离贫困，走向富裕；第二，金砖国家网际结算资金一时不足时，金砖银行给予紧急资金融通；第三，发挥一般性商业银行作用，给金砖国家的跨国公司提供贷款业务等，保障资金流通和贸易往来。

金砖银行的建立对于现有国际金融组织的改革停滞不前有重要鞭策意义，这主要表现在发展中国家希望在多边组织中有更大的话语权。金砖国家集团成立开发银行不仅仅是对 IMF 等组织改革陷入僵局做出的回应，也是对现有的国际机制形成补充，并有助于金砖国家形成共同的身份认同。

# 第三节　主要国际金融市场介绍

国际金融市场是全球经济体系的核心，它的健康、稳定和繁荣对于各国经济的发展具有重要意义。在全球范围内，伦敦、纽约、苏黎世、法兰克福、东京和新加坡等地被公认为主要的国际金融市场。这些市场各具特色，并在全球金融体系中扮演着重要角色。本节将对这六大国际金融市场进行简要介绍。

## 一、伦敦金融市场

### （一）市场概况

伦敦金融市场是全球最大、最活跃的金融市场之一，拥有悠久的历史和丰富的经验。它涵盖了股票、债券、外汇、期货、黄金等多个金融品种，为全球的投资者和企业提供了广阔的交易平台。

### （二）股票市场

伦敦股票交易所是全球最重要的股票交易所之一，吸引了众多世界知名企业在此上市。伦敦股票市场的交易制度灵活，上市门槛相对较低，吸引了大量的投资者和企业。

### （三）债券市场

伦敦债券市场在欧洲乃至全球范围内具有重要地位，市场规模庞大，交易活跃。政府债券、企业债券和资产证券化债券等是伦敦债券市场的主要交易品种。

### （四）外汇市场

伦敦外汇市场是全球最大的外汇市场之一，拥有众多大型银行和金融机构，交易量巨大。伦敦外汇市场的交易时间灵活，24 小时不间断交易，为全球投资者提供了便利。

## 二、纽约金融市场

### （一）市场概况

纽约金融市场是全球最重要的金融中心之一，拥有全球最大的股票交易所和债券市场。纽约金融市场以其严格的监管体系、健全的法律制度和高效的交易系统而闻名于世。

### （二）股票市场

纽约股票交易所是全球最大的股票交易所之一，吸引了众多世界知名企业在此上市。纽约股票市场的上市门槛较高，对企业的财务状况和治理结构有严格要求。

### （三）债券市场

纽约债券市场是全球最重要的债券市场之一，市场规模庞大，交易活跃。美国国债、企业债券和资产证券化债券等是纽约债券市场的主要交易品种。

## 三、苏黎世金融市场

### （一）市场概况

苏黎世金融市场是瑞士最大的金融市场，也是欧洲重要的金融中心之一。苏黎世金融市场以银行业和保险业而闻名于世，吸引了大量跨国公司和金融机构在此设立总部或分支机构。

### （二）银行业与保险业

苏黎世金融市场拥有众多大型银行和保险公司，如瑞士信贷、瑞士银行等。这些金融机构在全球范围内开展业务，为客户提供全方位的金融服务。苏黎世金融市场的银行业和保险业发展成熟，监管体系健全，为全球投资者提供了安全可靠的金融环境。

## 四、其他国际金融市场简介

### （一）法兰克福金融市场

法兰克福金融市场是德国重要的金融中心之一，拥有欧洲最大的证券交易所之一——法兰克福证券交易所。法兰克福金融市场以高科技产业和金融服务业而闻名于世。

### （二）东京金融市场

东京金融市场是日本最大的金融中心，拥有亚洲最大的证券交易所之一——东京证券交易所。东京金融市场的交易品种丰富，包括股票、债券、外汇等。近年来，随着日本经济的复苏和金融市场的开放，东京金融市场的国际影响力逐渐提升。

### （三）新加坡金融市场

新加坡金融市场是亚洲重要的金融中心之一，拥有健全的法律制度和监管体系。新加坡金融市场的交易品种包括股票、债券、外汇等。近年来，新加坡金融市场在金融科技和绿色金融领域取得了显著进展。

国际主要金融市场在全球经济体系中具有重要地位和作用。伦敦、纽约、苏黎世等地凭借各自的优势和特点发展成为全球知名的金融中心。这些市场为全球的投资者和企业提供了广阔的交易平台和发展机遇。然而，在全球化进程加速和金融创新不断涌现的背景下，国际金融市场面临着诸多挑战和机遇。未来各国应进一步加强金融监管合作以维护金融市场的稳定和繁荣，促进全球经济的可持续发展。

# 第四节　新型金融机构

## 一、离岸金融机构

### （一）离岸金融机构概述

当金融市场上的资金借贷关系不仅仅局限在本国居民之间，金融场所不仅仅局限在本国国境内时，就会形成离岸金融市场。在离岸金融市场中承担金融活动的中介机构被称为离岸金融机构。这种金融市场的主要特点在于：交易活动发生在本国居民与非居民或非居民与非居民之间；其业务范围不受国界限制；交易的对象不仅限于本国货币，还包括国际主要可自由兑换的货币以及以这些货币标价的金融工具；业务活动较自由、开放，较少受某一国政策、法令的限制。在离岸金融市场中起到中介作用的金融机构是将该市场中各参与人沟通起来的桥梁，世界各地主要参与者有各国的工商企业、跨国公司、各国政府、国际性组织（主要有世界银行及其附属机构、各种区域性开发银行）和个人资金比较充裕的投资者。

离岸金融机构多为离岸银行。离岸银行由跨国公司和在岸银行设立，跨国公司设立离岸银行的目的是开展外汇合作，便于向国际合资企业提供融资；在岸银行在离岸金融中心设立全资附属机构，目的是提供离岸基金管理服务。

### （二）欧洲货币市场的离岸金融机构

欧洲货币市场是以欧洲美元的出现而产生的，欧洲美元是指存放在美国境外银行的美元存款。第二次世界大战后，英国出于恢复英镑地位的考虑，准许伦敦的商业银行吸收美元存款和办理美元信贷业务，同时加强了英镑的外汇管制，使得欧洲美元数量大量增加。由于美国的国际收支逆差越来越大，美国政府采取了一系列措施限制资本外流并进行贷款限制，这些都使得美元通过跨国公司和外国公司转向欧洲货币市场，以逃避管制。20世纪70年代以后，美国持续巨额的国际收支逆差、美国宣布停止美元兑换黄金、国际市场石油大幅提价等一系列事件都使得大量美元被投入欧洲货币市场生息获利。20世纪80年代后，欧洲货币市场经过几十年的发展，已从开始的欧洲地区扩展到世界各地，分布在西欧、加勒比和中美洲、中东、亚洲和美国等地区。目前全球主要区域的离岸市场已有 40 多个，经营的币种已扩展到 20 多个可兑换货币，有欧洲英镑、欧洲马克、欧洲日元、欧洲瑞士法郎等。

商业银行是欧洲货币市场的中枢神经。它们既是借款者又是贷款者。其中 20 多家世界最大的银行在欧洲货币市场发挥着决定性的作用。这些银行把它们吸取的巨额存款转贷给欧洲银行（Eurobanks，一所分布于世界各地的经营货币存放款业务的银行），它们通过在国外市场上筹集和运用资金，把欧洲货币与各国国内金融市场联为一体，同时，欧洲货币市场上发达的银行同业拆借市场也为各国银行调整流动性资金提供了方便。

（三）亚洲货币市场的离岸金融机构

亚洲货币市场指亚太地区的境外货币借贷市场，由于交易 90%以上是美元，故又称"亚洲美元市场"，主要中心是新加坡、马尼拉、香港和东京。在不同的离岸金融中心，都有不同的金融机构发挥着重要作用，比如新加坡美元市场、香港美元市场。

1. 新加坡美元市场

新加坡美元市场是 1968 年美洲银行在新加坡设立的分行，经营亚洲美元和各种信贷交易。新加坡可能会超过瑞士成为世界上最大的离岸财富中心[①]。

2. 香港美元市场

香港美元市场是以银行业为中心的综合性国际金融市场，分"持牌银行"、"持牌存款公司"和"注册存款公司"三个层次。其主要业务构成有短期资金市场（包括港元市场、美元市场、外汇市场）、长期资金市场（包括股票市场、债券市场、存款证市场、国际银团贷款）和黄金市场等。2004 年，中国开始在香港吸收存款，并于 2009 年开始用人民币进行国际投融资活动。2007 年，中国政府首次在香港发行人民币离岸债券。

3. 东京金融市场

1986 年东京离岸金融市场正式营业，其市场并无实体存在，只是在获准经营离岸业务的银行中，把境外业务另立离岸账户分别处理。经营离岸业务的银行在接受非日本居民存款以及对非居民提供贷款时，可以不受日本国内银行系统所受到的严格限制，免缴准备金，并获得 20%的利息豁免权。随着日本经济的发展，东京离岸金融市场在不断发展和完善。

4. 新兴的太平洋岛国离岸金融市场

从 20 世纪 70 年代起，加勒比海的巴哈马、开曼等岛国由于政局稳定，没有金融管制，且资金交易免征有关税费，具有发展国际金融业务十分优越的条件，很快就发展成为离岸国际金融市场，成为拉丁美洲的重要国际金融市场。类似这种离岸国际金融中心还有加勒比海的百慕大、巴拿马、西欧的马恩岛等。

## 二、互联网金融机构

20 世纪 80 年代以来，伴随着现代计算机技术与电子通信技术的发展，国际金融行业发生了巨大变化，网络金融机构在金融活动中扮演着越来越重要的角色。1995 年，在美国

---

① 数据来源于网站：https://annual.cfainstitute.org。

亚特兰大成立了世界上第一家网络金融机构——美国安全第一网络银行（Security First Network Bank，SFNB），当时其存款金额达 1 400 万美元，客户已达 4 000 多家，遍布全美。紧随其后，发达国家和地区的银行、证券公司和保险公司等金融服务机构纷纷在互联网上建立网站，提供 ATM、POS、无人银行、电话银行、家庭银行和企业银行等全方位的金融服务。随着计算机成本的不断下降，金融业越来越注重提供网络金融服务。

（一）互联网银行机构

互联网银行是在传统银行基础上发展起来的一种创新形式。它通过网络渠道和技术手段，提供线上开户、转账支付、理财、汇兑等金融服务，极大地方便了用户的日常金融操作。随着移动互联网的普及，互联网银行已经成为金融行业的一股重要力量。许多国家和地区的银行纷纷上网，在国际金融界掀起了一股网络银行风潮，如美洲银行在互联网上提供了家庭银行和建立客户自己的银行两项业务，大通曼哈顿银行在网上推出了汽车贷款项目。欧洲、德国、芬兰和英国等许多国家的银行都相继上网，在互联网上开展银行业务。英国的艾格公司（英国最大的人寿保险公司的分支机构）被称为世界上最成功的网络银行之一，其客户达到了 60 万人，存款 120 亿美元。在日本，第一家推出网络银行业务和投资咨询等金融服务的是富士银行，樱花银行、住友银行等大银行也先后推出网上银行服务。在中国香港地区，花旗银行率先推出网上银行服务业务，其后汇丰、恒生、永亨、道亨、运通和渣打等银行也相继推出网络银行服务。

中国互联网金融自 20 世纪 90 年代兴起，经过几次大的转型，已经逐渐成为人们生活中不可或缺的一部分。中国互联网金融机构（如陆金所重点在 P2P 线上交易服务，网信金融定位于互联网金融综合服务平台等）利用互联网技术和创新思维，实现了传统金融业务的线上化、智能化和高效化。它们在投资理财、贷款服务、支付结算、众筹融资、保险业务等方面提供了丰富的金融产品和服务，满足了广大用户的多样化金融需求。

（二）数字货币交易所

数字货币交易所也称"加密货币交易所"或"币交所"，是一种提供数字货币交易的平台。这些交易所允许用户将数字货币兑换成其他数字货币或法币（如美元、人民币等）。数字货币（digital currency，DC）是电子货币形式的替代货币。数字金币和密码货币都属于数字货币。数字货币是一种不受管制的、数字化的货币，通常由开发者发行和管理，被特定虚拟社区的成员所接受和使用。近年来，随着数字货币试点场景的不断增长，行业景气度持续提升，数字货币相关企业注册量也有所增加。数据显示，2018 年数字货币企业注册量出现增长小高峰，注册量为 863 家。2019 年注册量出现短暂下降，2020 年恢复快速增长。2022 年数字货币相关企业注册量大幅增长，全年新增企业 1 533 家。需要注意的是，数字货币与虚拟货币虽然都属于电子货币，但两者存在明显的区别。例如，数字货币是一种真实的电子货币，可以用于真实的商品和服务交易，能在现实生活中流通，而虚拟货币则是一种电商商品，只能在特定的虚拟环境中流通，不具备真正的货币属性，如游戏币①。

---

① 目前，关于数字货币、虚拟货币的相关概念的法定解释或官方界定，尚未达成共识。对此，本教材不做深入讨论。

随着数字货币的兴起和爆发式发展，作为数字货币产业链中最重要的环节之一，数字货币交易所等交易平台应运而生。数字货币交易所是一种在线平台，允许用户交易各种数字货币。它不仅提供方便的交易环境，还为投资者提供了更多的投资选择。在数字经济时代，数字货币交易所扮演着重要的角色。从数字货币整个交易过程来看，数字货币交易所是加密数字货币交易流通和价格确定的主要场所。与传统证券交易所不同的是，数字货币交易所除撮合交易之外，还承担做市商和投资银行的角色，这也构成了当前数字货币交易所常见的商业生态。

（三）网络借贷平台

网络借贷指的是借贷过程中，信用资料与资金、合同、手续等全部通过网络实现，它是随着互联网的发展和民间借贷的兴起而发展起来的一种新的金融模式，也是未来金融服务的发展趋势。在这一模式和需求下，网络借贷平台迎来了爆发式增长。网络借贷平台是一种通过互联网连接借款人和投资人的金融服务平台。它通过信息技术和大数据分析，实现了匹配借款需求和投资需求的功能。网络借贷平台的出现，为个人和中小微企业提供了更多的融资渠道，推动了金融服务的普惠化。中国网络借贷平台在全球处于第一梯队，比较典型的是中国"三鸟"网络金融平台（蚂蚁金服、京东金融和腾讯金融科技），这三个平台在网络金融领域具有较高的市场份额和影响力。其中，蚂蚁金服是阿里巴巴集团旗下的金融科技公司，是全球最大的独角兽之一，涵盖了支付、财富管理、消费金融、保险、银行、征信、企业服务等多个金融领域。京东金融是京东集团旗下的金融科技公司，是中国领先的金融科技平台之一，涵盖了消费金融、供应链金融、财富管理、支付、众筹等多个金融领域。其中，京东白条是京东金融旗下的核心品牌，是中国最大的消费信贷平台之一，为用户提供分期付款和信用贷款服务。腾讯金融科技是腾讯集团旗下的金融科技公司，是中国领先的金融科技平台之一，涵盖了支付、财富管理、消费金融、保险等多个金融领域。

（四）科技保险公司

科技保险公司是一种特殊的保险公司，专注于为科技企业或研发机构在研发、生产、销售、售后及其他经营管理活动中出现的各种风险提供保障。这些风险可能导致科技企业或研发机构出现财产损失、利润损失、科研经费损失，以及对股东、雇员甚至第三者的财产和人身造成现实伤害。科技保险公司的业务就是针对这些风险，提供相应的保险保障，以确保科技企业或研发机构能够持续发展。科技保险公司的成立和发展，对科技创新和产业发展具有重要意义。它们可以为高投入、高风险的高科技创新产业以及相关活动提供风险保障，有助于更多的资金和人才在发展科技事业中充分发挥作用。2018年初，国内首家专业科技保险公司太平科技保险股份有限公司（以下简称"科技保险公司"）获准开业。根据预测，科技保险公司的成立，能使高投入、高风险的高科技创新产业以及相关活动出现损失后获得补偿，可使更多的资金和人才在发展我国科技事业中充分发挥作用。

科技保险公司是利用科技手段优化保险服务的机构。它通过人工智能、大数据分析等技术，提供更精准的风险评估和保险产品设计，提升了保险服务的效率和质量。科技保险公司的兴起，为保险行业带来了新的发展机遇。在科技开发创新与应用中，不可避免地伴随着风险的发生，因而科创企业的发展离不开保险保障。同时，科技保险作为科技部与银保监会共同认定的涉及科技活动的保险业务，实则是一种"准公共产品"，能够提高科技型企业的生存和发展能力。这些新金融机构的崛起，不仅给用户带来了更多选择和更便捷的服务体验，也给传统金融机构带来了巨大的冲击。未来，随着科技的不断演进和金融行业的不断变革，新金融机构将继续涌现，将为人们的金融生活带来更多的可能性。

## 【思考题】

1. 金融中介和非金融中介在国际投融资活动中各发挥怎样的功能？
2. 什么是跨国银行？简述其产生与发展的过程。
3. 世界银行包括哪些附属机构？简述各个附属机构的主要业务活动。
4. 简述金砖国家新开发银行的主要资金来源和业务活动。
5. 简述欧洲货币市场离岸金融机构的特点。
6. 亚洲货币市场有哪些离岸金融市场？简述不同金融市场离岸金融机构的特点。
7. 互联网金融机构主要有哪些？简述各自不同的特点。
8. 中国在参与国际投融资市场发展中有哪些亮点。
9. 中国企业在互联网金融发展中做了哪些创新与贡献。

# 第四章  国际投融资市场与工具

**【引导案例】**

### 国际投融资市场在资金融通方面发挥越来越大的作用

随着经济全球化的发展，国际投融资市场在资金融通方面发挥越来越大的作用，进一步促进经济的全球化发展。

数据显示，2022年，全球外汇市场的平均日交易额达6万亿美金，最多的一天交易额11万亿美金，是全球股市加起来的30倍，是全球期货市场加起来的120倍，交易量非常庞大，而且每年以120%的速度在递增，是全球任何一个市场都无法比拟的巨无霸。2022年，全球债券市场规模达到133万亿美元，美国以51万亿美元的债券市场规模居首。紧随其后的是中国和日本，债务市场分别占全球总量的16%和13%。欧洲最大的债券市场位于法国，比英国高出约1 500亿美元。从欧洲银行到亚洲企业，再到发展中国家，新债发行市场的每个角落都在蓬勃发展。

据国际期货业协会（FIA）对全球80多家交易所的数据统计，2023年上半年全球期货与期权成交557.82亿手，与2022年同期相比增长了44.7%。其中，全球期货成交141.96亿手，期权成交415.86亿手。截至2023年6月底，全球期货与期权持仓总量为11.90亿手，与2022年同期相比增长了8.8%，期权持仓占总持仓的75.5%。2023年上半年，全球期货与期权成交量为557.82亿手，与2022年同期相比增长了44.7%。其中，全球期货成交量同比下降1.2%，至141.96亿手，期权成交量增长71.9%，达415.86亿手。期权成交总量是期货的近3倍，成交占比高达74.6%，较同期增长11.8%，增量高达173.97亿手，期权成交的高速增长成为全球衍生品成交增长的直接动力。

（资料来源：作者根据相关资料整理。）

**【学习目标】**

◆ 了解中国在推进国际投融资市场中的贡献；
◆ 了解中国在国际投融资工具创新中的新表现；
◆ 掌握国际投融资市场的构成与分类；
◆ 掌握主要国际股票市场的分类及特征；
◆ 掌握债券市场的分类、发展和运行机制，了解国际债券的发行市场和交易市场；

◆ 掌握衍生证券市场的分类、发展和运行机制；
◆ 了解新型国际投融资市场与工具的分类和主要形式。

# 第一节　国际投融资市场概述

## 一、国际投融资市场的概念

国际投资与国际融资是与经济全球化相伴相生的现象，随着全球化进程的深入，国际投融资相互融合，呈现出投资融资化与融资投资化的现象。投资融资化描述的是企业实际投资额超过其注册资本（资本金）部分利用股权或债权融资的现象；融资投资化则主要体现在证券发行市场，如通过设立股份公司发行股票、发行可转换债券等。正是基于强调国际投资与国际融资之间的这种融合趋势，将国际投资与国际融资的场所和运作机制统称为国际投融资市场。

国际投融资市场与一般意义上的国际金融市场既相互联系又相互区别。联系在于都涉及国际货币转移，交易使用的金融工具基本上一致，金融机构在其中都占据着重要地位，市场主体同样都谋求最大经济效益和规避市场风险。区别是：首先，两者的立足点不同。国际投融资市场主要从企业特别是跨国公司的角度考察国际资本筹措与运营，而国际金融市场是从资金融通角度关注金融资产交易、转移、运行及其供求关系和机制。其次，两者的构成不同。国际投融资在强调融资时，是指资金从盈余方向资金需求方流动，此时与国际金融无异，但作为投资时强调的是，企业为预期产出而投入资本于特定行业的经济活动，无论间接投资还是直接投资都与某一项目的物质生产以及未来经济效益相关。因此，对投资项目的投入与产出密切关注，这基本上不包括在国际金融范畴内。

## 二、国际投融资市场的构成

按照金融工具交易期限，国际投融资市场可以分为国际货币市场与国际资本市场。

（一）国际货币市场概述

国际货币市场又称"国际短期资金市场"，是指国际范围内期限在一年以内的短期金融工具交易市场。国际货币市场没有固定场所，但它是一个高度组织化的市场，用于满足现金管理与运营资本需求。由于市场主体主要是信用等级很高的跨国公司与跨国银行，国际货币市场上的借贷通常不需担保，风险也较小。国际货币市场交易包含短期信贷与短期证券交易两部分，前者是银行与客户之间的借贷活动，其交易工具一般不可流通；后者是标准化可转让信用票据的交易，流动性强。国际货币市场的主要交易工具有以下几种。

1. 短期国库券（treasury bills）。

这是一国财政为弥补收支不平衡而发行的短期债务凭证。国库券是一种零息票债券，以贴现价发行，投资者持有到期得到国库券面值资金。国库券由国家信用担保，几乎不存在违约风险，所以信用等级高，流动性强，被称为金边债券。

2. 大额可转让定期存单（negotiable certificates of time deposits，CDs）

CDs 是由商业银行发行可以在市场上转让的存款凭证。存单具有固定期限和面额，一般金额较大且不记名，能自由流通，收益率高于国库券。

3. 商业票据（commercial paper）

商业票据是一种没有抵押担保，出票人凭自身信用发行并承诺到期付款的短期票据。它从商品交易工具演变成单纯的债权债务关系融资工具。商业票据通常以贴现方式发行，发行价格低于票面金额的部分作为投资人利息，贴现率由发行人资信度及期限决定。商业票据利率一般低于银行信贷利率，因此大企业更热衷于利用商业票据融资。

4. 银行承兑汇票（banker's acceptance）

这是一种由银行承兑的商业汇票，实质是以银行信用代替商业信用，因此安全性好且具有流动性。

（二）国际资本市场概述

国际资本市场是期限在一年以上的金融工具跨境交易的市场，包括国际中长期信贷市场、国际外汇市场、国际股票市场、国际债券市场、国际衍生证券市场和国际融资租赁市场。由于国际投融资以跨国公司为主体，其更新固定资产、扩大经营规模或进行并购更多的是依托证券市场，所以下面将简单介绍中长期信贷与租赁市场，而股票、债券与衍生证券市场在本章第二、第三、第四节具体讲述。

1. 国际中长期信贷市场

这是金融机构提供一年以上信贷资金融通的市场，特点是期限长、风险高、金额大，借贷双方要签订严格贷款协议，甚至需要政府机构担保。目前国际上大额中长期贷款以银团贷款为主。银团贷款又称"辛迪加贷款"（syndicate loan），是由一家银行牵头、多家银行参与，按照一定法律程序组成结构严谨的银行集团，以各自出资比例集中向借款人提供贷款的方式。它有直接和间接银团贷款之分，前者是银团各成员直接向借款人提供其承诺部分贷款；后者由牵头行向借款人贷款，并将参加贷款权出售给其他参加行。银团贷款利率可以是固定利率，也可以是以伦敦同业拆借利率（london interbank offered rate，LIBOR）为基准的浮动利率；其贷款期限灵活，常见的为 3~10 年；贷款金额巨大，一般在几千万美元以上；贷款对象主要是各国政府机构或跨国公司。

2. 国际租赁市场

国际租赁是指位于不同国家或地区的出租人与承租人，出租人在约定期内将租赁资产交予承租人有偿使用的租赁。国际租赁中的租赁物一般是价值较高的动产或不动产，如建筑设备、工厂生产设备、轮船、飞机等，其最大特点是以跨境租赁形式达到融资目的。国际租赁主要形式有以下几种：

（1）融资租赁（financial lease），又称"完全付清租赁"。在此租赁方式下，出租人用银行贷款购买承租人选定的设备，按照租赁合同将设备租给承租人，设备的维修保养等由承租人负担，合同有效期内双方无权撤销合同，承租人可在期满后以低价购进设备。因交易方式的不同，融资租赁又可分为直接融资租赁（通常简称"融资租赁"）、转租式融资租赁和回租式融资租赁三种。直接融资租赁是指承租人自主地选定供货人及设备品种、型号后，由融资租赁公司出资向供货人购买该设备，中长期地出租给承租人使用，承租人按期支付租金，到期后，承租人取得该设备所有权。转租式融资租赁（简称"转租赁"）是一种特殊的融资租赁交易模式。在这种交易中，出租人首先将租赁物租给承租人，然后承租人经出租人同意，以第二出租人的身份将租赁物转租给实际承租人。在转租赁业务中，上一租赁合同的承租人同时又是下一合同中的出租人，称为转租人。转租人从其他出租人处租入租赁物件再转租给第三人，转租人以收取租金差为目的，租赁物品的所有权归第一出租人。回租式融资租赁（又称"售后回租"、"出售回租"或"回租"）也是融资租赁的一种交易方式。回租业务是指承租人将自有物件出卖给出租人，同时与出租人订立一份融资租赁合同，再将该物件从出租人处租回的租赁形式。回租业务是承租人和出卖人为同一人的特殊融资租赁方式。

（2）经营租赁（operating lease）又称"服务性租赁"，在此租赁方式下，出租人除租出设备外，还须提供设备保养维修和专门技术服务，承租人有权撤销合同，但期满后不得留购。经营租赁有三个主要特点：一是在经营租赁中，出租人根据市场需要选购租赁标的物；二是合同期内，承租人可中止合同、退回设备，以租赁更先进的设备；三是在一次租赁期内，出租人只能从租金中收回设备的部分垫支资本，需通过该项设备以后多次出租给多个承租人使用，才能收回投资并产生利润；四是租赁期满后，租赁标的物一般退交给出租人，承租人不承担所有权风险。

（3）杠杆租赁（leveraged lease），杠杆租赁是一种特殊的融资租赁方式，也被称为"第三者权益租赁"或"平衡租赁"。在这种租赁方式中，出租人只需投资租赁设备购置款项的部分金额，通常为20%~40%，并以此作为财务杠杆，通过抵押权益获得金融机构的贷款来支付剩余的购置款项。国际租赁市场是通过国际租赁进行资金融通的市场。现代设备租赁萌芽于19世纪中叶，真正以融资为目的的设备租赁业务在第二次世界大战以后开始发展起来。20世纪50年代末期，美国租赁业务获得迅速发展，市场急剧扩大。西方国家如英、法、日、西德、加拿大等相继成立了专门或综合性租赁公司，并向第三世界发展。20世纪70年代后，一些国际金融组织甚至非金融机构也经营国际租赁信贷业务。20世纪80年代以来，租赁信贷已成为公认的设备筹资的主要来源。美国的租赁交易在各国租赁市场上居于首位。随着竞争日益激烈，西欧各国先后组成国际租赁协会和租赁俱乐部等以协调各国间的关系。

# 第二节　国际股票市场

## 一、国际股票市场概述

### （一）国际股票的概念

股票是股份公司为筹集资金向出资人发行的一种有价证券，代表股票持有人（股东）对股份公司的所有权。这种所有权表现为参加股东大会、投票表决以及获取股息和分享红利等综合权利。股东以其出资额对公司承担有限责任。

当股票的发行与交易发展到跨越国界时，国际股票（international stock）便产生了。所谓国际股票，是指股票的发行和交易过程是跨国界进行的，即股票的发行者和交易者、发行地和交易地、发行币种和发行者所属本币等有至少一种不属于同一国度。随着经济全球化的发展，越来越多的企业通过在国际市场上发行股票来筹措长期资金。国际股票市场也因此成为国际间接投资与直接融资的重要场所。

### （二）国际股票市场的构成

国际股票市场即国际股票发行和买卖交易的场所，由两部分组成，即股票发行市场和股票流通市场。

股票发行市场与股票流通市场实际上是一个统一的整体，两者既相互区别又相互依存，互为补充。股票发行市场是国际股票市场的基础，决定了发行与流通中股票的种类和数量。股票流通市场上股票交易的活跃程度直接影响股票对投资者的吸引力，间接影响股票发行量，股票交易价格的高低还会影响发行市场上的发行价格。一般来说，在股票处于牛市，股票交易活跃时，受交易价格上升的影响，投资者对股票的需求比较旺盛，股票发行价格会高些，反之较低。

#### 1. 股票发行市场

股票发行市场是发行人为扩充资本依法按照程序向投资者分销新股票的市场，也称为"初级市场"或"一级市场"。股票发行市场的实质是发行人与认购者供求关系的总和，是一个抽象的市场，没有类似交易所那样固定的场所和设施。股票发行市场为新设立的股份公司筹集资金，或者为公司扩大经营而增发股票，使得储蓄转化为投资，增加社会总资本和生产能力，促进社会经济的发展。

#### 2. 股票流通市场

股票流通市场是已发行股票进行交易的场所，又称"交易市场"或"二级市场"。它的主要功能是为已发行股票提供流动性，使得投资者能够随时变现股票，或者方便地转换股票投资品种，通过投资选择实现对发行公司经营业绩的间接监督。流通市场上的价格是经济发展的晴雨表，能够反映资金供求状况和行业前景变化，还能为企业提供信息以改善经营管理，从而有效提高整体经济效率。根据二级市场的组织形式，还可将其划分为交易所交易市场和场外交易市场，在本节第三部分有详细介绍。

## 二、国际主要股票市场介绍

国际股票交易场所是全球资本市场的重要组成部分，为投资者和企业提供了跨境交易和筹资的平台。下面将详细介绍几个主要的国际股票交易场所，包括其发展历史、交易规则、上市要求及特点等。

### （一）纽约证券交易所（NYSE）

纽约证券交易所是全球最大的证券交易所之一，位于美国纽约市。它历史悠久，成立于 1792 年，是世界上最早的证券交易所之一。纽约证券交易所拥有先进的交易系统和广泛的参与者，为全球范围内的股票交易提供了一个重要的平台。

**1. 发展历史**

纽约证券交易所的发展可以追溯到 18 世纪末，当时美国正在经历工业革命，许多公司开始发行股票以筹集资金。为了方便这些股票的交易，交易所应运而生。1792 年，24 名经纪人签署了《梧桐树协议》，标志着纽约证券交易所的诞生。此后，纽约证券交易所不断发展壮大，逐渐成为全球最具影响力的证券交易所之一。

**2. 交易规则**

纽约证券交易所采用电子交易系统，交易时间为美国东部时间上午 9：30 至下午 4：00。在交易过程中，投资者可以通过竞价或做市商制度进行交易。纽约证券交易所还设立了严格的上市标准，要求上市公司具有良好的财务状况、治理结构和透明度等。

**3. 上市要求及特点**

在纽约证券交易所上市的公司必须符合一定的财务和治理结构要求，如收入、利润、资产等指标。此外，上市公司还需遵守严格的披露要求，以确保信息的透明度和准确性。纽约证券交易所的特点是拥有大量的蓝筹股和知名企业，如苹果、谷歌、微软等。这些公司通常具有稳定的盈利能力和良好的市场前景。

### （二）伦敦证券交易所（LSE）

伦敦证券交易所是欧洲最重要的证券交易所之一，位于英国伦敦。伦敦证券交易所成立于 1801 年，是世界上最早的证券交易所之一。该交易所拥有广泛的交易系统和参与者，为欧洲及全球的股票交易提供了一个重要的平台。

**1. 发展历史**

伦敦证券交易所的发展可以追溯到 19 世纪初，当时英国正在经历工业革命，许多公司开始发行股票筹集资金。为了方便这些股票的交易，交易所应运而生。1801 年，伦敦证券交易所正式成立，成为欧洲最主要的证券交易场所之一。此后，伦敦证券交易所不断发展壮大，逐渐成为全球最具影响力的证券交易所之一。

**2. 交易规则**

伦敦证券交易所采用电子交易系统，交易时间为英国夏令时上午 8：00 至下午 5：30。

在交易过程中，投资者可以通过竞价或做市商制度进行交易。伦敦证券交易所还设立了严格的上市标准，要求上市公司具有良好的财务状况、治理结构和透明度等。

### 3. 上市要求及特点

在伦敦证券交易所上市的公司必须符合一定的财务和治理结构要求，如收入、利润、资产等指标。此外，上市公司还需遵守严格的披露要求，以确保信息的透明度和准确性。伦敦证券交易所的特点是拥有大量的金融股和知名企业，如汇丰银行、英国石油公司等，这些公司通常具有稳定的盈利能力和良好的市场前景。伦敦证券交易所还是欧洲债券市场的中心，许多国家在此发行债券。

### （三）东京证券交易所（TSE）

东京证券交易所是亚洲最大、世界第三大的证券交易所，位于日本东京。东京证券交易所成立于 1878 年，是世界上较早成立的证券交易所之一。该交易所拥有先进的交易系统和广泛的参与者，为亚洲及全球的股票交易提供了一个重要的平台。

### 1. 发展历史

东京证券交易所的历史可以追溯到 19 世纪末期，当时日本正在经历明治维新和工业革命，许多公司开始发行股票筹集资金。为了方便这些股票的交易，交易所应运而生。1878 年，东京证券交易所正式成立，成为日本最主要的证券交易场所之一。此后，东京证券交易所不断发展壮大，逐渐成为全球最具影响力的证券交易所之一。

### 2. 交易规则

东京证券交易所采用电子交易系统，交易时间为日本时间上午 9∶00 至下午 4∶00。在交易过程中，投资者可以通过竞价或做市商制度进行交易。东京证券交易所还设立了严格的上市标准，要求上市公司具有良好的财务状况、治理结构和透明度等。

### 3. 上市要求及特点

在东京证券交易所上市的公司必须符合一定的财务和治理结构要求，如收入、利润、资产等指标。此外，上市公司还需遵守严格的披露要求，以确保信息的透明度和准确性。东京证券交易所的特点是拥有大量的金融股和知名企业，如日本银行、丰田汽车公司等。这些公司通常具有稳定的盈利能力和良好的市场前景。

### （四）香港联合交易所（HKEX）

香港联合交易所是全球主要的证券交易所之一，位于中国香港，该交易所成立于 1986 年，也是亚洲地区最重要的证券交易场所之一。该交易所拥有先进的交易系统和广泛的参与者，为全球范围内的股票交易提供了一个重要的平台。

### 1. 发展历史

香港联合交易所的发展可以追溯到 20 世纪 70 年代末期，当时香港作为亚洲金融中心之一开始吸引大量外资进入本地市场。为了方便股票的交易，交易所应运而生。1986 年，香港联合交易所正式成立，成为香港最主要的证券交易场所。此后，香港联合交易所不断发展壮大，逐渐成为全球最具影响力的证券交易所之一。

### 2. 交易规则

香港联合交易所采用电子交易系统，交易时间为香港时间上午 9∶30 至下午 4∶00。

在交易过程中，投资者可以通过竞价或做市商制度进行交易。香港联合交易所还设立了严格的上市标准，要求上市公司具有良好的财务状况、治理结构和透明度等。

3. 上市要求及特点

在香港联合交易所上市的公司必须符合一定的财务和治理结构要求，如收入、利润、资产等指标。此外，上市公司还需遵守严格的披露要求，以确保信息的透明度和准确性。香港联合交易所的特点是拥有大量的金融股和知名企业，如中国银行、中国移动等。这些公司通常具有稳定的盈利能力和良好的市场前景。同时，香港联合交易所也是中国企业境外上市的主要平台之一。

（五）法兰克福证券交易所（Frankfurt Stock Exchange）

法兰克福证券交易所是欧洲重要的证券交易所之一，位于德国法兰克福。该交易所成立于1585年，是欧洲最古老的证券交易所之一。它拥有先进的交易系统和广泛的参与者，为欧洲及全球的股票交易提供了一个重要的平台。

1. 发展历史

法兰克福证券交易所的发展可以追溯到16世纪初期，当时德国正处于经济繁荣时期，许多公司开始发行股票筹集资金。为了方便这些股票的交易，交易所应运而生。1585年，法兰克福证券交易所正式成立，成为德国最主要的证券交易场所之一。此后，该交易所不断进行现代化改造和扩建，发展成为欧洲重要的证券市场之一。

2. 交易规则

法兰克福证券交易所采用电子交易系统进行交易，交易时间为欧洲中部时间上午8：00至下午5：30。在交易过程中，投资者可以通过竞价或做市商制度进行交易。该交易所设立了严格的上市标准，要求上市公司具有良好的财务状况、治理结构和透明度等。此外，该交易所还设立了严谨的信息披露制度，要求上市公司及时、准确地进行信息披露以保障投资者的权益。

3. 上市要求及特点

在法兰克福证券交易所上市的公司需要具备良好的财务状况，包括稳定的现金流、合理的资本结构和适当的资本水平。上市公司需要建立健全的公司治理结构，包括独立的董事会、有效的内部控制和透明的信息披露机制。同时，上市公司必须遵守信息披露规则，包括财务报告和重大事项的及时公告等。

（六）上海证券交易所（SSE）

1. 发展历史

上海证券交易所成立于1990年12月19日，是中国第一家证券交易所，也是全球最活跃的证券交易场所之一。成立之初，上海证券交易所主要由国有企业主导，随着时间的推移，其上市公司的类型和数量逐渐增加，包括大型国有企业、民营企业、外资企业等。

2. 交易规则

上海证券交易所采用电子交易系统，交易时间为每个工作日上午9：30至11：30，下午1：00至3：00。在交易过程中，投资者可以通过竞价或协议转让方式进行交易。此外，上海证券交易所还设立了涨跌幅限制和熔断机制等交易风险管理措施。

### 3. 上市要求及特点

在上海证券交易所上市的公司必须符合一定的财务和治理结构要求，如收入、利润、资产等指标。此外，上市公司还需遵守信息披露规则和公司治理准则等要求。上海证券交易所的特点是拥有大量的蓝筹股和知名企业，如中国石油、中国石化、工商银行等。这些公司通常具有稳定的盈利能力和良好的市场前景。同时，上海证券交易所也是中国企业境外上市的主要平台之一。

## （七）深圳证券交易所（SZSE）

### 1. 发展历史

深圳证券交易所成立于1990年12月1日，是中国第二家证券交易所。与上海证券交易所不同，深圳证券交易所的成立和发展得到了民营企业和外资企业的积极参与。随着中国经济的改革开放和市场化进程的推进，深圳证券交易所逐渐发展成为中国最重要的证券市场之一。

### 2. 交易规则

深圳证券交易所同样采用电子交易系统，交易时间为每个工作日上午9：30至11：30，下午1：00至3：00。在交易过程中，投资者可以通过竞价或协议转让方式进行交易。与上海证券交易所不同的是，深圳证券交易所的涨跌幅限制较为宽松。

### 3. 上市要求及特点

在深圳证券交易所上市的公司同样必须符合一定的财务和治理结构要求。与上海证券交易所相比，深圳证券交易所更加注重中小企业的融资和发展。因此，深圳证券交易所的特点是拥有大量成长性强的中小企业和新兴产业企业。同时，深圳证券交易所也是中国创新型企业的重要融资平台。

## （八）多伦多证券交易所（TSX）

### 1. 发展历史

多伦多证券交易所成立于1861年，是加拿大最重要的证券交易场所。该交易所历史悠久，自成立以来一直是加拿大企业的重要融资平台。近年来，随着全球化和加拿大经济的开放，多伦多证券交易所也逐渐吸引了国际企业的关注和投资。

### 2. 交易规则

多伦多证券交易所采用电子交易系统，交易时间为每个工作日上午9：30至下午4：00。在交易过程中，投资者可以通过竞价或协议转让方式进行交易。多伦多证券交易所的涨跌幅限制较为宽松，但同样设有熔断机制等风险管理措施。

### 3. 上市要求及特点

在多伦多证券交易所上市的公司必须符合一定的财务和治理结构要求，如收入、利润、资产等指标。此外，上市公司还需遵守信息披露规则和公司治理准则等要求。多伦多证券交易所的特点是拥有大量的金融股和资源型企业，如加拿大银行、石油公司等。这些公司通常具有稳定的盈利能力和良好的市场前景。同时，多伦多证券交易所也是国际企业赴加拿大上市的重要平台之一。

## （九）悉尼证券交易所（ASX）

### 1. 发展历史

悉尼证券交易所成立于 1987 年，是澳大利亚最重要的证券交易场所之一。该交易所的成立标志着澳大利亚资本市场的发展进入了新的阶段。自成立以来，悉尼证券交易所一直是澳大利亚企业的重要融资平台。

### 2. 交易规则

悉尼证券交易所采用电子交易系统，交易时间为每个工作日上午 9：00 至下午 4：00（当地时间）。在交易过程中，投资者可以通过竞价或协议转让方式进行交易。悉尼证券交易所的涨跌幅限制较为宽松，但同样设有熔断机制等风险管理措施。

### 3. 上市要求及特点

在悉尼证券交易所上市的公司必须符合一定的财务和治理结构要求，如收入、利润、资产等指标。此外，上市公司还需遵守信息披露规则和公司治理准则等要求。悉尼证券交易所的特点是拥有大量的金融股和资源型企业，如澳大利亚银行、矿业公司等。这些公司通常具有稳定的盈利能力和良好的市场前景。同时，悉尼证券交易所也是澳大利亚创新型企业的重要融资平台之一。

这些国际股票交易场所（见表 4-1）提供了全球范围内的股票交易机会，吸引了来自世界各地的投资者和企业前来交易和上市。每个交易所都有其独特的上市规则和交易制度，为投资者和企业提供了丰富的投资和发展机会。

**表 4-1　全球主要股票交易所介绍**

| 交易场所 | 所在地 | 简介 |
|---|---|---|
| 纽约证券交易所（NYSE） | 美国纽约市 | 全球最大、最著名的证券交易所之一，许多大型跨国公司在此上市 |
| 伦敦证券交易所（LSE） | 英国伦敦 | 欧洲最古老、最大的证券交易所之一，上市证券种类很多，包括股票、债券等 |
| 东京证券交易所（TSE） | 日本东京 | 亚洲最大、世界第三大的证券交易所，上市公司中包括许多世界知名企业 |
| 香港联合交易所（HKEX） | 中国香港 | 全球主要的证券交易所之一，许多中国企业选择在此上市 |
| 法兰克福证券交易所（Frankfurt Stock Exchange） | 德国法兰克福 | 欧洲重要的证券交易所之一，尤其以高科技和创新型企业上市为主 |
| 上海证券交易所（SSE） | 中国上海 | 中国主要的股票交易市场之一，吸引了许多国内外投资者，以 A 股和 B 股为主 |
| 深圳证券交易所（SZSE） | 中国深圳 | 中国主要的股票交易市场之一，以中小板和创业板的上市公司为主，科技创新型企业较为集中 |
| 多伦多证券交易所（TSX） | 加拿大多伦多 | 北美重要的证券交易所之一，覆盖多个行业和领域，以能源、矿业等资源型企业为主 |
| 悉尼证券交易所（ASX） | 澳大利亚悉尼 | 南半球主要的证券交易所之一，上市公司涵盖多个行业和领域，以金融、能源和材料等领域为主 |

# 第三节　国际债券市场

## 一、国际债券的含义与构成

### （一）国际债券的含义

债券是各类经济主体（包括政府、企业、金融机构等）为了筹集资金而向债权人出具的承诺支付利息和到期偿还本金的债权债务凭证。国际债券是一类与国内债券相对应的特殊债券，指一国发行人在外国债券市场上发行的，以该国货币或欧洲货币为面值的债券。

### （二）国际债券的构成

国际债券的分类标准多种多样，按照利率、投资者的权利、发行方式等方面的不同，可细分为固定利率债券（fixed interest bearing securities）、浮动利率债券（floating-rate notes，FRNs）、利率上下限债券（collars）、可转换债券（convertible bonds）、附有认股权证的债券（bonds with equity warrants）、抵押担保债券（mortgage-backed eurobonds）、零息债券（zero-coupon bonds）、双重货币债券（dual currency bonds）等具体种类。概括比较全面的一种分类是依据票面币种与发行债券市场所在国的关系，将国际债券分为外国债券、欧洲债券和全球债券三种类型。

#### 1. 外国债券

外国债券（foreign bonds），是指外国筹资者在某国债券市场上发行的，以该国货币为票面币种，由该国金融机构承销的债券。例如日本企业在美国债券市场上发行的以美元为面值的债券，就属于外国债券。在某些国家发行的外国债券往往被冠以特定的名称，如在美国发行的外国债券称为扬基债券（Yankee bonds），在日本发行的外国债券称为武士债券（samurai bonds），在英国发行的外国债券称为大狗债券（bulldog bonds），在瑞士发行的外国债券称为巧克力债券（chocolate bonds），在中国发行的外国债券称为熊猫债券（panda bonds）等。

外国债券具有以下特点：

（1）发行者是某国的非居民，因此各国一般对其与普通国内债券作了法律上的区分，比如规定了不同的税率、发行时间和金额管制、注册要求、发行前应披露的资料信息种类和数量的要求以及对购买者的不同限制等。

（2）票面币种为市场所在国的货币，其发行受到发行地所在国法律的制约。

（3）其发行一般由发行地国家的银行组成的银行集团负责，以达到在本地良好投资的目的。

#### 2. 欧洲债券

欧洲债券（Eurobonds），是指筹资者在某国发行的，以该国境外货币为票面币种，由一国或多国的金融机构组成辛迪加承销的债券。这种债券通常同时在几个国家的资本市场上发行。例如，日本企业在美国债券市场上发行的以英镑为面值的债券，就属于欧洲债券。一般将在美国境外发行的以美元作为票面币种的债券称为欧洲美元债券，在英国境外发行的以英镑作为票面币种的债券称为欧洲英镑债券，以此类推。

相对于国内债券和外国债券，欧洲债券具有以下特点：

（1）以境外货币作为票面币种，不受票面币种所属国法律法规的约束，也较少受到当地金融当局的管制。例如，不需要在市场所在国提前注册，没有披露信息资料的要求、发行时间和数量方面的限制等。

（2）由国际辛迪加承销，可以同时在多个国家的资本市场发行。

（3）通常为不记名债券，流通转让比较方便。

（4）利息支付通常是免税。

3. 全球债券

随着经济全球化的发展，全球债券（global bonds）这种新型国际债券应运而生。它是指在全世界各主要资本市场同时大量发行，并且可以在这些市场内部和市场之间自由交易的一种国际债券。全球债券具有全球发行、全球交易、流动性强和发行人信用级别高且多为政府机构等特点。其产生标志着国际债券的发展进入了一个新的阶段。

## 二、国际债券的发行市场

与普通债券市场一样，国际债券市场也由发行市场和交易市场两部分组成。其中，国际债券的发行市场是指国际债券发行人向投资者出售债券以筹集资金的市场，又称作"一级市场"或"初级市场"。国际债券的发行市场通常没有具体的交易场所，而是一个由发行人、投资人和中介人等组成的组织严密的运营网络。它是整个国际债券市场的运作起点，也是国际债券流通的前提，为发行人债券筹资提供了渠道。

（一）国际债券发行市场的参与者

1. 发行人

国际债券的发行人是指发行国际债券的政府组织、企业或金融机构。各国金融监管机构一般会对公募外国债券的发行人进行严格审查，而欧洲债券需要经过权威机构的信用评级，因此，国际债券市场上的发行人主要是政府组织、大型跨国公司等信用级别较高的主体。

2. 投资人

国际债券的投资人是指根据发行人的招募要约，购买国际债券的个人或机构。其主要由机构投资者、政府组织和企业组成，个人参与较少。

3. 中介人

国际债券市场的中介人是国际债券发行人和投资者的中介，主要包括各种银行集团、支付代理（或财务代理）和受托人等。以欧洲债券为例，发行人在发行公募债券时，通常会选择一家比较著名的银行作为主承销人（牵头银行）。此主承销人会组织经理集团，负责将债券推向市场的各项工作。接受各经理银行的邀请函并承诺一定数量包销或推销该债券的金融机构称作"承销集团"，其必须按照约定的最低价格从主承销人那里购入国际债券。而负责推销该项债券的金融机构则组成了销售集团，它们与承销集团不同，可以将未售出的债券退还给经理集团。支付代理（或财务代理）是负责从发行人处收取债券本息并进行偿付的中介人。受托人则是代表投资者，与发行人进行交涉并订立合同的中介人，一般由投资银行或证券公司担任。

### （二）国际债券的发行方式

国际债券主要有私募发行和公募发行两种发行方式。

私募发行，又称"内部发行"，是一种仅向少数特定投资人发行债券的方式。私募发行的国际债券通过一些大银行或大证券公司，由少数与发行或经办单位关系较密切的投资者（多数是具有专业知识的银行或保险公司等金融机构）直接承购，发行人不必详细公布有关的经济统计资料。其发行额一般较小，而且债券一般不能上市流通，但是具有费用低、手续简单等优点。

公募发行，是一种公开向广大投资者推销债券的发行方式。发行人一般首先与国际性大银行或证券公司联系，选定主承销商，初步确定债券的发行条件，并由其组成银行集团进行承购包销。债券发行后，由该银行集团向广大投资者推销。采用公募方式发行的国际债券可以在公开市场上转让、买卖，易于被投资人接受，可以在短时间内筹集到大量资金，但是发行手续比较复杂，而且发行者必须详细公布相关资料。

### （三）国际债券的发行条件

国际债券的发行条件包括发行金额、期限、偿还方式、票面利率、付息方式和发行价格等方面。

国际债券的发行金额一般根据发行人对资金的需求情况，结合当时的市场情况、发行人的资格等因素，由发行人和承销机构协商确定。现在每笔固定或浮动利率国际债券的发行额一般在 1 亿美元以上，而可转换债券和附认股权证的债券的发行量则较小。

国际债券的期限通常要综合发行人的用款需要、国际惯例、投资者的意向等方面综合考虑。目前，国际债券市场上固定利率债券和浮动利率债券的偿还期限一般为 5 ~ 8 年，可转换债券为 10 ~ 15 年。

国际债券的偿还方式主要有期满偿还和期中偿还两类。期满偿还是指在国际债券的有效期结束时才最终偿还本金，而期中偿还则是在最终偿还期未到之前就偿还本金。期中偿还又包括定期偿还、任意偿还和买入注销等不同方式。

国际债券的票面利率包括利率种类和水平两个方面，与市场行情、发行人的信用水平密切相关。一般发行人的信用等级越高，承销机构的承销能力越强，债券的利率就可以越低。

付息方式的选择要考虑降低融资成本和增加债券吸引力两方面因素。国际债券的付息方式一般分为一次性付息和分期付息两类。

国际债券发行价格的确定方法在原则上与国内债券相同，受票面利率水平、市场收益率水平、期限长短等因素影响。只是发达国家的国内债券一般半年付息一次，而欧洲债券通常一年付息一次，同时还要考虑到汇率风险。国际债券发行价格有溢价、平价和折价三种方式，即按高于、等于或低于票面金额的价格销售，通常以票面金额的百分比表示。浮动利率欧洲债券通常按照平价发行。

### (四) 国际债券的发行程序

外国债券发行的具体要求可能因所处市场的不同而有所差异，但总体而言，其基本发行程序可以概括为以下步骤：

#### 1. 选择债券主承销商并协商相关事宜

外国债券发行人决定发行债券后，首先要在发行市场所在国选择一家有承销资格的债券主承销商。根据所在债券市场国家金融业经营模式的不同，债券主承销商可以是专门从事证券发行的投资银行，也可以是一家全能银行的证券业务部。

确定主承销商后，债券发行人需要与承销机构确定包括发行金额、发行价格、利率形式和水平等内容在内的发行条件，而有关债券发行的具体安排则将通过发行人委托的承销机构完成。外国债券发行人需要支付各种相关费用，主要包括主承销商为组织债券发行而收取的手续费、负责债券账务管理和本息偿付的财务受托人或代理人收取的债券管理费和还本付息手续费，以及印刷费、律师费等费用。

#### 2. 提出债券发行申请、接受信用评级

外国债券市场所在国的相关监管部门一般对外国债券的发行人制定了比较严格的准入条件。各国具体情况虽然有所不同，但一般都包括提出债券发行申请和接受信用评级两个方面。

许多国家都对外国债券的发行指定了明确的主管部门和相关审批程序。例如在美国，外国债券发行由债券交易委员会主管，外国债券发行人首先要向美国债券交易委员会申请登记，并以书面"注册声明（registration statement）"的形式详尽披露自身财务经营状况、所在国情况、融资理由等资料。申请材料提交后，各国的相关监管部门会对材料的真实性、完整性等进行严格审查，符合市场所在国准入要求的申请才可被批准。

债券的信用评级源于美国债券市场，指在发行债券之前，由独立于发行人和投资人的第三方（通常是在国际上具有权威地位的信用评级机构），根据发行人的申请及其所提供的资料与数据，测定拟发行债券的违约风险并将结果告知投资人的制度。一般市场所在国的监管部门都要求对外国债券特别是公募外国债券进行公开的信用评级，因此信用评级将关系到外国债券能否在当地发行。同时，债券信用等级的高低还能够影响债券的利率水平，进而影响发行人的融资成本。国际上比较权威的评级机构主要有穆迪投资服务公司（Moody's Investors Service）、标准普尔公司（Standard & Poor's）、欧洲评级公司等。

#### 3. 向投资者销售债券

在这一阶段，由外国债券的主承销商根据与发行人协商确定的具体发行方式进行操作。首先要对市场上的潜在投资者进行分析，并将初始发行说明书送到其手中。此阶段的核心是通过展示、推销报告、电话会议等方式使潜在投资人充分了解即将发行的债券。在此基础上，正式向市场发售债券。订单得到确认、交割后，发行便取得了成功。

### 三、国际债券的交易市场

（一）国际债券交易市场概述

国际债券交易市场是对已经发行的国际债券进行买卖的市场，又称"二级市场"。通过交易市场，国际债券的初始投资者可以根据自己的需求将国际债券适时变现，而其他投资者也可以通过交易获得投资的机会。交易市场弥补了国际债券期限较长的缺陷，提高了其流动性，同时为新发行债券的定价提供参考，是发行市场得以维持和扩大的重要条件。

国际债券的交易可以在证券交易所场内或场外市场进行。但是总体而言，国际债券特别是欧洲债券的交易大多通过场外市场进行。

（二）国际债券的交易程序：以欧洲债券为例

下面以欧洲债券为例介绍国际债券的交易程序。欧洲债券发行的当天即可以进入交易市场进行交易。涉及的主要参与者有专门的证券交易商和经纪人。证券交易商在不知道询价人是希望购买还是出售债券的情况下，同时报出买价和卖价，并按报价进行交易。买卖价差一般为债券面值的 0.5% 左右，作为证券交易商的报酬。同时作为造市商，证券交易商还需要通过多头或空头操作，充当市场上暂时缺少的买家或卖家，保证交易连续进行。国际债券的经纪人是只与造市商进行交易，接受买卖委托，匹配买单或卖单以促成交易的中间商。经纪人的收入来自委托方支付的佣金，通常为 0.062 5%。

欧洲债券的交易价格在交易完成时就已确定，但是实际交割在起息日才进行，一般为交易完成后的 7 天。为了节省交易成本，欧洲债券通常以清算方式代替实物交割，买卖双方的债券交付通过计账实现。主要的清算系统有欧洲清算体系（Euroclear）和世达国际结算系统（CEDEL），分别有 2/3 和 1/3 的欧洲债券交易在这两大清算系统进行。

# 第四节　国际衍生证券市场

20 世纪 80 年代以后，随着经济全球化和金融自由化，新兴市场相继放松了利率和资本输出输入管制，国际资本流动频繁，各种新的衍生金融工具应运而生，其种类和交易量以惊人的速度逐年上升，国际衍生证券市场规模迅速扩大。根据国际清算银行的统计，截至 2022 年底，场外交易衍生证券的未清偿名义本金额约为 624.4 万亿美元。伴随着金融创新的不断进行，除了传统的期货、期权合约，涌现出了一大批诸如利率上限合约、指数化外汇期权票据（ICONs）、范围远期合约等衍生工具，也不断出现以衍生合约为标的资产的复合型衍生工具。总之，衍生证券领域的创新是无止境的，随着其规模的不断扩大，其在金融领域的影响将会不断上升。

## 一、国际衍生证券的概念与分类

（一）衍生证券的概念

衍生证券（derivative securities）又称"衍生工具"，是在货币、债券、股票等传统金融工具的基础上创新出来的一种金融合约。衍生证券所依赖的这些传统金融工具被称为"基础证券"，它们是衍生证券的标的物，同时是决定衍生证券价值的重要基础。

（二）衍生证券的分类

衍生证券伴随金融创新诞生以来，发展非常迅速，新的衍生品层出不穷，品种极为丰富，按照不同的标准可以划分为不同的种类。

1. 按照基础金融工具不同种类划分

（1）股权衍生证券，是以股票或者股票指数为基础工具的衍生证券，主要有股票期货、期权和股票指数期货、期权等。

（2）货币衍生证券，是以各种货币为基础工具的衍生证券，如远期外汇合约、货币期货和期权、货币互换合约等。

（3）利率衍生证券，是以利率为基础工具的衍生证券，远期利率协议、利率期货和期权、利率互换合约等属于这一类。

2. 按照衍生证券交易的不同方法与特点划分

（1）远期交易（forward transaction），是交易双方约定在未来某一特定时间按事先商定的价格购买或出售某项金融资产的协议。合约规定了将来交换的资产、交换的日期、交换的价格和数量。远期合约的买卖双方权利对等，双方都有义务履行该合约。

（2）期货合约（futures），指由期货交易所统一订立的，规定在将来某一特定的时间和地点交割一定数量和质量资产的标准化合约。期货合约的种类很多，如商品期货、利率期货、股指期货和外汇期货等。

（3）期权合约（option），是交易双方约定的给予买方在未来某一确定的时间之内以特定的价格买进或卖出一定数量的相关资产的权利。在期权交易中，买方与卖方的地位并不相等，买方具有决定是否执行合约的权利而不承担履约的义务，这决定了期权合约与期货合约及远期合约有着本质的区别。期权买方必须为拥有这种权利向卖方支付成本，这就是期权费。

（4）互换合约（swap），也称"掉期交易"，是交易双方签订的，在外来某个特定时间，按照事先约定的方式交换一定的现金流的合约。目前，互换基本上是以场外交易的方式进行，可以把与资产或负债相关的现金流转换成为交易双方所需要的形态。

（5）股指期货（share price index futures），全称是"股票价格指数期货"，也可称为"股价指数期货"或"期指"，是指以股价指数为标的物的标准化期货合约，双方约定在未来的某个特定日期，按照事先确定的股价指数的大小，进行标的指数的买卖，到期后通过现金结算差价来进行交割。作为期货交易的一种类型，股指期货交易与普通商品期货交易具有基本相同的特征和流程。

（6）股指期权合约（stock index option），是以股票指数为行权品种的期权合约。股指期权相对其他期权来说具有风险小（最大亏损是权利金）、盈利大（行使权利后的期货差价）的特点。股指期权用于判断股指期货的涨跌，需要支付一定的权利金，如判断正确，可以卖出权利，获得权利金收益，或者行使权利，买入股指期货，平仓后获得股指波动差价的利润；如判断错误，则损失权利金。

## 二、国际衍生证券市场的构成

### （一）国际期货市场

国际期货市场是金融市场的重要组成部分，其全球化、高效化和规范化的特点使其成为投资者和交易者的重要选择。

#### 1. 国际期货市场的形成背景

国际期货市场的形成可以追溯到 19 世纪中期，当时美国的一些粮食生产商和经销商采用远期合同的方式进行交易，以解决季节性价格波动带来的风险。随着时间的推移，这种交易方式逐渐发展成为现代的期货交易。随着全球经济的发展和金融市场的开放，国际期货市场逐渐形成并不断扩大。如今，国际期货市场已经成为一个全球化的市场，吸引了来自世界各地的投资者和交易者。

#### 2. 国际期货市场的市场规模和重要性

国际期货市场的市场规模庞大，交易活跃。根据国际清算银行的统计，全球期货市场的日均交易量达到数万亿美元。主要交易所包括芝加哥商品交易所（CME）、洲际交易所（ICE）、伦敦金属交易所（LME）等。这些交易所交易的期货合约涵盖了农产品、能源、金属、外汇、利率等多个领域。国际期货市场的重要性主要体现在以下几个方面：

首先，期货市场为现货市场的参与者提供了一种规避价格风险的工具，通过套期保值操作，可以锁定未来的成本或收益，降低经营风险。

其次，期货市场的价格发现和套期保值功能为现货市场的定价提供参考，有助于优化资源配置和提高经济效率。

最后，期货市场的发展推动了金融创新和金融衍生品的发展，为投资者提供了更多的投资选择和风险管理工具。

#### 3. 国际期货市场的主要交易所和交易品种

（1）芝加哥商品交易所（CME）。CME 是全球最大的期货交易所之一，交易的期货合约包括农产品、能源、金属、外汇、利率等多个领域。其中，玉米、小麦和大豆等农产品的期货交易尤为活跃。此外，CME 还推出了比特币期货等创新产品。

（2）洲际交易所（ICE）。ICE 是全球领先的能源和商品期货交易所，交易的期货合约涵盖石油、天然气、煤炭等能源产品，以及农产品、金属等。此外，ICE 还涉足金融衍生品市场，提供债券、股票等金融产品的期货交易。

（3）伦敦金属交易所（LME）。LME 是全球最大的有色金属期货交易所，交易的期货合约包括铜、铝、锌、铅、镍等有色金属。LME 的价格发现功能对全球有色金属市场具有重要影响。

（4）其他交易所。除了上述主要交易所外，还有一些地区性的交易所，如印度的多种商品交易所（MCX）、中国的上海期货交易所（SHFE）等。这些交易所交易的期货合约主要涉及当地特色的商品和资产。

4. 国际期货市场的特点

（1）全球化。国际期货市场是一个全球化的市场，吸引了来自世界各地的投资者和交易者。不同国家和地区的交易所通过电子交易平台相互连接，形成了一个24小时不间断的交易网络。

（2）杠杆效应。期货交易采用保证金制度，投资者只需缴纳一部分保证金即可参与交易，从而放大了投资的收益和风险。这种杠杆效应使得期货市场具有较高的投资效率。

（3）高流动性。国际期货市场的流动性较高，买卖双方可以随时买卖，提高了资金的利用效率。此外，期货市场的价格发现和套期保值功能也使得其成为现货市场的重要参考。

（4）严格监管。国际期货市场的监管较为严格，各国政府和相关机构对市场的运行进行监管和规范，确保市场的公平、公正和公开。此外，交易所也制定了严格的交易规则和制度，对参与者进行自律管理。

（5）创新性强。国际期货市场具有较强的创新性，不断推出新的交易品种和合约类型以满足投资者的多样化需求。例如，碳排放权、知识产权等新兴资产可能成为未来的交易品种。

（6）套期保值与投机并存。国际期货市场既有套期保值的需要，也有投机的动机。套期保值者通过期货市场锁定未来的成本或收益，降低经营风险；而投机者则通过预测未来价格走势进行投机交易，获取投资收益。这种投机功能使得期货市场具有较高的投资吸引力。

5. 国际期货市场的参与者

国际期货市场的参与者包括套期保值者、投机者、套利者、做市商和中介机构等。套期保值者主要是现货市场的生产者、经营者和消费者；投机者则主要是预测未来价格走势的投资者；套利者则利用不同市场或不同品种之间的价格差异进行套利交易；做市商为市场提供流动性并维持市场的稳定运行；中介机构包括交易所、结算所、经纪商等，为市场提供交易场所、结算服务和其他必要的设施。

（二）国际期权市场

国际期权市场是全球金融市场的重要组成部分，为投资者和交易者提供了多元化的投资工具和风险管理手段。期权市场的发展与金融市场的全球化趋势紧密相连，不同国家和地区的期权市场通过电子交易平台相互连接，形成了24小时不间断的交易网络。

1. 国际期权市场的形成背景

国际期权市场的形成可以追溯到20世纪70年代，当时美国芝加哥期权交易所（CBOE）推出了标准化期权合约，标志着现代期权市场的形成。随着时间的推移，期权市场逐渐扩展到全球范围内，不同国家和地区的交易所纷纷推出自己的期权产品。国际期权市场的形成和发展与金融市场的自由化和全球化密不可分，它为投资者和交易者提供了更加灵活和有效的风险管理工具。

**2. 国际期权市场的市场规模和重要性**

国际期权市场的市场规模庞大，根据国际证券交易所联合会（ISDA）的统计数据，全球期权交易量在 2020 年达到了数十亿份合约。主要交易所包括芝加哥期权交易所（CBOE）、欧洲期货交易所（Eurex）、伦敦国际金融期货交易所（LIFFE）等。这些交易所交易的期权合约涵盖了股票、指数、利率、外汇等多个领域。

国际期权市场的重要性主要体现在以下几个方面：首先，期权市场为投资者提供了多样化的投资工具，可以根据风险偏好和投资目标进行灵活选择；其次，期权市场为交易者提供了更加高效和灵活的风险管理手段，可以通过买入或卖出期权来对冲风险；最后，期权市场对于金融市场的稳定性和流动性具有重要作用，可以为投资者提供规避风险的避风港。

**3. 国际期权市场的主要交易所和交易品种**

（1）芝加哥期权交易所（CBOE）。作为全球最大的期权交易所之一，CBOE 交易的期权合约类型包括股票、指数、外汇等。其中，标普 500 指数期权的交易量占据全球股票指数期权交易的主导地位。CBOE 还推出了多种创新产品，如单一股票期货（SSF）、比特币期货等。

（2）欧洲期货交易所（Eurex）。Eurex 是欧洲最大的期货和期权交易所之一，交易的期权合约包括德国 DAX 指数、欧洲 STOXX 50 指数等。此外，Eurex 还交易利率、外汇等金融衍生品。

（3）伦敦国际金融期货交易所（LIFFE）。LIFFE 是英国最大的金融衍生品交易所之一，交易的期权合约包括股指、利率、外汇等。LIFFE 还推出了多种与房地产相关的衍生品交易。

（4）其他交易所。除了上述主要交易所外，全球还有许多其他国家和地区拥有自己的期权交易所，如日本东京证券交易所（TSE）、香港联合交易所（HKEX）等。这些交易所交易的期权品种涵盖了本地市场和特定资产类型。

**4. 国际期权市场的特点**

（1）全球化。国际期权市场具有全球化特点，不同国家和地区的交易所通过电子交易平台相互连接，形成了 24 小时不间断的交易网络。这使得投资者可以在全球范围内进行跨市场、跨时区的交易活动。

（2）高杠杆效应。期权交易具有高杠杆效应，投资者只需付出较小的保证金即可参与交易，从而放大了投资的收益和风险。这种杠杆效应使得期权市场具有较高的投资效率。

（3）风险管理功能。期权市场具有风险管理功能，投资者可以通过买入或卖出期权来对冲风险。这种风险管理功能对于企业和机构投资者来说具有重要的意义。

（4）创新性。国际期权市场具有创新性的特点，不断推出新的期权品种和合约类型以满足投资者的多样化需求。例如，单一股票期货（SSF）、比特币期货等创新产品的推出为投资者提供了更多的选择。

（5）监管严格。国际期权市场的监管较为严格，各国政府和相关机构对市场的运行进行监管和规范，确保市场的公平、公正和公开。此外，交易所也制定了严格的交易规则和制度，对参与者进行自律管理。

（6）透明度高。国际期权市场具有较高的透明度，交易所通过电子交易平台进行集中撮合，报价信息公开透明。这有助于提高市场的价格发现功能和降低投资者的风险。

（7）流动性充足。国际期权市场具有充足的流动性，投资者可以随时买卖期权合约以进行交易活动。这有助于提高市场的效率和降低投资者的成本。

（8）专业性强。国际期权市场具有较强的专业性，要求参与者具备丰富的专业知识和技能。这包括对期权定价理论、风险管理技术和市场分析等方面的深入了解。

（9）参与者广泛。国际期权市场的参与者广泛，包括个人投资者、机构投资者、对冲基金、保险公司等不同类型的投资者和交易者。

（三）国际互换市场

国际互换市场是金融市场的重要组成部分，为参与者提供了规避风险、实现资产多元化以及优化负债结构的机会。随着全球经济的深度融合和金融市场的不断创新，国际互换市场的规模和影响力逐渐扩大。

1. 国际互换市场的定义与特点

国际互换市场，又称"国际掉期市场"，是指参与者通过签订互换协议，在特定时间段内交换现金流的市场。这些现金流交换可以是固定利率与浮动利率之间的交换，也可以是不同货币之间的交换，甚至可以包括商品价格或其他非传统资产的交换。因此，国际互换市场具有以下特点：

（1）灵活性。参与者可以根据自身需求定制互换协议，实现现金流的灵活交换。

（2）杠杆效应。通过互换协议，参与者可以以较小的成本撬动较大的资金流，实现高效的资金运作。

（3）风险管理。互换市场为参与者提供了规避利率风险、汇率风险等市场风险的有效工具。

（4）全球化。国际互换市场具有全球化特点，参与者来自世界各地，交易活动跨越国界。

2. 国际互换市场的形成背景与发展历程

国际互换市场的形成与发展受到多种因素的影响，包括全球经济的深度融合、金融市场的不断创新、监管政策的调整以及科技进步的推动等。具体而言，以下几个方面的因素共同推动了国际互换市场的形成与发展：

（1）金融市场的自由化与全球化。随着金融市场的自由化与全球化趋势，各国之间的资本流动和金融交易活动日益频繁，为国际互换市场的发展提供了广阔的空间。

（2）利率与汇率市场化改革。利率与汇率市场化改革使得参与者在面临市场风险时更加需要寻求规避风险的工具，而互换市场正好满足了这一需求。

（3）金融创新与技术进步。金融创新与技术进步为国际互换市场的发展提供了强大的动力。例如，电子交易平台的发展使得参与者可以更加便捷地进行交易活动，而区块链技术的应用则有助于提高市场的透明度和降低交易成本。

（4）监管政策的调整。各国监管政策的调整也对国际互换市场的发展产生了重要影响。例如，巴塞尔协议对银行资本充足率的要求，促使银行寻求通过互换市场进行资产负债管理的途径。

### 3. 国际互换市场的市场规模与主要参与者

国际互换市场的市场规模庞大，参与者众多。主要参与者包括以下几类：

（1）银行。银行是国际互换市场的主要参与者之一，它们通过参与互换交易进行资产负债管理、对冲风险以及提高收益等。

（2）投资公司。投资公司通常通过参与互换交易进行套利、对冲风险或者实现投资策略的多元化。

（3）企业。企业可以通过参与互换交易进行负债管理、规避利率风险或汇率风险等。

（4）政府机构与国际组织。政府机构与国际组织通常通过参与互换交易进行债务管理或实现特定的政策目标。

### 4. 国际互换市场的交易机制与风险管理

国际互换市场的交易机制主要包括以下几个步骤：首先，参与者通过经纪人或电子交易平台达成互换协议；其次，参与者按照协议规定进行现金流的交换；最后，在互换期结束后进行结算。为了降低交易风险和确保市场的稳定运行，国际互换市场采取了多种风险管理措施，包括信用风险管理、流动性风险管理以及操作风险管理等。此外，监管机构也通过制定相关法规和政策对市场进行宏观调控和监督。

### （四）其他衍生证券市场

除了期货市场、期权市场和互换市场外，还有其他衍生证券市场。这些市场包括但不限于远期市场、掉期市场、证券化产品市场等。这些市场通常被统称为"其他衍生证券市场"。

### 1. 远期市场

远期市场是指交易双方约定在未来某一日期以特定价格购买或出售一定数量的金融资产的衍生证券市场。在远期市场中，交易者通过签订远期合约规避未来的不确定性风险，如利率风险和汇率风险等。

### 2. 掉期市场

掉期市场是指交易双方在两个不同的到期日之间交换现金流的衍生证券市场。在掉期市场中，交易者通过交换现金流来规避短期现金流波动风险，同时实现长期现金流的优化。

### 3. 证券化产品市场

证券化产品市场是指以证券化方式将非证券资产转化为可交易证券的市场。证券化，是指将缺乏流动性但能够产生可预见的稳定现金流的资产，通过一定的结构安排，对资产中的风险与收益要素进行分离与重组，进而转换成为在金融市场上可以出售和流通的证券的过程。

这些衍生证券市场在金融市场中占据着重要地位，为投资者和交易者提供了更加丰富的投资工具和风险管理手段。

# 第五节　新型国际投融资市场与工具

近年来，在国际资本和金融创新的双重冲击下，国际金融投资市场加速演进，新型国际投融资工具不断涌现，形成了许多不同于传统金融市场的新型金融模式与工具，对于丰富国际投融资理论与实践具有重要作用。本节将对部分新型国际投融资市场与工具进行介绍。

## 一、碳金融交易市场

碳金融交易市场的形成和发展源于国际社会对气候变化问题的关注和应对。1997 年，《京都议定书》的签订为碳金融交易市场的产生提供了国际法规基础。该议定书规定了发达国家的减排义务，并允许其通过灵活的市场机制来实现减排目标。

（一）碳金融市场概述

1. 碳金融的概念

碳金融是指由《京都议定书》而兴起的低碳经济投融资活动，或称"碳融资""碳物质的买卖"，即服务于限制温室气体排放等技术和项目的直接投融资、碳权交易和银行贷款等金融活动。

2. 碳金融市场交易的概念

碳金融市场是指以碳排放权为交易标的的市场，设立该市场的目的是通过市场化手段控制温室气体排放。在碳金融交易市场中，买方通过向卖方支付一定金额从而获得一定数量的碳排放权，从而用于抵消其产生的温室气体排放量。

3. 碳金融市场的主要利益相关方

碳金融市场的主要利益相关方包括交易双方、第三方中介、第四方平台、监管部门等。

（1）交易双方。交易双方包括控排企业、减排项目业主、碳资产管理公司、碳基金等金融投资机构等。在现货交易阶段，市场主体往往以控排企业为主，以碳资产管理公司和金融投资机构为辅；在衍生品交易阶段，金融投资机构尤其是做市商和经纪商将成为市场流动性的主要提供方。

（2）第三方中介。第三方中介包括监测与核证机构、其他（如咨询公司、评估公司、会计师及律师事务所）。

（3）第四方平台。第四方平台是指为市场各方开展交易相关活动提供公共基础设施的服务机构，主要包括注册登记机构和交易所。

（4）监管部门。监管部门包括碳交易管理部门，主要通过市场监督管理规范市场运行，促进节能减排。

### （二）碳金融市场的交易机制

#### 1. 交易标的

碳金融市场交易的标的主要是碳排放权，包括排放配额和减排项目减排量。排放配额是指根据各国减排目标分配给企业或组织的碳排放权利，减排项目减排量则是根据相应方法学开发的减排项目所减少的碳排放量。

#### 2. 交易方式

碳金融市场交易方式主要包括现货交易、期货交易、期权交易等。现货交易是买卖双方直接进行碳排放权的买卖，实现即时交割；期货交易是在期货交易所进行的碳排放权买卖，约定在未来某一时间点进行交割；期权交易是购买或出售碳排放权的期权，获得在未来某一时间点以特定价格购买或出售碳排放权的权利。

#### 3. 交易流程

碳金融市场交易的流程一般包括以下几个步骤：首先，买卖双方达成交易意向，确定交易价格和数量；其次，买卖双方在交易所或中介机构进行交易，完成资金和碳排放权的交割；最后，交易所或中介机构对交易进行结算，确保交易的公平和公正。

#### 4. 价格形成机制

碳排放权的价格形成机制主要受到供求关系、政策因素、经济形势等因素的影响。在碳金融市场上，价格是由市场供需关系决定的，即当市场需求大于供应时，价格会上涨；当供应大于需求时，价格会下跌。此外，政策因素和经济形势也会对价格产生影响，如政策调整、经济衰退等可能导致价格下跌。

#### 5. 风险管理

在碳金融市场交易中，风险管理是至关重要的一环。由于碳排放权价格受到多种因素的影响，如政策变化、经济形势、气候变化等，因此市场参与者需要采取相应的风险管理措施。这些措施包括建立套期保值策略以降低价格波动风险、建立相应的监管和法律框架以保障市场公平和透明、建立信息披露机制以增加市场透明度等。

### （三）碳金融视角下的国际新型投融资工具

随着全球对环境保护共识性需求的加强，碳金融视角下的金融工具创新也呈现出多元化的特征，并出现了包括碳信贷、碳债券、碳基金、碳互换、碳期货期权、碳远期、碳保险、碳理财、碳币等在内的国际新型投融资工具。

#### 1. 碳信贷

碳信贷是指金融机构向企业或项目提供贷款，该贷款与碳排放权直接相关。这意味着金融机构会根据企业的碳排放量或项目的碳减排潜力来决定贷款的额度、利率和其他条件。碳信贷的主要目的是鼓励企业或项目采取低碳发展策略，降低碳排放量，从而为减缓气候变化做出贡献。碳信贷的贷款额度通常是基于项目的碳减排量或企业的碳排放强度，通过评估和核定，确定相应的贷款额度。这种贷款通常具有较低的利率，以鼓励企业和项目采取碳减排措施。通过提供贷款，金融机构可以为企业或项目提供资金支持，推动其采取更环保、更可持续的发展方式。除了提供贷款外，金融机构还可以通过其他方式参与碳市场，例如购买碳排放权指标，为企业提供碳信用担保，等等。这些措施有助于推动企业采取低碳发展策略，促进经济的可持续发展。

### 2. 碳汇交易

碳汇交易是一种基于《联合国气候变化框架公约》《京都议定书》对各国分配二氧化碳排放指标的规定，创设出来的一种虚拟交易。因为发展工业而制造了大量的温室气体的发达国家，在无法通过技术革新降低温室气体排放量达到《联合国气候变化框架公约》及《京都议定书》对该国家规定的碳排放标准的情况下，可以采用在发展中国家投资造林，以增加碳汇，抵消碳排放，从而降低发达国家本身总的碳排量，即所谓的"碳汇交易"。具体而言，一些国家通过减少排放或者吸收二氧化碳，将多余的碳排放指标转卖给需要的国家，以抵消这些国家的减排任务，从而实现降低发达国家本身总的碳排量的目标。这种交易并非真正把空气打包运到国外，而是一种基于市场机制实现森林生态价值补偿的有效途径。

### 3. 低碳理财产品

低碳理财产品是指将低碳理念融合到理财产品中所形成的新型理财产品。目前主要的低碳理财产品，其低碳性一般通过这几个方面体现：与证券交易所上市的环保概念股票挂钩，与气候交易所的二氧化碳排放权期货合约挂钩，与世界级权威机构的水资源、可再生能源、气候变化等环保指数挂钩。中国已经有多家银行发行了低碳理财产品相关产品，对发展低碳经济具有重大的作用。

### 4. 碳期货

碳期货是碳排放权的一种金融衍生品，是应对市场风险而衍生的碳期货商品。它是以碳排放权为标的物的期货合约，买卖双方可以在未来某一特定时间以特定价格买入或卖出一定数量的碳排放权。碳期货交易是在公开市场上进行的，通过公开竞价形式产生对远期价格的不同看法，有助于增加市场透明度。碳期货是以碳买卖市场的交易经验为基础，应对市场风险而衍生的碳期货商品，标的物为二氧化碳排放量。随着全球气候变化问题日益严峻，碳期货市场得到了快速发展。目前，全球已有多个碳期货市场，包括欧盟碳排放权期货市场、纽约碳排放权期货市场等。这些市场的交易规模不断扩大，对推动全球低碳经济的发展起到了重要作用。

### 5. 碳期权

碳期权交易是一种买卖碳期权合约权利的交易。碳期权的买方在支付权利金后便取得履行或不履行买卖期权合约的选择权，而不必承担义务；碳期权的卖方在收取买方的期权金之后，在期权合约规定的特定时间内，只要期权买方要求执行期权，就必须按照事先确定的执行价格向买方买进或卖出一定数量的碳期货合约。卖出期权合约的一方称为期权卖方，卖出期权未平仓者称为期权空头；买入期权合约的一方称为期权买方，买入期权未平仓者称为期权多头。碳期权的交易方向取决于购买者对于碳排放权价格走势的判断。与碳排放权期货一样，碳期权可以帮助买方规避碳排放权价格波动所带来的不利风险，具备一定的套期保值功能。

### 6. 碳币

碳币是一种基于碳交易的虚拟货币，旨在通过激励企业和个人减少碳排放来促进环保和可持续发展。它是以碳排放权为基础的数字资产，可以用于代表一定量的碳排放权益。

碳币的发行和交易需要在碳排放权交易市场上进行。企业或组织可以在市场上购买或出售碳排放权，而碳币则可以作为交易媒介用于这些交易。碳币的价格受到市场供求关系、政策因素等多种因素的影响。

作为世界金融的新主力，碳币以创造一种低碳环保的全球性应用币为发行理念。碳排放交易是全球面临的共同问题，《京都议定书》引入了减少温室气体（主要是二氧化碳）的排放量，这意味着碳排放交易可以像商品销售一样进行交易。

（四）国际碳金融交易市场

1. 芝加哥气候交易所（CCX）

芝加哥气候交易所成立于 2003 年，是全球首个具有法律约束力、基于国际规则的温室气体排放登记和交易平台，也是北美地区唯一的自愿减排交易平台。该交易所实行会员制，参与者来自航空、汽车、电力、环境、交通等数十个不同行业。CCX 开展的业务范围覆盖所有六种温室气体（二氧化碳、甲烷、氧化亚氮等）的排放注册、减排和贸易。该交易所自 2003 年 12 月 12 日开始进行温室气体排放许可和抵消项目的电子交易。

2. 欧盟碳排放交易体系（EU ETS）

这是全球最大的碳排放交易市场，成立于 2005 年。它采用总量控制和配额交易的方式，对欧盟成员国的碳排放实行总量限制，并允许成员国之间进行配额交易。该市场的交易对象主要包括碳排放权期货、碳排放权现货等。欧盟碳排放交易体系通过设定碳排放总量及分配排放配额，促使企业减少排放，否则将会面临惩罚。这一市场对企业具有很大的影响，要求企业购买排放权或进行技术改造以降低碳排放。

3. 英国碳排放交易体系（UK ETS）

该市场成立于 2008 年，是对英国境内产生的碳排放进行交易的市场。与欧盟碳排放交易体系类似，英国碳排放交易体系也设定了碳排放总量及排放配额，并允许企业之间进行配额交易。该市场的参与者主要包括排放实体、电力生产商等。英国政府通过这一市场来实现减少温室气体排放的目标，并对企业提供相应的激励政策。

4. 美国加州碳市场（California cap-and-trade）

加州碳市场是加利福尼亚州建立的碳排放交易市场，成立该市场的目的是减少该州的温室气体排放。该市场采用总量控制和配额交易的方式，对加州的温室气体排放设定上限，并允许企业之间进行配额交易。该市场的参与者主要包括排放实体、投资机构等。加州政府通过这一市场来促进企业减少碳排放，并对达到减排目标的企业提供奖励措施。

5. 新西兰碳排放交易体系（NZ ETS）

新西兰碳排放交易体系成立于 2008 年，是对新西兰境内产生的碳排放进行交易的市场。该市场也采用总量控制和配额交易的方式，要求企业购买排放权或采取其他措施来减少碳排放。新西兰政府通过这一市场来促进企业采取低碳技术和措施，减少对环境的负面影响。

以上国际碳交易市场各有特点，共同点在于通过建立碳排放权交易机制来促使企业减少温室气体排放，促进可持续发展。

（五）全国碳交易试点交易所规则介绍

目前，中国在深圳、上海、北京、广州、天津、湖北、重庆、福建等地区建立了碳交易试点交易所，表 4-2 为全国八大碳交易试点交易所规则介绍。

表 4-2 全国八大碳交易试点交易所规则

| 全国碳交易试点交易所 | 覆盖范围 | 碳配额分配机制 | 惩罚机制 |
|---|---|---|---|
| 深圳碳排放权交易所 | 发电、供水、大型公共建筑和制造业、公共交通行业 | 历史排放法、行业基准法免费分配 | 补交等于超额排放量的配额，并缴纳等于三倍碳价的罚款 |
| 上海环境能源交易所 | 发电、电网、供热，工业、航空、港口、水运、自来水生产，商场、宾馆、商务办公、机场 | 行业基准线法、历史强度法、历史排放法免费分配 | 由相关部门责令履行配额清缴义务，并可处以 5 万元以上 10 万元以下罚款 |
| 北京市碳排放权电子交易平台 | 电力、石化、热力、水泥、城市公共交通运输、民用航空运输、其他服务业 | 历史总量法、历史强度法、基准值法、先进值法免费分配 | 根据违规碳排放量，按照市场均价的 3 至 5 倍予以处罚 |
| 广州碳排放权交易所 | 电力、钢铁、石化、水泥、造纸、民航 | 电力、航空免费分配比例分别为 95%、100%，其他行业免费分配比例为 97%；有偿分配不超过 500 万吨 | 在下一年度配额中扣除未足额清缴部分 2 倍配额，并处 5 万元罚款 |
| 天津排放权交易所 | 电力、热力、建材、造纸、钢铁、化工、石化、油气开采、航空 | 历史强度法、历史排放法免费分配；部分配额有偿竞价发放 | 差额部分在下一年度分配的配额中予以双倍扣除 |
| 湖北碳排放权交易中心 | 电力、热力、玻璃、陶瓷、有色金属、钢铁、化工、水泥、石化、汽车及设备制造、供水、纺织、造纸、医药、食品饮料 | 标杆法（水泥、电力）、历史强度法（热力、造纸、建材）、历史法（其他行业）免费分配 | 按照当年配额市场均价，对差额部分处以 1 倍以上 3 倍以下，但最高不超过 15 万元的罚款，并在下一年度配额分配中予以双倍扣除 |
| 重庆碳排放权交易中心 | 电力、化工、建材、钢铁、有色、造纸 | 历史排放法免费分配 | 按照清缴期届满前一个月配额平均交易价格的 3 倍予以处罚 |
| 福建碳交易所 | 电力、钢铁、化工、石化、有色、民航、建材、造纸、陶瓷 | 基准线法、历史强度法免费分配 | 在下一年度配额中扣除未足额清缴部分 2 倍配额，并处以前一年配额市场均价 1 至 3 倍的罚款，但罚款金额不超过 3 万元 |

资料来源：作者根据相关资料整理。

## 二、气候金融交易市场

（一）气候金融交易市场概述

1. 气候金融的概念

气候金融包含两个层面，狭义上是指温室气体排放权交易业务中的碳金融，广义上是指涉及应对气候变化的全部金融性业务总称。联合国官方对于气候金融的定义为：来自公共、私人或其他渠道的，用于支持减缓和适应天气变化行动的地方、国家和跨国融资。

从气候金融的概念可以看出，碳金融是气候金融的一部分，是温室气体排放权交易的统称。碳金融与气候金融既有密切联系，也存在一些不同。

2. 气候金融交易市场

气候金融交易市场是在全球气候变化背景下产生的一种新型金融市场。这个市场的目的是通过金融工具和机制的创新，引导资金流向应对气候变化的项目和行动，进而推动全球低碳、环保和可持续发展。

全球气候变化已经成为当今世界面临的重要问题之一，它对人类的生存和发展造成了巨大的影响。为了应对气候变化，各国纷纷采取了行动，包括制定减排政策、推广清洁能源、开展可持续发展等。然而，这些行动需要大量的资金支持，而传统的金融市场往往无法满足这些需求。因此，气候金融交易市场的出现为解决这一问题提供了新的思路和途径。

（二）气候金融交易市场的参与者

气候金融交易市场的参与者主要包括碳排放权卖方、碳排放权买方、金融机构和中介机构等。

1. 碳排放权卖方

碳排放权卖方主要是高碳排放的行业和企业，他们通过出售碳排放权来获得经济利益。这些企业通常是一些重工业、能源等行业的企业，他们需要出售碳排放权来抵消自己的排放量。

2. 碳排放权买方

碳排放权买方主要是致力于降低碳排放的行业和企业，它们通过购买碳排放权来抵消自己的排放量。这些企业通常是那些积极推动低碳、环保和可持续发展项目的企业，它们希望通过购买碳排放权来降低自己的碳排放量，同时也可以为清洁能源项目提供资金支持。

3. 金融机构

金融机构是气候金融交易市场的主要参与者之一，它们提供资金支持和其他金融服务，以促进低碳、环保和可持续发展项目的实施。金融机构主要包括银行、保险公司、基金公司等，它们通过提供贷款、债券发行、基金管理等金融服务来支持低碳、环保和可持续发展项目的实施。

4. 中介机构

中介机构是指为买卖双方提供交易平台和服务的机构，如交易所、经纪公司等。这些机构提供市场信息、价格发现、风险管理等服务，以促进买卖双方的交易顺利进行。中介机构在气候金融交易市场中发挥着重要的作用，它们通过提供专业的服务来促进市场的健康发展。

（三）气候金融交易市场的交易机制

气候金融交易市场的交易机制主要包括配额交易和抵消交易两种类型。

1. 配额交易

配额交易是气候金融交易市场中最常见的交易形式，它通过市场机制实现资源的有效配置。在配额交易中，政府或监管机构会设定一个碳排放总量，然后分配给各个企业或个人一定的碳排放配额。这些配额可以买卖，企业或个人可以通过购买配额来增加自己的排放量，也可以通过出售配额来获得经济利益。配额交易的目的是通过市场机制来控制碳排放量，促进低碳、环保和可持续发展项目的实施。

2. 抵消交易

抵消交易是另一种重要的气候金融交易市场机制。在抵消交易中，企业或个人可以通过购买由某个项目产生的经核证的减排量或碳信用来抵消自己的排放量。这些项目通常是清洁能源项目或其他能够减少温室气体排放的项目。通过抵消交易，企业或个人可以降低自己的碳排放量，同时也可以为清洁能源项目提供资金支持。抵消交易的目的是促进清洁能源项目和其他能够减少温室气体排放的项目的实施，进一步推动全球气候治理。

（四）气候金融市场工具

1. 气候债券

气候债券是指企业或政府为筹措减排项目建设或维护资金向投资者发行的与碳资产及其收益相关联的债券。发行这种债券的目的是向减排项目提供融资，同时吸引投资者关注环境保护和气候变化问题。气候债券对于应对气候变化和促进可持续发展具有重要意义。通过发行气候债券，可以为减排项目提供资金支持，推动清洁能源和低碳经济的发展，降低碳排放量，保护环境。同时，气候债券也可以引导公众关注环境保护和气候变化问题，促进社会可持续发展。

在当前全球应对气候变化以及我国"碳达峰、碳中和"的背景下，推动气候债券发行是有效解决气候资金短缺问题，加速推进应对气候变化工作以及提高证券市场气候意识的重要手段。

2. 气候保险金融

气候保险金融是一种应对气候变化风险的金融工具，旨在为个人、企业和政府提供风险保障，以应对气候变化带来的潜在损失。

气候保险是一种针对气候变化风险的保险产品。它根据投保人的需求和风险承受能力，为投保人提供相应的保障。当投保人因气候变化而遭受损失时，保险公司将根据合同约定向投保人支付赔偿金。气候保险金融则是将气候保险与金融市场相结合的一种创新型金融工具。它通过将气候风险纳入保险市场，为投保人提供更广泛、更全面的风险保障。同时，气候保险金融也可以为保险公司提供新的业务领域和盈利模式。

气候保险金融不仅提供保险服务，还可以为投保人提供风险管理、投资理财等综合性的金融服务，帮助投保人更好地应对气候变化带来的挑战。

### 3. 气候变化主题指数

证券市场气候变化主题指数是一种以气候变化为主题的指数，旨在反映与气候变化相关的证券市场的表现。这种指数通常由证券交易所或指数提供商发布，并由一系列与气候变化相关的公司股票组成。气候变化主题指数的推出，可以为投资者提供一种新的投资工具，以参与同气候变化相关的行业和公司的投资。通过购买该指数的基金或指数期权，投资者可以获得与气候变化相关的公司股票的多元化投资组合，并分享这些公司的增长和业绩。

气候变化主题指数的编制通常基于特定的选股策略，例如选择在清洁能源、低碳技术、环境保护等领域具有显著优势的公司，这些公司通常在减少温室气体排放、提高能源效率、推动可持续发展等方面具有积极表现。

### 4. 气候基金

气候基金（Climate Fund）是指专门用于应对气候变化、减少温室气体排放和促进可持续发展的基金。这些基金通常由政府、多边组织、企业和个人等投资者提供资金，并用于支持与气候变化相关的项目和政策。设立气候基金的目的是推动全球向低碳经济转型，并帮助贫穷国家减轻气候灾害。这些基金通常关注与气候变化相关的领域，如可再生能源、能源效率、低碳交通、生态保护等。气候基金旨在通过提供资金和技术支持，促进这些领域的项目实施和发展，以实现减少温室气体排放、提高气候适应能力和推动可持续发展的目标。

一些知名的气候基金包括绿色气候基金（Green Climate Fund）、全球绿色基金（Global Green Fund）、欧洲绿色新政（European Green Deal）、中国气候变化南南合作基金等。

### （五）气候金融交易市场的监管

气候金融交易市场监管是指政府或监管机构对气候金融市场进行的监督和管理。监管的目的是确保气候金融市场的透明、公正和稳定，以实现气候变化目标和可持续发展原则。

#### 1. 监管机构和监管范畴

气候金融交易市场的监管机构通常包括政府机构、证券交易所、期货交易所、保险监管机构等。这些机构在监管气候金融交易市场时，主要关注市场准入、市场行为、风险管理等方面。

具体来说，监管机构会对以下方面进行监督和管理：

（1）市场准入。对参与气候金融交易市场的机构进行严格的资格审查和认证，确保其符合监管要求和具备相应的风险承受能力。

（2）市场行为。对市场参与者的交易行为进行监管，防止市场操纵、欺诈和其他不正当行为。

（3）风险管理。建立完善的风险管理制度，确保市场参与者能够合理控制风险，保障投资者的合法权益。

（4）信息披露。要求市场参与者进行充分的信息披露，提高市场透明度，让投资者更好地了解市场情况和投资风险。

### 2. 监管制度

气候金融交易市场的监管制度通常包括法律法规、行业标准和自律规则等。例如，国家层面出台的《应对气候变化法》《可再生能源法》等，为气候金融交易市场提供法律基础和指导。国际社会也制定了一系列与气候金融交易市场相关的法律法规，如《联合国气候变化框架公约》《京都议定书》等。这些国际法规为各国制定和执行气候金融交易市场的监管政策提供了指导和参考。这些制度对市场参与者的行为和市场运行进行规范和约束，以确保市场的公正和稳定。

此外，监管机构还会采取一系列措施来落实监管制度，如定期检查、现场调研、受理投诉等，以确保监管制度得到有效执行。

### （六）气候金融交易所

气候金融交易所是一个专门从事气候相关金融交易的平台。这个交易所提供了一个市场环境，让投资者、金融机构和企业可以买卖与气候变化相关的金融产品，如碳排放权、绿色债券、气候风险保险等。

成立气候金融交易所的目的是促进气候相关金融交易的透明化和标准化，推动绿色金融市场的发展。通过这样的交易所，投资者可以更加方便地投资于与气候变化相关的项目和产品，企业则可以更好地管理气候风险和寻求融资支持。

目前，全球范围内已经有多个气候金融交易所，例如欧洲的能源和气候金融交易所（European Energy Exchange，EEX）、北美的芝加哥气候交易所（Chicago Climate Exchange，CCX）等。其中，欧洲的能源和气候金融交易所成立于 2002 年，总部位于德国的法兰克福，主要业务包括电力和气候衍生品的交易，如碳排放权、可再生能源证书以及其他与能源和气候相关的金融产品。芝加哥气候交易所成立于 2003 年，是全球第一个规范的、基于国际规则的温室气体排放登记和交易平台，也是全球第一个实施自愿参与且具有法律约束力的总量限制交易计划（voluntary cap-and-trade）的交易机构。这些交易所不断扩大交易品种和地域范围，成为推动全球绿色金融发展的重要力量。

在中国的气候金融市场发展中，上海证券交易所和深圳证券交易所都在积极探索和发展绿色金融市场。此外，北京、天津、广州等多个城市也在推动建立自己的气候金融交易所或绿色金融交易平台。

总的来说，气候金融交易所是促进全球绿色金融发展的重要基础设施之一。通过这些交易所，投资者和企业可以更好地参与气候相关金融交易，推动全球向低碳经济转型。

## 三、大数据交易市场

数据作为继土地、劳动力、资本、技术之后的"第五生产要素"，正在成为推动经济增长的全新动能。当前以 5G、人工智能、云计算、物联网、隐私计算等为代表的新技术快速发展，并不断加快向金融等领域的融合渗透，以数据为核心的数字化转型已是大势所趋。数据作为新型生产要素，是网络化、数字化、智能化的基础。近年来，我国数据要素市场不断探索和创新，已快速融入生产、分配、流通、消费和社会服务管理等各环节，深刻改变着生产、生活及社会治理方式。

（一）大数据交易市场概述

**1. 大数据交易的概念**

大数据交易是指以大数据为交易对象的，使其使用价值在不同交易主体之间进行多次流转的行为，包括数据供方和需方借助第三方平台进行买卖，以及企业之间直接的交换、互联、买卖数据集合的行为。

**2. 大数据交易市场**

大数据交易市场是一个专门用于买卖大数据的场所，它为数据的买卖双方提供了一个平台，使得数据的价值能够得到更好的体现和利用。大数据交易市场的主要参与者包括数据提供方、数据需求方和数据交易平台。

在大数据交易市场中，数据被作为一种商品进行交易，企业或政府可以通过交易平台找到所需的数据资源。建立大数据交易市场的主要目的是促进数据的流动和价值的发现，从而推动数据要素市场的繁荣与壮大。

（二）大数据交易市场的交易模式

目前，按业务模式，大数据交易模式可大致分为三种：直接交易模式、"一对多"的单边交易模式和第三方交易模式。

**1. 直接交易模式**

直接交易模式是指数据交易双方自己寻找交易对象，进行原始数据合规化的直接交易。在这种模式下，数据产品会以市场需求生成，数据供需双方自行商定数据产品或服务的类型、购买期限、使用方式和转让条件等内容。这种模式的灵活性强，适合用户需求明确、内容复杂的数据内容。但直接交易风险较高，在市场准入、交易纠纷、侵犯隐私、数据滥用等环节"无人管理"的现象频频发生，容易形成非法收集、买卖、使用个人信息等违法数据交易产业。

**2. "一对多"的单边交易模式**

"一对多"的单边交易模式指的是数据交易机构对自身拥有的数据或通过购买、网络爬虫等收集来的数据，进行分类、汇总、归档等初加工，将原始数据变成标准化的数据包或数据库再进行出售。这种模式有利于数据的专业化开发和规模化应用，便于监管。但由于目前数据集中在少数企业手中，存在会员门槛高、定价不透明、无法满足个性化需求等问题，容易造成数据垄断，最终不利于数据要素价值的充分释放。

**3. 第三方交易模式**

第三方交易模式是指数据供求双方通过政府监管下的大数据交易所或交易中心等第三方数据交易平台进行的撮合交易。在这种模式下，数据提供方的数据产品获得更多撮合交易的机会，从而有效避免了数据供需双方的信息不对称问题，数据主体权益在一定程度上可以得到保障，满足了交易灵活性与规范性的要求，同时也有效降低了政府部门的监管难度。

（三）大数据交易市场的交易流程

大数据交易市场的交易流程是一个复杂而细致的过程，它涉及多个参与方、多个环节，旨在确保数据交易的顺利进行，保护数据安全，实现数据的价值最大化。

1. 交易准备阶段

在大数据交易市场，交易双方首先需要进行交易准备。这一阶段主要包括以下几个步骤：

（1）注册与认证；

（2）提交交易申请；

（3）审核与评估。

2. 交易匹配阶段

在交易准备阶段完成后，交易平台会根据交易双方的需求进行匹配。这一阶段主要包括以下几个步骤：

（1）发布与展示；

（2）初步沟通与协商；

（3）匹配与确认。

3. 交易确认与签订合同阶段

在匹配与确认后，交易双方需要进行交易确认并签订合同。这一阶段主要包括以下几个步骤：

（1）交易确认；

（2）签订合同。

4. 支付与结算阶段

在签订合同后，交易双方需要进行支付与结算。这一阶段主要包括以下几个步骤：

（1）支付款项；

（2）交付数据产品或服务；

（3）验收与确认。

5. 交易完成与后续服务阶段

在支付与结算完成后，交易双方确认交易完成，并由交易平台提供交易凭证。这一阶段主要包括以下几个步骤：

（1）交易完成确认；

（2）后续服务。

（四）大数据交易所

1. 概念

大数据交易所是大数据交易市场中的一种组织形式，它是专门用于买卖大数据的场所。大数据交易所通常由政府或企业设立，为数据的买卖双方提供交易平台和服务。

2. 主要功能

大数据交易所的主要功能包括：

（1）提供交易平台。大数据交易所为数据的买卖双方提供一个公开、透明的交易平台，使得数据的交易更加便捷和高效。

（2）保障数据安全。大数据交易所通常具有严格的数据安全保障措施，确保数据的传输、存储和使用过程的安全性和保密性。

（3）促进数据流通。大数据交易所通过促进数据的流通和交易，使得数据的价值得到更好的体现和利用，推动数据要素市场的繁荣与壮大。

**3. 我国的数据交易所市场业务及职能**

截至目前，全国数据交易所已经有48家，其发展规模和业务服务内容有所差异，本书仅介绍全国主要数据交易所的市场业务（见表4-3）。

表4-3　全国主要数据交易所的市场业务

| 数据交易所 | 成立时间 | 所有权属 | 主要市场业务职能 |
|---|---|---|---|
| 贵阳大数据交易所 | 2015年4月14日 | 国有控股 | 承担流通交易制度规则制定、市场主体登记、数据要素登记确权、数据交易服务等职能，支撑数据、算力、算法等多元的数据产品交易 |
| 深圳数据交易所 | 2021年11月 | 国有控股 | 数据交易全链条的服务能力，构建数据要素跨域、跨境流通的全国性交易平台 |
| 北京国际大数据交易所 | 2009年12月16日 | 国有控股 | 探索建立集数据登记、评估、共享、交易、应用、服务于一体的数据流通机制，推动建立数据资源产权、交易流通、跨境传输和安全保护等基础制度和标准规范 |
| 上海数据交易所 | 2021年11月25日 | 国有控股 | 承担数据要素流通制度和规范探索创新、数据要素流通基础设施服务、数据产品登记和数据产品交易等职能 |
| 浙江大数据交易中心 | 2016年5月18日 | 国有控股 | 通过数据产品、数据技术、数据模型、供需匹配、数据流通平台建设来完成数据流通服务，同时提供数据加工、整合、脱敏、模型构建等额外配套数据增值服务 |

**【思考题】**

1. 国际投融资市场与国际金融市场有何联系与区别？
2. 简述国际投融资市场的构成。
3. 简述主要的国际股票市场。
4. 新型国际投融资市场和工具有哪些？
5. 简述国际债券的发行条件和程序。
6. 简述国际衍生证券的发行条件和程序。
7. 期货市场的交易机制是怎样的？
8. 试比较期货与期权的区别与联系。
9. 简述互换的种类及互换的作用。
10. 举例说明新型投融资工具有哪些。
11. 简述碳金融与气候金融的联系与区别。
12. 简述中国在新型投融资工具的形成与发展中做出了哪些贡献。
13. 结合欧美碳金融市场发展，谈一下中国碳金融发展的贡献。

# 第五章　国际融资方式与运作

**【引导案例】**

## 天津自贸试验区融资租赁创新案例

案例一：2022 年 7 月，中铁金控融资租赁有限公司成功落地全国首笔海外工程项下离岸设备租赁业务，采用离岸租赁合同和经营性租赁相结合的业务模式，将境外采购的机械设备类标的租赁给拉美区域工程公司使用，为境外项目建设的有序进行提供助力。

其创新价值在于，该业务是海外工程项下全国首笔离岸设备租赁业务，采用离岸租赁合同和经营性租赁相结合的业务模式，拓展了离岸租赁业务的应用场景，为我国建筑类央企海外业务的发展提供了融资保障。

其应用价值在于，该业务提高了中资企业境外融资能力和综合风控能级，为融资租赁服务我国建筑类央企海外工程项目提供了成功蓝本，对金融服务"一带一路"海外工程具有重要示范性作用。

案例二：2022 年 11 月，进出口银行天津分行为注册于东疆保税区内的某大型金融租赁公司下属的两家单船公司提供出口买方信贷，支持上述两家公司从国内知名造船厂采购两艘集装箱船，并以跨境租赁的形式将船舶租赁给境外知名船东处。该业务中的进出口银行天津分行为企业提供授信金额共计 6 075 万美元。

其创新价值在于：一是该业务在进出口银行系统内首次将保税区内成立的特殊目的公司（SPV）视同为境外借款人，以出口买方信贷产品为其提供船舶出口租赁融资支持。二是该业务为进出口银行天津分行首笔船舶租赁融资业务，充分发挥了政策性金融优势，积极助力东疆综保区打造国际船舶租赁中心。三是该业务针对船舶租赁业务特点及客户融资需求，将跨境船舶租赁模式与国际船舶融资管理进行有机结合，开创了跨境船舶融资新模式。

其应用价值在于，该业务的顺利获批，标志着进出口银行天津分行为天津自贸试验区内开展跨境租赁业务的企业开拓了长期融资渠道，为市场树立了广泛的示范效应。

（资料来源：2022 年第二批天津自贸试验区金融创新案例，中国（天津）自由贸易试验区官网，2023 年 4 月 21 日。）

**【学习目标】**

◆ 掌握 BOT 项目融资、ABS 项目融资、无形资产融资的概念与特点；

◆ 了解国际融资租赁、国际供应链的概念与特点；

◆ 掌握国际贸易融资方式的概念、特点及流程；

◆ 掌握国际信贷融资的概念和类型，了解其运作流程；

◆ 掌握国际票据融资的概念、特点和方式，了解其运作流程；

◆ 掌握国际债券融资的内涵和特点，了解其发行条件及程序；

◆ 掌握国际股票融资的概念、特点、方式和流程。

# 第一节　国际项目融资

国际项目融资作为 20 世纪六七十年代兴起的国际融资方式，极大地促进了国际经济和世界贸易的发展。进入 21 世纪以来，许多新型的融资方式得到了快速的发展。本节在阐述 BOT 项目融资和 ABS 项目融资的基础上，同时介绍了无形资产融资、国际融资租赁、国际供应链融资这三种新型方式。

## 一、国际项目融资概述

（一）国际项目融资的概念及特征

国际项目融资是国际上为某一特定工程项目提供贷款，贷款人依赖该项目未来的预期收益作为还款的资金来源，并以项目的资产、权益作抵押的一种跨国融资方式。

国际项目融资的特征如下：

（1）项目融资的资金来源多样化。银行、供应商、政府、未来客户、承建方等均可以作为资金提供方，并由政府提供间接保证。

（2）项目的还款主要来源于项目的未来收益。

（3）项目贷款人的追索权受到限制。项目贷款的还款保证主要取决于项目的预期收益，因此，承建方承担的责任有一定限制，即贷款方的追偿权受到限制。

（4）项目建设各方共同分担风险。

（二）国际项目融资的功能

1. 筹资金额大，融通资金的功能强

国际上大型项目的建设多数采用项目融资的方式。这些项目涉及资金少则几亿，多则上百亿，如果按照传统的商业信贷模式，仅仅依靠建设方的资信很难筹集到工程项目的全部资金；加之巨额投资的风险较大，因此传统的贷款方式受到限制。

2. 融资方式多样化

项目融资的方式多种多样，主要有银行信贷、出口信贷、发行债券、商业信用，还有特许权经营、政府担保、下游客户预付等。

3. 提高了项目管理的水平和效率

由于项目融资的来源多元化，所有贷款方都非常重视贷款的风险防范以及还本付息。因此，项目融资的过程中常常会有相关当事人聘请国际一流专家指导、管理项目的建设，甚至进行全程监管，这样可以提高项目建设的质量和效率，以保证项目达到预期的效益。

4. 更好地规避了国家风险

项目投资方可能来自不同的国家，涉及各国的利益，因而国际项目融资比传统贷款业务面临的外汇管制、税收制度、贸易壁垒、市场竞争、国有化等问题相对要小一些，从而大大降低了国家风险。

（三）国际项目融资的主要当事人

国际项目融资的主要当事人有项目的发起人、项目公司、借款人、贷款人、项目的保证人、项目融资的咨询人、政府、供应商等。

（四）国际项目融资的运作程序

每一个项目所处的国家不同、行业不同，进行项目融资的步骤各有不同。但国际项目融资按照常规可以总结为以下几个阶段：

1. 决策分析阶段

此阶段项目投资涉及的金额大、期限长，因此前期的分析决策就显得非常重要。在这个过程中，融资方就要做好充分的准备，争取获得投资方的认可并最终达成融资的协议。

2. 论证阶段

这一阶段主要是投融资双方分析项目是否有投资、融资的可行性和必要性以及决定项目融资的方式。

3. 方案准备阶段

这一阶段的主要任务是进行项目融资的风险分析和评估，研究项目融资的币种、资金来源的国别结构、贷款的方式结构等。

4. 谈判阶段

在国际项目融资中，首先制订初步的融资方案，然后向商业银行或其他金融机构发出参与项目融资的建议书。项目过大的，可以考虑选择银团贷款。如果银行信贷不能解决全部资金需求，可以考虑选择供应商融资、客户融资、政府贷款等多种方式。

5. 执行阶段

当正式合同生效以后，主要债权人会加大项目建设的监督管理，甚至跟踪项目建设的全过程。

# 二、BOT 项目融资

BOT 项目融资模式作为在 20 世纪 90 年代兴起的融资模式，在发达国家和发展中国家都得到充分、广泛的应用，特别是在基础设施建设中发挥着极其重要的作用。

（一）BOT 项目融资的概念

BOT 是 build（建设）、operate（经营）、transfer（转让）三个英文单词第一个字母的缩写，它是公共特许权或特许融资，代表着一个完整的项目融资的概念。

（二）BOT 项目融资的特点

BOT 项目融资具有以下特点：

（1）项目开发投资商在特许期内拥有项目所有权和经营权。

（2）项目开发投资商承担了项目投资的全部风险，因此融资成本相对银行贷款要略高。

（3）项目使用客户可以享受到更高的服务。

（4）项目建成以后由承建方进行经营获取收益，可以提高项目的管理水平。

（5）项目建设期可以减少东道国的外债负担，但经营期结束以后，会面临对方的利润汇回，可能带来大量的外汇流出。

（三）BOT 项目融资的运作

BOT 项目融资的动作包括项目确定和拟定、招标、选标、开发、建设、运营和移交七个阶段。

（1）项目的确定和拟定。首先，确认采用 BOT 融资方式的可行性。然后，融资方重点研究如何用 BOT 融资满足项目需求，并生成邀请建议书，邀请投标者提交具体的设计、建设和融资方案。

（2）招标。首先是招标准备工作。其次是标书的编写和提交。融资方招标准备工作中，邀请建议书提供项目的详细规定，列出需要达到的具体标准，包括规模、时间、履约标准以及项目收入的性质和范围。然后，融资方争取潜在的贷款人、股本投资者、承包商和供应商，并签订初步意向书，为编制标书做准备。

（3）挑选中标者。招标者对提交的标书进行挑选，选出暂定中标人。

（4）项目开发。中标者在签署合同文件后，组成项目公司或确定项目公司结构。得到承诺后，项目公司便开始与东道国进行谈判，在达成协议后组成项目公司或确定项目公司结构，并进行财务交割。财务交割是指贷款人和股本投资者预交或开始预交资金，用于详细设计、建设、采购设备等项目顺利完成所必需的支出。

（5）项目建设。一旦完成财务交割，项目即正式进入建设阶段，直至工程竣工。项目将按照规定的竣工试验进行验收，项目公司最终接受竣工的项目，并且政府原则上也接受了该项目，此时建设阶段结束。

（6）项目运营。该阶段，项目公司通过与运营者签署合同，按照项目协议、贷款协议和与投资者的协议条件来运营项目。在整个项目运营期间，需要按照协议要求对项目设施进行保养维护。

（7）项目的移交。特许经营权期满后将项目移交给东道国。通常情况下，项目的设计应能使 BOT 发起人在特许经营期间偿还项目债务并获得一定利润。

# 三、ABS 项目融资

（一）ABS 项目融资的含义

资产支持证券化（asset-backed securities，ABS）是一种金融工具，发行人通过将产生现金流的资产打包成证券并进行销售从而实现融资。这些证券的回报通常由资产的现金流所支撑，因此被称为"资产支持证券化"。

（二）ABS 项目融资模式的特点

首先，ABS 项目融资模式是一种结构融资手段。这种融资方式主要采用资产组合、破产隔离和信用增级等手段，使资产担保证券的信用水平得到提高。因此，ABS 项目融资模式是一种成本较低的新型融资手段。

其次，ABS 项目融资模式可以提高资金的流动性。ABS 项目融资模式的资产不能随时出售变现，但发起人可以选择将流动性低的资产转换为流动性高、标准化的证券工具，增加资产的流动性。

最后，ABS 项目融资模式可以减轻企业的债务负担，优化资产负债结构。ABS 项目融资模式是一种表外融资方式，因此只要符合出售条件，利用 ABS 项目融资模式所进行的融资就不会增加发行人的负债。

（三）ABS 项目融资的流程

ABS 项目融资的流程如下：

第一，组建项目融资专门公司（Specialized Project Finance Companies）。采用 ABS 项目融资方式时，项目主办人需要设立一个专门的项目融资公司，也可以称为信托投资公司或信用担保公司。该公司是一个独立的法律实体。

第二，项目主办人（筹资者）签订合同，将项目未来的收益权转让给项目融资公司。在特许期限内，项目的筹资、建设、经营和债务偿还等事项都由项目融资公司全权负责。

第三，项目融资公司寻求资信评估机构的支持，获得尽可能高的信用等级。国际上一些具有权威性的资信评估机构会对项目的可行性进行研究，并给予项目融资公司 AA 级或 AAA 级的信用评级。

第四，项目融资公司发行债券，筹集项目资金。

第五，项目融资公司组织项目的建设和运营，并利用项目收益来偿还债务本金和利息。

第六，特许期满后，根据合同规定，项目融资公司无偿将项目资产转让给项目主办人，从而使项目主办人获得项目的所有权。

## 四、无形资产融资

（一）无形资产的含义

无形资产主要包括知识产权、专有技术以及用于提供运用条件和必要费用支出的特种权利。知识产权是指根据经济法规，知识产权持有人对其智力创造的科技成果在一定时间和范围内享有的独占权，如专利权和版权。专有技术是指企业为获得专利而保持的技术秘密，如先进设计工艺、技术说明书和关键技术参数等。

### (二) 无形资产的特征

#### 1. 资产形态的非实体性

无形资产通常表现为某种权利、某项技术或某种获取超额利润的综合能力，如土地使用权、非专利技术、商誉等。它没有实物形态，却有价值，能提高企业的经济效益，或使企业获取超额收益。不具有实物形态是无形资产区别于其他资产的特征之一。

#### 2. 独有的不可替代性或垄断性

无形资产的垄断性表现在以下几个方面：首先，一些无形资产受法律保护，禁止非持有人无偿获得。其次，一些无形资产对非法竞争具有排斥作用，如专利权和商标权。再次，一些无形资产即使没有法律保护，只要能确保秘密不泄露给外界，实际上也可以实现独占。最后，一些无形资产无法与企业整体分离，除非整个企业的产权转让，否则他人无法获得，如商业信誉。

#### 3. 未来收益的不确定性

无形资产的未来收益具有不确定性，主要受到以下几个方面影响：

(1) 无形资产价值的不确定性。无形资产价值不易确定，评估标准性差，或者评估没有标准可以借鉴参考。

(2) 使用无形资产带来预期收益的不确定性。无形资产相对独有、垄断，在较长的时期内能为其使用者提供多少收益无法准确评估预测。

(3) 有效期的不确定性。有些无形资产的有效期受其他企业的技术更新及技术进步或市场替代品等因素的影响。

(4) 无形资产使用的共享性使得法律保护显得更困难。共享性是指无形资产有偿转让后，可以由拥有方和几个使用方等共同享有。这种尴尬的状况常常使得对无形资产的法律保护比对有形资产的法律保护更困难。

### (三) 无形资产融资的作用

#### 1. 拓宽企业融资渠道

企业依托无形资产可以进行筹资与投资，增加企业的市场价值，而不受许多外部环境或审批条件的限制，有利于拓宽企业的融资渠道。

#### 2. 发挥无形资产融资的特定优势

与信贷、股权融资、债权融资、租赁融资等融资方式相比，无形资产融资具有自身的优势。相对而言，企业利用无形资产融资可以避免偿债压力和破产风险，同时也能保持对资产的所有权和控制权，没有太多限制条件。

#### 3. 提高企业资金的流动性，有利于盘活资金

大多数企业存在闲置资源，如土地使用权、特许经营权、数据库、经营秘诀与管理方法等未被充分利用。如果能够利用无形资产进行融资，就可以盘活并提高企业资金的流动性。

#### 4. 有利于提高企业声誉

企业声誉是一种特殊的无形资产，它的价值是不稳定的。一方面，企业声誉一旦受损，声誉财产价值会迅速贬值；另一方面，如果善于管理声誉，声誉财产不会像其他有形

财产那样随时间的推移而自然贬值，反而会增值。

5. 提升企业整体实力

进行无形资本经营可以推动企业产业结构调整和产品结构的高技术化，并最终有助于提高企业的整体实力。

## 五、国际融资租赁

（一）国际融资租赁的概念及特点

国际融资租赁是指位于不同国家的出租人与承租人之间，在约定期间内将出租财产有偿提供给承租人使用的租赁关系。国际融资租赁业务是 20 世纪 60 年代发达国家为了鼓励设备的更新换代而采用的一种融资方式。在国际租赁关系中，出租人将特定出口物品的使用权转让给承租人并收取租金，承租人支付租金并享有该物品的使用权和收益权。租赁关系结束后，承租人将该物品归还给出租人，或按双方约定转归承租人所有，或以低价购买，或以较低租金继续租。国际融资租赁业务的特点如下：

1. 融资与融物相结合

企业通过国际融资租赁业务，既获得了融物，也获得了融资。

2. 具有税收优惠和折旧优惠

发达国家为了鼓励企业设备的更新换代，推出了许多措施，包括使用新设备、承租新设备给予几年内免征所得税的优惠，并可以享受快速折旧的收益。这一系列的政策鼓励了出租人不断购买新的设备进行出租。

3. 具有全额融资的功能

和出口信贷相比较，国际融资租赁业务可以让承租方获得全额融资，还不增加承租方的负债。而出口信贷业务只能获得出口货款 80% 的贷款，另外 20% 的货款需要支付现汇。

4. 有助于承租方避免技术更新换代的风险

对于一些使用面宽的设备租赁，承租方可以利用国际租赁业务不断承租最新的设备，及时淘汰陈旧的设备。这有助于规避技术创新风险，提高产品的竞争力。

5. 可以保护企业的商业秘密

由于国际融资租赁业务不需要企业提供更多的企业信息，因此，相比商业贷款来说，保护了企业的商业秘密。

（二）国际融资租赁业务的类型

1. 泛用性设备的租赁

泛用性设备的租赁一般由制造厂商的租赁部或专业租赁公司经营。适用于技术发展迅速的商品，如电子计算机、汽车等，期限较短，租金较高。这类租赁业务可以避免企业的技术风险，还可以为企业提供专业技术服务。

2. 服务型租赁

在服务型租赁下，出租人在提供租赁物品的同时，还承担机器设备的保养、维修，提供燃料、原料、部件以及培训技术人员等。承租人支付租金等费用。

### 3. 金融租赁

在金融租赁下，由承租人选好设备，和出租人谈妥条件，出租人从银行获得贷款，然后由出租人向厂商购买设备，并向承租人出租机器或设备。

### 4. 杠杆租赁

杠杆租赁又称"代偿贷款租赁"，用于租赁大型设备或成套设备，实质上是一种抵押贷款的租赁方式。

### 5. 综合性租赁

综合性租赁是指将租赁与其他贸易方式结合在一起，比如与补偿贸易相结合的租赁方式，与对外加工装配相结合的租赁方式等。

### 6. 售出与回租租赁

售出与回租租赁是指设备的所有者先将设备按市场价格卖给出租人，然后以租赁的方式租回原来设备的一种租赁方式。

### （三）国际融资租赁业务的流程

国际融资租赁业务的流程如下：

（1）用户与厂家和销售公司洽谈，决定机器的种类、规格、交货期、保修及价格。

（2）选定设备后，承租方向出租方申请租赁，双方就租赁条件进行洽谈，讨论决定租赁期限和租赁费等合同内容并与厂商签订购买合同。

（3）租赁公司对用户进行信用调查，在认为可靠的情况下与用户签订租赁合同。

（4）出租公司根据用户与厂方或销售公司之间商定的条件，向厂方缴付设备价款，厂商直接向用户交货。

（5）用户收到设备后，在合同规定的期限内对该设备进行验收。验收结束后租赁合同立即生效，租期开始，并由用户定期向租赁公司支付租金。

（6）租进设备的维修保养，按不同的租赁方式合同的规定，由承租人或由厂商或由出租人负担。

（7）租赁合同期满，依照合同对设备进行不同方式的处理。一般处理方式包括折价购买、续租、退租等。

## 六、国际供应链融资

### （一）国际供应链融资的含义

国际供应链融资是一种创新的融资方式。该融资方式通过将国际票据流、信息流和资金流有机地结合起来，与核心企业建立国内和国际供应链连接，并以应收账款质押和货物抵押为主要担保方式，为上下游企业提供融资产品组合。

国际供应链融资能够为全球供应链体系提供及时便捷的融资支持，促进各国贸易往来，加深产业链企业间的合作，并且可以在一定程度上规避贸易与融资风险，从而更好地为各国中小企业服务。

（二）国际供应链融资的特点

1. 国际性

国际供应链融资通过优化和配置全球范围内供应链的物流、信息流和资金流，实现了对传统供应链融资的扩展，为企业发展提供了新机遇。

2. 复杂性

国际供应链融资采用全球化视角，协调供应链内各国成员企业的合作模式。与传统供应链融资不同，它不局限于成员企业之间的内部管理模式，更多地关注供应链成员企业之间的资源整合利用，促进合作共赢。

3. 现代化网络信息技术支持

国际供应链融资依托现代化网络信息技术，基于国际互联网信息的挖掘利用，为实施国际供应链融资提供技术信息基础和保障。

（三）国际供应链融资的流程

1. 资金需求确定

在供应链融资流程中，首先需要明确资金需求。企业在经营过程中需要资金来购买原材料、支付生产成本、应对市场需求等，因此需要确定所需的融资金额和时间。企业可以通过分析自身的经营情况和市场需求，预估未来的资金需求。

2. 融资申请

确定资金需求后，企业需要向金融机构提交融资申请，需要提供相关的企业资料，包括企业的经营状况、财务状况、还款能力等。此外，还需要提供与供应链相关的信息，如供应商和客户的情况、合同和订单等。金融机构会根据这些资料进行初步评估，确定是否受理融资申请。

3. 融资审批

经过初步评估后，金融机构会对融资申请进行审批。审批过程中金融机构会对企业的信用状况、还款能力、供应链的稳定性等进行综合评估。同时，还会对企业的合作伙伴进行尽职调查，以确保供应链的稳定性和可靠性。审批结果通常会在一周到一个月的时间内给出。

4. 融资发放

审批通过后，金融机构会与企业签订融资合同，并将融资款项发放到企业的账户中。融资款项可以用于支付原材料采购、生产成本运输费用等与供应链相关的支出。企业可以根据自身的资金需求和供应链的运作情况，按需使用融资款项。

5. 还款

融资发放后，企业需要按照合同约定的还款方式和时间，按时偿还融资款项及利息。还款的方式可以根据企业的情况选择，可以是一次性还款，也可以是分期还款。企业需要确保按时还款，以维护与金融机构的良好合作关系。

# 第二节　国际贸易融资

当今无论是进口商给出口商的商业信用，还是出口商给进口商的商业信用，都积极地推动了国际贸易的发展。这种商业信用方式在国际贸易中起到了很大的推动作用，但由于商业信用的局限性，使得贸易双方的资金规模以及风险防范问题制约了国际贸易的发展。时至今日，国际贸易融资业务有了很大的发展。

## 一、国际贸易融资概述

（一）国际贸易融资的概念

国际贸易融资是指金融机构为外贸企业提供资金融通和风险防范等金融服务，以支持其国际贸易结算业务的一种金融手段。

国际贸易的发展得益于金融创新的支持。19世纪末、20世纪初，以英国为首的资本主义国家为了抢占国际市场而发生日益激烈的市场竞争。为了提高出口企业的竞争力，英、法等国家先后成立了政策性金融机构以支持出口，这一金融创新业务极大地推动了英国和法国的对外贸易。随后，许多国家纷纷仿效成立官方对外贸易金融机构以支持出口。发展至今，全球已经建立了比较规范的贸易融资体系。

（二）国际贸易融资的类型

1. 按照融资的期限划分

（1）短期国际贸易融资。这是指1年以内（包括1年）的进出口贸易融资，主要用于企业资金流动和周转，包括贸易资金融通、国际保理和保值性资金流动等。

（2）中长期国际贸易融资。这是指期限在1～5年或5年以上的进出口贸易融资，主要用于改善企业资本结构和弥补资金不足，包括出口卖方信贷、出口买方信贷、福费廷和政府贷款等。

2. 按照融资的资金来源划分

（1）一般性贸易融资。一般性贸易融资资金来自商业银行，与国际贸易结算紧密结合。一般性贸易融资可分为短期、中期和长期三种期限，利率可采用市场上的固定利率或浮动利率。

（2）政策性贸易融资。政策性贸易融资是指，由各种对外贸易银行或出口信贷机构利用政府财政预算，向另一个国家的对外贸易银行、进口商或政府提供贷款的国际贸易融资。

（三）国际贸易融资的特点

1. 国际贸易融资的用途受到严格的限制

与一般的商业银行贷款相比，国际贸易融资的贷款用途仅限于进出口国际贸易。例如，如果和日本企业做进出口贸易，想申请日本的贸易出口信贷融资，资金的用途必须用来购买日本企业制造的产品，或者日本企业制造的产品在出口中所占的比例达到80%以上。

2. 国际贸易融资的金融风险较大

融资风险主要表现在汇率风险、利率风险、信用风险和政治风险等方面。

（1）汇率风险。国际贸易融资的币种通常是国际货币或贷款国货币，这些货币的汇率风险常常需要借方承担。

（2）利率风险。在整个贷款期内，随着国际金融市场上利率的波动，借贷双方都会面临利率风险。如果市场利率上升，贷款方就面临利率风险；如果市场利率下跌，借款方就面临利率风险。

（3）信用风险。国际贸易融资的双方处于不同的国家，借款方的经营状况、市场变化等很多不确定性因素会直接影响贷款本息的归还。一旦出现经营不善、到期无力偿还贷款或要求延期还款等风险都会影响银行的资金周转甚至利润。

（4）政治风险。借方所在国家的外汇管制制度、货币自由兑换制度等都会影响贷款的按期归还。

3. 国际贸易融资比国内贸易融资更复杂

国际贸易融资的复杂性表现在融资的主体和客体的多样性。在国际贸易中，交易双方来自不同的国家和地区，而且使用贷款的企业分布于各行各业，银行想要做到全面了解企业资信以及准确地进行贷款风险评估相对困难。借款方有可能是企业、银行、政府，借款主体的多样性也增加了贷款的风险。

4. 国际贸易融资常常表现为综合性的金融服务业务

随着国际贸易业务的快速发展，国际贸易融资业务呈现出多元化、复合化的趋势。融资业务常常和国际结算、国际信用保险、金融风险防范业务紧密结合。例如，短期国际贸易业务中的国际保理业务给出口商提供信贷融资、汇率风险防范、利率风险防范、信用风险防范、国际结算、海外信息咨询、海外市场调查、出口商海外拖欠货款追收业务等。另外，出口信贷业务常常和出口信用保险业务相结合。

5. 国际贸易融资业务通常得到本国政府支持

对外贸易业务给一国经济发展带来巨大的外汇收入，也提供了本国的就业机会。早期英国、法国的对外贸易金融服务业务，先通过政府成立官方对外贸易银行，提供利息较低的优惠性贷款，并且同时提供政策性金融保险业务。进入21世纪以来，各国政府都在不断扩大政府对贸易融资的支持力度和范围。因此，某种程度上说，今天的国际贸易竞争更多的是贸易背后的国家之间的竞争，即取决于政府能够提供的财政支持力度。

（四）国际贸易融资的流程

国际贸易融资的流程如下：

1. 贸易洽谈

进口商与出口商就商品、价格、交货条件等进行洽谈，双方达成一致后开始准备贸易合同。

2. 签订合同

进口商与出口商签订贸易合同，确立商品的数量、质量、价格、付款条件、交货期等内容。

3. 选择付款方式

进口商与出口商协商选择适当的付款方式，如信用证支付、跟单结汇、托收、预付款等。

4. 向银行申请融资

进口商根据合同内容向国内外银行申请贸易融资，以便支付出口商品的货款。

5. 银行审批

银行对进口商的融资申请进行审查，包括审核合同、商品质量、信用等，并根据需要开立相应的融资证明。

6. 发货与装运

出口商按照合同约定将商品运至目的港口或目的地，并提供装运单据和商业发票等单据给进口商。

7. 支付货款

进口商通过银行按照合同约定的付款方式向出口商支付货款，完成交易结算。

8. 结清融资款项

进口商根据合同约定的还款方式，按时向银行偿还贸易融资款项及相关费用。

# 二、国际保理业务

## （一）国际保理业务的概念

国际保理业务是指一种国际贸易融资工具，由专业的金融机构（保理商）为出口商提供融资服务，帮助其解决销售货款难题。在国际保理业务中，保理商会向出口商提供资金或担保，以便其能够更快地收到货款，并且不必承担买卖过程中可能会出现的风险。

## （二）国际保理业务的特点

### 1. 国际保理业务是综合性的金融服务业务

在国际保理业务中，保理商除了可以给出口商提供贸易融资以外，还给出口商提供转嫁风险、进口商资信调查、海外信息咨询、代保管凭证业务、账务和外汇管理业务等。这种业务非常受进出口商的欢迎，能够适应国际贸易交货迅速的要求。

### 2. 国际保理业务是一种新型的结算方式

在进口商不欢迎信用证结算方式的情况下，出口商选择国际保理业务进行贸易，可以使出口商获得更多的订单，而且手续费低，也避免了进口商担心信用证业务只是申单申证不申货的缺点。

## （三）国际保理业务的流程

国际保理业务的流程如下：

（1）出口商与进口商达成贸易合同，约定货物的交付以及付款条件。

（2）出口商将货物出口后形成的应收账款转让给保理公司，以获得即时的资金流动。保理公司根据应收账款的真实性和可信度，向出口商提供融资。

（3）保理公司负责向进口商催收应收账款，并承担坏账风险。保理公司可以利用其丰富的国际经验和网络资源，提供信用评估、催收和风险管理等服务。

（4）进口商按照原合同约定的付款期限向保理公司支付应收账款金额。

（5）保理公司将经过催收的款项减去自己的费用后剩余的金额返还给出口商。

## 三、出口信贷

### （一）出口信贷的概念

出口信贷是一种用于支持和促进本国企业向外国市场出口产品或服务的国际贸易融资工具。出口信贷通常由国家政府或其指定的机构提供，旨在帮助企业克服出口过程中的资金周转困难和风险，其形式包括提供低息贷款、提供出口信用保险、提供担保或承担部分出口商的风险等。

### （二）出口信贷的特点

出口信贷属于政策性金融所支持的信贷服务，具有以下特点：

（1）出口信贷必须与出口贸易相结合。

（2）属于条件优惠的贸易融资。

（3）出口信贷通常与出口信用保险相结合。

### （三）出口信贷的种类

根据贷款的对象不同，出口信贷可以分为出口卖方信贷和出口买方信贷。

#### 1. 出口卖方信贷

出口卖方信贷是出口方银行向本国出口商提供的商业贷款。出口商以此贷款为垫付资金，允许进口商赊购自己的产品和设备。出口商一般将利息等资金成本费用计入出口货价中，将贷款成本转移给进口商。出口卖方信贷的借款方仍然是出口商，因此，出口卖方信贷只能解决出口商的资金周转问题，不能解决出口商的风险防范问题。所以，这种出口卖方信贷在实际业务中使用较少。

#### 2. 出口买方信贷

出口买方信贷是一种出口国政府支持的信贷形式，旨在帮助进口商购买技术和设备，并支付相关费用。通常情况下，出口国的出口信用保险机构提供出口买方信贷保险。出口买方信贷主要有两种形式。第一种形式是，出口商银行向进口商银行提供贷款，然后由进口商银行将贷款转贷给进口商。第二种形式是，出口商银行直接向进口商提供贷款，而由进口商银行提供担保。

### （四）出口信贷业务的流程

出口信贷业务的流程如下：

#### 1. 客户咨询

这是出口信贷业务的开端，银行需要给客户提供相关贷款信息和建议，以便客户了解贷款的政策和申请条件。客户可通过电话、邮件、面谈等渠道与银行进行咨询。

**2. 申请及初步审查**

客户向银行提交申请表和相关资料，银行对资料进行审查，初步确定贷款额度。

**3. 调查**

银行对客户的申请进行全面调查，了解客户的经营状况、信誉、市场前景等情况。调查人员可通过拜访企业现场、查阅企业财务、索取银行往来账户情况等方式进行调查。

**4. 风险评估**

银行在调查客户信息后，需要进行风险评估，确定贷款额度及贷款利率。风险评估主要包括客户信誉度、还款能力、市场前景等方面的评估。

**5. 贷款审批**

银行根据资信评估结果和风险控制要求，对客户的贷款进行审批，确定贷款额度、还款周期等相关条款。

**6. 签订合同**

银行与客户签订出口信贷合同，明确双方的权利和义务。合同条款主要包括贷款金额、贷款利率、还款方式、担保方式等。

**7. 放款**

银行在合同签订后，按照约定向客户放款，客户确认收到贷款。

**8. 贷后管理**

银行对客户的贷款进行贷后管理，跟踪客户经营状况和信用状况，定期核查贷款使用情况和资金流向，及时发现和解决逾期付款、借款用途不当等问题。

## 四、福费廷

**（一）福费廷业务的概念**

福费廷是一种以无追索权形式为出口商贴现大额远期票据的金融服务，也称为包买票据业务。其不仅能为出口商提供出口融资，且有利于出口商防范信贷风险与汇价风险。

**（二）福费廷业务的特点**

福费廷业务的特点如下：

**1. 无追索权的票据买卖**

福费廷业务中的票据转让必须是放弃追索权的票据买卖，对于出口商和背书人来说，不存在追索权。

**2. 适用于中长期贸易融资**

福费廷业务融资期限一般在1~5年，但随着业务的发展，其融资期限可扩展到1个月至10年不等，跨度较大。

**3. 批发性融资工具**

福费廷业务通常是100%合同金额的融资，融资金额在10万美元至2亿美元之间。

**4. 简化贸易结算流程**

福费廷业务可以简化贸易结算流程，对于出口商来说，无须等待进口商付款才能获得资金，对于进口商来说，可以延长付款期限，提高流动性。

5. 高度保密性

福费廷业务不需要披露与进口商之间的合同内容，因此能够保证交易的高度保密性。

（三）福费廷业务的流程

福费廷业务的流程如下：

◆ 出口商与进口商商谈签订贸易合同。

◆ 进口商向所在银行申请开立远期信用证，以支付给出口商。

◆ 出口商所在银行收到远期信用证，并通知出口商。

◆ 出口商安排货物出运，并向银行提交相关单据。

◆ 出口商将远期信用证无追索权地售予出口商所在银行。

◆ 出口商可以在商定时间获得资金，而不必等待信用证到期。

福费廷业务的运行过程如图 5-1 所示。

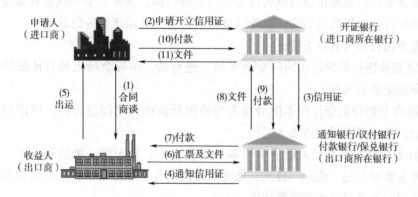

**图 5-1　福费廷业务的运作流程**

资料来源：MBA 智库百科。

（四）福费廷业务的作用

1. 风险防范

福费廷业务的利率是固定的，票据交易是卖断票据、放弃追索权的票据买卖。因此，既防范了信用风险、汇率风险，又防范了利率风险。

2. 提高出口商竞争优势

出口商以延期付款的方式销售产品，又可以不占用其资金，同时也不需要进口商预付货款，这种结算方式大大提高了出口商的竞争力，促进出口商开拓了国际贸易市场。

3. 不占用企业授信额度

在福费廷业务中，银行以出口商的远期票据为依据办理融资，不占用企业的授信额度，而一般贴现、押汇及保理均在企业总授信额度之内。

4. 利用外国资金扩大本国出口

由于福费廷业务的票据有进口国的一流银行担保，在票据没有到期以前，商业银行如果想转让票据解决资金的流动性问题，可以考虑通过国际金融市场把票据转让出去。

# 第三节  国际信贷融资

　　企业进行国际融资时一般首先选择在银行信贷市场融资，因为银行信贷市场的条件、对企业的要求等比直接融资的条件宽松，资料的准备也更为简单快捷。企业在国际信贷市场上选择的融资方式主要有双边贷款、银团贷款、政府贷款和国际金融组织机构贷款等。

## 一、国际商业银行信贷

### （一）国际商业银行信贷的概念及特征

　　国际商业银行信贷是指境内机构向境外的金融机构、企业、个人或者其他经济组织以及在境内的外资金融机构筹借的，以外国货币承担契约性偿还义务的款项。

　　国际商业银行信贷有以下特征：

　　◆ 国际商业银行信贷是在国际金融市场上进行的。国际金融市场有传统的国际金融市场和离岸金融市场两种。

　　◆ 国际商业银行信贷是在本国借款人与外国贷款银行之间进行的，即借贷双方处于不同的国家，属于不同国家的法人居民。

　　◆ 国际商业银行信贷是采取货币资本（借贷资本）形态的一种信贷关系。目前常用的货币币种主要有美元、欧元、日元、加元及人民币等十多种货币，这些货币都是可以自由兑换的被国际上普遍接受的结算货币。

　　◆ 国际商业银行信贷是自由外汇信贷，即对商业银行信贷的资金用途没有限制，同时鉴于没有优惠成分，信贷条件随行就市，利率按照市场利率来确定。

### （二）国际商业银行信贷的类型

#### 1. 独家银行信贷

　　独家银行信贷指由一家银行给某一借款方提供商业信贷，收取一定的利息，按照合同约定还本付息的信贷形式。

#### 2. 国际银团信贷

　　国际银团信贷又称"辛迪加信贷"，是指多家银行或金融机构组成一个信贷联盟，共同向借款人提供资金的信贷形式。银团信贷的优势主要表现为以下几点：

　　（1）使用银团贷款有利于借款人扩大知名度。因为银团贷款的金额大、期限长，涉及多家银行提供贷款，因此，对于借款人的要求更高，在这种要求严格的条件下能够获得银团贷款，某种程度上就表明借款方的实力和资信。

　　（2）贷款金额较大。根据国际惯例，国际银团贷款的每笔交易额都在 2 000 万美元至 150 亿美元之间。这种资金量大的贷款如果按照常规申请独家银行信贷就比较困难。

　　（3）贷款期限较长。国际银团贷款一般是中长期贷款，贷款期限可在 1~15 年，多数则为 3~10 年期。

（4）银团贷款可以分散风险。利用银团贷款时，选择多方银行共同参与贷款业务，贷款的发放过程相对规范严格。

（三）国际商业银行信贷的条件

与国内银行信贷相比，国际商业银行信贷的条件要苛刻一些。

1. 贷款本金的支用

国际商业银行信贷的本金的支用期限一般包括五个部分：

（1）贷款本金总额。贷款本金总额遵守合同约定。

（2）贷款本金提款期。对贷款本金约定一个提款期，即本金不是一次全部提完，而是在一定期限内分次提出。这一时期称为贷款的提款期。

（3）提款日。由于借款人与贷款行不在同一城市，并且发放贷款的币种是国际货币，因此借款人要求提款时必须提前一定时间以约定的方式告知贷款银行。

（4）提款额。在约定分期提款额内，每次提款不得少于一个最低额。

（5）提款逾期。约定提款期届满，如双方没有另外安排，未用部分贷款自动失效，借款人不得要求继续贷款。

2. 贷款本金的归还

贷款本金的归还一般有以下规定：

（1）宽限期。在贷款首次使用后的一定时期内，借款人只付利息，不支付本金的规定。这段时间可以充分使用贷款本金。

（2）还款期。每笔贷款规定最终还本的期限，在此期限内规定分批还本的日期。如还款期为两年，那么两年内可能每半年还款一次，分四次还完本金。

（3）还款日。借款企业需要在约定的日期之前主动进行还款。有些合同也会约定提前还款的通知期限，需要借款企业提前告知银行。

（4）还款逾期。贷款逾期不还，借款人要按约定支付逾期加息，按日计收加息。若借款人到期不偿还贷款，即为逾期违约。银行将按贷款违约处理。

3. 贷款利息的计收。

国际商业银行信贷的贷款利率没有任何优惠成分，完全随行就市，因此，利率较高，且基本上都是按照复利计息。

（1）基准利率。如果是长期贷款，国际商业银行信贷利率通常是按照国际利率水平每半年浮动一次的国际惯例来操作的。

（2）计息期。国际商业银行信贷通常以每 6 个月为一个计息期，并按计息期前两天 LIBOR 的水平作调整。因此，国际商业信贷是复利计息，利息负担较重。

（3）本金利息的支付。国际商业银行信贷通常按实际用款天数计算利息。一般说来，美元 1 年算作 360 天，港元一年算作 365 天。

4. 承担费的支付

国际商业银行对已承诺但客户未支用的贷款，因为无利息收入，故往往要求客户支付一定费用，该费用称为承担费。承担费的费率一般为每年 0.25%。

5. 贷款违约

国际商业银行贷款违约分为两种。一种是本次贷款违约，按照合同的约定赔偿损失；另一种是其他贷款违约，视为交叉违约，即借款方对其他银行的贷款业务发生违约，视同借款方不守信用，可以要求提前还款，并中止贷款。

（四）国际商业银行信贷的流程

国际商业银行信贷的流程如下：

1. 借款申请

借款人向目标商业银行提出贷款申请。在申请中，借款人需要提供相关的财务和企业信息，包括财务报表、业务计划、担保品等。

2. 评估和尽职调查

商业银行会对借款人进行评估和尽职调查，以评估其信用风险和还款能力。评估和尽职调查的内容包括审核财务数据、核查企业背景、评估市场前景等。

3. 贷款谈判

在确定借款人符合贷款条件后，商业银行会与借款人就贷款金额、利率、还款期限、担保要求等方面进行谈判和协商，以确定贷款的具体条款。

4. 贷款批准

当谈判达成一致后，商业银行会进行内部审批程序，决定是否批准贷款。审批程序可能涉及多个层级，包括风控、信贷委员会等。

5. 合同签订

一旦贷款获得批准，商业银行会与借款人签订贷款合同。合同中将明确贷款的具体条款、还款计划、担保安排等内容。

6. 贷款发放

在合同签订后，商业银行会将贷款资金划入借款人的账户或以其他方式向借款人提供资金。

7. 还款和管理

借款人按照合同约定的还款计划还款。商业银行会进行还款管理，并在需要时提供支持和服务。

# 二、政府贷款

（一）政府贷款的概念

政府贷款是指政府从银行或其他金融机构借入资金，用于满足国家建设、社会福利、应急救灾等方面的资金需求，并按照约定的期限和利率偿还借款本息。

（二）政府贷款的特点

1. 条件优惠

由于政府贷款是以政府名义，一般在两国政治外交关系良好的情况下进行，因此贷款条件相对优惠。

### 2. 具有经济援助性质

政府贷款属于双边经济援助性质的贷款，旨在帮助受援国推进经济发展和改善民生。因此，政府贷款的期限比较长，一般从 10 年到 30 年不等，甚至长达 50 年；利率也比较低，一般在 1%～3%，有些甚至是无息贷款。

### 3. 主权外债

政府贷款是本国政府对外借用的一种债务，属于主权外债，必须按照合同约定及时偿还。

### (三) 我国使用外国政府贷款的流程

各个国家的政府贷款程序有一些差异，我国利用外国政府贷款项目的审批管理程序包括：

◆ 编制项目建议书。

◆ 办理项目建议书批准手续。

◆ 向国家发展和改革委员会申请列入备选项目计划或报批外资方案。

◆ 根据国家发展和改革委员会的批复，编制项目可行性研究报告，办理可行性研究报告批准手续。

◆ 落实还款责任，财政部向贷款国提出项目。

◆ 贷款国来中国对项目进行评估。

◆ 两国政府签订贷款协议。

◆ 按照可行性研究报告要求，编制初步设计文件。

◆ 与外商进行技术交流，并签订供货合同。

◆ 转贷银行对项目进行评估，并签署转贷协议。

◆ 提出开工报告，进行工程施工准备。

◆ 可行性研究报告审批部门出具免税确认书，办理设备进口免税手续。

◆ 项目建设竣工，验收。

◆ 项目建成投产，进行项目后评价，提出评价报告。

## 三、世界银行贷款

### (一) 世界银行贷款概述

世界银行是世界银行集团的俗称，"世界银行"这个名称一直指的是国际复兴开发银行和国际开发协会。这些机构联合向发展中国家提供低息贷款、无息信贷和赠款。作为一个国际组织，世界银行最初的使命是帮助在第二次世界大战中被破坏的国家恢复经济和重建。关于世界银行的机构组成、资金来源和业务活动等内容，已在本书第三章第二节详细介绍，此处不再赘述。

### (二) 世界银行贷款的类型

#### 1. 项目贷款

世界银行的项目贷款即具体投资贷款。这类贷款的评估和监督主要由银行工作人员负责完成。

2. 部门贷款

世界银行的部门贷款分为部门投资贷款、中间金融机构贷款、部门调整贷款。

3. 结构调整贷款

世界银行的结构调整贷款旨在帮助借款国进行宏观经济、部门经济和机构体制方面的全面调整和改革。结构调整贷款有严格的条件，如果借款国未能按照预定条件执行，第二批贷款将停止支付。

4. 技术援助贷款

世界银行发放技术援助贷款，是为了加强贷款国有关机构制定发展政策和准备具体投资项目的能力。

（三）世界银行贷款的运作程序

世界银行贷款的运作程序如下：

1. 需求评估

借款国需要提交申请，经过世界银行的需求评估后，确定是否给予贷款。

2. 项目设计

如果申请获得批准，世界银行将与借款国合作，设计一个符合借款国需求的项目。

3. 项目评估

世界银行将对项目进行评估，包括环境、社会和经济影响等方面的评估。

4. 贷款协议

在项目评估完成后，世界银行将与借款国签订贷款协议，规定贷款金额、利率、还款期限等具体条款。

5. 贷款发放

世界银行将贷款资金划入借款国账户，或以其他方式向借款国提供资金。

6. 项目实施

借款国使用贷款资金实施项目，世界银行对项目的实施进行监管和评估。

7. 还款和管理

借款国按照协议约定的还款计划进行还款。世界银行对借款国的还款进行管理，并在需要时提供支持和服务。

# 第四节　国际票据融资

## 一、国际票据融资的概念

（一）票据的概念

票据融资，是一种以票据为载体的融资方式。票据概念有广义和狭义之分。广义上的票据包括各种有价证券和凭证，如股票、企业债券、发票、提单等；狭义上的票据，包括汇票、本票和支票。

汇票是指由出票人签发的，委托付款人在见票时或指定的日期无条件支付确定的金额给收款人或者持票人的票据；本票是由债务人向债权人发出的支付承诺书，承诺在约定期限支付一定款项给债权人；支票是银行存款户对银行签发的要求银行在见票时对收款人或持票人无条件支付一定金额的票据。

（二）国际票据融资的概念

国际票据融资的概念与传统的票据融资并无太大差别，仅仅是将融资的范围扩大至国际市场，因此可以用传统的票据融资进行说明。

利用票据进行融资有多种方式，基本包括票据质押贷款、发行融通票据和票据贴现。

票据质押贷款是以票据为担保进行相关经济活动，票据到期若质押相关的活动没有结束，则会没收相关票据。发行融通票据指的是一方（通常为资金需求者）作为债务人签发票据，另一方作为债权人给予承兑，出票人则于票据到期前将款项送还付款人（即承兑人）以备清偿的融资手段。而票据贴现是指将未到期的票据卖出以获得流动性的行为。

## 二、国际票据融资的特点

（一）企业规模不受限

票据融资没有对融资企业规模的限制，其依据的是企业的市场经营状况。票据融资不同于银行贷款，不需要融资企业对偿还能力进行担保，即使规模较小的企业，在市场销售良好时也可以获得较大规模的融资。

（二）增强了企业的资金流动性

企业收到票据至票据到期兑现之日，往往是少则几十天，多则300天，资金在这段时间处于闲置状态。合理地利用票据融资，可以减少企业被闲置的资金，增强流动性，提高资金利用效率，确保其生产的连续性，即"用明天的钱赚后天的钱"。

（三）融资成本低

首先，票据贴现业务的办理十分简单，不需要披露企业信息，不需要抵押，也不一定需要寻找相关机构代为发售；其次，票据融资的利率较低。由于这两种因素，票据融资的成本被极大地降低。

（四）具有较强的灵活性

票据融资在数量和期限上没有规定。对于贴现或发行多少数额的票据，在到期日前多久进行贴现，企业都可以根据自己的需要灵活地进行选择。

## 三、国际票据融资的方式

（一）发行票据

通过发行票据进行融资的方式有很多，以下是常见的票据类型：

## 1. 欧洲商业票据

欧洲商业票据是一个国家的政府、政府机构或大企业凭其商业信用发行的无抵押借款凭证，用以在欧洲货币市场上筹措短期资金。

## 2. 欧洲中短期票据

欧洲中短期票据实际是欧洲债券市场的一种债券。它是政府或企业作为借款人发行的票据，经认购或与商业银行和投资银行签订合同推销给最后投资者。

## 3. 银行承兑票据与定期银行承兑票据

银行承兑票据是指商业银行签发的可支付给持有人的有价证券，而定期银行承兑票据是一种中期到长期固定利率的融资工具。该票据的期限通常为一年半至五年。该票据的利率根据市场来确定，在其期限内是固定的。

## 4. 担保承兑票据

担保承兑票据与普通的银行承兑票据基本相同，只是由承兑银行的总行出具担保，总行的担保提高了该票据在资金市场的销售地位和竞争力。

## 5. 银团承兑票据

银团承兑票据是指将票据作为银团贷款的一部分，每个银团成员根据它参与银团的份额来接受其所承担客户票据的比重的票据。这种票据与普通的银行承兑票据基本相同。

## 6. 全面承兑票据

全面承兑票据是指借款人要求银团中的任何一位或几位成员接受"全体银团成员承兑票据利率"并购买的票据。其中"全体银团成员承兑票据利率"是银团成员不收取承担费购买汇票的利息率。即使全面承兑票据中没有额外的承担费，银团成员仍可通过收取利息和其他服务费用来获得报酬。

## 7. 浮动利率票据

浮动利率票据是欧洲债券的一种替代形式。欧洲债券是中期债券，以固定或预定利率获得利息。20世纪70年代的通货膨胀和利率的不断上升，使得固定利率债券投资吸引力下降，浮动利率票据得以发展。

## 8. 不定期浮动利率票据

不定期浮动利率票据是银行为扩大其资本额而进行集资活动发明的新型票据。由于该票据被视为资本之一，通过这种方式集资，可以使资本额扩大，大大增强银行的贷款能力，不受资本/风险资产比率的限制。它与一般商业票据或存款证的区别，主要是没有约定还款期，而且性质上与优先股相似，即必须优先支付利息给票据持有者。

## （二）贴现

贴现的基本计算方法为：

贴现金额＝（距到期日时间/360）×（票据面值×年贴现率）

根据票据或票据相关双方协议的不同，贴现可分为三类：

## 1. 银行承兑汇票贴现

银行承兑汇票是商业交易中的一种票据形式，由存款人向开户银行发起承兑申请，并经过银行审查同意后，保证在指定日期无条件支付确定的金额给收款人或持票人。

### 2. 商业承兑汇票贴现

商业承兑汇票是由非银行机构承兑的票据。根据交易双方的约定，销货企业或购货企业签发该汇票，但由购货企业进行承兑。付款人在收到开户银行的付款通知后，应当在当日通知银行付款。

### 3. 协议付息商业汇票贴现

协议付息商业汇票贴现是指卖方企业在销售商品后，将买方企业交付的商业汇票到银行申请贴现。根据贴现付息协议，买卖双方按照约定比例向银行支付贴现利息，并由银行为卖方提供票据融资服务。

随着国际经济的不断发展，除以上三种最基本的方式外，票据融资还诞生出了一些新方式。如未来股权简单协议，发行这种票据，在向投资者出售股份时，无须就所有细节与投资者谈判，而只需以某些名义授予投资者购买股份的权限即可，是一种可转换票据，既兼顾了可转换债券的优点，又避免了可转债的一些弊端。

## 四、国际票据融资的运作

国际票据融资的运作程序如下：

（1）申请人向银行提出票据融资书面申请，同时提交相关资料。

（2）银行审核申请人所提交的资料，同时对申请人的个人资产状况、信用状况进行了解和调查。

（3）资料审核通过，银行与申请人商议融资内容，签订借款合同。

（4）借款人办理相应保险等手续，手续办理完毕后，银行发放资金。

（5）借款人按照合同约定内容还款。

# 第五节　国际证券融资

20世纪80年代初期的拉美债券危机使得传统的银行信贷融资方式受到挑战，人们再次把目光转向证券融资。因此，20世纪80年代至今，证券融资方式一直是主要的国际融资方式和渠道。国际证券融资主要有国际债券融资与国际股票融资两种方式。

## 一、国际债券融资

### （一）国际债券的概念及种类

#### 1. 国际债券的概念

国际债券是指发行人为筹措资金在国际债券市场上以外币计价发行的债券。国际债券的发行人可以是国际金融机构、主权国家政府或企业等实体，投资者则来自世界各地。

2. 国际债券的种类

（1）根据是否在债券面值货币发行国进行融资，分为外国债券和欧洲债券。外国债券是指在发行人所在国以外的国家发行的债券，其面值以发行地所在国的货币计价。欧洲债券是指发行人在国际金融市场上以非本国法定货币发行的债券。

（2）根据发行债券是否面向大众筹集资金，分为公募债券和私募债券。公募债券是向社会广大公众发行的、可以在证券交易所上市公开交易的债券。私募债券是指仅仅面向特定的投资者发行的，数量有限，不允许上市公开交易的债券。

（3）根据债券还本付息方式的不同，分为一般债券、可转换债券和附认股权债券。一般债券是按债券票面标明的方式按期还本付息的债券。这种债券的利率和期限都是固定的，通常含有到期前提前偿还的选择性条款，越临近到期日，其偿还价格越接近面值。可转换债券是在发行时赋予投资者的一项权利，即在一定期限后投资者有权将债券转换为该公司的股票、享受股票分红的债券。附认股权债券是指持有者拥有购买发行债券公司股票权利的债券，一旦购买了这种债券，在该公司进行增发时，持有者可以优先购买该公司股票，并享受按最初发行价格购买的特权。

（二）国际债券融资的特点

1. 筹资成本低，资金供应量大

国际债券融资是直接融资方式，省去了通过银行信贷融资需被商业银行赚取存贷款利差，因此，成本降低。

2. 可满足企业长期资金的需求

发行国际债券筹集资金的期限较长。比如，欧洲债券一般是中长期债券，期限一般为3到10年不等，如欧洲美元债券的期限为5~8年。

3. 相当于企业的免费广告

发行国际债券筹集资金，所在国对发行人的资信要求较高。发行人要顺利实现融资，一般都要经过严格的审查和专业评级，只有获得较高的评级并满足各种条件才能够上市发行债券。

4. 可避免企业被收购和兼并

与通过国际股票融资相比，通过国际债券融资不会引起控制权转移，有利于企业掌握经营管理权。

（三）国际债券的发行条件

国际债券的发行条件主要包括发行额、还本付息的年限、债券利率、利息的计算及支付方式、发行价格等。

1. 发行额

发行额的大小，取决于企业长远发展的资金需求，以及发行市场投资者的资金供给、发行者的信誉程度、承销者的能力、世界经济状况等因素。

2. 还本付息的年限

一般发行债券的年限都集中在3到10年不等，当然也需根据不同行业、不同产品、不同市场而定。还本年限应考虑发行人对资金的使用年限和还债的资金积累速度，使用年限越长，还债资金积累速度越慢，偿还年限也就越长。时间越长，筹资者、投资者面临的不确定性风险越大，如利率风险、汇率风险、外汇管制风险、政治风险等。

### 3. 债券利率

确定债券利率可以考虑几个因素：一是银行同期的存款利率；二是市场资金供求情况；三是债券的偿还期限；四是信用评级；五是其他国际债券的利率水平；六是计息方式。采用不同的计息方式，最终支付的利息不同。

### 4. 国际债券利息的支付及计算方式

（1）利息的支付方式。国际债券利息的支付方式指在债券有限期内，发行人何时、以何种频率向债券持有者支付利息。付息方式不仅影响债券发行人的融资成本，也影响投资者的投资收益。

（2）利息的计算方法。利息的计算方法主要有两种：一是采用固定利率计息，指在发行时规定利率，并在整个偿还期内保持不变；二是采用浮动利率计息，即发行的规定债券利率随市场利率定期浮动，通常根据市场基准利率加上一定的利差来确定。

### 5. 发行价格

国际债券的发行价格主要有平价发行、溢价发行、折价发行。

### （四）国际债券融资的发行程序

国际债券融资的发行程序如下：

### 1. 确定债券发行意向

确定发行债券意向时通常考虑以下要素：一是发行市场的选择；二是拟定的发行规模；三是币种选择，考虑本国的外汇储备币种结构；四是债券种类或其基本性质选择；五是偿还期限的确定。

### 2. 选择牵头经理人并委托组织承销团，并确定发行方案

首先确定牵头经理人和主承销人，然后和牵头经理人或主承销人详细商讨债券发行意向或计划，并出具委托书，明确牵头经理人的地位并委托其组织承销团。同时，债券发行人应开始聘请包括法律顾问等在内的中介机构。

### 3. 债券发行准备工作

牵头经理人、经理人、各专业中介机构应当依据证券法规、行业准则和国际融资惯例的要求，对债券发行人的具体情况进行审查。这一阶段主要准备各种法律文件等。

### 4. 国际债券发行的承销安排

牵头经理人和主承销人开始进行债券推销与承销份额安排，公关与宣传推介安排，承销各成员的承销份额安排。

### 5. 发行收款与上市交易

一般债券承销有两种，即余额承销和全额承销。无论采用哪种形式，债券认购款项将通过承销银行汇往收款银行。

## 二、国际股票融资

（一）国际股票融资的概念

国际股票融资是企业或实体在国际市场上通过发行股票来筹集资金的行为。这种融资方式可以通过不同的方式进行，比如在国际证券交易所上市或者通过私募股权融资等。公司可以选择在全球范围内募集资金，吸引来自不同国家和地区的投资者。

（二）国际股票融资的特点

国际股票融资的特点有：

1. 融资者可以永久使用资金

股票购买以后，不能要求上市公司退股，只能在二级市场上进行转让流通。

2. 金额大，成本低

通过发行股票筹集资金，资金的来源是国际资本市场上的闲散资金。

3. 具有较强的技术性和复杂的程序性

由于投资者来自不同的国家，市场所在地出于保护投资者利益的目的，出台了各种法律法规。许多国家颁布了证券法或公司法，对于股票发行与上市均会制定具体规则。

4. 只有特定类型的公司才能上市发行股票

根据多数国家的公司法和证券法规定，国际股票发行仅限于已经股份化的特定公司组织，通常是股份有限公司或特定类型的有限责任公司。

（三）国际股票融资的方式

上市公司在国际资本市场上发行股票筹集资金已经成为企业走向国际化快速发展的通道。根据不同的标准，境外发行股票筹集资金有以下几种方式：

1. 境外直接上市和境外间接上市

（1）境外直接上市。境外直接上市是指在国内注册的公司向境外证券主管部门申请发行登记注册，并在当地证券交易所挂牌上市交易股票（或其他衍生金融工具）的过程。这一过程通常采用IPO方式进行，即首次公开发行股票，公司首次向国际投资者发行股票。例如，中国公司在香港发行H股，在新加坡发行S股，在纽约发行N股。

（2）境外间接上市。这是指国内企业不直接在海外上市发行股票，而是通过与境外企业之间的收购、兼并、股权置换等方式间接实现海外上市。

境外间接上市主要有买壳上市和造壳上市两种方式。壳公司可以是已上市公司，也可以是拟上市公司。目前国际资本市场上的间接上市方式以红筹方式为主。

2. 采用存托凭证与采取可转换债券上市

中国企业如果希望再次融资发行股票，可以考虑选择存托凭证或可转换债券融资。这两种上市方式往往是在境外已上市企业再次融资时采用的方式。

（1）存托证券。存托证券，也称"存托凭证"，是指发行人将其本国发行的股票交由本国或外国银行在其分支机构中保管，并以这些股票作为担保，委托外国银行（即存托银行）发行相应的凭证。通过购买这些存托凭证，外国投资者可以间接地实现对该公司股票的投资目标。

（2）可转换债券。可转换债券是公司发行的一种债券，允许持有人在约定的未来时间段内将其转换为发行公司一定数量的普通股股票。可转换债券的优点是投资者既能享受到收取固定利息收入及到期日的本金偿付，又能享受到由于股价上涨带来的资本增值的潜在好处，投资者能利用可转换债券套利。可转换债券的缺点是对公司剩余财产的索偿权排在一般债券之后，潜在的风险比一般债券大，如果不能及时转换，则其收益比一般债券低；公司发行可转换债券时，往往附带一条赎回条款，给予公司赎回已发行的可转换债券的权利。

### （四）国际股票融资业务的流程

国际股票融资业务的流程如下：

1. 筹备阶段

公司决定进行国际股票融资，并进行内部评估和准备工作。这包括确定融资目标、筹备融资材料、选择承销商或投行等。

2. 尽职调查

公司与承销商合作，进行尽职调查。这涉及对公司的财务状况、业务模式、市场前景等进行详细评估，以帮助制定融资策略和定价方案。

3. 发行文件准备

公司和承销商合作编制发行文件，包括招股说明书、注册声明、法律文件等。这些文件将提供给监管机构进行审查和批准。

4. 市场营销

在融资计划公布之前，公司和承销商会进行市场营销活动，包括路演、投资者会议等，以吸引潜在投资者的兴趣。

5. 注册申请

发行文件完成后，公司向相关的证券主管部门提交注册申请。证券主管部门将审查文件，确保其符合当地证券法规的要求。

6. 审查和批准

一旦注册申请获得批准，公司便可以正式发行股票。这通常涉及股票登记、承销商配售、定价等程序。

7. 上市交易

一旦发行获得批准，公司的股票将在指定的证券交易所上市交易。交易所提供公开市场，投资者可以通过买卖公司股票进行交易。

8. 持续监管

公司在上市后需要遵守证券交易所和监管机构的规定，如定期披露财务报表、进行信息披露等，以保持透明度和合规性。

### 【思考题】

1. 国际项目融资的方式及特征有哪些？
2. 有形资产和无形资产融资的概念及特点有哪些？

3. 国际贸易融资有哪些？特点是什么？

4. 商业银行信贷融资的特征有哪些？

5. 简述国际票据融资的特点和主要方式。

6. 国际证券融资的特征有哪些？

7. 中国企业走出去可以选择哪些融资方式？

# 第六章　国际投资方式与运作

**【引导案例】**

### 欧盟 ESG 新规与中国企业 ESG 投资 "走出去"

ESG 投资脱胎于联合国推动的负责任投资原则。环境保护（E）、社会责任（S）和公司治理（G）构成了负责任投资理念的三大价值支柱。

在 2014 年 10 月颁布的《非财务报告指令》（NFRD）中，欧盟首次系统地将 ESG 三要素列入法规条例。2021 年 4 月，欧盟委员会通过了《欧盟分类法气候授权法案》《企业可持续发展报告指令》等关于可持续发展的一揽子措施。7 月，欧盟委员会又推出新的"可持续金融战略"等一系列绿色金融举措。

ESG 新规为中国企业"走出去"带来了机遇。其一，为"走出去"企业进行投资决策提供了更充足信息。ESG 信息披露规则的升级和评价体系的完善为中国企业"走出去"提供了关于东道国和潜在投资对象在可持续发展水平和潜力等方面的更丰富信息，从而使相应的投资决策更加合理，有利于对外 ESG 投资合作健康有序地发展。其二，倒逼"走出去"企业提升国际化经营水平。多数定性和定量的实证研究均显示，ESG 投资能为各方带来回报，不仅可以帮助资金方配置长期优质的投资资产，促进资本市场可持续发展，还能提升企业绩效和股价表现。面对高水平 ESG 规则，主动对标、积极适应有助于企业在生产和投资过程中更加注重长期社会价值，提升对外投资的双赢效果。其三，为"走出去"企业开展绿色合作创造新契机。联合国估计，实现可持续发展目标的资金缺口为每年 2.5 万亿美元。为在 2050 年前实现碳中和，欧盟在"欧洲可持续投资计划"中提出，将在未来 10 年内调动至少 1 万亿欧元的公共和私人投资。中国与欧盟在可持续投资领域拥有良好的合作基础和共同的目标，ESG 新规有助于推动中欧开展各类绿色投资合作，促进国内碳达峰、碳中和目标的实现。

（资料来源：陈兆源，熊爱宗：《欧盟 ESG 新规与中国企业"走出去"》，《中国金融》，2022 年第 2 期，第 90~91 页。）

**【学习目标】**

◆ 掌握各股权类和非股权类国际直接投资方式及其异同；

◆ 了解国际项目投资的程序及组织方式；

◆ 掌握股票投资收益率的计算以及国际股票的主要交易方式；

◆ 掌握国际债券投资收益率、发行价格的基本计算方法；
◆ 掌握金融衍生工具的种类、特点和作用；
◆ 了解国际黄金市场的发展历史、类型和特点；
◆ 了解全球环境治理下国际投资的新特点与趋势。

# 第一节　国际直接投资

国际直接投资，又称"外国直接投资（FDI）"。按照国际货币基金组织（IMF）的分类标准，国际直接投资是指一个国家的投资者将资本投入另一个国家的生产和经营活动中，并通过这种投资行为获得一定的经营控制权。可见，与投资于金融领域且不试图寻求或实际掌握一定的经营控制权的国际间接投资不同，国际直接投资将直接影响东道国的生产和经营活动，且跨国投资者寻求控制或实际掌握一定的经营控制权。

国际直接投资是伴随着国际贸易而产生与发展的。国际直接投资的流向也由一开始的发达国家向发达国家流动或发达国家向发展中国家流动，发展为兼有发展中国家向发展中国家流动，甚至发展中国家向发达国家流动等趋向。随着发展中国家经济实力的提升，后两个国际投资流向将占据越来越多的国际投资份额。

从参与投资的方式来看，国际直接投资通常可以分为股权投资和非股权投资两种基本方式。其中，股权投资包括新建投资和跨国并购这两种具体的投资方式，而非股权投资则包括国际特许经营、国际租赁、工程承包、补偿贸易等不同的方式。

此外，随着基础设施建设、基础产业发展所需资金日益增多，各国政府已无力单独承担。国际项目投资集融资与投资于一体，逐渐受到各国政府的青睐，成为国际直接投资的一种主要方式。

## 一、股权投资

股权投资包括新建投资和跨国并购两种方式。

（一）新建投资

新建投资即"绿地投资"，其最大的特点在于可以直接带来生产能力、产出和就业增加。新建投资是早期跨国公司海外拓展业务的主要方式，后来随着跨国并购的兴起，其所占的比例有所下降，但新建投资由于其独特的优点依然受到投资者的青睐。新建投资的优点是：跨国经营企业在投资过程中独立进行规划、建设并实施经营管理，投资者能够更好地把握项目的风险和项目策划的主动性。其缺点则是：新建企业需要大量的筹建工作，而且建设周期长、速度慢、缺乏灵活性，因而整体投资风险较大。

按照出资方式的不同，新建投资企业可以是全资子公司，也可以是合资公司。

1. 全资子公司

全资子公司是指一国投资者依据东道国法律，经东道国政府批准后，在其境内单独投资、独立经营、自负盈亏的企业。全资子公司实行独资经营。一般而言，生产规模大、技术水平高的大型跨国公司更倾向于在国外设立全资子公司。

独资经营有着明显的优势：第一，具有垄断技术优势。独资企业具有垄断技术优势。作为跨国公司的子公司，独资企业由总公司全权控制，高级技术人员由总公司派遣，而一般技术人员和工人则在当地招聘，以形成技术上的优势。相比之下，其他形式的企业（如合资企业）难以充分发挥这种优势，往往导致国外投资者与东道国投资者共享技术优势。第二，能实现价格转移。跨国公司通过独资形式，可以在不同子公司之间或总公司与子公司之间进行原料和产品的内部交易，从而根据各国（或地区）的税收制度差异进行内部定价，以实现跨国公司全球投资收益的最大化。而采用合资形式，必然涉及东道国与当地投资者的利益，难以达成一致协议。

独资经营方式也存在着不容忽视的劣势：第一，投资经营风险大。在对企业拥有完全支配权的同时，跨国投资者也对企业负有完全的责任。因此，跨国公司必须承担全部的投资风险，这些风险包括项目风险、经营风险、管理风险以及政治风险等。第二，企业发展受限。独资企业往往只能通过内部融资以及借贷的方式融资，融资额度有限，不利于企业扩大生产规模。

2. 合资公司

合资公司，是指跨国公司按照东道国法律，经东道国政府批准后，与东道国政府、企业组织或个人联合投资设立的，共同管理、风险共担、利益共享的企业。合资公司实行合资经营。按照合资公司组成的法律形式，合资公司又可以分为股份式合营企业与契约式合作企业两类。

股份式合营企业（equity joint venture）中，合营各方按照出资额或者其他资产投入（机器设备、厂房、土地使用权、专利权、商标等）作价折合成股份后入股，并依据股权份额分享企业权益，分担企业风险；股份式合营企业必须具有法人资格。而在契约式合作企业（contractual joint venture）中，合营各方按照契约原则共同经营企业，即各方的权利与义务关系由合同具体规定，而不以出资比例为限；契约式合作企业并不一定要求具有法人资格。

具体说来，股份式合营企业与契约式合作企业有着以下不同之处：

（1）企业投资方式不同。契约式合作企业各方投资物一般不计算投资比例，股份式合营企业要折价计股计算投资比例。例如，在中外合作企业中，中方往往只提供基础条件，如土地、厂房、劳动力，合作企业无须缴纳土地使用费，且注册资本多以外商提供的资金和设备为限。而在中外合资企业中，若中方以土地使用权作价入股，由企业缴纳土地使用费，注册资本为合营各方认缴资本的总和，且外商投资比例不得少于25%。

（2）组织形式与管理方式不同。契约式合作企业管理方式比较灵活，可以成立董事会，也可以不成立，可以由外方也可以由中方单独管理，还可以委托第三方管理。股份式合营企业采用比较规范的董事会领导的总经理负责制。

（3）利益分配和投资回收方式不同。契约式合作企业采用契约方式进行约定，股份式合营企业则通过同股同权同利的方式确定合作关系。在股份式合营企业中，根据各方持股比例，在扣除所得税和提取基金后，将净利润按比例分配。而在契约式合作企业中，利润分配是根据合同约定的方式和比例进行的，可以采用净利润分成、产品分成或产值分成等方式。契约式合作企业的投资回收方式更加灵活多样，如加速折旧还本、按商定比例首先归还收入等，而股份式合营企业只能通过股息和红利的方式回收投资。

（4）经营期限和清算方式不同。股份式合营企业合作期满后，按注册资本比例分配资产净值；契约式合作企业合作期满后，资产净值按合同的规定处理，如果外方在合作期限内已先行收回投资，则资产净值一般无偿归东道国所有。

然而，不管是股份式合营企业，还是契约式合作企业，都具有独资经营不具备的优势。这表现在：第一，承担风险相对较少。合营、合作企业的风险共担性有利于降低跨国公司的投资风险，仅以投资比例或按合同要求承担有限责任。第二，东道国合作伙伴带来了经营优势。相对于独资经营，与东道国合作伙伴的合作，有利于跨国公司更快地融入当地市场，获得更多的资源。

与独资经营相比，合营（合作）企业的劣势在于：第一，生产经营易受东道国政府或合作伙伴的影响，自主性较弱。第二，无法享有技术上的垄断优势，并且存在着技术泄密的风险。第三，不易进行全球范围内的价格转移，无法实现跨国公司全球利润最大化。

（二）跨国并购

跨国并购是一种重要的国际直接投资方式。随着国际直接投资的发展，各国市场的成熟化以及经济全球化进程的加快，新增的产能越来越不易被市场所吸收，跨国并购因此成为主要的国际直接投资方式。

由于在本书第八章中已有关于"跨国并购"更为详细的论述，故这里不再赘述。

# 二、非股权投资

国际直接投资非股权投资方式具体包括国际特许经营、工程承包合同、补偿贸易、销售协议、国际租赁等。其中，国际租赁是外国投资者（应租人）与东道国融资者（承租人）之间达成的交易行为，是一种投融资活动。

（一）国际特许经营

特许经营（franchising）是指特许授权者在一定期限内将其所有的商标、商号、产品、专利或专有技术、经营模式等资产以特许权的形式授予特许经营者在指定区域内有偿使用的连锁经营方式。这种经营方式产生于19世纪60年代中后期的美国，最成功的案例当属可口可乐公司通过特许经营的方式在全美建立瓶装厂的实践。这里所说的国际特许经营方式，是指上述特许经营方式在国际进行、在国际授权的经营模式。

特许经营本质上是一种新的投融资手段。一般说来，特许授权人往往拥有先进的技术、品牌和计划管理能力，但缺乏大规模扩张的资金；而受许人拥有资金，但缺乏核心技术、品牌及管理经验。通过特许经营方式，上述双方将资源整合在一起，取长补短，共同获益。

国际特许经营有着明显的优势和不足。其优势在于：①可以充分调动受许人的自有金融资源及其经营积极性，特许授权人也可以不受自有资金规模或净资产规模的限制而迅速扩大经营规模；②特许授权人和受许人通过提高各自的专业化水平而降低各自的经营风险，并增强整个特许经营体系的市场竞争力。其不足之处在于：①事后协调成本有可能相当高；②对特许授权人的专业化能力过于依赖，可能在特许授权人出现重大决策失误时导致整个特许经营体系崩溃。

（二）工程承包合同

工程承包合同是指跨国公司通过国际投标、议标和其他协商方式达成协议所签订的合同。工程承包则是指依照合同承担和完成某一工程项目并取得相应报酬的一种经济行为。在工程承包中，承包人必须具有法人资格，与业主签订承包合同，双方所签订的合同不得违背公认的国际经济准则和双方所属国家的法律；承包人必须以投标或其他形式取得承包工程，必须以自己的资本、技术、劳务、设备和材料，以及相对较低的成本参与国际劳务市场的竞争。工程承包的范围主要包括基础设施和土木工程、资源开发工程、制造业工程等，项目包括水坝、管道、高速公路、地铁、机场、通信系统、电站等，但都要涉及从设计到现场施工、从成本核算到物资的采购供应、从设备到劳务输出等综合性的经济活动。

按照承包合同的范围，工程承包合同可以分为工程咨询合同、施工合同、设备供应与安装合同、交钥匙合同、交产品合同等。

（1）工程咨询合同（consultant contract）。这种合同是指承担对各种类型工程建设项目的投资方案进行可行性研究，提供工程设计、施工、设备购置、生产准备、人员培训、生产运转、商品销售、资金筹措等方面的咨询服务的合同。

（2）施工合同（construction contract）。施工合同是指跨国公司承担为外国政府或厂商提供设计和建设施工服务，涉及道路、交通等工程的合同。在施工合同中，规定跨国公司负责提供机器、设备及原材料，并承担工程管理的责任。工程完成后，管理权即移交东道国。

（3）设备供应与安装合同（supply of equipment and supply of equipment with erection contract）。它是指为完成整个工程的设备部分，东道国业主可根据情况签订四种范围不同的合同，包括单纯设备供应合同、设备供应与安装合同、单纯安装合同和监督安装合同。

（4）交钥匙合同（turn-key contract）。它又称"一揽子合同"，是指跨国公司承担从工程的方案选择、建筑施工、设备供应与安装、人员培训直至试生产的全过程责任的合同。项目移交给东道国业主后，东道国业主只需像"转动钥匙"那样，就可以开始运转该项目。

（5）交产品合同（product-in-hand contract）。此合同写明了在交钥匙合同的基础上，在项目生产的1~2年期间，跨国公司将继续负责指导生产、培训人员和维修设备，以确保生产出一定数量的合格产品，并达到规定的原材料、燃料等消耗指标。

（三）补偿贸易

补偿贸易，是指跨国公司在向东道国销售机器设备和转让技术过程中，不要求收取现汇，而是以使用该设备或技术后产生的产品来分期收回款项的一种参与方式。补偿贸易是集投资、贸易、间接融资于一体的非股权参与方式，通常是在东道国外汇短缺的情况下实施的。

按照偿付设备和技术价款的方式，可以将补偿贸易分为以下几类：

（1）直接补偿。直接补偿又称"返销""回购"，是指东道国进口方用引进的设备或技术所生产的全部产品分期偿还进口合同价款的一种补偿贸易方式。为此，跨国公司在签订合同时必须承担按期购买一定数量的产品的义务。

（2）间接补偿。这是指东道国引进的设备或技术不生产有形产品，或生产的有形产品跨国公司不需要，或东道国对该产品有较大需求，从而用其他指定产品来分期偿还进口合同价款的方式。

（3）部分补偿。部分补偿也称"综合补偿"，是指补偿贸易中进口设备、技术等的价款，部分可用直接产品或间接产品补偿，部分可用现汇或贷款偿付的方式补偿。

（四）销售协议

销售协议（sales agreement）是指跨国公司利用东道国的销售机构来增强自身产品销售能力的方式。销售协议有以下三种形式：

（1）分销（distributorship）。这是指跨国公司与东道国的商业机构签订协议，由后者按照跨国公司规定的价格在东道国销售其产品的方式。分销商从跨国公司进货时，获得有利可图的折扣优待。

（2）商业代理（commercial agency）。这是指跨国公司委托东道国的商业机构为其商品找寻买主的方式。代理商本身不直接从事该产品的购销活动，而是由卖方与买方直接成交，代理商按成交金额的一定比例收取佣金。

（3）寄售（consignment）。这是指跨国公司将商品运交给东道国的商业机构，委托后者代为销售，直到该商品在市场出售以后再收回货款，佣金从货款中扣除的方式。

## 三、国际项目投资

国际项目投资是一种独特的集融资与投资于一体的国际直接投资方式。随着经济社会的发展，基础建设与基础产业投资所需的资金越来越大，各国政府却无力承担，国际项目投资由此出现，并逐渐发展。在此过程中，国际项目依据各自项目的特点，出现了各种灵活的形式。但从一般意义上来讲，国际项目投资需要满足一定的程序与组织方式。

（一）国际项目投资的程序

无论何种国际投资项目，都必须完整而严格地划分为投资准备阶段、投资执行阶段和投资后评价阶段，三个阶段缺一不可。这三个阶段还可进一步细分为若干子阶段（见图6-1）。

1. 投资准备阶段

投资准备阶段是指从投资意向到进行国际项目评估和决策的阶段。这一阶段主要进行国际项目的可行性研究和决策。关于国际项目是否成立、项目规模、产业类型、资金来源、技术与设备选择等重要问题都在该阶段解决。具体地，可以分为以下几个步骤：

（1）国际项目筛选。进行国际项目投资的第一步就是要对项目投资方向提出原则设

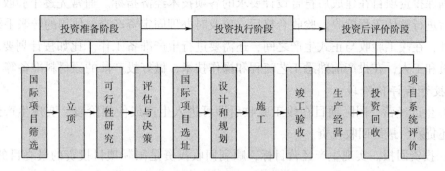

**图 6-1　国际项目投资流程图**
资料来源：作者根据相关资料整理。

想，要找准投资方向和领域，通过国别研究、部门研究和资源研究等方式，确定项目的投资机会，将项目意向转化为概括性的投资项目建议。

（2）进行立项工作，即撰写国际项目投资建议书。建议书应写明申报项目的理由及其主要依据、国际项目的市场需求、生产建设条件、投资概算，并简要概述经济效益和社会效益情况。

（3）进行可行性研究。该阶段是投资准备阶段的中心环节，需要组织各领域专家和实际工作者，对项目进行科学、详细的研究和论证，提出项目的可行性研究报告。可行性研究是投资决策的基础，它可以为国际项目投资决策提供大量的数据、资料，以及有关政策和法律信息。

（4）项目评估与决策。项目评估是对可行性研究报告的评价，是项目决策的最后依据。

2. 投资执行阶段

投资执行阶段是指在国际项目决策后从项目选址到风险控制，再到竣工验收这一阶段。该阶段把构思设计变为现实，因此会面临许多不可控因素，需要进行科学的风险管理。该阶段主要包括以下几个步骤：

（1）进行国际项目选址。这需要从产业层面分析国家的生产力布局和发展规划，还需要着重考量城市建设、环境保护、资源、交通等因素。项目选址的准确性对项目建设和未来的生产经营活动都具有重要影响。

（2）进行国际项目的设计和规划。项目设计是对项目各项技术经济指标进行全面规划的重要环节，主要包括总体布局、工艺流程及设备选型、建设规模与产品方案、主要建筑物、劳动定员、"三废"处理、占地面积及征地数量、建设工期计划、总投资概算等方面的文字说明和图纸。设计完成后，需要将设计方案细分为几个建设周期，制定建设规划，以保证投资项目有计划、分阶段地平衡进行。

（3）进入施工阶段。这是把投资项目的设计变成现实的关键环节，施工质量直接影响国际项目的建设。因此，在正式开工前，为了确保施工质量，需要认真审查各项施工条件，提出开工报告再动工兴建。

（4）竣工验收。竣工验收的目的是按照设计要求检查施工质量，及时发现并解决问题，以确保投资项目在建成后符合设计要求的各项技术经济指标。通常先逐个验收单项工程，然后进行整体工程验收。验收合格后，应及时办理固定资产交付使用的转账手续。

另外，在竣工验收与正式生产之间，还需要进行生产准备工作。比如按计划要求培训管理人员和工人，在投产前熟悉工艺流程和操作技术，做好投产前的原材料准备等工作。

### 3. 投资后评价阶段

（1）生产经营。国际项目在竣工验收后即可进入生产或使用阶段，实现生产经营目标，归还贷款，最终回收投资。

（2）投资回报。实现生产经营目标，顺利回收投资是国际项目投资的最终目的所在。为此，需要严格控制生产成本，大力提高产品质量，强化产品营销，以及树立企业良好的公众形象。在生产经营转入正轨后，还需要建立一整套规章制度，加强对债务的管理，逐步回收投资，偿还贷款。

（3）项目系统评价。在项目竣工验收及运营一段时间后，需要对项目的立项决策、设计、施工、竣工验收、生产营运全过程进行系统评价，以肯定成绩、总结经验、吸取教训，从而提高项目决策水平和投资效果。

### （二）国际项目投资的组织方式

#### 1. 自营

项目建设的自营方式是指由项目建设主体自己设计或自行委托设计，自己组织施工力量、购置或租赁施工机械设备、采购建筑材料等，自己组织施工，完成全部建设任务的方式。

#### 2. 外包

项目建设的外包是指项目的建设工作由建设主体外包给承包单位负责完成，双方签订经济合同，明确各自的职责、权利、义务和相互关系，保证完成商定的建设任务的方式。按照外包工作的范围，外包方式可分为建设单项或多项工作外包，和建设全过程外包。建设单项或多项工作发包是指对项目可行性研究、勘察、设计、建筑安装工程施工等一项工作或几项工作的外包。建设全过程外包是指将项目建设全部工作外包给工程承包公司，由工程承包公司对项目的可行性研究、勘察设计、设备选购、工程施工、材料供应、安装到竣工投产的全过程进行总承包。建设过程外包方式在国外比较盛行，又称"一揽子承包"。采用这种方式建设的工程称作"交钥匙工程"。

#### 3. 工程托管

工程托管是指项目建设单位将整个工程项目的全部工作都委托给工程项目管理专业公司（工程承发包公司或项目管理咨询公司）承担的方式。工程项目管理专业公司会派遣项目经理，然后通过招标或组织有关专业公司共同完成整个建设项目。

#### 4. 三角管理

三角管理组织方式是指投资建设单位与咨询公司和承包单位分别签订合同，由咨询公司代表投资建设单位对承包单位进行管理的方式。这种管理方式在国际上被广泛采用。

### （三）国际项目投资的经济评价和财务评价

目前，国际上对投资项目的评价主要从两方面来进行：一是对国家的可盈利性评价，称为"经济评价";二是对项目本身的可盈利性评价,称为"财务评价"。经济评价是一种宏观经济分析的方法,涉及投资结构、能源利用、经济效益等方面,分析和计算项目对国民经济的净贡献。财务评价是从项目整体的角度考察项目的效益和费用,评价项目的经济合理性的方法。从分析方法的运用看,前者更适于涉及国家战略性投资的可行性评价,后者则适于项目公司对项目可行性的分析。国际项目投资往往与国家发展战略安排有关,因此,在一般性的财务指标评价基础上,更多会考虑前者。

1. 经济评价

(1) L-M 法。假定国内市场各种货物之间比价是合理的,外汇的官方汇率能正确反映国际贸易中的外汇价值时,可以用官方汇率乘以净出口额,再减去国内投入物,就得到项目财务分析中第 $t$ 年[1]净收益。当国内市场货物价格与国际市场的货物比价不合理时,需要通过价格转换系数根据国际市场价格对国内市场价格进行修正。项目的净效益是以国际市场价格为基础,用人民币元表示的。该净效益就是 L-M 法计算得出的。

根据 L-M 法,增加当前的消费会导致储蓄和未来的消费减少,而增加投资则会减少当前的消费,但可以增加未来的消费。同等数量的储蓄在社会价值上高于当前的消费,但增加投资将促进就业和消费增长,从而提高社会价值。

令 $s$ 为单位投资的影子价格,即单位投资的价值与现在消费价值之比。$r_t$ 为单位投资在第 $t$ 年的再投资增值额,$n_t$ 表示单位投资增加的就业人数,$c_t$ 表示每个就业人员的消费水平,$m_t$ 为每个就业人员使原所在部门减少的边际产出,$i_t$ 为消费利息,则单位投资的影子价格为:

$$s = \sum_{t=1}^{\infty} (c_t - m_t) n_t \prod_{t=1}^{\infty} \frac{1+r_t}{1+i_t} \tag{6-1}$$

(2) ST 法。ST 法与 L-M 法的主要区别在于,前者是通过社会福利函数反映贫富之间的分配问题的。ST 法的计量单位是可以自由用于各公共部门的实际资源价值。设 $G_t$ 代表单位消费的福利,$i_t$ 为消费利率,$q_t$ 表示以外汇计算的单位投资产生的收益,$s_t$ 表示用于再投资,$1-s_t$ 表示用于私人部门消费。投资的影子价格为:

$$r_0 = \sum_{t=0}^{\infty} \left[ (1-s_t) q_t G_t \prod_{t}^{t=0} (1+s_t q_t) / \prod_{t}^{t=0} (1+i_t) \right] \tag{6-2}$$

(3) UNIDO 法。UNIDO 法是 1978 年世界银行经济学家汉森(Hansen)根据 1972 年实行的《项目评价准则》[2](以下简称《准则》)的思想和原理,在其撰写出版的《项目估价实用指南》(以下简称《指南》)中提出的方法。《准则》和《指南》都以累积消费为目标,《准则》主张项目的全部投入物和产出物均用影子价格,而《指南》主张只对比较重要且价格严重扭曲的资源使用影子价格,它们都以不变的本国货币为计算单位。UNIDO 法认为,投资的影子价格 $P^{inv}$ 为单位边际投资所产生的累积消费流量。假设单位初始投资通过减少当年消费而进行,每年获得的收益为 $q$,其中,再投资倾向为 $s$,即 $sq$ 用

---

① 投资期的任意一年。

② 1972 年,联合国工业发展组织(UNIDO)出版了《项目评价准则》,系统地介绍了该组织所推荐的就工业项目编制和评价、进行社会效益分析的一整套分析方法和所积累的一整套实践经验,是针对发展中国家需要而制定的一整套准则。

于再投资，$(1-s)q$ 为消费，则单位投资第 $t$ 年产生的累积再投资为 $A_t$，第 $t$ 年的总收益为 $qA_t$。因此，投资的影子价格是整个消费流量的现值：

$$p^{inv} = \sum_{t=0}^{\infty} [(1-s)qA_t/(1+i)^t] \tag{6-3}$$

（4）UNIDO-IDCAS 法。UNIDO-IDCAS 法认为，在发展中国家即使建立了能反映国家发展目标和经济环境的影子价格，但是当客观经济环境发生变化时就得重新调整影子价格，而发展中国家为项目评价，期望以满意的形式不断地调整影子价格是不现实的。因此，UNIDO-IDCAS 法主张只调整那些最重要且价格扭曲明显的投入和产出。具体调整方法是：对产出物，出口货物用实际 FOB（free on board，用于描述出口货物的交货和风险转移的地点），替代进口的用实际 CIF（cost, insurance, and freight，用于描述进口货物的交货和风险转移的地点），国内市场销售的基本商品价格由实际市场价格和补助金确定，非基本商品的价格为包含间接税金的实际市场价，而基础服务行业的价格则取决于实际市场价和成本中较高者。对投入物，进口商品的价格采用实际 CIF 价，而国内生产可出口的商品的价格则取实际市场价或 CIF 价中较高者，其他商品的价格为实际市场价加上政府补贴。

L-M、ST、UNIDO、UNIDO-IDCAS 等项目经济评价方法存在一些共性问题。以世界价格、外汇作为评价项目的标准，过于强调外贸，对于发展中国家的项目并不适用。新方法假设世界价格与国内价格的差异主要来自贸易和外汇管制、关税、税前和补贴等措施，但实际在国际上也存在垄断价格。此外，新方法程序复杂，数据采集难度大。依据单一综合数值指标，需要大量进行估算，主观性较大。由于各评价方法理论基础和目标不同，因而其评价方法也不同，这种差异主要体现在国家参数和影子价格的定义和计算上。选择合理的参数对于完善我国项目经济评价有重要的借鉴作用。

2. 财务评价

（1）净现值（NPV）法。净现值是一种动态评价指标，用于反映投资方案在计算期内的盈利能力。它以相同的预期基准收益率或折现率，将计算期内每年的净现金流量折现到建设期初的现值，并求和得到结果。以净现值法进行投资决策分析的步骤如下：预测投资方案每年的现金净流量，根据资金成本率或预期收益率确定折现率，将每年的现金流量折现到建设期初的现值。若每年的现金流量相等，可以按年金复利的方法折成现值，若不等，则需要按普通复利分别折算成现值，并加以合计。此外，还需要将投资额折算成现值。如果是一次性投入，则原始投资即为现值；如果是分次投入的，则应按年复利或普通复利折成现值。公式为：

$$NPV = \sum_{t=0}^{n} (CI - CO)_t (1 + i_c)^{-t} \tag{6-4}$$

式中：$NPV$ 表示净现值，$CI$ 为现金流入，$CO$ 为现金流出，$n$ 表示寿命期或计算期，$t$ 表示现金流量发生的年份，$i_c$ 为基准折现率。

净现值法的评估应当遵循一系列明确的标准。对于单一方案而言，若净现值为正数，则可视为该方案可行；而若净现值为负数，则应予以否定。在进行多个方案的比较时，基本步骤如下：①进行绝对效果检验，即评估各方案自身的经济效果。分别计算各个方案的净现值，并删除净现值（NPV）小于零的方案。②进行相对效果检验，即确定哪个方案最优。对所有 NPV 大于或等于零的方案进行比较，根据经济效益最大化原则，选择净现值最大的方案作为最优方案。净现值法建立在资金时间价值的基础上，选择 NPV≤0 的投资方案可能导致财富减少；反之，选择 NPV>0 的投资方案则有助于增加企业的财富。

净现值法在经济效果评估领域广泛应用。其优势在于全面考虑了资金的时间价值，并对项目在整个计算期内的经济状况进行综合分析，从而评估项目的盈利水平，判断直观且易于评价。该方法也存在一些不足之处：①首先必须确定一个符合现实经济的基准收益率，而确定基准收益率往往较为复杂；②在评估互斥方案时，必须谨慎考虑互斥方案的寿命，如果寿命不等，需要构建一个相同的研究期，以便进行方案之间的比较；③净现值无法反映项目投资中单位投资的使用效率，也不能直接说明在项目运营期间各年的经营成果。

（2）投资回收期。投资回收期（$P_t$）可根据是否考虑资金时间效益划分为两种类型，即静态投资回收期和动态投资回收期。

静态投资回收期是指通过项目每年的净收益来回收全部投资所需的时间。其公式为：

$$\sum_{t=0}^{P_t} (CI - CO) = 0 \tag{6-5}$$

式中：$P_t$ 为投资回收期，$CI$ 为现金流入，$CO$ 为现金流出，$t$ 为现金流发生的年份。

静态投资回收期的计算可基于项目现金流量表，具体计算方法分为以下两种情形：

其一，在项目建成投产后各年净收益相等的情况下，计算公式如下：

$$P_t = I/A \tag{6-6}$$

式中：$P_t$ 为投资回收期，$I$ 为项目投入的全部资金，$A$ 为每年的净现金流量。

其二，项目建成投产后各年净收益不相等的情况下，计算公式如下：

$P_t$ = 累计净现金流量开始出现正值的年份数−1+上年累计净现金流量的绝对值/当年的净现金流量

动态投资回收期是指通过项目每年的净现值来回收全部投资现值所需的期限。其公式为：

$$\sum_{t=0}^{P_t} (CI - CO)(1 + i_c)^{-t} = 0 \tag{6-7}$$

其中，

$P_t$ = 累计净现金流量开始出现正值的年份数−1+上年累计净现金流量的绝对值/当年的净现金流量

投资回收期用于评估投资项目经济价值，期限越短越好。其概念有助于反映项目的风险大小。在决策时，通常将投资回收期视为时间期限，而非直接的计量标准。公司通常为不同类型的项目设定最长回收期限，任何回收期超过最长期限的项目都将被否定。投资回收期的缺点在于它忽视了一些项目在回收期后较长时期内的现金流情况。

（3）内部收益率。内部收益率（internal rate of return，IRR）即净现值等于 0 时的收益率。其计算公式为：

$$\sum_{t=0}^{n} (CI - CO)_t (1 + IRR)^{-t} = 0 \tag{6-8}$$

式中：$IRR$ 为内部收益率，$CI$ 为现金流入，$CO$ 为现金流出，$n$ 为寿命期或计算期，$t$ 为现金流发生的年份。

我们一般用试算法来计算内部收益率。用内部收益率法作为评价标准时，需要考察内部收益率是否超过企业的基准收益率或资金成本率。若内部收益率高于基准收益率或资金成本率，则可考虑接受该方案；否则，则应该予以拒绝。在存在多个可接受的方案时，应选择内部收益率最高的作为首选。然而，该方法存在一些不足之处：①内部收益率是随时间变化的未回收投资余额的折现率；②内部收益率的定性和定量定义均未对每年的净现金流量的具体运用提供明确规定。

通过运用这些指标，可以处理无约束条件的独立项目。然而，一旦出现约束条件，以上指标的运用将受到严格的限制。因此，各指标并非在所有情况下都适用，通常根据项目具体情况，会采用多个经济指标来进行项目经济可行性的分析和评价。不同评价指标反映的经济含义不同，因此，应对项目经济效果进行多方面的经济评价指标分析。

# 第二节　国际间接投资

国际间接投资，又称"国际金融投资"。随着国际金融市场上的金融创新工具层出不穷，国际金融投资方式呈现多元化趋势。本节重点阐述国际股票投资、国际债券投资、金融衍生工具投资和国际黄金市场投资。

## 一、国际股票投资

### （一）国际股票概述

股票投资是最典型的金融投资形式。要了解股票投资，应先对股票的基本性质、特征、种类等有所了解。国际股票同国内股票在基本性质、特征与类别等方面基本相同。

1. 股票的基本性质

（1）股票是设权证券。股票是一种所有权凭证，扮演着权利证书的角色。股票的发行基于股份的存在。股票的主要功能在于证明股东的权利，并非创造股东的权利。

（2）股票是要式证券。根据法律规定，股票必须详细记录一系列事项，并须由3名以上的董事签名盖章，经主管机关或经核准的发行登记机构批准后方可发行。其内容通常包括公司的名称和地址，公司设立登记和新股发行的批准文号，公司的股份总额、每股金额、发行的份数、发行时间等。当今的股票已经演变为电子股票，投资者看不到原始的股票票面，只能通过电子网络系统了解投资股份公司的股票信息。

（3）股票是有价证券。股票与其所代表的股东权利密切相连。股票代表着股东对公司资产的权益，这种资产是有一定价值的，否则其权利也就无从谈起。

（4）股票是虚拟资本。股票作为金融工具，在某种程度上代表着对公司未来收益的一种所有权权益。然而，它们本身并不创造价值或商品，而是代表着对公司剩余价值的权利。在这个意义上，股票可以被视为虚拟资本的一种表现形式。

2. 股票的特点

作为有价证券和一种权利的凭证，股票具有以下特点：

（1）盈利性。股份公司对投资者进行推介宣传，吸引投资者购买股票，投资者将来可能会获得收益。

（2）投资收益的不确定性。股票投资最大的特点就是风险性。股票在金融工具中属于风险较大的一种，投资者购买股票并不一定获利，但也恰恰表明是有可能获利的，这也是投资股票和投资债券的根本区别。

（3）股票投资的非返还性。一旦投资者购买股票，尤其是普通股，便无法要求上市公司返还投入的本金。股权的转让和本金的赎回只能通过其他投资者在二级市场上的购买来实现，二级市场上的购买价格取决于市场对这种股票的需求。

（4）流动性。股票是一种极具流动性的有价证券，虽然它无限期且不能返还，但在高度发达的二级市场上，投资者可以随时将其出售给其他投资者。同时，股票还可以作为抵押品等用于各种经济活动。

3. 股票的种类

不同的股票，股东享有的权利不同，在交易等方面也有诸多不同的特点。根据股东承担的风险和享有的权益，股票可分为普通股和优先股；根据股票是否记名，可分为记名股和无记名股；按照股票有无面额，可分为面额股票和无面额股票；按照所在市场的不同，可分为国内股票和国际股票。

（二）国际股票投资的收益率

国际股票投资的收益率是指投资于国际股票所获得的收益总额与原始投资额的比率。股票得到投资者的青睐，是因为购买股票所带来的收益。一般来说，优先股的收益率是相对稳定的，而普通股的收益率是不稳定的。股本投资收益率有两种计算方法，即本期股票收益率和持有期股票收益率。

1. 本期股票收益率

本期股票收益率就是本期（年）股利占本期股票价格的比例，其计算公式为：

$$本期股票收益率 = \frac{本期股利}{本期股票价格} \times 100\% \tag{6-9}$$

例如，某公司1996年1月1日发行股票，购买者以每股80元购入该股票，1997年1月1日购买者每股分得红利20元，本期股票收益率为：

$$\frac{20}{80} \times 100\% = 25\%$$

2. 持有期股票收益率

持有期股票收益率指的是投资者从购买股票开始到卖出时为止的收益率。其计算公式为：

$$持有期股票收益率 = \frac{出售价格 - 购入价格 + 现金股利}{购买价格} \times 100\% \tag{6-10}$$

例如，某人购买了120元股票，以156元卖出，一年中所得红利为10元，其持有期收益率为：

$$\frac{156 - 120 + 10}{120} \times 100\% = 38\%$$

## (三) 国际股票的交易方式

国际股票按交易场所不同，分为在证券交易所内进行的场内交易和在证券交易所外进行的场外交易；按约定交货期限的不同，分为现货交易、期货交易、信用交易等多种方式。

### 1. 现货交易

股票的现货交易是指投资者在证券市场上直接买卖实物股票的交易方式。在这种交易中，交割是立即进行的，投资者购买或卖出的股票会在交易完成后的短时间内转移所有权。现货交易的交割时间一般为成交当天，也可以是当地股票交易市场的习惯日，如美国股票交易所现货交易的交割时间为成交后的第五个营业日，东京股票交易所为成交后的第四个营业日。股票的现货交易是属于一手交钱一手交货的实物交易，即买方付出价款，卖方交付股票。

### 2. 期货交易

股票的期货交易是指投资者通过期货合约买卖股票标的一种金融交易。与股票的现货交易不同，期货交易是在未来某个约定的日期按照合约规定的价格和数量进行交割的一种形式。在实际操作中，期货的买卖双方往往都以相反的合同进行冲抵，只清算买卖差价。期货交易可以用来防范交易风险，起保值作用。

### 3. 信用交易

信用交易也叫"保证金交易""垫头交易"，是指客户购买股票时，向经纪人支付一定数量的现款或股票，然后由经纪人或银行提供差额贷款进行交易的一种方式。参与该种交易的交易者旨在利用短期内股票价格的波动谋取利润。具体而言，当交易者在预测某种股价将上涨时，便以支付保证金的形式购买股票，等待股价上涨后再行出售。保证金交易属于多头或买空交易，对交易者的信誉和实力提出了相应要求。在进行保证金交易时，交易者需要先开设账户，在交易过程中，用保证金购买的股票被完全用作抵押。此外，客户还需支付垫款利息给经纪人。

### 4. 期权交易

股票期权交易实际上是买卖股票权利的交易。在这种交易中，股票期权的购买者具备权利，在规定期限内的任何时候，无论股票市价如何波动，均可按照期权合同中规定的价格向其期权的出售者购买一定数量的特定股票。在股票市价涨落波动很大时，可以同时买进看涨和看跌两种期权，即进行双向期权交易。当股票市价上涨时，可以行使看涨期权，放弃看跌期权；反之，则行使看跌期权，放弃看涨期权，从中获取利润。如果股市在规定限期内先涨后跌，或者先跌后涨，则两种期权可以轮流行使，获利更大。即使股票市价涨落幅度较小，也可以在适当的时期行使一种期权，以减少损失。理论上来讲，只要股票价格上涨或下跌的幅度超过期权费，投资者便可以稳定获利。

### 5. 股票价格指数期货交易

在股票价格指数期货交易中，买进和卖出均为股票期货合约。股票价格指数期货的价格是由点来表示的，其升降以点数计算，点数代表一定数量的标准金额。投资者在对股票价指数的升降进行了准确的预测之后，就可买进或卖出期货合约。在证券市场长期的实践中，股票价格指数基本上代表了股票市场股价变动的趋势和幅度。

（四）国际股票市场定价

通常我们分析股票的内在价值时会运用以下几种模型和方法：

1. 贴现现金流模型

贴现现金流模型是运用收入的资本化定价方法计算普通股票内在价值的模型。根据收入的资本化定价方法，任何资产的内在价值都是由持有这种资产的投资者在未来时期中所接受的现金流决定的，而现金流是未来时期的资产终值，因此必须按照一定的贴现率折成现值，即一种股票的内在价值等于预期现金流的贴现值。对于股票来说，这种预期的现金流即在未来预期支付的股利，因此，贴现现金流模型的公式为：

$$V = \sum_{t=1}^{\infty} \frac{D_t}{(1+k)^t} \tag{6-11}$$

式中：$V$ 为股票在即期的内在价值，$D_t$ 为未来时期 $t$ 的现金股利，$k$ 为一定风险程度下现金流的市场贴现率。

在这个模型中，假定贴现率在投资期内部发生变化。由该公式还可以进一步分析股票的净现值，即股票目前应该出售的价格。净现值的计算公式为：

$$NPV = V - P = \left[ \sum_{t=1}^{\infty} \frac{D_t}{(1+k)^t} \right] - P \tag{6-12}$$

式中：$NPV$ 为净现值，$V$ 为股票在即期的内在价值，$P$ 为 $t=0$ 时购买股票的成本。

当 $NPV > 0$ 时，内在价值被低估，股票有升值空间。当 $NPV < 0$ 时，内在价值被高估，股票价格有下跌的可能。

例如：某公司 2020 年 1 月 16 日发布 2019 年年报，每股收益 0.7 元，当日每股价格 11.75 元。试判断是否可买入该股票。分析如下：

首先，按市场贴现率（$K$）为 5.4% 计算 $V$：

$$V = \sum_{t=1}^{\infty} \frac{D_t}{(1+k)^t} = \frac{P_0}{K} = 12.96$$

其次，计算 $NPV$：

$$NPV = V - P = 12.96 - 11.75 = 1.21$$

结论：价值被低估，可以买进或持有。

2. 零增长模型

零增长模型是假定股利增长率等于零，即 $G = 0$，也就是说未来的股利按一个固定数量支付的模型。其公式如下：

$$V = \sum_{t=1}^{\infty} \frac{D_t}{(1+k)^t} = D_0 \left[ \sum_{t=1}^{\infty} \frac{1}{(1+k)^t} \right] \tag{6-13}$$

式中：$k$ 为到期收益率，$t$ 为现金流发生的年份。

因为 $k>0$，由式（6-13）根据数学知识可得出式（6-14）。式中，$D_0$ 为当期和未来支付的每股股利，$V$ 为股票的内在价值。

$$V = \frac{D_0}{k} \tag{6-14}$$

假定某公司在未来无限时期支付的每股股利为 9 元，其公司的必要收益率为 10%，可知该公司一股股票的价值为 9/0.10 = 90（元），而当时每股股票价格为 75 元，每股股票净现值为 15 元（90-75），因此该股股票被低估了 15 元，可以购买该种股票。

零增长模型在现实中的应用受到一定限制。假定股票的股利一直不变是不合理的，不符合多数上市公司的实际和股票市场现状。但在特定的情况下，尤其是在决定优先股的内在价值时，零增长模型具有适用性，因为大多数优先股支付的股息不受每股收益变动的影响，并且优先股没有固定的生命期，股利支付预期可以一直持续。

3. 不变增长模型

不变增长模型又称为"戈登股利增长模型"，它基于三个假设条件：①股息的支付是永久性的；②股息的增长速度是一个常数；③模型中的贴现率大于股息增长率。

贴现现金流模型的公式如下：

$$V = \frac{D_1}{(1+k)^1} + \frac{D_2}{(1+k)^2} + \frac{D_3}{(1+k)^3} + \cdots + \frac{D_t}{(1+k)^t} \qquad (6-15)$$

式中：$V$ 为股票的内在价值，$D_t$ 为在未来时期以现金形式表示的每股股利，$k$ 为在一定风险程度下现金流的合适的贴现率，$t$ 为现金流发生的年份。

如果我们假设股利永远按不变的增长率增长，那么就可建立不变增长模型，即 $T$ 时点的股利为 $D_t = D_{t-1}(1+g) = D_0(1+g)^t$，用 $D_t = D_0(1+g)^t$ 置换公式（6-15）中的分子 $D_t$，得出：

$$V = \sum_{t=1}^{\infty} \frac{D_0(1+g)^t}{(1+k)^t} = D_0 \sum_{t=1}^{\infty} \frac{(1+g)^t}{(1+k)^t} \qquad (6-16)$$

运用数学中无穷级数的性质，如果 $k>g$，可得：

$$\sum_{t=1}^{\infty} \frac{(1+g)^t}{(1+k)^t} = \frac{1+g}{k-g} \qquad (6-17)$$

从而得到不变增长模型的价值：

$$V = D_0 \frac{1+g}{k-g} \qquad (6-18)$$

假如上一年某公司支付每股股利为 1.80 元，预计在未来日子里该公司股票的股利按每年 5% 的速率增长。因此，预期下一年股利等于 1.89 元 [1.80×（1+0.05）]。假定必要收益率是 11%，根据公式（6.18）可知，该公司的股票价值等于 31.50 元 [1.80×（1+0.05）/（0.11-0.05）]。而当今每股股票价格是 40 元，因此股票被高估 8.50 元，建议当前持有该股票的投资者出售其股票。

4. 两阶段增长模型

两阶段增长模型假设企业的增长经历两个阶段：第一阶段是超常增长阶段，又称"观测期"，其增长率高于永续增长率；第二阶段是永续增长阶段，又称"永续期"，增长率为正常稳定的水平。通常假设观测期的投资资本回报率与资本成本不相等，即发展不稳定。然而，长期的竞争会导致投资回报率等于其资本成本，即最终会达到稳定期，因此观测期的长短会间接影响企业价值的大小。

两阶段增长模型适用于增长呈现两个阶段的企业。其计算公式如下：

股票价值=预测期现金流量现值+后续期现金流量现值

设超常的增长期为 1 至 $n$ 期，$n$ 期以后为永续增长期。将永续增长期的起点视为第 $n+1$ 年，其现金流量变化如图 6-2 所示。

**图6-2 两阶段增长模型**

假设第 $t$ 年股利为 $D_t$，$P$ 为现值，$F$ 为终值，股权资本成本为 $R$，$T$ 为时间，永续增长率为 $g$，则企业的股权价值 $V$ 为：

$$V = \sum_{t=1}^{n-1} D_1 \times \left(\frac{P}{F},\ R,\ T\right) + D_n \times \left(\frac{P}{F},\ R,\ n\right) + \frac{D_{n+1}}{R-g} \times \left(\frac{P}{F},\ R,\ n\right) \tag{6-19}$$

利用该模型计算企业股权价值的核心在于准确区分观察期和永续期，并正确计算两个阶段的现金流量和折现系数。可从两个方面判断企业是否进入永续增长状态：第一，在永续增长状态下，企业具有稳定的销售增长率，其大约等于宏观经济的名义增长率；第二，企业具有稳定的投资资本回报率，并与资本成本接近。

5. 三阶段增长模型

三阶段增长模型最早是由尼古拉斯·摩罗德乌斯基（Nicholas Molodvsky）、凯瑟琳·梅（Catherine May）和谢尔曼·切提那（Sherman Chattiner）于 1965 年在《普通股定价——原则、目录和应用》一文中提出的。该模型基于一个假设，即公司要经历三个阶段，与产品生命周期的概念相似。在超常增长阶段，通常由于新市场的拓展、新产品的推出或其他战略举措，使企业经历快速增长。在过渡阶段，企业的收益开始成熟，增长开始减速。在稳定阶段，企业进入永续增长阶段，其增长率趋于稳定。在超常阶段，假设红利的增长率为常数 $g_a$；在过渡阶段，假设红利增长率以线性的方式从 $g_a$ 变为 $g_n$，$g_n$ 是稳定阶段的红利增长率。如果 $g_a > g_n$，在过渡期表现为递减的红利增长率；反之，表现为递增的红利增长率。

三个阶段的红利增长关系可以用图 6-3 表示。可以看出：公司股票的价值是超常增长阶段、过渡阶段的预期红利的现值，以及稳定阶段价格的现值总和。

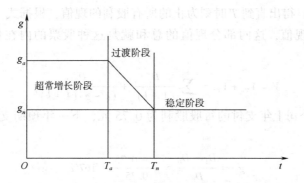

**图6-3 三阶段增长股票价值模型**

当 $t$ 等于 $T_a$ 时，红利增长率等于 $g_a$；当 t 等于 $T_n$ 时，红利增长率等于 $g_n$；在过渡期内的任何时点上，红利增长率（根据假设）为：

$$g_t = g_a - (g_a - g_n)\frac{t - T_a}{T_n - T_a} \quad (g_a > g_n) \tag{6-20}$$

如果再假定初期的红利水平为 $D_0$，写出三阶段增长模型的计算公式为：

$$P_0 = D_0 \sum_{t=1}^{T_a}\left(\frac{1+g_a}{1+r}\right)^t + \sum_{t=T_a+1}^{T_n}\left[\frac{D_{t-1}(1+g_t)}{(1+r)^t}\right] + \frac{D_{T_n}(1+g_n)}{(1+r)^{T_n}(r-g_n)} \tag{6-21}$$

式中：$r$ 为股权要求收益率（假定其不变，可以放宽该假设）。

三阶段增长模型反映了股票在理论上的定价，同时允许对高利润-高增长的公司与低利润-低增长的公司进行比较；通过该模型，可以较为轻松地处理增长型公司的情境。但在实际估价中，使用三阶段模型也面临诸多困难。例如，存在许多的输入变量和难以确定的股权收益率，过渡时期现金流的计算也相对繁琐。

6. 多元增长模型

多元增长模型是目前最广泛用于确定普通股内在价值的贴现现金流模型。该模型假设在一段时间 $T$ 内，股利的变动没有特定的可预测模式，而在此之后，股利按不变增长模型进行变动。因此，股利流可以分为两个部分：

第一部分包括在股利变动无规律的时期内所有预期股利的现值。用 $V_{T-}$ 表示这一部分的现值，即：

$$V_{T-} = \sum_{t=1}^{T}\frac{D_t}{(1+k)^t} \tag{6-22}$$

第二部分包括从时点 $T$ 来看的股利不变增长率时期的所有预期股利的现值。因此，该股票在时间 $T$ 的价值（$V_T$）可通过不变增长模型的方程 $V = \frac{D_1}{k-g}$ 求出：

$$V_T = D_{T+1} \times \frac{1}{k-g} \tag{6-23}$$

投资者是在 $t=0$ 时刻，而不是 $t=T$ 时刻来决定股票现金流的现值的，因此，在 $T$ 时刻以后 $t=0$ 时的所有股利的贴现值 $V_{T+}$ 为：

$$V_{T+} = V_T \times \frac{1}{(1+k)^T} = \frac{D_{T+1}}{(k-g)(1+k)^T} \tag{6-24}$$

根据式（6-22）得出直到 $T$ 时刻为止的所有股利的现值，根据式（6-24）得出 $T$ 时刻以后所有股利的现值，这两部分现值的总和就是这种股票的内在价值。其计算公式如下：

$$V = V_{T-} + V_{T+} = \sum_{t=1}^{T}\frac{D_t}{(1+k)^t} + \frac{D_{T+1}}{(k-g)(1+k)^T} \tag{6-25}$$

例如，假定某公司上年支付的每股股利为 0.75 元，下一年预期支付的每股股利为 2 元，因而：

$$g_1 = \frac{D_1 - D_0}{D_0} = \frac{2 - 0.75}{0.75} = 167\%$$

再下一年预期支付的每股股利为 3 元，即：

$$g_2 = \frac{D_2 - D_1}{D_1} = \frac{3 - 2}{2} = 50\%$$

从 $T=2$ 时，预期在未来无限时期，股利按每年 10% 的速度增长，即

$$D_3 = D_2 (1+0.10) = 3 \times 1.1 = 3.3 \text{（元）}$$

假定必要收益率为 15%，可按下面式子分别计算 $V_{T-}$ 和 $V_{T+}$：

$$V_{T-} = \frac{2}{1+0.15} + \frac{3}{(1+0.15)^2} = 4.01$$

$$V_{T+} = \frac{3.3}{(0.15-0.10)(1+0.15)^2} = 49.91$$

$$V_{T-} + V_{T+} = 4.01 + 49.91 = 53.92$$

股票的内在价值与目前每股股票价格 70 元相比较，股票的市场价格过高，表明该股票有可能被高估，价格还应该下跌。

### 7. 市盈率估价方法

利用市盈率来分析股价的高低是目前市场上比较常用的方法之一。市盈率是某种股票每股市价（当前的）与每股盈利（可用最近一年的）的比值，也可用未来一年或几年的预测盈利的比率。市盈率是估计普通股价值的最基本、最重要的指标之一。一般认为该比率保持在 20 到 30 之间是正常的，过小说明股价低，风险小，值得购买；过大则说明股价高，风险大，购买时应谨慎。但高市盈率股票多为热门股，低市盈率股票可能为冷门股。市盈率指标计算简便，在股市评价分析中运用较为普遍。

## 二、国际债券投资

国际债券投资是间接投资的一种方式。与国际股票投资相比，投资国际债券的风险要小一些，收益固定。因此，许多投资者热衷于国际债券的投资。

（一）国际债券投资收益分析

国际债券的收益有名义收益率、当期收益率和到期收益率之分。

名义收益率亦称票面收益率，即票面利息率。它是债券发行者向债券投资者支付利息的依据。

当期收益率反映购买债券时的行市时，其计算公式为：

$$当期收益率 = \frac{当年利息收入}{购买价格} \times 100\% \tag{6-26}$$

到期收益率是指从投资者持有债券时起至债券到期时止的年平均收益率，不仅包括每年的利息收益，还包括债券买入价与面值之间的差额，能正确地反映投资者购买债券的实际收益。其公式如下：

$$到期收益率 = \frac{年利息 + [(面值 - 购买价格)/持有年限]}{购买价格} \times 100\% \tag{6-27}$$

（二）国际债券的发行价格

大多数债券标明按面值计算的固定利率或附有息票，以按此标准支付利息，这种债券称为"固定收益证券"。只有少数种类的债券按浮动利率支付利息。固定利率债券一般按面值发行，只是在少数情况下，如在发行前利率确定以后，由于市场利率意外变动，才采取溢价发行或折价发行。

折价发行是指以低于面额的价格出售债券，即按面额打一定折扣后发行债券。溢价发行是指发行人按高于面额的价格发行债券，因此可使发行人筹集到较多的资金，同时还可降低筹资成本。平价发行也称为"等额发行"或"面额发行"，是指发行人以票面金额作为发行价格。平价发行的优点是：发行者按事先规定的票面额获取发行收入，并按既定的票面额偿还本金。

（三）国际债券投资的风险

常见的国际债券投资风险表现在企业破产倒闭、利率上升、通货膨胀和汇率波动等。这些风险因素可能会给投资者造成损失，如利息不能按期或如数得到支付，本金不能按期或如数收回等。

1. 信用风险

信用风险是指由于债券发行者的经营状况恶化、财务状况欠佳甚至破产，因而拖欠应支付的利息和偿还本金，或者只能按一定的折扣支付甚至根本无力支付利息和偿还本金。

2. 市场风险

市场风险是指证券市场或整个经济受各种宏观因素和市场行情的影响，造成债券交易活动衰退，债券价格下降，给投资者造成损失的风险。

3. 利率风险

如果票面利率为固定利率，购买债券以后，市场利率上升，投资者面临利率风险；如果票面利率是浮动利率，当市场利率下跌时，投资者也面临利率风险。

4. 通货膨胀风险

通货膨胀风险又称"购买力风险"。如果某国的货币发行过多而导致货币贬值，即使以该种货币计值的债券的还本付息均未减少，投资者获得的本息以货币购买力来衡量仍会受到损失。

5. 汇率风险

投资者在国际市场上购买以外币计值的债券，其收回的利息和本金最终仍要折算成本国货币来衡量。如果面值货币贬值，投资者就要蒙受巨大的汇率风险。

（四）国际债券的评级

债券发行人的资信等级评定对于债券发行，特别是新债券的发行有着十分重要的意义。已经上市的债券对投资者是否有吸引力，新债券的发行能否获批准上市，都要视发行人资信等级评定结果而定。获得资信等级越高的发行人将能以越低的成本筹措到所需资本。表6-1和表6-2为世界两大评级公司的信用评级表。

表6-1 标准普尔公司债券信用评级表

| 等 级 | 说 明 | 备 注 |
|---|---|---|
| AAA | 最高级 | 还本付息能力最强，投资风险最低 |
| AA | 高级 | 还本付息能力很强，投资风险略高于 AAA 级 |
| A | 中上级 | 还本付息能力较强，保证程度低于 AA 级，可能受环境和经济条件的不利影响 |

| 等级 | 说明 | 备注 |
|------|------|------|
| BBB | 中级 | 具有还本付息能力，环境和经济条件不利变化可能导致偿付能力削弱 |
| BB | 中下级 | 还本付息能力有限，具有一定的投资风险 |
| B | 投机级 | 风险较高 |
| CCC | 完全投机级 | 风险很高 |
| CC | 最大投机级 | 风险最高 |
| C | 低级债券 | 一般表示未能付息的收益债券，规定盈利时付息但未能盈利付息 |
| D | 违约债券 | 违约，但尚有一些残余价值 |

表6-2  穆迪投资服务公司长期债券资信评级表

| 等级 | 说明 | 备注 |
|------|------|------|
| Aaa | 最高质量 | 投资风险小，偿还本金保险程度最大，任何可预见的变化不会损害其发行地位 |
| Aa | 高质量 | 保险系数略低于Aaa级，长期风险因素也大于Aaa级 |
| A | 中上等级 | 有很多有利于投资者的特点，有足够因素保证本息安全，但存在对偿还本息能力产生怀疑的因素 |
| Baa | 中等级 | 有一定程度的风险，当前保证利息的因素是足够的，但从长远看缺少一些保护性因素，带有某些投机性质 |
| Ba | 投机性因素 | 具备一些保证因素，但对本息保护有限 |
| B | 不值得投资 | 还本付息或履行合同的其他条件保证很小 |
| Caa | 可能违约 | 有危及本息安全的因素 |
| Ca | 高度投机性 | 经常违约，有明显缺点 |
| C | 最低级 | 前途无望，根本不能用来作真正的投资 |

对国际债券进行评级，评级机构只就发行本次债券还本付息能力进行评价，并不表示发行人每次还本付息违约的可能性。评级机构所做的评级只是道义上的劝说，而不负法律上的责任。通过美国金融危机可以看出，许多评级机构出于商业上的目的，常常违心地做出评级，导致投资者损失惨重。

（五）国际债券的创新产品

**1. 本息分离债券**

本息分离债券是将付息债券的本金和利息分离并分别进行证券化的一种国际债券业务创新。这种债券只有在到期时或出售时才能得到收益，其间没有收益，所以属于零息债券。这种利息收入的所有权和偿付本金的所有权的分离使得投资者可以对债券的本息分别进行投资和交易，有很多优点：期限结构多样化，可以满足投资者对零息债券期限的不同要求，并且可化解长期利率的风险，另外，不同期限的债券组合可以得到预期收入的最大化；债券到期时才支付全部利息，利息税将得到延迟，其间投资者可以合法运用这一资金。

### 2. 次级债券

次级债券是指在偿还次序上列在公司一般债务后面而优于公司股本权益的债券，兼有债务和股权双重特征。银行资本金中的二级资本就包括这种债券。由于存在清偿风险，该债券信用评级低于同一发行机构的高级债券。

### 3. 投资人选择权债券

投资人选择权债券是指投资人有权利在计划回售日按照面值将该类品种回售给发行主体的债券。从实际操作角度来看，投资人回售与否是基于远期利率与票息的高低比较来判断的。

### 4. 发行人选择权债券

发行人选择权债券是指发行人有权利在计划赎回日按照面值赎回该品种的债券，因此该类债券的实际存续期存在不确定性。

### 5. 可转换债券

可转换债券是指一种可按确定价格将债券持有者的约定买卖权转换为其他类型证券的债券，通常为普通股可转换债券。在与股票交换的过程中，可转换债券的持有者将可能获得资本收益。可转换债券类似于附加发行认股权证书的债券。认股权证书标明持有者能够按照约定价格购买股票，因此，如果股票价格上涨，认股权证书的持有者就会获得资本利息。可转换债券比普通债券的票面利率低，但可能给持有者带来更多的资本收益。

## 三、金融衍生工具投资

20 世纪 90 年代以来，金融衍生工具已成为国际金融市场上广泛使用的交易工具，金融衍生工具市场也逐渐崭露头角，成为国际金融市场的主要组成部分。本节将概述金融衍生工具及其市场交易流程，分析其投资操作策略。

### （一）金融衍生工具的产生

金融衍生工具是相对原生工具而言的。金融原生工具主要是指股票、债券、外汇等。作为以金融原生工具为基础衍生出来的有价证券，金融衍生工具是在一定的历史背景下，由一系列因素促动而产生和发展的。

### 1. 历史背景

金融衍生工具产生的动力主要来自金融市场上的价格风险。20 世纪 70 年代以后，国际金融环境发生了很大的变化。

（1）汇率制度的变化导致汇率风险加大。例如，以美元为中心的固定汇率制崩溃，国际货币制度演变成浮动汇率制，进行国际贸易的主体面临更大的不确定性，为了防范风险，金融衍生交易应运而生。

（2）利率频繁波动，风险增加。自 20 世纪 60 年代末以来，西方国家的利率开始上升，70 年代的两次石油危机更是进一步加大了国际金融市场的利率波动，将金融市场的投资者和借贷者置于高利率风险中。

## 2. 通信网络技术的推动

随着通信技术和电子计算机信息处理技术的飞速发展，金融业的效率不断提高，使得新技术应用到银行或交易所成为可能。全球 24 小时不间断的外汇交易、国际债券在不同市场上市交易成为可能。通信手段的便捷使得投资者在全球各地投资、交易各种金融产品成为可能。

## 3. 金融创新不断涌现

银行等金融机构在竞争压力和市场需求拉动下，不断开展各种金融创新，包括金融产品创新和服务创新。

### (二) 金融衍生工具的特点

#### 1. 性质复杂

金融衍生工具通常具有复杂的结构和定价模型，当今国际金融市场的再衍生工具更是将期货、期权和互换等基本衍生工具进行组合，使得金融衍生工具的特性更加复杂。

#### 2. 交易成本较低

这主要得益于金融衍生工具广泛采用的保证金制度，投资者可以用较低的交易成本实现对风险的规避和投机的目标。这也是金融衍生工具为保值者、投机者所青睐并迅速发展的原因之一。

#### 3. 可用于防范风险

防范风险是人们创立金融衍生工具的根本目的之一。现实中的各种金融衍生工具可用于投资组合以防范风险。

#### 4. 交易的杠杆效应常常放大了收益和损失

衍生交易是一种高风险的投资工具。高度的财务杠杆作用在金融期货和金融期权中表现得非常明显。

### (三) 金融期货交易

#### 1. 金融期货交易的特点

(1) 以小博大。期货交易只需支付 5%~10%的履约保证金，即可完成数倍乃至数十倍的合约交易，实现以较小的资金投入获取更大回报的目标。

(2) 双向交易。在期货市场中，投资者可以选择先买后卖，也可以先卖后买，投资方式灵活。

(3) 逐日盯市。期货交易实行逐日盯市制度，即实现每日无负债交割。所有期货交易都通过期货交易所进行结算，且交易所成为任何一个买者或卖者的交易对方，为每笔交易做担保。

(4) 市场透明。金融期货市场所有交易和报价信息都是公开的，且交易采取公开竞价方式进行。这一特点也决定了期货交易的公平性，即价格形成的公平机制，或者价格的发现功能。

(5) 组织严密，效率高。期货交易是一种具有规范化交易程序和固定规则的交易形式，交易运作高效，一般情况下，一笔交易可在几秒钟内迅速完成。

(6) 标准化的交易。期货交易每一份合约的金额、交易品种、交易所报价、交易清算等都有严格的规则。

### 2. 金融期货交易的流程

金融期货交易有口头交易和计算机撮合两种，计算机撮合交易是基于口头公开叫价方式原理设计的一种交易方式。相比口头交易，计算机撮合交易更准确、连续，我国目前普遍采用计算机撮合交易系统。

投资者可以通过当面委托、书面委托和电话委托方式下达指令进行交易。受令人有审核客户指令的权利和义务，包括检查保证金水平是否足够、指令是否超过有效期以及指令内容是否完整，从而确定指令的有效性。

其具体交易程序为：①经纪公司的交易指令中心在接到交易单后，为其打上时间戳并检查是否有疏漏。然后，通过电话方式将指令迅速传给经纪公司在交易所的出市代表。②经纪公司的出市代表收到指令后，以最快的速度将指令输入计算机内。③指令中心将反馈回来的成交结果记录在交易单上，并打上时间戳，按照原程序反馈给客户。

客户每笔交易的有效性一般以结算公司或交易所的结算部门的最终确认为准。经纪公司会记录并存档客户每一笔交易，保存期限通常会在 2 至 7 年之间，具体取决于监管机构的规定和法律法规。此外，每成交一手合约（买或卖），经纪公司都会收取一定的佣金。

### 3. 金融期货交易的种类

当前国际金融市场上金融期货交易的种类，主要有货币期货、利率期货和股价指数期货。

（1）货币期货。货币期货又称"外汇期货"，允许投资者在未来特定日期以约定的价格合约买入或卖出特定货币。国际上交易比较活跃的货币期货有英镑、德国马克、法国法朗、澳大利亚元、加拿大元、瑞士法郎、日元、欧洲美元和欧洲货币单位等的期货合约。

（2）利率期货。利率期货是指以债券类证券为标的物的期货合约，它可以回避银行利率波动所导致的证券价格变动的风险。国际上交易比较活跃的利率期货有市政债券、美国短期国库券期货、美国中期国库券期货、美国长期国库券期货、抵押担保有价证券等。

（3）股票指数期货，股票指数期货是指以股票价格指数为标的物的期货。国际上交易比较活跃的股票指数期货合约有标准普尔 500 股票价格综合指数（S&P 500），纽约证券交易所股票价格综合指数（NYCE Composite），主要市场指数（MMI），价值线综合股票价格平均指数（value line composite index），日本的日经指数（NIKI），中国香港地区的恒生指数（香港期货交易所）。

### 4. 金融期货交易的定价原理

金融期货交易的种类主要包括货币期货、利率期货和股指期货。我国于 2010 年推出了股指期货交易，这里以其定价原理为代表进行介绍。远期和期货价格的持仓成本定价模型基本假设如下：①期货和远期合约相同；②对应的资产可分，即股票可以是零股或分数；③现金股息确定；④借入和贷出的资金利率已知且相等；⑤卖空现货没有限制，且能够立即得到对应货款；⑥没有税收和交易成本；⑦现货价格已知；⑧对应现货资产有足够的流动性。

金融期货交易定价模型基于以下假设：期货合约是一种临时替代物，代表着将来对应现货资产的交易。期货合约并非真实的资产，而是买卖双方之间的协议，同意在未来的某个时间进行现货交易。卖方必须在以后交付对应的现货以获取现金，因此必须得到补偿，以弥补因持有对应现货而失去可用资金所带来的成本。相反，买方在以后才付出现金接收现货，必须支付推迟现货接收的费用。因此，期货价格必然要高于现货价格，以反映这些融资或持仓成本（该融资成本一般用这段时间的无风险利率表示），即：

期货价格=现货价格+融资成本

如果对应资产是一个支付现金股息的股票组合，那么购买期货合约的一方因未立即持有这个股票组合而未收到股息；相反，卖方因持有对应股票组合获得了股息，从而降低了其持仓成本。因此，期货价格需要以相当于股息的程度向下调整。此时期货价格等于现货价格加上净持仓成本，即：

期货价格=现货价格+融资成本-股息收益

### （四）金融期权交易

#### 1. 期权市场定价

（1）期权内在价值的确定。期权的价值是内在价值加上时间价值。内在价值（intrinsic value）是期权买方行使期权可获得的收益。由于在对自己不利时可以选择不执行期权，因此期权的内在价值总是非负的。如果标的资产如股票到期日价格为 $S$，执行价格为 $X$，则到期日，看涨期权的内在价值为 $(S-X)$。内在价值为正的期权称为实值期权（in the money），如果内在价值很大，则称为深度实值。与之相对应，虚值期权（out of the money）是指内在价值为负的期权，平价期权（at the money）是指内在价值为零的期权。内在价值是形成期权价格的基本要素之一。期权的时间价值（time value）反映了期权交易期内的时间风险，也反映了市场价格波动程度的风险。

对于看涨期权和看跌期权，其各自的定价基础为：

看涨期权的内在价值=（标的物价格-行权价）×行权比例数值
看跌期权的内在价值=（行权价-标的物价格）×行权比例数值

① 如果数值等于或小于零，表示此时对应的期权无内在价值。需要注意的是：虽然期权无内在价值，但在未到期之前，期权还具有时间价值。因此，在期权约定的期限内重点分析它所对应的标的物在这一期间的价格走势是至关重要的。

② 如果数值大于零，表示此时对应的期权有内在价值。此时数值为多少，就代表值多少钱。期权的价格通常会高出其内在价值，其高出的部分即为时间价值。进行期权交易，可以使买方投资者获得将来交割与否的权利，与期货交易相比，未来的风险锁定。从理论上来说，买入期权能够达到获利空间无限、损失有限的效果。但期权卖方承担了较大的风险，因此，开办期权交易的金融品种相对较少。

（2）布莱克-斯科尔斯模型。期权定价是金融应用领域数学上最复杂的问题之一，第一个完整的期权定价模型是由费希尔·布莱克（Fisher Black）和迈伦·斯科尔斯（Myron Scholes）于 1973 年提出的。

布莱克-斯科尔斯模型的基本假设为：基础金融资产价格的变化类似于对数正态分布；无交易费用、税收和保证金要求；借款和贷款均可以同样的无风险利率进行，而且连续复利；基础资产可以自由地买入或卖出；在期权到期之前，不存在红利分配；基础资产价格在考察期内是连续的，不存在跳跃性或非连续性；基础资产价格和利率的波动性（或称

153

"易变性")为常数。

布莱克-斯科尔斯模型涉及五个自变量，因此计算期权的理论价值至少需要了解以下五项数据：期权的执行价格，期权的剩余到期时间，期权合约的价格，期权剩余期间的无风险利率，基础合约的价格波动率。如将五项自变量的数值输入期权的定价模型中，可得到理论价值。

①执行价格。执行价格是合约的一部分，在合约有效期内不变，容易获得。

②到期时间。到期时间类似执行价格，到期日也是固定的，是合约的一部分。但需要注意，布莱克-斯科尔斯模型中的输入值都是年度化的。如合约的剩余期间为 91 天，则应该输入 0.25 年。

③基础合约的价格。通常情况下，如果买入看涨期权或者卖出看跌期权，则输入模型的价格为当时的买进价格；相反，如果买入看跌期权或者卖出看涨期权，则输入模型的价格为当时的卖出价格。

④利率。计算以期权合约的剩余期间为基准。利率既可能影响基础合约的远期价格，也可能影响期权的持有成本。定价模型通常采用无风险利率，如美国国债利率。

⑤价格波动率。价格波动率代表着资产价格的变动程度，即标的资产的波动性，反映了市场对未来价格波动性的期望。

### 2. 期权费的确定

在合约签订时，多头需要支付期权费给对方，但是，一份合约的期权费应该是多少呢？对于标的资产为不付红利的股票的欧式期权，假设没有交易费用和税收，允许卖空，所有证券都无限可分，不存在无风险套利机会，证券交易连续进行，股票价格的波动遵循一定的规律。按照 Black-Scholes 公式，期权价格即期权费 $c$ 为：

$$c = SN(d_1) - Xl^{-r(T-t)}N(d_2)$$

其中，

$$d_1 = \frac{\ln(S/X) + (r + \sigma^2/2)(T-t)}{\sigma\sqrt{T-t}}$$

$$d_2 = \frac{\ln(S/X) + (r - \sigma^2/2)(T-t)}{\sigma\sqrt{T-t}} = d_1 - \sigma\sqrt{T-t}$$

式中：$S$ 为期权合约签订时的股票价格，$X$ 为执行价格，$r$ 为无风险利率，$\sigma$ 为股票波动率的标准差，$N(d)$ 为标准正态分布变量的累积分布函数。

由上式可以看出，影响期权价格的因素多种多样，主要有标的价格和行权价格、标的股票价格的波动率（主要反映在 $\sigma$ 上）、无风险利率大小、有效期限的长短等。

### 3. 金融期权交易策略

期权交易都涉及两个角色，一个是期权的买方，即持有多头头寸的一方；另一个是期权的卖方，即持有空头头寸的一方。以欧式看涨期权的多头为例，设 $X$ 为执行价格，$S_T$ 为到期日标的资产的价格，$c$ 为期权费。如果在到期日，$S_T > X$，则多头会选择执行期权，以 $X$ 的价格买入一单位标的资产，从而期净收益为 $S_T - X$，考虑到买入合约时，多头需要支付数额为 $c$ 的期权费，因此整个合约期间的收益为 $S_T - (X+c)$。如果在到期日，$S_T \leqslant X$，则多头显然不会选择执行该合约，但是损失也仅仅是在起初付的期权费 $c$。理论上说，股票价格有可能上涨到很高的水平，从而看涨期权多头的收益将会无限大，但是损失却是有限的。从这里也可以看出，在期权合约中，多头和空头两方在合约上具有很明显的不平等性，这也是为什么多头需要支付一定数额的期权费给空头。

投资者可以通过构造不同的期权头寸和标的证券的组合使之具有不同的损益状态。这里主要讨论包括一个简单期权和一个股票的组合的交易策略，主要有以下四种简单情况：①一个股票多头+一个看涨期权空头；②一个股票空头+一个看涨期权多头；③一个股票多头+一个看跌期权多头；④一个股票空头+一个看跌期权空头。

组合①被称为出售有担保的看涨期权，由于持有股票，因此可以弥补由于股票价格急剧上升而带来的在看涨期权交易中的损失；而②中的情况，如果股票价格上升，则若没有看涨期权多头，股票空头将会有亏损，但是看涨期权的持有者可以在未来以事先确定的价格买入标的股票，从而可以避免股票空头履约时带来的损失。其他组合的损益以此类推。

（五）互换交易

1. 互换交易的风险

（1）风险的承担者：一是互换合同的当事者。在互换交易中，是指承担原有债务或新债务的合同方，实际进行债务互换的各方。

二是中介银行。银行在合同当事人之间的资金往来中充当中介角色，协助交易的进行。

三是交易筹备者。负责安排互换交易的整体规则，确定令各当事方满意的互换条件，解决潜在的纠纷等。通常由投资银行、商业银行或证券公司担任，收取（一次性）一定的互换安排费用，一般为总额的 0.125%~0.375%。

（2）风险的类型：

信用风险：到交割期因为价格不力而对方放弃交割的风险。

政府风险：对方国家由于政治原因导致的不能履行合约的风险。

市场风险：市场利率、汇率波动使得互换交易产生的风险。

2. 互换交易在国际交易中的主要作用

互换交易包括货币互换、利率互换和交叉货币利率互换三种类型，此处着重阐述利率互换和货币互换的作用。

（1）利率互换的作用：

第一，降低融资成本。投资者在不同金融市场上的资信等级不同，因此存在融资利率的相对优势。利率互换可以利用这种相对优势，实现降低融资成本的目标。

第二，资产负债管理。通过利率互换，可以将固定利率的债务转化为浮动利率债务，实现更为灵活的资产负债管理。

第三，利率风险保值。对于任何一种货币，无论是持有固定利率还是浮动利率的债务，都会受到利率波动的影响。固定利率的债务人在利率上升时负担加重，而浮动利率的债务人在利率上升时成本增加。利率互换可用于有效对冲这种利率风险。

（2）货币互换的作用：

第一，套利。通过货币互换，获取直接投资难以达到的资产水平或收益率，或者以比直接融资更低的成本获取资金，实现套利。

第二，协调管理资产和负债。货币互换与利率互换不同，主要用于协调管理资产和负债的货币类型，以实现更灵活的资产和负债配置。

第三，对冲货币风险。随着经济日益全球化，企业的经济活动涉及多种货币。货币互换可用于最小化与这些货币相关的汇率风险，对现有资产或负债的货币风险进行有效对冲，锁定收益或成本。

第四，规避外币管制。在一些国家实行外汇管制的情况下，从这些国家汇回资金或向这些国家公司内部提供贷款的成本可能很高，甚至可能不可行。通过货币互换可解决此问题。

**3. 互换交易的优缺点**

（1）互换交易的优点：

第一，互换交易将外汇市场、证券市场、短期货币市场和长期资本市场的业务集成在一起，既是一项创新的融资工具，也可应用于金融管理。

第二，互换交易满足了交易者对非标准化交易的需求，具有广泛的应用面。通过互换套期保值，可以省却对其他金融衍生工具所需头寸的日常管理，使用简便且风险转移速度较快。互换交易的期限灵活，可根据需要调整，最长可达几十年。

第三，互换交易的产生使银行成为互换的主体，增强了互换市场的流动性。

（2）互换交易的缺点。互换交易本身也存在许多风险。信用风险是互换交易面临的主要风险，表现为互换方及中介机构因种种原因发生的违约拒付等无法履行合同的行为。此外，由于互换期限通常长达数年，买卖双方还面临着互换利率变动的风险。

**4. 互换交易运用举例**

以固定利率和浮动利率之间的转换为例。现实的情况可能是 A 公司在固定利率市场具有比较优势但该公司需要浮动利率，而 B 公司恰恰相反，此时一份互换合约就可能产生了。具体做法是：A 公司在固定利率市场借款，B 公司在浮动利率市场借款，然后到期交换利息即可。

现在假设 A、B 两家公司都想借入为期五年的 1 亿美元，各自借入利率如表 6-3 所示。只是 A 公司想借入以浮动利率计息的资金，而 B 公司想借入以固定利率计息的资金。

表 6-3　A、B 公司融资成本

| 贷款利率 | 固定利率 | 浮动利率 |
| --- | --- | --- |
| A 公司直接筹资 | 10% | 六个月期 LIBOR+0.5% |
| B 公司直接筹资 | 13% | 六个月期 LIBOR+1.0% |
| 绝对优势 | A：3% | A：0.5% |
| 比较优势 | A | B |

从表 6-3 可以看出，A 公司不论在固定利率市场还是浮动利率市场都具有绝对优势，但是 A 公司在固定利率市场的优势更大一些，因此如果两公司能够合作，可以同时降低成本。如果两公司不合作，即不进行互换，A 公司在浮动利率市场上融资，B 公司在固定利率市场上融资，则两家公司总的融资成本为：

156

$$LIBOR+0.5+13\%=LIBOR+13.5\%$$

如果两家公司签订互换合约，分别在各自占有比较优势的市场融资，则总的成本为：

$$10\%+LIBOR+1.0\%=LIBOR+11.0\%$$

比较可得，如果两家公司合作，则总共可以节省

$$(LIBOR+13.5\%)-(LIBOR+11.0\%)=2.5\%$$

由于 A 公司总是有成本优势，这个结余不妨由 A 公司获得 1.5%，由 B 公司获得 1.0%，这样两家公司可以签订如下互换合约：A、B 两家公司分别在固定利率和浮动利率市场借款，然后 A 公司向 B 公司支付利率等于 LIBOR 的利息，B 公司向 A 公司支付 11% 的利息，这样一来，A 公司的融资成本为 LIBOR－1%，比原来单独融资减少了 1.5%，B 公司的融资成本为 12%，比原来单独融资减少了 1.0%。这是一个双赢的结果，双方都得到了自己需要的借款类型，且是以较低的成本。

事实上，在实际金融市场中，A、B 两家公司并不会直接商议互换的事宜，而会有金融机构参与进来，并分享上例中 2.5% 的结余中的一部分，如 0.5%，而由 A、B 两家公司分享剩余的 2%。这样，金融机构就签了两份互换合约，一份与 A 公司签订，一份与 B 公司签订，即使某一家公司（如 A）违约，金融机构仍要履行与另外一家公司（B）的合约，这样，A 公司等于转嫁了违约风险——由金融机构承担，这也是上例中金融机构要求分享其中的 0.5% 收益的原因。

## （六）远期利率协议

### 1. 远期利率协议的特点

（1）灵活性强。合同条款可以根据客户的需求定制，满足个性化的金融需求。

（2）占用资金比率较低。尽管远期利率协议可能涉及大额名义本金，但实际上并不涉及实际的资金借贷。由于只是在名义本金基础上支付计算的利息差额，因此实际结算量可能相对较小。此外，在结算日前无须提前支付费用，只在结算日进行一次利息差额支付。

（3）规避利率风险。通过使用远期利率协议，交易方能够锁定未来期限的利率，从而规避利率未来变动带来的风险。

远期利率合约结算日不是指交易期限的最后一天，恰恰相反，结算日是指合约期限的起息日。例如一笔 6×9 的远期利率合约交易的结算日是该交易日 6 个月后的这一天，也就是该远期利率合约期限的起息日。由于远期利率合约结算金额是同一币种，为了降低结算风险，交易双方是以差额利息进行结算的。按国际惯例，远期利率合约结算日是在起息日那一天，而非到期日，所以该差额利息是以现值方式进行结算的。

结算金额计算公式如下：

$$结算金额=本金\times利差\times\frac{实际天数}{360\,天或365\,天}\div\left[1+\left(市场利率\times\frac{实际天数}{360\,天或365\,天}\right)\right]$$

双方当事人就将来某一段时期的借贷利率签订协议，一方希望防范未来利率上升的风险，另一方希望防范利率下跌的风险。在协议中规定有固定的利率，结算日双方将市场利率与协议利率对比折现，由损失的一方交获益的一方，协议双方不需要实际的本金交割，到期用现金清算协议利率与市场利率的差额。

### 2. 某银行远期利率合约

（1）合约购买者：为规避未来某段期间的利率上升风险，先行买入远期利率合约，约

定在未来某段期间内按事先确定的合约远期利率从合约卖出者借入资金。

（2）合约卖出者：合约购买者的交易对家，在未来某段期间按事先确定的合约远期利率把资金贷给合约购买者，以避免未来利率下降的风险。

（3）合约远期利率，也称"远期利率合约的价格"。

（4）名义本金：远期利率合约涉及的借贷本金，由于实际并不交割本金，所以称为"名义本金"。

（5）交易日：签订远期利率合约（也称"买卖远期利率合约"）的成交日。

（6）远期利率合约起始日：协定期间的起始日。

（7）远期利率合约到期日：协定期间的到期日。

（8）协定期间：通常为 3 个月、6 个月、9 个月、1 年等较为常见的时间段。

（9）基准利率：用作远期利率合约结算损益的基准利率。如协定期间为 6 个月，则通常选用 6 个月 LIBOR。

（10）基准利率厘定日：观察基准利率的日子，通常在远期利率合约起始日前两天，但英镑的基准利率厘定日与远期利率合约起始日在同一天。

（11）损益清算日：远期利率合约损益的清算交割日，通常与远期利率合约起始日相同。

## 四、国际黄金市场投资

第一次世界大战以前，黄金在国际经济舞台上曾经扮演过非常重要的角色。如今，在各种投资工具创新层出不穷的背景下，黄金投资仍然是非常重要的金融投资工具。尤其是经济波动或金融危机期间，国际投资家常常更热衷于进行黄金投资，以获得保值增值的目的。

### （一）国际黄金市场概述

国际黄金市场的历史源远流长，伴随着黄金在国际货币体系中地位的不断变化，国际黄金市场不断演变与发展。早期黄金市场是中世纪即已形成的伦敦黄金市场。到 19 世纪初，伦敦已经成为世界上金条冶炼、黄金销售和金币兑换的中心。1919 年 9 月，伦敦黄金市场开始实行按日报价制度，成为一个体系健全、制度规范的世界黄金市场。直至第二次世界大战前，伦敦一直是世界上规模最大、最重要的黄金市场。第二次世界大战后，布雷顿森林会议决定成立国际货币基金组织（IMF），确立了黄金美元本位制。1976 年 1 月，国际货币基金组织达成"牙买加协定"，宣布黄金不再作为货币定值标准，自此，黄金迈上了非货币化道路。

黄金非货币化使世界黄金市场的面貌和性质发生了根本性的转变。完整意义上的国际黄金市场迅速发展起来。1988 年伦敦黄金市场重组，传统封闭的黄金经纪业务逐步向其他金融机构开放，通过各种形式使黄金市场和其他金融市场联系更为紧密。1993 年以后，黄金银行推出多样化的场外衍生工具和融资工具，各国中央银行更加积极地运用国际黄金市场管理黄金。

世界主要的黄金市场包括伦敦、苏黎世、纽约、香港黄金市场，为国际著名的四大黄金市场。

### 1. 伦敦黄金市场

伦敦黄金市场历史悠久。1804 年，伦敦取代荷兰阿姆斯特丹成为世界黄金交易中心。1919 年 9 月 12 日伦敦黄金市场正式成立，在世界黄金市场上独领风骚。伦敦具有成为国际金融中心的各种有利条件，加之英国长期控制占世界年产量 2/3 的黄金重要产地南非的黄金产销，因此伦敦长期以来一直担任世界黄金产销、转运、调剂的枢纽角色。多数外国中央银行都在伦敦进行黄金交易，交易量最高时曾达到世界交易总量的 80%。此外，伦敦黄金市场拥有最多的报价商，其金价是世界黄金行情的"晴雨表"。

伦敦黄金市场具有独特的交易制度，具体如下：

(1) 伦敦黄金议价制度独一无二。议价委员会由五家公司的代表组成。定盘开始时，先由主席依据市场情况提出一个建议价格，各公司代表讨论通过，随机用电话将该价格汇报给本公司，告知各自的客户，可按此价格委托买卖。五家公司将接受的委托买卖很快汇总到议价场所。

(2) 伦敦黄金市场上交易投资最活跃的黄金必须满足相关规定，即重量为 350～430 盎司，纯度为 99.5%，须有伦敦金市认可的熔铸者及化验者的烙印或证明。这类黄金更容易标准化。

(3) 伦敦金市交易的特点之一是交易制度特别。伦敦黄金市场没有设交易所，交易通过无形方式——各大金行的销售联络网完成。

(4) 伦敦金市交易灵活性强。黄金的纯度、重量等都可以由客户选择。

(5) 伦敦金市交易中金商代客户买卖黄金不收取佣金（在定价时的买卖除外）。他们从某一客户买入黄金，立即售予其他客户或金商。若金商能以低价买入高价卖出，便可赚取利润，否则会亏损。因此金商在买卖黄金时承担金价波动的风险。

(6) 伦敦黄金市场定价交易和差价交易同时并存。定价交易在每个交易日定价两次，由五家会员公司接受客户买卖委托。定价成交，买方缴纳交易总值 0.025% 的手续费，卖方不必缴纳。

### 2. 苏黎世黄金市场

苏黎世黄金市场的建立与发展与苏黎世作为金融中心的发展紧密相连。20 世纪 30 年代初，苏黎世就已成为世界上最重要的金币交易中心。第二次世界大战爆发后，伦敦黄金市场受战争影响关闭，而苏黎世黄金市场因位于中立国瑞士，未受到冲击，因此得以崛起，并成为世界上著名的自由黄金市场。

苏黎世黄金市场的特点如下：

(1) 没有定价制度。在每个交易日的特定时间，根据供需状况议定当日的交易金价，即为苏黎世黄金官价。全日金价在此基础上波动，无涨停板限制。标准金为 400 盎司的 99.5% 纯金。

(2) 市场上经营零售业务居多。与伦敦五大金商专注于大宗黄金交易不同，苏黎世黄金市场大宗交易不常见，总体上多是零售业务。

(3) 苏黎世黄金市场是无形市场，交易在一个自由的银行间市场中进行。

(4) 苏黎世黄金市场是一级市场，实物交易量很大。

### 3. 纽约黄金市场

纽约是世界最大的金融中心。1977年美元贬值引起了人们对黄金的广泛关注，纽约金市的规模迅速扩大，成为全球黄金市场的重要参与者。纽约黄金市场是美国财政部和国际货币基金组织（IMF）拍卖黄金的所在地，这在国际黄金市场中更具独特的地位。纽约金市以黄金期货交易为主，是全球四大黄金市场之一，其交易量占全美黄金交易量的2/3，黄金期货交易是生产者规避风险和投机商牟取利润的有效手段。

### 4. 香港黄金市场

香港黄金市场已有110多年的历史，其起源可追溯至香港金银贸易市场的成立。香港黄金市场具体由下面三个市场组成：

（1）香港金银贸易市场。该市场以华资金商为主导，设有固定的买卖场所，黄金以港元/两定价，交收标准金成色为99%，主要交易的黄金规格为5个司马两为一条的99标准金条。

（2）本地伦敦金市场。这是指由外资金商组成、在伦敦交收的黄金市场。它同伦敦金市联系密切，没有固定交易场所。

（3）黄金期货市场。这是一个正规的市场，这里黄金期货的性质与纽约和芝加哥商品期货交易所的黄金期货相同。其交易方式正规，制度健全，可弥补香港金银贸易市场的不足。

### （二）国际黄金市场的类型

黄金市场是黄金供求双方买卖黄金、进行黄金交易的集中场所，是世界各国金融体系的重要组成部分。黄金市场的发展受到社会经济和国家政策的显著影响，而各地区、各国家的经济与政策存在极大的差异，导致黄金交易市场呈现出各式各样的形态。

#### 1. 按交易期限和交易类型可分为黄金现货市场和黄金期货市场

（1）黄金现货市场是以黄金现货交易为主的市场。交易双方在成交后立即进行实物交割或在两个营业日内完成交割。交割指买卖双方钱货两清的行为。

（2）黄金期货市场是在此基础上产生和发展起来的一种高级市场形式。它的交易对象为高度标准化的期货合约。

#### 2. 按交易场地和交易方式可分为欧式、美式和亚式黄金市场

（1）欧式黄金市场。该市场没有专门的交易场所，在分散地点通过统一的计算机信息网络完成交易过程，是伴随着市场不断发育和交易技术计算机化而出现的，可以完成远距离交易，大大降低了交易成本，极大地扩展了黄金市场的服务空间，方便了客户。

（2）美式黄金市场。该市场建立在典型的期货市场基础上，交易方式类似于该市场上其他期货商品的交易方式。期货交易所作为一个非营利性机构，本身不参加交易，而是提供场地和设备，同时制定相关规则以确保公平、公正的交易，并对交易进行严格监管。

（3）亚式黄金市场。该市场有专门的黄金交易场所，交易实行会员制，并对会员的数量配额有极为严格的控制，只有符合一定要求的公司才有资格成为会员。虽然进入交易场内的会员数量较少，但是信誉极高。以中国香港金银业贸易场为例，场内会员采用公开叫价和口头拍板的方式进行交易。由于金商严守信用，违规事件非常少见。交易方式包括现货交易和期货交易两种。

3. 按市场管制的程度可分为黄金自由交易市场和黄金限制交易市场

（1）黄金自由交易市场：指没有外来干预，居民和非居民自愿进行交易，允许黄金自由输出、输入的市场。

（2）黄金限制交易市场。其主要分为两种类型：一种对黄金的进口不设限制，但对出口加以限制，只允许本国居民自由买卖；另一种对黄金的进口和出口都设有限制，只允许非居民自由买卖，而本国居民不能自由买卖黄金。

4. 按黄金的功能可分为商品黄金市场和金融黄金市场

（1）商品黄金市场：主要满足首饰业和制造业等部门对商品黄金的需求，是在黄金的商品功能基础上发展起来的市场。

（2）金融黄金市场：在黄金货币功能与投资功能的基础上产生与发展的市场。

5. 按交易品种的发展可分为黄金原生品市场和黄金衍生品市场

（1）黄金原生品市场：指实金交易市场，是黄金生产者、加工者与销售者进行交易的市场。

（2）黄金衍生品市场：指在黄金原生品市场基础上衍生出来的市场形式。

（三）当今国际黄金市场的新特点

1. 黄金市场向多元化方向发展

在过去的30年里，黄金市场已发生实质性变化。20世纪90年代初，消费者驱动的黄金需求（即金饰和科技用金需求）占主导地位，在过去10年中，这一指标占比则有所减少，投资和央行需求逐渐成为重要因素，黄金投资变得更加多元化。至2022年，已有超过100只由实物黄金支持的黄金ETF基金遍布全球，黄金ETF持仓量累计达到3 473吨，价值约合2 030亿美元。随着现代化的通信设备和电子技术手段的使用，全球黄金交易可以在一天24小时内不间断进行。

2. 黄金市场交易方式相互交叉、相互渗透

20世纪70年代之后，世界黄金市场的规模不断扩大，原先的黄金现货交易方式已经不能满足市场发展的需要，大力发展黄金期货交易成为大势所趋。各类黄金交易和融资业务、租赁业务、抵押业务、掉期业务交织在一起，形成种类齐全的运作体系。

3. 国际黄金市场的创新

国际黄金市场的创新主要体现在交易工具的创新：一是出现了各种以黄金为标的的衍生交易工具，包括黄金期货、黄金期权、黄金互换等；二是银行为黄金客户提供各种中间业务，包括黄金存款、黄金拆借、黄金抵押贷款等。这些创新交易工具为交易双方带来了极大的便利，为交易双方规避市场风险、实现套期保值、获取利润提供了更广阔的市场。

4. 印度和中国崛起，成为黄金超级消费大国

由于经济转型和财富扩张，黄金需求明显转向亚洲市场。根据世界黄金协会的数据，截至2022年，亚洲黄金需求占比接近60%，其中，中国和印度的需求增长突出，两大市场需求占比已接近50%。20世纪90年代初，中国年度黄金消费接近376吨，2013年创下历史新高，消费1 347吨。2013年以来，中国一直保持着全球最大的黄金消费国的地位。

# 第三节　全球环境治理下国际投资的新特点与新趋势

## 一、国际投资的新特点及作用

（一）国际投资的新特点

1. 目的的多样性

与国内投资相比，国际投资的目的要复杂一些。国际投资主体对外投资的目的不仅仅在于获取经济利益，可能还会有外交、军事、政治等多方面的考虑。国际投资的直接目的有：开拓海外市场，在全球范围配置技术、劳动力、资本等资源，获取海外稳定的石油等资源的长期供应，学习先进技术、降低成本、分散风险，等等。

2. 市场的不完全竞争性

从表面上看国际投资主体是在全球范围内进行自主投资，但出于政治利益的考虑，国际投资主体常常把各个国家划分为不同的利益共同体，将世界市场分为多个部分。通常一国的对外投资水平首先取决于东道国和投资国的外交关系以及相关投资法规、政策。

3. 收益的不确定性

跨国投资涉及不同的国家，而不同国家的政治制度、金融制度、税收制度、外汇制度等存在很大差异，加之跨国投资环境具有不确定性，使其比国内投资风险要大得多，收益的不确定性更强。例如，如果一国因国际收支出现逆差而突然实行较严格的外汇制度，则会使得国际投资的利润汇回变得比较困难。

4. 国际投资环境的较大差异性

国际投资环境指的是外国投资者在某一国进行投资活动时所面临的综合条件。与国内投资不同，国际投资者在东道国之外进行经济活动，带有较大的风险。因此，国际投资环境的好坏，以及投资者对国际投资环境的了解和分析评估，直接影响着投资的效益水平。各国的经济发展水平、经济发展战略、经济体制、基础设施水平、市场完善度、产业结构、外汇管制和物价稳定程度的不同，往往直接影响国际投资的利益获取和投资目标的实现。

5. 可持续性和环境友好性

国际投资者越来越关注可持续性和环境友好性。许多投资机构和基金专注于支持绿色项目，包括可再生能源、能源效率、清洁技术和环保基础设施等领域。ESG（环境、社会和治理）标准在国际投资中变得越来越重要，许多机构将 ESG 标准纳入其投资决策流程，以确保其投资符合可持续和社会责任的原则。此外，出现了越来越多的绿色金融工具，如国际绿色债券和可持续发展债券，这些工具旨在吸引投资者支持环保和可持续发展项目。

（二）国际投资的作用

1. 加速了经济全球化的进程

随着国际投资在全球的快速发展，国际投资主体尤其是跨国公司对发展中国家的投资活动快速增加且投资方式多样化，使得发达国家和发展中国家之间的政治、经济、文化和技术等方面的联系更为紧密，促进了经济全球化进程。这是生产力和生产关系发展的必然结果，这一客观发展的历史进程，主要表现为国家之间、地区之间横向联系的不断加强。国际投资的飞速发展使得经济全球化程度不断提高。

2. 有利于产业结构的调整

国际投资具有快速整合国际资源的作用，能够使一个国家短期内实现产业结构的调整和升级，并形成一定的产业集群。国际投资带来的不仅仅是资金，还包括技术、管理、企业文化、先进的理念等，这无疑能够快速发展东道国的主导产业，淘汰落后产业，促进产业结构的升级和换代。一国发展对外投资的同时也促进了本国的产业结构调整。

3. 加速了国际贸易的发展

国际投资本身带动了投资国的资本流出，进而带动了投资国的设备输出、人才输出、服务输出，同时带动了东道国的产业结构升级。东道国技术的发展和成本优势，使东道国快速由产品进口国发展为产品出口国，而且投资者在海外投资的产品是能够促进投资国原材料、零部件、成品和技术出口的产品。在当今科学技术飞速发展的背景下，国际投资还会通过对外的售后服务、国际租赁、技术服务、金融支持、国际结算、国际保险、国际运输甚至转让无形资产等形式推动国际贸易的发展。

4. 有利于促进可持续发展

许多国际投资者将社会责任和ESG标准纳入其投资决策中，这鼓励企业采用更加负责任的商业实践，关注员工福祉、社区发展，有助于构建可持续的商业模式。另外，一些国际投资，尤其是绿色投资注重生态效益。这类投资有助于推动可再生能源的发展，减少温室气体排放，改善空气和水质量，促进可持续发展。

## 二、国际投资的新趋势

（一）跨国公司采取多中心化经营策略

跨国公司为了实现自身利益的最大化，采取多中心经营战略，以进一步拓展海外市场、整合全球资源、提高跨国管理效率。全球多中心化的管理模式可以降低弱势企业的并购风险，将成为未来跨国公司制度与组织设计的重要选择[①]。

（二）环境问题与国际投资关系日趋紧密

环境问题一直是国际投资关注的热点，各国就此提出降低碳排放量、实施碳关税等措施。碳关税交易市场，就是在环境保护前提下产生的一个新兴交易平台。现在的投资环境不单纯指道路、基础设施等经济意义上的环境，自然环境与投资的关系也日益密切。在应

① 王颂尧. 新趋势下我国国际投资存在的问题及对策建议 [J]. 对外经贸, 2014 (11)：51-52.

对气候变化带来的挑战中，将会出现新的投资机遇，如空气净化装置等。

（三）环境、社会和治理投资优势凸显

伴随着各国愈发追求可持续发展的时代变局，企业对环境、社会和治理因素（ESG）的重视以及由此构建的 ESG 优势，成为推动国际投资的新型竞争优势。近年来，ESG 国际投资规模显著增长，投资体系逐渐完善，投资评级标准丰富化，机构投资策略也出现多元化发展趋势。据全球可持续投资联盟（Global Sustainable Investment Alliance, GSIA）统计，2020 年初全球可持续投资规模达 35.3 万亿美元，较 2018 年增长 15%；全球可持续投资占可管理资产总额的比重为 35.9%，较 2018 年提升 2.5 个百分点。对投资机构而言，投资 ESG 项目不仅能够规避气候环境与社会性风险可能造成的财务损失，还能塑造重视社会责任的良好形象。对企业而言，践行 ESG 理念短期会大幅提高投入（如成立相关部门、完善披露标准和监测信息等），但良好的 ESG 表现能够降低融资成本、提高风险识别能力、扩大吸引投资，最终带来的收益将覆盖前期成本。在投资机构和非营利组织的自发推广下，联合国等国际组织逐步构建起 ESG 相关原则和框架，形成了较为完善的 ESG 投资体系。

**【思考题】**

1. 什么是国际直接投资？国际直接投资有哪几种形式？其中股权投资和非股权投资有何异同？

2. 国际项目投资与一般的国际直接投资有区别吗？简述国际投资项目的实施流程和组织方式。

3. 国际项目投资的经济评价和财务评价有哪些？有何差异？

4. 国际股票的性质和特征是什么？其交易方式有哪些？

5. 进行国际债券投资有哪些风险？

6. 金融期货交易的特点是什么？其种类有哪些？

7. 简述国际黄金市场的类型。

8. 国际投资的新趋势体现在哪些方面？对可持续发展有何影响？

9. 甲公司在 3 个月后需要筹集一笔金额为 2 000 万美元的 3 个月短期资金。甲公司预期市场利率不久将会上升，为了防止利率风险而增加的成本，甲公司在市场上买进了 3 个月对 6 个月的远期利率协议，协议利率为 6%。到交付日，市场利率果真上涨到 8%。计算甲公司做远期利率协议获得的收益。

10. 表 6-4 是甲公司和乙公司分别从 A 银行和 B 银行能够申请到的银行贷款利率条件，甲公司希望使用浮动利率贷款，乙公司希望使用固定利率贷款，那么如何进行利率互换交易使它们达到各自的目的？假设双方共需要支付给银行互换手续费用为 1%，计算互换后各自的实际利率，并将计算结果填入表 6-4 中。

表 6-4

|  | 甲公司 | 乙公司 | 相对利率优势 |
|---|---|---|---|
| A 银行的贷款条件 | 4% | 10% |  |

续表

| | 甲公司 | 乙公司 | 相对利率优势 |
|---|---|---|---|
| B 银行的贷款条件 | LIBOR+1% | LIBOR+3% | |
| 互换后的实际利率 | | | |
| 互换后所得收益 | | | |

11. 某投资者在股票市场上购买了某种股票，购买价格为每股 78 元，一年后以 89 元卖出，一年中所得红利为 9 元，计算该投资者持有股票期间的回报率。

# 第七章　国际私募股权投资和国际风险投资

**【引导案例】**

### 路威凯腾在中国的私募股权投资实践

路威凯腾（L Catterton）成立于 1989 年，是一只在世界范围内有广泛影响力的消费行业私募股权投资基金。路威凯腾的有限合伙人（limited partner）中包含全球最大的奢侈品集团——LVMH。

2020 年以来，路威凯腾加大了在中国内地的投资力度。2021 年 7 月，路威凯腾将 5 亿美元投向喜茶，作为其 D 轮融资。除此之外，元气森林、宠物食品品牌伯纳天纯、"奢侈品电商第一股"寺库、男装品牌 GXG 的母公司慕尚集团、奥特莱斯运营商砂之船等也都成为路威凯腾的重点投资对象。2023 年 9 月，路威凯腾为重组胶原蛋白领先企业创健医疗提供了约 2 亿元人民币的 B 轮融资。

路威凯腾第一期目标规模 20 亿元人民币的基金已于 2022 年落户成都，其有限合伙人包括地方财政出资平台和境内外产业出资人。路威凯腾在报告中提出，中国的新生代显然更具全球意识，更精通数字技术，更能接受"中国制造"的产品。年轻的中国消费者被那些可以作为"自我表达"和"个人价值观"的产品所吸引。鉴于中国在全球舞台上日益活跃带来的民族自信，年轻人日益增长的民族自豪感已经转化为对本土品牌的喜爱。这成为路威凯腾着力布局中国消费投资的重要原因。

路威凯腾作为私募股权投资基金，其在中国的投资实践不仅为出资人带来了丰厚的投资回报，而且成为国内消费观念和结构升级的一股驱动力，同时也为国产消费品牌增强自身实力、打造中国自身的"LVMH"提供了帮助。

（资料来源：作者根据相关资料整理。）

**【学习目标】**

- ◆ 掌握国际私募股权投资的内涵、特点及最新发展；
- ◆ 理解国际私募股权投资的运作机制；
- ◆ 了解国际私募股权投资在中国的发展概况及对中国经济的影响；
- ◆ 掌握风险投资的含义、特点、功能及其运作机制；
- ◆ 了解推动风险投资国际化的主要因素；

◆ 理解并把握国际风险投资在我国迅速发展的主要原因，了解我国吸引外商进行风险投资的措施。

# 第一节　国际私募股权投资

## 一、国际私募股权投资概述

### （一）私募股权投资的内涵

#### 1. 私募股权投资的定义

私募股权投资（private equity，PE）是指通过私募形式获得资金，其投资对象为非上市企业，需要事先持有被投资企业的股份，并且在之后的交易运作过程中考虑未来的退出机制，并以出售所持股份获利的投资方式。

广义上的私募股权投资是对处于种子期、初创期、发展期、扩展期、成熟期等各个不同时期的企业进行的投资。根据资本投资的目的和方向不同，具体可分为创业投资（风险投资）、夹层资本（mezzanine capital）、重振资本（turnaround capital）、并购基金（buyout/buy in fund）、提供发展资本（development capital）、pre-IPO 资本，以及其他如不良债权（distressed debt）投资、上市后私募投资（private investment in public equity，PIPE）和不动产投资（real estate）等。

其中，创业投资指的是自身具备雄厚资金实力的投资者，对拥有专门技术并具有较好市场发展前景但缺乏启动资金的创业家进行资助，并有准备承担创业阶段投资失败风险的投资。对于处于扩充阶段的企业，私募股权投资为其提供资金，支持企业扩大规模，提高其自身竞争力。

并购基金是专注于对目标企业进行并购的私募股权投资基金，并购基金选择的对象通常是成熟企业，通过重组和改造被并购企业，显著提升被并购企业的业绩，持有股权一定时期后再出售。

夹层资本是杠杆收购特别是管理层收购（management buy-outs，MBO）中的一种融资来源，这种资金介于股权与债权之间，对使用了股权融资、普通债权融资之后仍然存在收购资金缺口的情况起到了填补作用。夹层资本本质上是一种借贷资金，它提供资金和收回资金的方式与普通贷款是一致的，但在企业偿债顺序中位于银行贷款之后。因此，在并购融资中，银行贷款等有抵押的融资方式属于高级债券，夹层基金则属于次级债券。

重振资本通常投资于困难期中的企业，这些企业可能由于管理不善、资金链断裂或债务水平过高而处于困境中，重振资本对这类企业提供资金及管理等援助，以期在企业状况改善后退出获利。

Pre-IPO 资本投资于企业上市之前，或在预期企业可于近期上市时进行投资，待企业上市后，从公开资本市场出售股票退出。同投资于初创期的风险投资不同，Pre-IPO 基金的投资时点在是企业规模与盈收已达可上市水平时，甚至企业已经站在上市门口时。因此，Pre-IPO 资本的投资具有风险小、回收快的优点，并且如果企业股票上市后受到投资者追捧，还可获得较高的投资回报。

狭义的私募股权投资是主要针对已经形成一定规模并产生稳定现金流的成熟企业，特别是创业后期的投资。从这个角度来看，私募股权投资行业最初源于风险投资，早期主要服务于中小企业的创业和扩张融资。因此，在很长一段时间内，风险投资被视为私募股权投资的同义词。然而，从 20 世纪 80 年代开始，大型并购基金与夹层资本的兴起为私募股权投资赋予了新的定义。风险投资和私募股权投资的主要区别在于投资领域，风险投资的投资对象限于初创期和扩张期融资的中小企业，私募股权投资的投资对象主要是那些已经形成一定规模并产生稳定现金流的成熟企业。

值得关注的是，私募股权投资与风险投资之间具有融合的趋势。在实际业务中很多风险投资机构介入私募股权投资业务，而传统上被认为专做私募股权投资业务的机构也参与风险投资项目。例如，著名的私募股权投资机构凯雷（Carlyle）对携程网、聚众传媒等的投资便属于风险投资形式的投资。

**2. 私募股权投资的特点**

（1）私募股权投资的资金筹集具有私密性和多元性。这种投资方式主要通过非公开渠道向少数机构投资者或个人募集资金，其销售和赎回都是通过与投资者私下协商进行的。私募股权投资的资金来源广泛，包括富有的个人、风险基金、杠杆并购基金、战略投资者、养老基金、保险公司、大型企业和投资银行等。

（2）私募股权投资的对象通常是具有良好发展预期的非上市企业。在选择投资项目时，唯一的考量标准是能否产生高额的投资回报，而并不局限于项目是否涉及高科技或新技术。因此，被投资的企业一般具有的特征是：无形资产优良，管理团队出色，产品的非替代性强，行业门槛高。

（3）私募股权投资通过权益投资方式为目标企业提供资金支持和管理支持。投资者对被投资企业的决策管理享有表决权，并通常参与企业的管理。具体形式包括参与董事会、策划追加投资和海外上市、协助制定企业发展策略和营销计划、监控财务业绩和经营状况，以及协助处理企业危机事件。一些知名的私募股权投资基金具备丰富的行业经验和资源，能够为企业提供有效的运营策略、融资、上市和人才方面的咨询和支持。

（4）私募股权投资是一种流动性较差的中长期投资。由于投资期限较长，通常一个项目的投资期限可达 3 至 5 年或更长。此外，由于没有现成的市场供非上市公司股权的出让方与购买方直接达成交易，因此其流动性较差。

需要说明的是，私募股权投资从全球范围内寻找可投资项目，并不区分国外国内，根据本书的特点，我们将侧重介绍私募股权投资的跨国运作。

**（二）私募股权投资的产生与发展**

**1. 私募股权投资的产生背景**

1868 年，一群英国投资者共同出资成立了"海外和殖民地政府信托"，他们委托了解海外经济的专家进行投资管理，将资金投入美洲大陆等地。这被视为世界上最早的私募股权投资基金。

美国的私募股权投资可以追溯到19世纪末20世纪初，当时一些私人银行家和富裕家族通过律师和会计师的介绍和安排，直接将资金投资于他们认为具有前景的新兴产业中。这些投资完全由投资者个人自行决策，而不是通过专业的投资机构，这被视为美国私募股权投资的初始形态。

第二次世界大战后，随着各国经济的逐渐复苏，诞生了大量的创新型中小企业。但是，原有的融资方式难以适应市场的需要，无论是银行信贷、股票还是公司债券，其严格的要求对于刚刚诞生的中小企业来说都是很难满足的。而另一方面，创新型企业的发展对一国的经济增长和产业结构升级又具有重要作用。基于这种情况，美国许多专家、学者提出建议和方案，呼吁政府重视新兴企业的融资及发展。曾任联邦储备银行波士顿分行行长的拉尔夫·弗兰德斯（Ralph Flanders）和哈佛商学院教授乔治·多威特（Georges Doriot）提出了一种解决方案，他们认为建立一个私人机构可以吸引机构投资者，从而为创新型企业提供足够的资金支持和管理服务，并促进风险资本职业管理者的发展。在这样的背景下，1946年6月6日，多威特和一些新英格兰地区的企业家成立了第一家具有现代意义的风险投资企业——美国研究与发展公司（American Research and Development Corporation），从而开创了现代风险投资业的先河。然而，受当时条件的限制，风险投资发展较为缓慢。为了实现有效激励和避免双重纳税，有限合伙形式私募股权基金20世纪70年代开始兴起，并逐渐成为主流。1973年全美风险投资协会宣告成立，为美国风险投资业的蓬勃发展注入了新的活力。

可见，私募股权投资的产生是与战后经济增长及科技发展所产生的中小企业迫切的资金需求分不开的，它的出现也填补了原有银行信贷市场、证券市场等资本市场在这一领域的空白。

## 2. 私募股权投资的发展历程

风险投资在美国兴起之后，在世界范围内产生了很大影响。1945年英国诞生了欧洲第一家风险投资企业——工商金融公司。欧洲的风险投资业虽然起步时间与美国相同，发展却很缓慢，直至20世纪80年代英国政府采取了一系列鼓励风险投资业发展的政策和措施后，风险投资业在英国才得以迅速发展。其他一些国家如法国、德国、加拿大的风险投资业随着新技术的发展和政府管制的放松，也在80年代有了相当程度的发展。1963年，日本政府仿效美国的《小企业投资法案》（Small Business Investment Act），制定了《日本小型企业投资法》，并同时在东京、大阪、名古屋成立了"财团法人中小企业投资育成会社"，标志着日本私募股权投资基金的问世。

私募股权投资从20世纪40年代诞生，发展到今天已经有80多年的历史。美国是私募股权投资发展最早和最成熟的国家，下面以美国私募股权投资为例，对私募股权投资的发展进行考察分析。

（1）起步阶段。美国私募股权投资起步阶段约为20世纪40年代中期至60年代末。这一阶段有两个标志性事件。一是前面提到的美国研究与发展公司成立。其成立目的在于从私人及机构投资者处融资，然后投资于具有发展潜力的科技型企业并提供管理上的咨询和帮助，以期将来获得高额回报。二是1958年《小企业投资法案》（Small Business Investment Act, SBIA）出台。该法案授权政府部门专门设立小企业管理局（Small Business

Administration, SBA), 用以审核和批准小企业投资公司 (Small Business Investment Companies, SBIC) 的建立。该法案规定小企业投资公司是专门从事创业投资的公司, 可以获得政府低息贷款支持, 并能享受特定的税收优惠。政府的鼓励措施使得这类小企业投资方式——私募股权投资获得了快速发展。

(2) 摸索阶段。20 世纪 60 年代末至 80 年代初, 美国私人和政府都在探索最适合私募股权投资发展的组织形式和制度支持。有代表性的事件如下:

第一, 有限合伙制组织形式出现。1940 年的《投资公司法》 (Investment Company Act) 规定, 基金管理人的回报和其经营业绩是不能挂钩的, 他们只能得到固定的工资。这种体制使得投资管理人缺乏追求高回报的积极性, 不愿意为风险高但也可能带来高收益的初创企业提供权益投资。基金管理人做的大部分业务都是将从 SBA 获得的低息贷款贷给那些有稳定现金流的公司做债务融资, 以获得利差。另外, 基金管理人只获得固定工资, 这也使这种制度很难吸引高素质的管理人才。20 世纪 60 年代末 70 年代初, 针对这些问题, 美国诞生了新的风险投资组织形式——有限合伙制, 从而克服了上述困难。

第二, 1971 年, 全美证券交易商协会自动报价系统——纳斯达克 (National Association of Security Dealers Automated Quotation, NASDAQ) 证券市场建立。NASDAQ 为不能在主板市场上市融资的中小企业开辟了新的融资渠道, 同时也为私募股权投资资本的退出提供了最佳通道。

第三, 1978 年, 美国为促进私募股权投资的发展, 将资本利得税最高税率由 49% 降为 28%, 1981 年又将其降为 20%。1979 年, 美国国会允许养老金在不影响整个投资组合的安全时, 可投资于新兴企业, 这使得养老金逐渐成为私募股权投资资本的重要来源。

(3) 调整阶段。证券市场能为资本提供良好的退出场所, 因此证券市场繁荣是私募投资得到高速发展的一大重要原因。20 世纪 80 年代前期, 私募资本退出的重要渠道是在证券市场上首次公开上市 (IPO)。1987 年股灾发生后的几年里, 私募股权资本的新筹金额大幅度降低, 美国的私募股权投资行业进入一个调整阶段。

调整阶段私募股权投资主要呈现两个特点: 一是投资对象的变化。1980 年私募股权资本投资于初创企业的比例为 25%, 1984 年降为 21%, 1988 年这一比例进一步降低为 12.5%。同期内投资于杠杆收购的私募股权投资资本却由 1980 年的空白激增至 1988 年的 20%。二是专业化分工的形成。20 世纪 80 年代之前, 私募股权投资基金大多有足够的时间认真地评估任何一类企业, 以决定是否投资。20 世纪 80 年代之后, 私募股权投资资本规模迅速扩大, 市场竞争激烈, 促使基金管理者不得不进行专业化投资, 以减少其决策时间, 取得竞争优势。正是这些变化导致私募股权投资与风险投资的分野。对于风险投资在 20 世纪 80 年代以来的发展演进, 第二节将展开具体分析。

(4) 大发展阶段。步入 20 世纪 90 年代后, 私募股权投资因网络技术等新兴科技的兴起而获得大发展。这一时期, 私募股权投资发展趋于完善, 资金规模迅速增长, 投资企业类型、投资手段多元化, 私募股权投资的退出渠道也更加丰富, 从而对证券市场 IPO 的依赖逐渐减弱。

(5) 成熟阶段。私募股权投资的高回报率吸引了越来越多的机构和个人投资者持续跟进, 合伙人队伍日益壮大。但在 2000 年左右, 互联网泡沫的破灭对美国实体经济造成了较大的冲击，美国股市急剧下滑，IPO 市场大幅萎缩，私募股权投资的退出渠道受到严重阻碍，私募股权投资行业一度低迷。随着美国经济的恢复，私募股权投资再度活跃起来。随后而来的美国次贷危机冲击了美国股市，私募股权投资行业也一度受挫，但在新兴市场的带动下，其复苏时间比以往更短，说明私募股权投资行业日趋成熟。美国证券交易委员会（SEC）发布的统计报告显示，截至 2021 年第二季度，注册登记的私募基金管理人计 3 389 家，已备案的私募基金有 37 531 只，资产管理规模 18 万亿美元。

从美国的私募股权投资的发展可以看出，私募股权投资的产生、发展以市场为导向，但同时政府的政策制定和鼓励措施对其发展具有重要意义。美国私募股权投资行业对促进美国中小企业发展具有重要作用，尤其对促进美国的高科技企业的成长产生了巨大作用。

（三）国际私募股权投资的最新发展趋势

经过多年的快速成长，全球私募股权投资基金已经具备相当大的规模，对企业决策和金融市场的投资行为正在产生越来越重要的影响。据统计，国际私募股权投资行业在 2017 年从投资者处募集的资金创纪录地达到 4 530 亿美元。在私募股权投资的演化与国际化扩张进程中，私募股权投资经营范围的综合化趋势愈加明显，涵盖从股权投资到证券市场投资，甚至包括房地产投资在内的各个领域。

私募股权投资的最新发展具有以下特点：

第一，从事私募股权投资业务的机构逐步多样化。除了传统的私募股权投资基金公司，许多商业银行、投资银行和保险公司通过设立直接投资部或单独的资产管理公司等方式来开展私募股权投资业务，如高盛、麦格理和汇丰银行等。此外，为了服务于本公司的战略布局和投资组合，一些大型跨国公司也设立了私募股权投资基金，资金来自跨国公司内部，例如 GE 资本等。

第二，私募股权投资领域和投资策略逐步综合化。不同类型私募股权投资之间的界限逐步模糊。首先，私募股权投资的投资范围并不限于非上市公司的股权，还包括股票、债券及衍生工具交易等证券投资。其次，高科技行业已不再是私募股权投资的主要投资焦点，私募股权投资同样关注大消费、泛消费类等传统行业。此外，私募股权投资的投资策略也已经从传统的非上市企业风险投资扩展到对上市企业的并购和重组，显示出投资策略的多元化趋势。

第三，私募股权投资基金投资视角国际化。1998 年，美国瑞普勒伍德（Ripplewood）基金出资 1 亿美元收购了日本长期信用银行，将其改名为新生银行（Shinsei Bank）。随后，该基金通过改变放贷模式、引进信息系统等手段将新生银行培育成为一个全新的营利性机构，并于 2004 年在东京证券交易所成功上市，瑞普勒伍德基金当初投入的资金获得了 10 倍回报。诸如此类的案例很多，显示出私募股权投资的投资视野更为宽广，其开始在新兴市场国家寻找投资机会。

（四）私募股权投资的经济学分析

1. 私募股权投资有助于降低投资者的交易费用，提高投资效率

现代经济学契约理论认为，作为经济活动的基本单位，交易是有费用或成本的。肯尼斯·阿罗在 1969 年发表的《经济活动的组织：关于选择市场配置还是非市场配置的一些

问题》一文中提出，所谓交易费用，就是经济系统运作所需要付出的代价或费用。投资活动往往伴随着巨大的风险和不确定性，使得投资者需要支付搜寻、评估、核实与监督等成本。私募股权投资基金作为一种集合投资方式，能够将交易成本在众多投资者之间分担，并且能够使投资者分享规模经济和范围经济。相对于直接投资，投资者利用私募股权投资方式能够获得交易成本分担机制带来的收益，提高投资效率，这是私募股权投资存在的根本原因。

2. 私募股权投资有利于解决信息不对称引发的逆向选择与道德风险问题

信息不对称指的是一方拥有与交易行为相关的信息而另一方不知道，而且不知情的另一方验证他方信息的成本非常高昂，导致在经济上不可行，从而影响准确的决策。交易双方对信息占有的非对称性会导致两种结果：事前发生的逆向选择和事后发生的道德风险。在私募股权投资活动中，信息不对称是一个严重的问题，它贯穿投资前的项目选择和投资后的监督控制各个环节。作为专业化的投资中介，私募股权投资基金能够有效地解决由信息不对称引发的逆向选择与道德风险问题。首先，私募股权投资基金的管理人通常由对特定行业具有丰富专业知识和经验的产业界和金融界的精英组成，他们对复杂的、不确定性的经营环境具有较强的计算能力和认知能力，有较强的信息搜寻、处理、加工和分析能力。私募股权投资基金的管理人作为特殊的外部人能最大限度地减少信息不对称，防范逆向选择风险。其次，私募股权投资的制度安排也有利于解决信息不对称带来的道德风险问题。私募股权投资基金最常见的组织形式是有限合伙公司，通常由普通合伙人和有限合伙人组成。私募股权投资基金的管理人能准确地知道企业的优势和潜在的问题，向企业提供一系列管理支持和顾问服务，最大限度地使企业增值并分享收益。这样，私募股权投资的制度安排比较有效地解决了委托-代理问题，这是私募股权投资得以快速发展的又一原因。

3. 私募股权投资能够发挥风险管理优势，提供价值增值

现代经济学认为，投资组合能够减少经济活动的非系统性风险，从而成为风险管理的重要手段。对于单个投资者来说，分散化投资可能会带来额外的成本。例如，投资者可能需要减少在某个企业中的投资比例，从而导致对该企业的控制减弱。此外，投资者还需要花费更多的精力和成本对不同的投资项目进行监督和管理。相比之下，私募股权投资基金采取的是集合投资方式，它可以通过对不同阶段的项目、不同产业的项目的投资来分散风险。因此，投资者除了享受成本分担的收益外，还能分享分散投资风险的好处，进而获得价值增值。

4. 私募股权投资可以起到发现价格的作用

从发现价格进行资产定价的角度来看，私募股权投资市场通过私募股权基金的运作，可以对那些流动性弱的非上市公司的债权、股权等经营控制权进行交易，进而就可以在更大的市场空间内对企业的产权进行定价。

（五）国际私募股权投资对东道国与母国的影响

1. 国际私募股权投资对东道国的影响

国际私募股权投资对东道国会产生以下积极影响：

首先，拓宽了东道国企业资金来源和渠道，支持并推动其融资方式创新。国际私募股

权基金的进入有利于拓宽东道国企业融资渠道，完善资本市场结构，填补银行信贷和证券市场未能覆盖的空白部分；专长于资本运作的国际私募股权投资基金在投资过程中往往使用新奇和复杂的交易工具，包括一系列高级和次级债务，以及其他衍生证券，从而将极大地推动融资方式的创新。

其次，有利于东道国企业的快速发展，推动经济增长。国际私募股权投资基金具有丰富的行业经验与资源，它们为被投资企业提供经营管理、咨询、顾问等服务，改善公司治理结构和财务结构，给被投资企业带来管理、技术、市场和其他方面的专业技能，提高企业的竞争力。此外，国际私募股权投资基金对高科技企业的投资，有利于东道国高科技产业发展，促进技术创新，改善产业结构，推动经济增长方式的转变，进而促进被东道国整体经济实力的提升。

最后，有助于减缓经济波动，尤其在低迷时期能起到调节作用。尽管国际私募股权基金所投资的公司和普通公司一样，会受到经济衰退的冲击，但相对而言，由于私募股权投资兼具金融性质和企业性质，其对经济周期的大起大落具有一定的调和能力。在低迷时期，一方面，下降的市场行情创造了购买机会，银根收紧、募资难等原因导致企业价格大幅缩水，为私募股权投资基金提供了购买时机，可使其以优惠价格买到优质资产；另一方面，市场流动性紧缩时，尽管国际私募股权投资等金融活动会受到一定影响，但私募股权投资基金可以将精力转向实业活动，专心打理所投资公司的业务，从而对经济复苏起到良性温和的促进作用。但同时，私募股权投资对东道国也可能带来一些负面影响，如对东道国投资控股企业的目标短期化问题和投资行业的市场垄断问题，都是值得高度关注和研究的课题。

总体来看，在适当、有效的监管条件下，国际私募股权投资对东道国带来的正面收益要大于负面影响。

2. 国际私募股权投资对母国的影响

从母国角度分析，杠杆收购等大规模的私募股权投资一般需要通过银行或者抵押债务融资，在市场透明度不高的情况下存在一定的系统风险。另外，国内资金的流出也可能对国内经济发展的资金需求带来一定的负面影响。但是，目前国际私募股权投资的资金流出国都是具有完善金融市场的发达国家，国际资本流动本身就处于一个动态过程中，并且私募股权投资资金在全球范围内寻找高利润的项目，其获得的收益也要远高于国内投资收益。最终，投资国将在税收和消费增长上获得巨大利益。

从全球范围来看，国际私募股权投资的发展，对资金在全球范围内的合理配置、促进全球经济的增长具有重要作用。

## 二、国际私募股权投资的运作机制

国际私募股权投资的运作程序基本包括三个阶段：一是募集资金成立私募股权投资基金；二是筛选、测评项目，做出投资决策，并对投资项目进行经营和管理投资；三是退出，以期获得高额回报和收益。

（一）国际私募股权投资基金的设立

国际私募股权投资的前期工作是资金募集和组织设立，与公募基金相比，私募股权投资基金在资金来源和组织方式上都有其特别之处。

1. 国际私募股权投资基金的资金来源

私募股权投资基金既可以向社会不特定公众募集资金，也可以采取非公开发行方式，向特定机构或个人募资。其资金来源可归纳为以下几个方面：

（1）各种基金。以美国为例，投资于合伙制的私募股权投资基金，主要有养老基金、各种非营利基金以及大学后备基金等。

（2）银行资金。为了培养未来客户和增加利润，银行愿意通过私募股权投资基金间接投资于经营业绩优良、高成长性的企业。这种方式在欧洲和日本比较盛行。

（3）保险公司。为了追求理想的投资回报，保险公司也为国际私募股权投资提供资金。在欧洲10%以上的私募股权投资资金来源于保险公司。

（4）政府资金。私募股权投资的发展离不开本国政府的支持，政府通常将一些资金直接或间接地投入本国私募股权投资基金中。例如，著名的淡马锡控股公司（Temasek Holdings）即为新加坡政府全资拥有。

（5）企业资金。大型企业是私募股权投资资金的重要来源，在英国，许多国际私募股权投资机构本身就是由大企业控制的。

（6）个人投资者。这主要是指有一定风险辨别和承受能力的个人投资者。由于个人投资者稳定性差、容易受自身经济状况的影响，所以他们在国际私募股权投资资金来源中所占的比例一般不大。

在实践中，由于私募股权投资的投资期限较长，所以通常是采取非公开募集的方式向长期投资者募集。一般来说，私募股权投资的资金大量来自投资地域的机构投资者。在欧洲、美国的私募股权投资基金中，机构投资者的资金比例达到90%以上。

2. 私募股权投资基金的组织形式

国际私募股权投资基金的组织形式主要有契约信托制、公司制和有限合伙制。

（1）契约信托制。契约信托制私募股权基金是指基于一定的信托契约而成立的私募股权基金，一般由基金管理公司（委托人）、基金保管人（受托人）和投资者（受益人）三方通过信托财产进行投资，基金保管人依照契约负责保管信托财产，投资者依照契约享受投资收益。契约型投资基金不具有法人资格，投资者的出资全部置于受托人的管理之下，并且信托财产名义上属于基金保管人，基金资产独立于基金保管人的自有资产，也独立于基金管理公司及投资者的固有财产。在发达国家中，部分私募股权投资基金采取契约信托制，这在法律不承认有限合伙制的国家尤为普遍。

（2）公司制。在公司制私募股权投资基金中，股东以其出资额为限对公司承担责任，公司以其全部资产对其债务承担责任。早期私募股权投资基金常采用该组织形式。

（3）有限合伙制。目前国际上绝大多数私募股权投资基金采用有限合伙制。依责任形式的不同，可将合伙人分为普通合伙人（general partner，GP）与有限合伙人（limited partner，LP）两类。普通合伙人与有限合伙人可以为自然人或法人。普通合伙人对有限合伙企业的债务承担无限连带责任，对有限合伙企业享有管理权；而有限合伙人只以其出资为限对有限合伙企业的债务承担有限责任，对有限合伙企业无管理权。在以有限合伙形式组成的私募股权投资基金中，基金管理人（普通合伙人）一般只提供1%的资金，通常可获得固定比率为2.5%左右的管理费收入和20%左右的资本利润提成。

与另外两种组织形式相比，有限合伙制有以下优势：

第一，无须缴纳公司所得税，法律规定只对投资人征收个人所得税，相比公司制避免了双重征税问题，大大降低了资金的营运成本。

第二，相比一般的合伙制，能够降低有限合伙人（资金的提供者）的风险。

第三，可以更好地激励普通合伙人（基金管理人），使其全身心地投入工作，实现投资价值的最大化。

第四，在设立和运营中比公司制更具有操作灵活性与保密性。合伙制企业的信息披露标准比公司制企业宽松，而且受到的法律限制更少。

第五，资金分次募集，比较灵活，避免了资金闲置。

总的来看，在目前私募股权基金比较发达的国家和地区，公司制基金约占5%，契约信托制基金约占15%，有限合伙制基金高达80%。

### （二）国际私募股权投资的操作程序

国际私募股权投资在完成基金募集和组织设立后，接下来就进入投资操作阶段。投资操作分三个程序：

#### 1. 投资项目的筛选和测评

国际私募股权投资涉及资本在国际的流动，是资本在各国间的不同行业、不同企业之间的二次配置。资本的逐利性以及私募股权投资高风险、高收益性质，使国际私募股权投资遵循一套对投资地域、投资项目筛选和测评的标准，以保证它的运作和发展。

（1）对投资地域的选择。

第一，政策环境。这主要指投资地的经济、政治和社会稳定性以及政府的管理能力。稳定的宏观政治环境、高效的政府管理水平是一个国家吸引国际私募股权投资的前提条件。

第二，经济因素。这主要指投资地市场的规模和成长性、开放性、消费者的偏好、市场结构、公司的治理结构、现代化程度，以及资本市场的完善程度、汇率政策，等等。所有这些因素均直接决定跨国投资经营的成本与收益，进而影响国际私募股权投资基金的投资决策。

（2）对投资项目的选择。国际私募股权投资考察、评估、筛选投资项目的方法和手段有很多种。一般着重考察以下几个方面：

第一，项目企业管理水平。对项目企业管理水平的考评主要包括两个方面：一是管理团队的考评，特别是高层管理者的个人特质。管理者奉献和敬业精神、管理者远见和个人魅力、专业技术相互匹配度以及管理层制订的企业发展计划等都在考察的范围之内。二是管理制度的考评，包括项目企业治理结构、规章制度章程、股东会决议、董事会议事规则、董事会决议等。

第二，项目企业的核心竞争力。对核心竞争力的考察具体包括项目企业的产品技术特性、商业模式是否具有差异性优势和投资边际效益优势，项目企业是否存在较好的品牌优势，自主研发的知识产权是否形成竞争壁垒。这些都是保证项目企业低成本扩张、迅速成长的优势。

第三，项目企业的资产及财务情况。首先，审核项目企业的各项财产的权利是否有瑕疵，是否设定了各种担保，以及权利的行使、转让是否有所限制等。其次，审查项目企业的各项债权的实现是否有保障，是否会变成不良债权等，以确保目标企业的财产关系清晰。另外，还要对重要交易合同进行审查，对目标公司是否存在重大诉讼或仲裁进行调查。

### 2. 投资方式和投资价格的确定

对于通过了筛选和测评的项目，国际私募股权投资基金管理人要设计投资方案并确定投资工具，对企业进行估价和基于以往业绩或未来盈利确定投资价格、投资金额和股份比例，并兼顾董事会席位、否决权及其他公司治理问题等，然后签订投资协议和认股合同。

国际私募股权投资基金传统的投资工具包括股权和债权。此外，为了提高收益同时规避风险，基金管理人还倾向于使用可转换成普通股或可认购普通股的债券。该种投资工具一方面在企业经营不良时可以通过企业回购和清算来保护投资成本，另一方面在企业经营出色时可以通过转换成普通股并上市来获得超额的投资回报。

企业的估值对于国际私募股权投资来说关系重大。当前国际通行的是市盈率估值调整法，即根据企业现有的财务状况，以企业被投资当年的净利润乘以一个合适的倍数（即市盈率）作为企业的基准价格。然后，以基准价格为基础，根据企业的实际情况进行一定幅度的调整，在确定投资金额和所占股份比例后进行投资。

### 3. 参与项目企业经营管理

在对项目企业投资之后，私募股权投资基金为确保企业正常发展，以实现投资利润，会派出专家参与项目企业的经营管理。依托自身的资本聚合优势和资源整合优势，提升项目企业的管理、市场和财务水平，推进企业内在价值的提高。

国际私募股权投资基金的管理人一般具备企业管理运营经验，并与各行业专家有着广泛的联系，能够在营销、财务等方面对项目企业提供强有力的支持。另外，私募股权投资基金与金融机构关系密切，也为对项目企业追加融资提供了一定资金来源渠道。

### （三）国际私募股权投资的退出机制

退出是国际私募股权投资运作过程的重要组成部分。国际私募股权投资运作的根本目的不是控制企业，而是通过转让所持的股份获得高额的投资回报。其投资成功与否最终取决于是否能将所持股权变现、顺利退出被投资企业。国际私募股权投资基金退出后，将继续寻找机会将收回的本金及增值部分投资于下一个项目企业，实现资本在时空组合上的良性循环。良好的退出机制是私募股权投资得以持续发展的保证。

国际私募股权投资的退出主要有以下几种形式：

### 1. 首次公开上市（IPO）

首次公开上市是指国际私募股权投资者通过投资企业股份公开上市，将拥有的私人权益资本转换为公共股权资本，通过在证券交易市场变现以实现资本增值的方式。无论对于被投资企业来说，还是对于私募股权投资基金来说，直接上市都是实现双方利益最大化的最优途径。对于私募股权投资基金来说，股票市场所提供的高估价可以让其在投资几年后便获利退出，给基金的投资人以丰厚回报，而基金高收益率的良好声誉有利于其筹集新的基金，投资新的目标，从而获得进一步发展壮大。对于被投资企业而言，上市过程本身是一个融资的过程，股票市场成为被投资企业新的融资渠道，高估价、高流动性会降低企业融资成本，为企业的成长壮大带来广阔的融资通道及市场知名度等其他资源，因此上市无疑为企业增加了"一对可以腾飞的翅膀"。

企业公开上市通常有主板市场和创业板市场两种途径。主板市场上市条件较为严格，企业的上市门槛较高。而创业板定位于为具有高成长性的中小企业和高科技企业进行融资服务，是针对中小企业的资本市场。国际私募股权投资基金的对象主要是具有核心竞争力、高成长性的企业，因而创业板市场常常是国际私募股权投资成功退出的首选。

美国的纳斯达克市场是最成功的创业板市场，先后培育出微软、英特尔、苹果、戴尔等知名公司，为美国近年来经济的持续增长起到巨大的推动作用。在美国纳斯达克市场成功经验的引导下，许多国家为了促进本国中小企业的发展，同时为私募股权投资基金的退出提供通道以吸引国际私募股权投资基金的进入，纷纷设立证券主板市场之外的创业板市场。创业板市场在各国的广泛设立拓展了国际私募股权投资基金的空间，有利于它们在更广的地域内寻找合适的投资项目，同时减少了退出的后顾之忧。

### 2. 股权转让及回购

股权转让这种退出方式可以较快捷地将拥有的股权变现，和首次公开上市相比，该退出方式操作简单、费用低廉，适合各种规模的企业。在实践操作中，股权转让主要有两种具体方式，一是兼并和收购，二是股权回购。兼并和收购是指当项目企业发展到成熟阶段时，被国际私募股权投资基金包装后出售给战略投资者，实现投资退出，获得风险收益。股权回购是指被投资企业以一定的程序和价格，用现金或票据等有价证券将私募股权投资基金所持的股份购回，从而使得私募股权投资基金退出被投资企业的行为。根据回购的主体不同，股权回购可以分为管理层收购（MBO）和员工回购（EBO）等。管理者和员工作为企业内部人员通常对企业非常了解，当企业发展到一定阶段，资产达到一定规模，财务状况良好，但尚未达到公开上市的要求时，若管理者或员工对企业的预期较好，就会通过内部回购的方式购买私募股权投资基金的股份，于是私募股权投资基金得以退出。

### 3. 清算

清算是指企业因经营管理不善等原因解散或破产，进而对其财产、债权、债务进行清理与处置，使得国际私募股权投资基金不得不中途退出。清算是包括私募股权基金在内的各方都不愿意看到的结局，然而，由于运作不成功而进入清算程序的比例在国际私募股权投资市场上并不低。例如，美国的私募股权投资基金所投资的企业中会有相当一部分进入清算程序，其比例与能公开上市的投资企业数目大体相当。

## 三、国际私募股权投资在中国的发展

### （一）国际私募股权投资基金在中国的发展概况

2000 年以来，以收购基金为主的国际私募股权投资基金开始通过各种渠道进入我国市场。业内公认的中国第一个国外私募股权投资案例，是 2004 年美国私募股权投资基金新桥资本以 12.53 亿元人民币从深圳市政府手中收购深圳发展银行 17.89%的股权。在金融领域比较重大的投资案例有：2006 年 2 月，新加坡淡马锡旗下私募股权投资基金动用了 15 亿美元获得中国银行 5%的股权；2016 年 1 月，美国红杉资本旗下的私募股权投资基金领投京东金融，募集资金 66.5 亿元。在非金融领域，比较重要的投资案例有高盛并购双汇、华平控股哈药、大摩投资蒙牛、黑石收购蓝星、KKR 注资青岛海尔等。我国国内私募股权投资基金起步较晚，无论从融资规模还是从投资金额来看，国际私募股权投资基金都占据了我国私募股权投资市场的主导地位。2023 年 7 月 17 日中国证券投资基金业协会公布的数据显示，截至 2023 年 6 月底，基金业协会已登记私募基金管理人 22 114 家，私募股权投资基金规模达到 20.77 万亿元。

活跃在中国的国际私募股权投资基金具有以下特点：

第一，基金类型呈现多元化格局，成长型基金和并购型基金占据主导。以 2015 年为例，创业投资与私募股权研究顾问及投资机构清科集团发布的《2015 年中国股权投资年度研究报告》显示，该年度延续了 2014 年的热度，即使是在宏观经济低迷和二级市场震荡的环境下，基金募集、投资和退出等环节依旧稳中有升。2015 年，私募股权投资可投于中国内地的资本存量达到 10 232 亿元，增幅达 21.2%，私募股权基金机构新募基金计 2 249 只，共募集 5 649.54 亿元。在新募基金中，成长基金依旧是主流，计 1 719 只，占比达 78%；并购基金增长迅速，有 245 只，占比达 11%。就募集金额来说，成长基金为 3 882.59 亿元，占比为 69%；并购基金为 744.62 亿元，占比为 13%。2022 年，中国股权投资市场承压发展，投资和退出呈现下降态势。其中，募资总量维持稳定，新募基金数量达 7 061 只，同比小幅提升；在国有资本股权投资参与度加深、新基建加速布局的背景下，大型政策性基金、基础设施投资基金集中设立，推动市场募资规模维持高位；投资节奏明显放缓，2022 年共发生 10 650 起投资案例，涉及金额 9 076.79 亿元，同比分别下滑 13.6%、36.2%。

第二，私募股权投资基金的重点领域覆盖高科技新兴行业和传统行业。20 世纪 90 年代国际私募股权基金热衷于投资高科技行业。但近年来其投资重点开始兼顾到传统行业。截至 2021 年末，互联网等计算机运用、机械制造等工业资本品、原材料、医药生物、医疗器械与服务、半导体等产业升级及新经济代表领域成为私募基金布局重点，在投项目 8.08 万个（未剔重），在投本金 3.87 万亿元。2022 年，硬科技投资成为市场主导，半导体、新能源和汽车等行业投资总量逆势上涨。

第三，私募股权投资基金热衷于采取成长资本策略，新三板和定增策略投入资金增大。2016—2020 年，中国私募股权投资市场较稳定。2019 年，私募股权投资受资本寒冬影响交易数量和金额有所下降。2020 年初，受疫情影响，全国私募股权投资项目较少。随着国内疫情得到控制，市场迅速恢复。2021 年，私募股权投资基金总共发起了 5 262 个项目，投资额高达 10 288.3 亿元。截至 2021 年末，私募基金累计投资于境内未上市未挂牌企业股权、新三板企业股权和再融资项目数量达 16.87 万个（未剔重），为实体经济形成股权资本金 10.05 万亿元。在投资资产中，股权类资产配置占比过半，未上市未挂牌企业股权资产占股类资产的 63.2%。2021 年全年，私募基金投向境内未上市未挂牌企业股权的本金新增 8 338 亿元，相当于同期新增社会融资规模的 2.6%，有力推动了供给侧结构性改革与创新增长。从 2022 年上半年中国 PE 机构退出的回报倍数来看，平均回报倍数集中在 1~10 倍，达 584 起，回报金额集中在 1 000 万~1 亿元人民币，达 394 起。

第四，对项目企业的投资方式是股权与衍生工具的组合。由于我国政策限制等方面的原因，国际私募股权投资基金占被投资公司的股份通常不超过 30%，为了减少对股份的稀释，还会采用可转换公司债券和可转换优先股之类的金融工具。此外，国外私募股权投资基金还经常采用卖出选择权和转股条款等金融工具。卖出选择权要求被投资企业如果未能在约定的时间内上市，则必须以约定的价格回购私募股权投资基金所投资的那部分股权。转股条款是指私募股权投资基金可以在被投资企业上市时将优先股按一定比率转换成普通股，分享上市的成果。

此外，对项目企业的管理方面看，多数国际私募股权投资基金除了参与企业的重大战略决策外，一般不参与企业的日常经营和管理。他们通常在董事会占有至少一个席位，以保障其投资的基本利益，并且很多私募股权投资基金会以指派财务总监的方式加强对被投资企业的财务监管。

总体来看，在当前的中国私募股权投资基金市场，国内私募股权投资基金发展迅速，但外资及中外合资基金仍然占相当比例。对此，马丁·黑米格（Martin Haemmig）博士在《风险投资国际化》一书中这样解释：巨大的国内市场，强大的工业基础，高速发展的经济等，中国集中了几乎所有适合私募股权投资基金投资的因素。此外，在全球经济持续震荡的过程中，中国保持了稳定的中高速增长，大量的未上市成长型企业是其中的重要推动力，因此中国私募股权投资基金市场发展潜力巨大。

（二）国际私募股权投资在中国的进入与退出方式

1. 国际私募股权投资基金进入我国的渠道

国际私募股权投资基金进入我国以外商直接投资形式为主，即选择有潜力的境内企业进行参股或者收购部分原股东股权。对于房地产等特殊行业，其投资通常采取与国内房地产开发商合作成立合资公司的形式。在项目完成后，合资企业会解散，投资者可以分得盈利。另外，投资者还可以直接从国内开发商购买商业楼盘，再通过租售等方式实现资本回收。

具体来说，国际私募股权投资基金进入我国的渠道有两种：一是外国投资者先在境外设立私募股权投资基金，再以境外投资者的法人身份并购境内企业；二是外国投资者设立外商创业投资企业或一般外商投资企业，再通过该企业并购境内企业。投资方式主要包括增资扩股、原股东股权转让和收购资产等。增资扩股是指企业向要引入的私募股权投资基金增发新股，融资所得的资金全部进入企业。采用这种方式，企业进行了新的融资，有利于企业的进一步快速发展。股权转让是指由原股东向引入的投资者转让其所持有的股份，满足原股东变现退出的需要，并同时引入私募股权投资基金。增资扩股和股权转让这两种方式也经常被混合使用。

鉴于我国的一些政策和法律限制，国际私募股权投资基金进入时，一般不选择直接投资中国本土实体企业，而是通过成立海外离岸公司或购买壳公司并将境内资产或权益注入壳公司的方式，使国内的实体企业成为离岸公司或壳公司的子公司，达到最终以离岸公司或壳公司的名义在海外证券市场上市的目的。利用这种方法，可以使投资和退出行为都发生在管制较为宽松的离岸市场。

2. 国际私募股权投资基金在我国的退出模式

国际私募股权投资基金在中国的退出方式主要有两种。一种是提升所投资企业的价值，然后将其所持股份转售给其他投资者。通常情况下，购买者希望通过收购打入中国市场或提升其在该行业中的竞争力。例如，摩根士丹利投资"南孚电池"，然后将其出售给吉列公司，在整个出售退出过程中，通常的做法是将交易安排在离岸市场。另一种方式是推动企业首次公开上市（IPO），然后通过二级市场逐渐退出。IPO退出获利丰厚，因而是私募股权投资基金偏爱的退出方式，但是受制于监管机构的审查以及做空机构的攻击，IPO可能会受到阻碍。以2022年上半年为例，中国PE机构退出案例达848笔，其中，退出方式以IPO为主，为699笔，占总退出案例的82.4%；以股权转让方式退出78笔，占比为9.2%。除了上述两种主要方式外，还有一些私募股权投资基金选择先向内资企业增资或收购股权，企业获得资金后，在约定的时间内通过股权回购的方式收购私募股权投资基金持有的股份，从而实现融资的目的。私募股权投资基金则以投资名义获得一定的固定回报。

境内企业海外上市一般有两种方式。一是海外直接IPO，即注册在境内的企业在海外直接发行H股、N股、S股等股票或存托凭证，从而达到私募股权投资基金退出与企业上市融资的目的。这种方式路径安排相对直接，但上市过程中面临的监管相对复杂。二是以红筹股形式进行曲线IPO，即前面所述的设立离岸公司或壳公司，将境内资产或权益注入，以离岸公司或者壳公司名义在海外证券市场上市筹资。这种方式的优点是可以避开国内的一些监管和管制，也可以获得税收上的优惠，上市手续也相对简便。然而，国际私募股权投资基金通过离岸公司或壳公司境外上市的退出方式，受到相关法律法规的监管和约束。依照《中华人民共和国外商投资法》，明确外商投资准入负面清单以外的领域，按照内外资一致的原则实施管理。外国投资者并购中国境内企业或者以其他方式参与经营者集中的，依照《中华人民共和国反垄断法》（2022年修订）的规定接受经营者集中审查。

（三）国际私募股权投资基金对我国企业的影响

近年来，国际私募股权投资基金针对我国企业进行了大量的投资和并购，其影响是多方面的。尤其值得关注的是，国际私募股权投资基金为"一带一路"建设筹措了大量资金。

1. 为中国企业注入增量金融资源，促进中国实体经济发展

首先，国际私募股权投资基金丰富了中国的金融资源。国际私募股权投资基金的进入，意味着国际增量资金的进入，有利于缓解企业资金困境，拓宽中国企业融资渠道。国际私募股权投资基金采用新奇和复杂的投资工具和手段，极大地推动了我国融资方式的创新，有利于完善我国金融市场结构；同时，随着国际私募股权投资基金越来越深入地参与到"一带一路"建设中，它们为"一带一路"建设直接吸引了大规模的境内外社会资金，从而在一定程度上改善了"一带一路"建设过于依赖政策性资金的局面，优化了"一带一路"项目的融资结构，改变了债权融资占比过高的现状。总之，国际私募股权投资基金与"一带一路"融资体系下的其他主体形成了各有侧重、互为补充的格局，为"一带一路"建设提供了更加全方位和多层次的金融支持。

其次，国际私募股权投资基金有助于促进我国产业结构的调整。国际私募股权投资基金基于完全市场化的运作方式，其管理者以企业成长潜力和效率作为投资选择标准，将资金投给具有良好发展前景的产业及行业中的优秀企业，有助于推动新兴产业、朝阳产业的发展。与高科技成果的结合有利于促进中国高科技成果产业化，推动高新技术产业发展。

最后，国际私募股权投资基金促进所投资的项目企业成长，提高其竞争力。国际私募股权投资基金为企业提供长期股本支持和经营管理服务，能够改善企业财务结构和治理结构；协助企业制定战略规划，在企业早期、成长期、扩展期以及上市过程中都能发挥较大的推动作用；促进企业在产品市场与资本市场的持续成长，提高企业的竞争力。

**2. 国际私募股权投资基金在运作中也会带来不利影响**

首先，短期化的获利目标有时会使收购的目标公司难以适应。国际私募股权投资基金为实现其通过 IPO、售出等退出时的利润最大化，有时会过于追求短期业绩目标，而这可能和企业的长期利益追逐目标相违背。此外，其可能衍生的内部交易也容易损害中小投资者的利益。

其次，国际私募股权投资基金大规模的收购可能带来市场垄断问题。例如，高盛持有雨润食品集团 13% 的股权后，2006 年又与其合作伙伴鼎晖基金以 20.1 亿元的价格竞得双汇集团 100% 的股权，对我国的食品行业产生了巨大影响。

最后，企业境内资产转移至境外离岸公司，从而使得境内企业外资化，可能造成国有资产及税收的流失。

正是由于国际私募股权投资基金规模越来越大，重大的并购投资活动越来越多，各国政府监管部门开始警惕和关注其不良影响。例如：2022 年 2 月 9 日美国证券交易委员会发布了针对私募基金行业监管的新提案，旨在加强私募基金监管力度，进一步提高信息披露要求，保护投资者利益；英国在另类投资，特别是私人股权基金以及对冲基金等私募领域的监管处于全球领先地位，法规体系完备，政策支持系统完善，监管权威性高；德国政府也出台了相关的政策法规进行规制。我国政府也应该借鉴国际经验，积极防范国际私募股权投资基金产生的不良影响。

# 第二节　国际风险投资

伴随着知识经济时代的到来，以高新技术产业为龙头的国际风险投资倍受各国青睐，成为传统投资以外的一种新型投资方式。

## 一、风险投资概述

### （一）风险投资的含义

风险投资又称"创业投资"。国际上对风险投资的概念有着不同的解释。根据美国风险投资协会的定义，风险投资是一种由职业金融家投入新兴的、迅速发展的、蕴含着巨大竞争潜力的企业中的权益性投资。欧洲风险投资协会将其定义为一种由专门的投资公司向具有巨大发展潜力的成长型或重组型的未上市企业提供资金支持，并辅之以管理参与的投资行为。中国政府则将其定义为向科技型高成长性创业企业提供股权资本，并为其提供经营管理和咨询服务，以期在被投资企业发展成熟后，通过股权转让获取中长期资本增值收益的投资行为。

一般来说，风险投资可以定义为由投资者将资本投向新成立的或正在快速成长的未上市公司（主要是高科技企业），培育企业快速成长，然后通过企业上市、兼并或股权转让等方式退出投资、取得高额回报的一种新型投资方式。我们可以从广义和狭义两个角度来理解风险投资。广义的风险投资指对所有开拓性、创造性经济活动的资金投入，包括对新兴工业及高科技产业的投资。狭义的风险投资仅指对高科技产业的投资。本章主要从狭义角度阐述风险投资。

（二）风险投资的产生和发展

如本章第一节所述，在产生与早期发展阶段，风险投资与私募股权投资是同义词，二者完全是一体的。只是到了20世纪80年代，二者才相互独立，形成各具特色的发展路径。由于前面对风险投资的早期发展进行了详细介绍，此处不再赘述。

20世纪80年代，美国风险投资业进入全新的发展阶段，即高科技风险投资阶段，风险投资总额增长迅速。20世纪70年代中期，美国每年的风险资本总额只有5 000万美元，到1980年为10亿美元，1982年为20亿美元，1983年超过40亿美元，1989年达334亿美元，高科技企业在风险投资的催化下得以在短期内上市，与此同时带来的是美国经济的繁荣和世界产业结构的优化。

20世纪90年代，随着高科技的迅速发展和网络时代的到来，美国风险资本市场在硅谷与纳斯达克的双重推动下，步入了一个鼎盛时期。搜狐（SOHU）、新浪（SINA）、谷歌（Google）等便是这一时期的代表。

随着美国风险投资业的发展，欧洲国家在20世纪70年代末至80年代初也纷纷建立起本国的风险投资业。20世纪80年代中期以来，日本、加拿大、澳大利亚以及中国香港等国家和地区的风险投资业相继建立，并对全球风险投资市场产生了一定的影响。欧洲风险资本协会公布的数据显示，2000年，世界风险资本投资总额创历史最高纪录，达2 060亿美元，其中，美国1 520亿美元，西欧320亿美元，亚太地区123亿美元。但到2002年时，世界风险资本投资总额减少了一半多，只有1 020亿美元，其中，美国643亿美元，西欧260亿美元，亚太地区90亿美元。目前风险投资已遍及所有发达国家、新兴工业国及部分发展中国家。受国际金融危机的影响，2008年，全球风险投资总额为283亿美元，比2007年下跌了8%，之后进入复苏期。国际著名会计师事务所毕马威的报告显示，2017年全球风险投资金额达到1 550亿美元，为近十年最高。而到2022年，全球经济增速放缓，风险投资市场面临种种挑战。Dealroom的数据表明，2022年全球风险投资总额达到5 190亿美元，比2021年（7 550亿美元）下降了31%。

（三）风险投资的特点

风险投资与其他投资方式相比，具有以下明显的特征：

1. 风险投资具有高风险、高收益

风险投资有别于一般投资，它是一种高风险的投资行为。特别对于高新技术企业而言，其风险投资存在技术和市场的双重风险，同时这种投资具有相当高的潜在收益。投资者将资金以股权形式投入高新技术企业的创业过程中，并参与企业管理，帮助企业成长，最终获取高新技术企业成功发展的高额回报。因此，风险投资是一种将资金、技术和企业有机结合在一起的投资机制。

2. 风险投资是一种权益投资

风险投资通常占被投资企业15%~20%的股权，但投资者投资的目标不在于控制股权，而是着眼于企业收益的增长和资产的增值。风险企业在初始阶段常常是亏损的，但风险投资者考虑的不是短期经营利润，他们更关注的是企业的价值及未来收益。

3. 风险投资是一种组合投资

由于风险投资具有高风险性，为了分散风险，投资者通常会投资于一个包含10个以上项目的高新技术项目群。通过利用成功项目所取得的高收益回报，投资者能够抵补失败项目的损失，并获得风险投资收益。

4. 风险投资属于中长期投资

风险投资将一项科研成果转化为新技术产品一般要经过研发、试验、正式投产、扩大生产、销售等阶段，当企业成长到一定阶段时，可以通过上市、出售等方式收回投资并获取收益，这一过程的投资期较长，一般为3~7年，有时长达10年，属于中长期投资。

5. 风险投资的对象是风险企业

风险企业是指技术密集、人才密集、资金密集、经营管理高效化的从事高技术产品开发的风险性科研型企业。风险企业的特征有：创新强，风险大，成功率低；成功后经济效益巨大；知识密集，人才荟萃；需要大量资金支持和良好的生产环境条件。风险企业的灵魂人物是具有创新精神的风险企业家。

6. 风险投资具有再循环性

风险投资是以"投入—回报—再投入"的资金运行方式为特征的。投资者将其投资重点放在风险企业的开拓阶段，而不是成熟阶段。一旦创业成功，他们便会获得高额利润，并借机收回投资，之后寻找新的创业投资机会，扶植新的高新技术企业，从而带动高新技术产业化的进程，实现科技创新和产业升级。

7. 风险投资体现资金和监管的结合

风险投资是金融与科技、资金和管理相结合的专业性投资。高新技术产品的附加值和收益远远高于传统的资本或劳动密集型行业，因此对风险投资者具有很强的吸引力。正是风险资本与高新技术两种要素相互作用，推动了风险投资业的迅猛发展。风险投资者不仅为企业注入资金，还积极参与企业的经营管理，尽力帮助企业获得成功。

（四）风险投资的作用及功能

1. 风险投资的作用

（1）促进高科技成果的转化，加速高新技术产业化发展。高新技术产业是一种全新的产业，在其发展过程中存在较大风险，这些风险主要体现在技术风险和市场风险等方面。在美国，风险投资已经造就了无数高新技术企业，包括美国数据设备公司（DEC）、苹果

（Apple）、英特尔（Intel）等，这些公司在创业之初都默默无闻，后来一跃成为全球瞩目的高新技术企业。风险投资为高新技术企业注入了活力，促进了高科技成果的转化，同时高新技术企业的发展也为风险投资创造了广阔的施展空间。

（2）拓宽中小型高新技术企业的融资渠道。资金是推动高新技术产业化的重要因素，高新技术企业在起步和创业阶段都有资金短缺的困难。中小型高新技术企业单凭自有资金，要在短期内落实企业发展大计，机会微乎其微，但风险投资却让这些有创意、有潜力的公司抓住了创业先机。同时，高新技术产业化有着高风险、高收益的特征，高新技术企业在成立初期通常既没有资产可抵押，也很难找到合适的担保，因此通过传统的银行信贷、发行债券等融资渠道难以获得所需的资金。风险投资以其灵活独特的投资方式，为中小企业尤其是高新技术中小企业的建立及成长开辟了新的融资渠道。在"一带一路"倡议的实施过程中，风险投资更是为企业实现高质量发展注入了新动能。由于"一带一路"相关项目风险高、不确定性强，需要克服文化冲突，并面临海外融资渠道单一的压力，企业对外部优势资源的需求程度加大。在此情境下，风险投资不仅能为企业提供权益资本、支持相关项目的开展，而且能帮助企业拓宽融资渠道，降低企业参与"一带一路"国家建设过程中的财务风险。同时，风险投资机构介入带来的增值服务、监督控制以及声誉认证作用，能够在公司治理、创新成果转化、企业战略实施、市场表现和信号传递等方面发挥积极作用。

（3）增强一国科技实力和国际竞争力。风险投资通过对高新技术企业提供资金支持，带动了新产品、新技术、新工艺的推广与应用，增强了一国的科技实力，为科技尽快转化为现实生产力创造了条件。风险投资在促进技术创新的同时，也增强了一国的国际竞争力。据统计，到2023年，发达国家科学技术对国民经济增长的贡献率已经从21世纪初的5%~20%上升到60%~80%。在这个过程中，科学技术对经济增长的贡献已经明显超过了资本和劳动的作用，成为经济发展的主要推动力。

2. 风险投资的功能

（1）资金集聚功能。风险投资资金的来源已由最初的以富商、私人银行家为主转向主要通过各种风险投资基金、投资机构等方式筹集，这些基金和机构主要包括养老基金、捐赠基金、保险公司、投资银行等。风险投资将社会各类投资主体的资金集聚起来，投入具有高风险、高收益的中小企业中，尤其是投入中小高新技术企业中，有利于充分利用社会资源，发挥资金集聚功能。

（2）技术转化功能。风险投资的重要领域是高新技术产业，这一领域风险大、投资周期长，所需资金较多，风险投资填补了高新技术产业化过程中的重大资金缺口，为新技术、新产品、新工艺转化为实际成果起到了重要作用，使风险投资成为当今高新技术产业化的最佳投资方式。

（3）风险管理功能。风险投资企业投入的不仅仅是资金，还包括其卓越的风险管理能力。由于对极具成长潜力的中小型高新技术企业进行投资具有极大风险，面临较大的失败可能性，风险投资企业一般会委派技术专家、财务专家、企业管理专家、法律专家等对投资项目进行科学的调查、评估与论证，对项目产品的未来市场前景进行分析与预测，充分考虑投资的技术风险、市场风险、政治风险、企业管理风险，综合权衡成本与收益，最终做出投资决策。为分散风险，投资者往往同时投资于 10 个以上的项目并参与企业管理，帮助企业迅速成长，以获取高额回报。

（4）企业孵化功能。高新技术企业在成立之初一般只具备技术优势，风险投资公司通过提供资金、企业管理、市场研究、经营战略制定等方面的支持，使高新技术企业得以成立、成长并逐步走向大规模经营。风险投资者从产品创意到研发直至生产管理和市场销售的全方位扶持，大大降低了高新技术企业的创业风险，提高了高新技术企业创业成功的可能性。

## 二、风险投资的运作机制

风险投资是一种新型投融资活动，其运行机制比较复杂，大体概括为三个阶段：融资阶段、运用阶段和退出阶段。以下分别介绍风险投资的运作过程。

### （一）风险投资的融资阶段

风险投资的融资阶段是风险投资的形成阶段，即筹资阶段。风险投资者主要包括私人投资者和风险投资企业，其中，风险投资企业构成筹资主体。

风险投资的资金来源主要有以下几个方面：

1. 养老基金

养老基金是指通过发行基金股份或受益凭证，募集社会上的养老保险资金，委托专业基金管理机构用于各类投资中，以实现保值增值目的的一种基金形式。在发达国家，养老基金是最重要的风险资本来源，约占风险资本的 1/2 左右。20 世纪 80 年代初期，美国等西方国家政府放松了对养老基金投资的限制，允许养老基金进入风险投资领域，使得养老基金为追逐高额利润逐步成为风险投资的主要资金来源。

2. 捐赠基金

捐赠基金是风险投资的最早资金来源渠道之一，它的形式包括私人资本形式和合伙制。除一些大学及科研院所可以通过捐赠基金向本单位的研究项目提供投资外，捐赠基金大多通过合伙制来进行投资，其投资规模一般不大。

3. 银行控股公司

银行控股公司早在 20 世纪 80 年代就成为风险投资的最大私人直接投资者。在美国等发达国家，商业银行为规避金融法律管制，通过成立专门的银行控股公司及其附属机构进行风险投资，以获取商业银行传统业务以外的更高投资回报。

4. 富有阶层

富有阶层的直接投资也是风险投资的早期资金来源渠道之一。富人群体手中拥有大量闲置资金，他们除了通过购买股票、债券等进行投资外，还把资金投入有较高风险的风险投资领域，以赚取更高的收益。这些富人群体既包括退休的首席执行官（CEO），又包括具有敏锐投资眼光的、富有的企业经理和银行的富有客户。

5. 投资银行

投资银行是典型的投资性金融机构，它一般通过投资于自身合伙人的合伙公司，特别是风险投资合伙公司来介入风险投资领域。投资银行只对已成立的合伙公司进行风险投资或追加投资。一般来说，投资银行不会越过合伙公司而进行直接投资。

### 6. 保险公司

保险公司是资本市场的主要机构投资者之一。20世纪80年代以来，一些保险公司成立自己的私人资本合伙公司，后发展为与外部资金相结合进行有限合伙制的风险投资。随着保险公司的保险资金数量越来越大，其对较高收益的投资渠道进行投资的要求也越来越高，而平均回报高达30%的风险投资对这些资金无疑有着相当大的吸引力，这也为中小型高新技术企业筹集风险投资资金开辟了更多的资金来源渠道。

### 7. 非银行金融机构

除上面所提到的各类金融机构外，一些非银行金融机构如信托公司、融资租赁公司、财务公司等也是风险资本市场的主要支持者。它们不是通过有限合伙制形式，而是通过设立一些专门的附属机构进行直接风险投资。

### （二）风险投资的运用阶段

#### 1. 选择合适的投资项目

选择投资项目时，着重考察以下几个方面：

第一，创业者的个人素质。创业者在其所从事的领域内必须具备敏锐的洞察力，能够及时掌握市场变化的特点和方向，运用自身能力和各种方法使企业摆脱困境。创业者的经营理念、综合管理能力、管理经验等都会影响企业发展。此外，创业者的身体素质、知识技能和人格魅力也是考察创业者自身素质的重要方面。

第二，技术创新性。风险投资的主要领域是高新技术产业，不少项目最初只是一项发明创造，有的还只是一个想法和概念。风险投资者要具备敏锐的判断和前瞻性思维，对项目的技术创新性和可行性做出评估和判断。

第三，市场发展潜力。风险投资属于创业投资，其产品市场尚未形成，对项目产品的市场规模、销售前景以及可持续竞争优势进行分析和预测是风险投资企业必须做的工作。

第四，财务状况。风险投资项目的投资规模、生产成本、投资利润、税收等财务指标也是风险投资企业关注的主要方面，它将直接影响到风险投资者能否从该项目投资获得高额回报。

第五，投资风险。高新技术领域的风险投资具有较大的风险，主要包括技术风险、市场风险、政治风险、信用风险、企业管理风险等。为规避风险，风险投资公司不会将资金全部投入一个项目中，而是投入一个项目群中，这就需要风险投资者寻找一个好的投资项目组合，以成功项目所获取的高额回报来补偿失败项目的投资损失。

第六，专业领域。随着风险投资行业的行业分工趋于细化，有些风险投资公司会侧重于某些擅长的领域。

#### 2. 选择恰当的投资时机

企业发展的不同阶段对风险资本有不同的需求。创新型企业大体要经历以下四个发展阶段：

第一阶段：种子期（seed stage）。种子期是指技术的酝酿与发明阶段，这个时期的资金需求量相对较少。在这个阶段，风险投资被称为"种子资本"（seed capital），其来源主要包括个人积蓄、家庭财产、朋友借款以及自然科学基金。如果这些资金还不够,风险投资者可能会被寻求作为额外的资金来源。这一阶段的资金是初创企业的启动资金,由于仅有产品的构想,难以确定产品技术和市场的可行性并且存在较大的管理风险,它的失败概率超过70%,即大部分企业在种子期就被淘汰了。

第二阶段:导入期(start-up stage)。导入期是指进行技术创新和生产出产品的阶段,也是风险投资的关键时期。导入期企业的主要任务是通过技术创新开发和生产出新产品,并为这种产品找到市场销路。这阶段企业的风险主要是技术风险和市场风险,所投资金称作"创业资本",资金投入显著增加,且大多由风险投资者提供。在这一阶段,一方面要进一步解决技术问题,排除技术风险;另一方面要进入市场试销,听取市场意见。这一阶段虽已完成了产品原型和制订了企业经营计划,但产品仍未批量上市,管理机制尚不健全。

第三阶段:成长期(expansion stage)。成长期是指技术发展和生产规模扩大的阶段。这一阶段的资金需求相对前两个阶段有所增加,一方面用于扩大生产规模,另一方面用于开拓市场、增加营销投入,直至企业达到基本生产规模。这一阶段的资金被称为"成长资本"(expansion capital),其资金来源有所扩大,包括原有风险投资者的增资、新的风险投资者的进入、利润再投资、银行贷款等。这一阶段的风险主要来自管理风险,技术风险和市场风险大大降低,但利润率也在下降。企业正在逐步由小企业向大中型企业过渡,风险投资者在帮助增加企业价值的同时,也应着手准备退出。

第四阶段:成熟期(mature stage)。成熟期是指技术成熟和产品进入大规模生产的阶段,这一阶段的资金称作成熟资本(mature capital)。这一阶段企业产品的销售量和市场份额已达到一定规模并具有相对稳定的现金流,现代企业管理制度已基本形成,企业进入一个相对稳定的发展时期。企业风险的大小已经接近传统产业,市场前景广阔,资金需求量很大,但风险资本已很少再增加投资了,企业已有足够的资信能力去银行借款、发行债券或发行股票。成熟期既是风险投资者获取高额回报的阶段,也是其退出的时期。

3. 培育风险企业

风险投资者一方面将资金投入风险企业,另一方面要和创业者建立密切联系,帮助企业在产品设计、市场定位、人才选择与培训、融资策划、企业管理机制、利益机制等方面取得进展。风险投资者与风险企业创立者要不断地审时度势,根据市场变化和企业自身的实际情况调整发展战略,增强科技创新能力,使企业尽快成长壮大、企业价值不断提升,只有这样才能最终获得成功。

(三) 风险投资的退出阶段

尽管风险投资是一种权益投资,但风险投资的目的并不是长期持有企业股份,而是最终通过退出机制从风险企业中撤出投资,从而获取丰厚的投资利润,以进行下一轮投资活动。风险资本的退出一般有以下五种方式:

1. 公开上市

公开上市被认为是最佳的风险投资退出机制,包括首次公开上市(IPO)和买壳上市两种方式。风险投资者借助被投资企业的首次公开上市,在一定的禁售期后通过出售所持的股份,获取高额回报并退出。首次公开上市通常在二板市场发行上市,如美国的纳斯达克(NASDAQ)市场成就了雅虎(Yahoo)、微软(Microsoft)、英特尔(Intel)等世界著名企业。买壳上市是指非上市公司购买一家上市公司一定比例的股权来取得上市的地位，然后注入自己相关业务及资产，实现间接上市的目的。

### 2. 并购

并购包括兼并和收购两种形式。兼并是指由一家优势公司吸收另一家或者多家企业合并组成一家新公司。收购指一家企业购买另一家企业的股票或者资产，以获得对该企业的全部或部分控制权。近年来，随着美国和欧洲新一轮并购浪潮的发展，并购在风险投资退出方式中的比重越来越大。当风险企业发展到成长期的后期，如果风险投资者不愿意再继续追加投资，他们可以选择通过并购方式将股份转卖给其他企业，从而实现风险投资的成功退出。

### 3. 二次出售或转让

二次出售或转让是指当风险企业发展到一定阶段时，由于风险投资基金存续期到期，或者风险投资企业为进行其他投资而急需获利变现，或者风险投资企业与风险企业关系破裂等原因，导致风险投资企业将其所持股份转手出售给另一个或几个风险投资者，从而退出风险投资。

### 4. 回购

回购是风险投资公司将手中的股票全部返售给所投企业的一种退出机制。回购包括管理层收购和企业回购两种类型。所谓管理层收购，指的是企业的经理和管理人员利用借贷所融资本或股权交易收购风险投资者手中所持企业股份的一种行为，之后企业的经营者变成了企业的所有者，风险投资企业收回投资并获取收益。企业回购是风险投资企业与风险企业事先约定，在该项投资不很成功或由于其他原因需要收回投资的情况下，风险投资企业可以要求风险企业购回股份。

### 5. 破产清算

风险投资的成功比例一般比较低，相当大部分的风险投资都将面临失败。据统计，在美国只有5%~10%的风险资本投资的创业企业可获得成功。因此，对于风险投资企业来说，一旦确认风险企业失去发展的可能性或不能获得预期的高额回报，就应果断退出。尽管破产清算是件痛苦的事，但如不能及时抽身而出，只会带来更大的损失。收回的资金可进入下一个投资循环。

我们用图7-1来表示风险投资的运行机制。

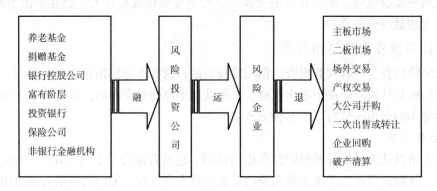

**图7-1　风险投资的运行机制**

资料来源：作者根据相关资料整理。

## 三、风险投资的国际化

### （一）金融全球化与风险投资国际化

进入 21 世纪，金融全球化已成为经济全球化的主要标志，成为全球经济发展的重要推动力。金融是现代经济的核心与命脉，没有金融的全球化，经济全球化就无从谈起。金融全球化为世界范围内的资源配置发挥了极为重要的作用。联合国贸易和发展会议在 2023 年 7 月 5 日发布的《2023 世界投资报告》显示，2022 年中国吸引的外国直接投资额增加 5%，达到创纪录的 1 891 亿美元。同时，受乌克兰危机升级、食品和能源价格高涨及公共债务飙升等因素影响，2022 年全球外国直接投资较上年下降 12% 至 1.3 万亿美元。

金融全球化具体表现为金融市场的一体化、资本在国际的转移、国际投资总额中私人资本投资比例提高、跨国银行的海外扩张与金融创新的不断发展等。此外，金融全球化也极大地推进了发展中国家的金融深化进程。但金融全球化也加深了世界各国金融体系的不稳定性。20 世纪 90 年代以来频繁爆发的金融危机和货币危机都与金融全球化有着不可割裂的联系。

虽然金融全球化会带来种种弊端，但其对世界经济发展的贡献是巨大的，全球化的大趋势是不可逆转的。一方面，发达国家以其雄厚的金融资本、完善的金融体系、健全的金融市场、先进的基础服务设施、规模庞大的跨国金融机构，在金融全球化进程中处于主导地位。另一方面，金融全球化也有利于发展中国家从国际市场引入外资。随着金融全球化领域的拓展，相当多的资金流向发展中国家和地区，在一定程度上填补了这些国家和地区经济发展的资金缺口，并带动了技术的扩散和人力资源的交流，有利于发展中国家和地区学习发达国家金融运作的先进经验，利用金融创新减少交易成本，提高自身的金融运作效率。

随着金融全球化的发展，国际风险投资也成为国际投资的一种重要方式。所有发达国家、新兴市场国家和一些发展中国家都已发展风险投资，并逐步实现风险投资的国际化。对于新兴市场国家来说，为寻求较好的高新技术投资项目，企业只有走向世界寻找更大的市场。在一些发达国家，国内不断增加的竞争压力加上外国先进技术的吸引力，促使风险投资拓展至国外。

### （二）国际风险投资的产生和发展

最初的风险投资全球化浪潮发生在 20 世纪 70 年代末 80 年代初，一些著名的风险投资企业，如安宏资本（Advent International）、安佰深（Apax）、花旗风险投资公司（Citicorp Venture Capital）等都将业务拓展至国外。最先进入亚洲的风险投资企业大多是来自美国西海岸的企业。20 世纪 90 年代中期，西方国家在亚洲的风险投资规模有了较快增长，也获得了很好的回报。

亚洲风险投资较发达的国家是日本，日本政府于 1951 年成立了风险企业开发银行，负责向风险企业提供低息贷款，由此揭开了日本风险投资发展的序幕。日本对外广泛开展国际运作的风险投资企业集富（Japan Associated Finance Co., Ltd., JAFCO）是日本最大的金融中介公司野村证券（Nomura Securities）的附属公司，在旧金山（1984）、伦敦（1986）和纽约（1987）设立了办事处。另一家参与全球化的日本风险投资企业是立邦投融资公司（Nippon Investment and Finance Co., Ltd.）。与集富的策略不同，立邦投融资公司通过在海外设立合资企业的方式开展风险投资活动。

据统计，一些发达国家的风险投资者对境外的风险投资甚至超过了对本土的投资。例如，英国和德国在美国的风险投资比重比较大，同时，美国也对欧洲进行了大量风险投资，主要集中在英、法两个国家。

除了发达国家和地区的成熟市场外，中国、印度、俄罗斯等新兴市场国家的风险投资也快速升温。以 2014 年为例，虽然美国在数量和交易额上分别占全球的 51% 和 50.8%，但中国是全球并购活动最活跃的国家，并购占比近 40%。风险投资者越来越多地愿意到中国、印度等新兴市场国家寻找投资机会。新兴市场国家也同样进行风险投资的海外发展，如亚洲国家的风险投资者积极在以色列的高新技术行业寻找投资机会。

（三）风险投资国际化的主要优势

发达国家及新兴市场国家进行风险投资国际化的主要优势有：

1. 高新技术产业化优势

风险资本主要投向高新技术领域，一国对高新技术研发投入越多，其新技术、新产品的创新能力就越强，就越能吸引来自全球的风险资本。当然，仅有高新技术远远不够，还要有相关技术产业化的市场，才能成为风险资本青睐的投资场所。当前世界上正在兴起一场以量子技术和大数据处理技术为导向，包括航天技术、新能源技术、新材料技术、生物技术和海洋技术在内的新技术开发和利用为标志的技术革命。各国在技术创新方面展开激烈的竞争，风险投资者通过对高新技术产业的投资，对许多国家的经济发展提供了巨大的推动力，同样技术的进步也为风险投资者提供了投资机会。

2. 区位优势

区位优势是指跨国企业在投资区位上所具有的选择优势，也就是说可供投资地区是否在某些方面较国内具有优势。区位优势主要体现在自然资源、劳动力、技术、人才、市场、交通、基础设施等方面。风险投资企业可以利用东道国投资区位上的综合优势建立分支机构，或以与当地风险投资企业建立合资企业的形式进行投资，从而分享国外经济发展的收益，获得比在国内投资更高的回报。

3. 内部化优势

内部化优势是指风险投资企业通过投资于国外风险企业帮助其母公司实现战略的内部化，或者风险企业借助国际风险投资机构的力量走向国际市场。内部化优势的实现有两种途径：一是跨国公司通过设立专门的风险投资机构进行风险投资（也成为公司型风险投资），实现母公司的国际发展战略目标，即产业资本参与风险投资。二是高新技术企业与国际风险投资机构合作。正处于导入期或成长期的高新技术企业，技术尚未成熟，国内市场较小，如果获得国际风险资本的支持，同时利用国际风险投资机构的全球化管理经验和遍布全球的销售网络，就能够开拓国际市场，实现全球化战略。

（四）吸引国际风险投资的条件

1. 完备的法律制度

东道国是否具有完备的外商投资法律法规也是国际风险投资的先决条件。风险投资的相关法律法规主要包括知识产权保护法、劳动法、公司法、税法、破产法、投资基金法等。风险投资企业应充分考察东道国相关法律法规的制定与完善，以维护投资者权益，保障在法律许可的框架下进行风险投资。

2. 发达的金融市场

东道国金融市场的发达程度主要体现在中介机构是否完善以及市场退出机制的有效性方面。随着风险投资的专业化发展，风险投资者和创业者越来越需要一些专业化的中介机构为它们提供技术、财务、法律等方面的服务。这些中介机构主要包括会计师事务所、律师事务所、咨询公司、投资银行机构等。此外，东道国还必须有较发达的资本市场，包括主板市场、二板市场、场外交易市场（OTC）、产权市场等。有完善的市场退出机制，也有利于吸引外商进行风险投资。

3. 政府的政策扶持

高科技型创业企业具有投资大、风险大、投资周期长等特点，单靠风险投资企业和风险企业的力量，可能无法完成产品研发到产业化的全部过程，这就需要东道国政府给予帮助，帮助其建立科技孵化器并创造有利于风险投资的经济环境，这对增强东道国科技实力和经济发展都是不可或缺的。各国政府对风险投资的政策扶持力度和方式不尽相同，主要有允许养老基金、保险金等用于风险投资，提供税收优惠、财政资助与信贷担保，采取鼓励出口措施、产业扶持政策，制定引进外资的相关法律规定等，为风险投资者的对外投资提供政策保障。

4. 先进的企业文化

文化因素也是国际风险投资的重要因素。企业先进的文化理念，包括创业精神、创新意识、信用观念、合作意识、开放思维等，是企业从诞生到发展壮大的主要精神支柱，也是吸引国外风险投资者进行风险投资的重要方面。

# 四、利用外资发展我国的风险投资

（一）中国风险投资的发展概况

中国的风险投资业自20世纪80年代起步，已走过40多年的历程。在市场经济的大潮中，中国的风险投资业取得了较大的发展。

1985年，中共中央在《关于科学技术体制改革的决定》中指出，"对于变化迅速、风险较大的高技术开发工作，可以设立创业投资给予支持"。这为我国高技术风险投资的开展提供了政策指引。1985年9月，国务院批准成立了我国第一家风险投资企业——中国新技术创业投资公司，是专营风险投资的全国性金融机构，其创立得到了科技部和中国人民银行的大力支持。1986年，中国开始实施"863"计划，一些技术、知识相对密集的高技术园区先后成立了具有风险投资公司性质的创业中心。1988年，科技部成立了第一支风险投资基金——火炬基金，并在新加坡上市，募集资金1亿美元，用于中国新技术企业的发展。

1991年，国务院在《国家高新技术产业开发区若干政策的暂行规定》中指出："有关部门可在高新技术产业开发区建立风险投资基金；条件比较成熟的高新技术产业开发区，可创办风险投资公司。"同年，国家科委、财政部和中国工商银行联合发起成立"科技风险开发事业中心"。此后，各地方政府积极响应和效仿，以国家科委和财政部为主，成立了各类风险开发事业中心和风险投资公司。1992年，我国开始了利用外资发展风险投资的尝试。美国国际数据集团（IDG）下属的太平洋技术风险投资基金（PTVC）在中国设立了技术风险投资企业，将风险投资引入中国。

1999年，科技部等七部委联合出台《关于建立风险投资机制的若干意见》。2000年，国务院讨论中国证监会关于设立创业板市场的请示。2003年，我国各地纷纷设立技术产权交易机构。2004年深圳证券交易所启动了中小企业板市场，2009年又建立了创业板市场，退出机制逐步完善。伴随着这些制度的建立，风险投资有了长足发展。2007年，风险投资额达到了398.04亿元，项目数741个。2008年受金融危机的影响，投资项目与金额比2007年均有所下降，分别降至339.45亿元和506个项目。但随后风险投资业进入恢复期并再次高速发展，2011年，投资项目1 894个，投资金额达到545.3亿元，2015年，投资项目3 423个，投资金额465.6亿元。根据研究公司Preqin的数据，2021年中国市场的风险投资总额达到1 306亿美元，比上年的867亿美元高出约50%，创下新的纪录。2022年，全球经济秩序面临能源市场震荡、地缘政治冲突等多重冲击，不确定因素增多，在通胀高企、利率上升和劳动力市场不稳定等共同作用下，全球风险投资行业发展步伐放缓。在此背景下，中国风险投资行业依然呈现健康增长态势。

从风险投资领域来看，20世纪90年代，国际风险投资者在中国所投资的企业几乎全部都是互联网企业，如新浪、搜狐、阿里巴巴等。但由于当时网络经济处于低谷时期，外国风险投资者在中国的投资没有获得相当大的回报，但它们认为中国的市场潜力是巨大的。

据普华永道公布的数据显示，自2008年金融危机以来，开放平台、云计算、社交移动的应用使创业成本降低，产业周期不断缩短，使创业活动掀起新一轮发展热潮。在具体细分领域，投资机构有自己的偏好及经验，相应的投资也有不同的侧重。O2O、教育、制造、物流、社交、互联网金融、电商、手游等细分领域都有投资机构涉及，尤其是可以通过互联网和移动互联网进行改变的传统行业，一致被业内看好。除此之外，海外风险投资企业也对我国具有发展潜力的中小企业表现出极大兴趣，尤其看好特许经营企业。特许经营的复制性以及国内市场的广阔发展空间，吸引了众多海外风险投资企业。2021年，生物技术行业吸引的投资达到141亿美元，比2016年增长了10倍。这几年，创业者和风险投资公司正在将目光投向新机会，从以往的互联网行业转向芯片、机器人和企业软件等核心技术。

近年来，受疫情反复冲击、地缘政治冲突升级以及大国博弈动荡等因素的影响，风险投资的步伐放缓，全球风投市场面临种种挑战。Dealroom的数据表明，2022年全球风险投资总额达到5 190亿美元，比2021年（7 550亿美元）下降了31%。

（二）国际风险投资在我国迅速发展的主要原因

1. 经济全球化带来的国际风险资本的迅速增加

20 世纪 80 年代以来，世界经济进入全球化发展的新时代，几乎所有的国家都被纳入世界经济的整体运行体系之中。其特点主要体现在跨国公司的全球性扩张、世界贸易额的快速增长、国际金融市场的一体化发展、世界范围信息技术革命的巨大发展以及国际性金融风险的加剧等。

近 40 年来，在知识经济、信息经济发展的推动下，跨国公司的国际投资行为和投资经营理念发生深刻变革，逐渐由投资于劳动力、土地、自然资源、资本等传统性生产要素转向投资于新型生产要素——知识和技术。知识密集型产业的投资成为未来跨国公司国际投资的主导。跨国公司一方面加大高新技术研究与开发的投资规模，另一方面建立风险投资机制，促进高新技术产业化。风险投资企业和风险投资基金的成立，风险投资市场退出机制的完善，有力推动了风险投资的发展，使国际风险资本总额迅速增加。

2. 中国高新技术产业发展加大了对国际风险资本的需求

改革开放以来，我国政府十分重视发展高新技术产业。2021 年，我国高新技术企业数量达 33 万家，上交税额由 2012 年的 0.8 万亿元增加到 2.3 万亿元。我国企业创新活跃程度高，创业企业对资金的需求大，但我国政府的财力有限，仅依靠国家财政资金的支持远远不能满足科技发展的需要。相关研究指出，我国通过市场化渠道进行的高新技术产业投资在所有渠道中的比重依然低于发达国家，因此，要发展我国的高新技术产业，提高其对国民经济的贡献率，就必须努力拓宽高新技术产业的资金来源渠道。

3. 中国区位环境优势的拉动效应

（1）现代企业制度的形成。现代企业制度是指适应社会化大生产和市场经济要求的现代企业产权制度和组织管理制度，是我国企业走向国际化的重要前提。党的二十大报告中提出，加快建设世界一流企业，需要完善中国特色的现代企业制度，弘扬企业家精神。现代企业制度的核心是建立现代企业产权制度，具体来说就是建立起产权明晰的股份制企业，这为我国吸引国外风险资本投资于高风险企业创造了条件。

（2）风险投资人才不断增加。近年来，我国积极引进国外风险投资人才，同时积极鼓励海外留学人员回国创业，并制定了一系列优惠措施。自改革开放以来，中国已有数以百万计的留学人员前往发达国家学习。吸引海外留学人员回国创业有利于引进人才、技术和国际风险投资资金。据《中国留学发展报告蓝皮书》统计，2019 年我国出国留学人员总数为 70.35 万人，较上一年度增加 4.14 万人。同时，各类留学回国人员总数为 58.03 万人，较上一年度增加 6.09 万人。2021 年，中国在海外留学的学生数量达到 102.1 万人，留学回国人员超过 100 万人。2022—2023 年，中国依然是全球最大的留学生来源国。改革开放之后至 2021 年，留学回国人员总数超过 600 万人，成为我国现代化建设的重要智力和知识资本，通过创办一系列前景广阔的高新技术企业以及引入国际先进的管理理念，他们不仅促进了中国先进生产力的发展，还拓宽了我国与其他国家在多个领域的交流与合作。

（3）高新技术产业开发区的建设。改革开放以来，中国建设的国家级高新技术产业开发区越来越多，高新技术产业开发区的总收入及利润增长迅速，带动了经济发展，优化了产业结构，推进了城市化进程，造就和吸纳了一大批国内外优秀人才，加快了体制创新，成为全国产出最高、拉动力最强、示范效应最明显的区域之一，并为国家创造了众多就业岗位。各省市高科技产业园区也蓬勃发展，成为带动地方经济和企业发展的重要引擎。高新技术产业开发区的建立成为培育风险投资的沃土，一系列优惠政策也吸引了国际风险基金投资到开发区。

（4）资本市场的进一步完善。资本市场是风险投资的创生土壤和运行载体，风险投资业的发展必须依托成熟的多层次资本市场的支持。借鉴发达国家的经验和自身国情，我国已建设发展了主板市场、创业板市场、科创板市场等资本市场结构体系，有助于推动风险投资业的迅速发展，吸引国际风险投资。

（5）与时俱进的法制保障。我国在政策、法律等方面给予国际风险投资者一系列优惠。2002 年 4 月 1 日，我国开始实行《指导外商投资方向规定》，把外商投资项目分为鼓励、允许、限制和禁止四类，并将高新技术项目列入鼓励外商投资的项目之一，而高新技术项目也是外商风险投资的主要领域，是国家产业政策扶持的重点之一。新的外商投资法于 2020 年 1 月 1 日正式施行，确立了准入前国民待遇和负面清单制度。负面清单制度的实施，为外商投资企业提供了一个更熟悉、更透明、更便利、更可控的规则。中国最新版的负面清单只有 33 条，都是涉及国民经济关键领域和国家安全的，对于外资准入的行业限制已经大幅缩减。

（三）如何进一步吸引外商进行风险投资

近年来，我国政府采取多种政策措施积极吸引外商投资于我国的高新技术产业，并取得了令人瞩目的成就，不仅引进了先进技术、各类人才、风险资金，而且引进了国际先进的经营理念和成熟的管理经验，对我国风险投资市场和高科技产业的发展起到了积极的推动作用。但是，由于我国风险投资业起步较晚，缺乏丰富的实践经验和风险投资意识，在引进外资方面的政策法规有待进一步修改和完善。应考虑从以下几个方面加以改进，从而进一步吸引外商进行风险投资。

1. 培育壮大新主体新动能，推动高新技术产业化发展

科技是经济发展的核心动力。在当今知识经济时代，技术密集型产业已成为各类产业的核心，是一国取得长期竞争优势的决定性因素。从长远角度看，技术投入将超越资本与劳动力的投入，技术进步已成为经济可持续性增长的关键推动力量。我国科技进步贡献率由 2012 年的 52.2% 提高至 2021 年的 60% 以上，在此背景下，我国应进一步优化创新生态，持续迸发创新活力，为风险投资业提供充足的技术供给。首先，加强产业界、学术界和研究机构之间的合作，推动科研成果转化为实际生产力；其次，加强高新技术领域的人才培养，建立与市场需求紧密对接的教育体系和健全的知识产权保护体系，培养创新型人才，保护创新成果；再次，建立和完善技术评估、转让机制及合理的利益分配制度，为创新者提供提高收入和改善科研条件的机会，增加创新的积极性；最后，应借鉴国际先进、尖端技术经验，走自主创新的道路，努力利用外资实现高新技术的产业化和市场化发展。

2. 强化风险投资意识

对风险投资的正确认识是风险投资业发展的前提。从前面的分析可以看出，风险投资是一种蕴含风险的权益投资，其通过分散的组合投资方式，从成功项目的投资中获取丰厚回报来补偿失败项目的投资损失。风险投资从投入到退出，一般要 3~7 年，而且要不断

追加投资，其成功的几率很低，一旦成功，收益又是极高的。我们不能简单地把风险投资看作风险企业的圈钱行为，与直接投资不同，风险投资的最终目的不是控制企业，而是获利退出。因此，是否存在良好的市场退出机制是决定外商是否投资我国风险企业的先决条件。

**3. 继续发展有限合伙制的风险投资组织形式**

在美国，有限合伙制已成为风险投资企业的基本组织形式，采取有限合伙制是其风险投资成功的主要经验之一。由于美国税法规定合伙关系投资收益不需交纳公司税，只需交纳个人所得税，故美国的风险投资企业多半采用有限合伙的方式组成。有限合伙制最大的特点是风险投资者作为合伙人，要投入占总量至少1%的资金，同时作为管理者，他还要负无限责任。西方发达国家的资本来源主要是私人资本，我国风险投资的资本来源主要是外国资本和国有资本，在继续吸引外国资本的过程中也要注意培育我国民间资本，继续发展有限合伙制是其必要条件。

**4. 健全风险投资企业的人才激励机制**

人才激励是风险投资成功的关键。首先，风险投资家需要在某一专业领域具备深厚的学识和丰富的管理经验。他们不仅需要凭借自己的学识和经验，从众多项目中筛选出有潜力的项目，做出明智的投资决策，还要参与其所投资企业的董事会，协助该企业建立强大而高效的管理核心，包括总裁、技术总监、财务总监以及销售副总裁等关键职位。其次，制定优惠措施鼓励吸纳高精尖技术人才和高层次管理人才，给予他们优厚的工资和奖金待遇。完善收入分配制度，充分调动企业员工的生产和创新积极性，通过出国深造和国内培训等方式提高员工业务素质，建立市场机制鼓励人才的自由流动。最后，在风险投资基金管理者、风险投资者与风险企业各相关主体之间，通过产权制度安排设计利益分配机制；提高风险企业管理水平，控制管理风险；建立完善的评估制度和多层次系统决策体系，实现各主体收益的合理分配。

**5. 发挥政府的引导作用**

风险投资尽管属于商业行为，但仍离不开政府的政策引导。我国政府在吸引外商投资国内风险企业中的作用主要体现在：

（1）税收激励。我国目前对高新技术企业实行税收减免、税收返回、降低税率、费用处理等税收优惠政策，对外商投资的风险企业给予更优惠的税收政策，并对国家鼓励投资的行业和地区实行差别税收优惠。今后可考虑：让风险投资机构与高新技术企业享受同样的税收优惠；允许减免风险企业盈利项目的所得税以补偿其他风险项目的投资损失；等等。

（2）资金支持。我国政府通过设立各种风险投资基金以吸引外资，降低外商投资风险，并促进创新和技术发展。另外，政府补贴也是鼓励风险投资和风险创业的一种做法。我国已经设立了国家自然科学基金、企业科技进步基金，以及推出了一系列风险补贴支持资金项目。

（3）担保作用。我国当前正处于市场经济发展完善的关键时期，一方面需要建立健全全社会的信用体系，另一方面需要尽快建立健全对风险投资的担保制度。这些措施将有助于推动中国的风险投资发展，促进中小型高新技术企业的成长，并为风险投资企业的经营活动提供风险担保支持。

（4）政府监管。政府必须加强对风险投资的监管，以保护风险企业、风险投资者等各方面的利益。政府的监管主要体现在：①在获得政府的优惠以后，70%~80%的风险资本要投向高科技企业；②保证一部分风险资本投向导入期；③健全会计审计制度，定期公开风险投资企业的财务状况，防止违法违规行为；④明确风险投资公司对风险企业的权责；⑤加强对外国风险资本的监管，既要保护外国风险资本的合法权益，又要防止外国风险资本垄断核心技术，扰乱我国金融市场秩序；等等。

中国政府在吸引外商投资国内风险企业方面扮演了积极的角色，通过制定政策、提供支持和创造有利条件，鼓励外资流入风险领域，促进了创新和经济发展。

## 【思考题】

1. 什么是国际私募股权投资？其有何特点？
2. 简述国际私募股权投资的基本运作机制。
3. 国际私募股权投资在我国发展的趋势如何？
4. 国际私募股权投资对东道国与母国经济分别有何影响？
5. 简述风险投资的含义、特点、作用及功能。
6. 风险投资国际化的主要优势是什么？
7. 试分析国际风险投资在我国迅速发展的主要原因。
8. 面对复杂多变的国际形势，我国如何进一步吸引外商进行风险投资？

# 第八章　跨国并购投融资

**【引导案例】**

## 招商局收购汉班托塔港 99 年的运营权

2017 年 7 月，中国招商局港口控股有限公司（以下简称"招商局港口"）与斯里兰卡港务局在科伦坡正式签署了汉班托塔港特许经营协议。招商局港口收购汉班托塔港港口及海运相关业务，总投资额 11.2 亿美元。中斯双方成立两家合资公司——汉班托塔国际港口集团有限公司和汉班托塔国际港口服务有限责任公司，负责汉班托塔港的商业管理运营和行政管理运营。招商局港口在这两家公司中分别占股 85% 和 49.3%，斯里兰卡港务局分别占股 15% 和 50.7%，中资在两家合资公司中的总占股比例将达到 70%。协议有效期为99 年，10 年后双方将逐步调整股权比例，最终调整为各占 50%。

在此次投资汉班托塔港之前，招商局港口已在斯里兰卡投资了科伦坡国际集装箱码头有限公司，加上汉班托塔港，未来两大主要港口未来将实现重大协同效应。2022 年，科伦坡国际集装箱码头吞吐量为 321.5 万标箱，产能为 400 万标箱左右；汉班托塔港吞吐量为129 万吨散杂货，突破 50 万辆滚装船。

2023 年 4 月，来自中国、新加坡和马尔代夫等国的 9 家企业与汉班托塔港签署合作协议。截至 2023 年 4 月，累计已经有 50 家港口物流、综合免税和石化工程等各领域的企业入驻汉班托塔港，有力支持了斯里兰卡的经济发展。

汉班托塔港位于斯里兰卡最南端，地理位置优越，是"21 世纪海上丝绸之路"框架下中斯互利合作的重点区域。未来具有庞大的发展潜力，其经济腹地覆盖整个南亚地区，将会作为区域内的航运枢纽。该交易无疑是中资在"一带一路"沿线的典型性项目之一。

（资料来源：《2017"一带一路"十大并购案例盘点》，晨哨网，2018 年 1 月 9 日，有删改。）

**【学习目标】**

◆ 掌握跨国并购的概念及动因；

◆ 理解跨国并购的类型及所面对的环境特点；

◆ 了解跨国并购的发展趋势；

◆ 掌握跨国并购融资的途径及支付方式；

◆ 掌握跨国并购的多种投资方式；

◆ 熟练运用理论来设计并实施跨国并购方案。

# 第一节　跨国并购概述

## 一、跨国并购的含义

并购是兼并和收购的总称，是两家或更多的独立企业合为一体，并由一家占主导地位的企业吸纳其他一家或多家企业的过程。跨国并购则涵盖了跨国合并和跨国收购，指的是一国的企业为了取得另一国企业的经营控制权，通过特定的渠道和支付方式，购买该企业的全部资产或足够数量的股份。跨国并购涉及两个或多个国家的企业，其中，发起并购的企业被称为"并购企业"或"并购方"，而被并购的企业则被称为"目标企业"或"被并购方"。

联合国贸易和发展会议（UNCTAD）在确认跨国并购时通常以直接母国公司或直接东道国为标准，如图8-1所示。在该图中，关于收购的股权比例也给出了一种参考。具体来说，收购100%为全额收购，收购50%~99%为多数股权收购，收购10%~49%为少数股权收购，收购10%以内时不列为收购范畴。这里的划分在多数情况下是适用的，但值得商榷的是，当所购买股权小于10%时是否就不能列为收购，需要区别对待。当一家公司的股权高度分散，购买该公司10%以内的股权即可成为实际控制人时，也应该列为收购范畴。

## 二、跨国并购的动因

跨国并购的动因通常有以下几种：

第一，时差效应。跨国并购能够使企业更迅速地渗透到国外市场。与投资新建一家企业相比，并购涉及的阶段较少，手续相对简单，所需时间也相对较少。两种方式之间存在三至四年的"时差"，在瞬息万变的国际市场中，这种"时差"不仅缩短了投资回收期，而且使企业能够比竞争对手更快地适应市场变化，从而提高在竞争中的胜算。

第二，成本效应。跨国并购的成本效应主要表现为主并企业能够以更低成本进入国外市场。相比其他国际投资方式，跨国并购的成本优势主要体现在以下三个方面：①在进入成本方面，企业在国外进行新建投资往往面临当地竞争者的激烈反抗。为了应对这些反抗，企业需要投入大量资金，这无疑增加了企业进入另一国家市场的成本。然而，跨国并购并不会给东道国市场带来新的生产能力，因此不会面临因当地竞争者强烈反抗而产生的巨大进入成本。②在买入成本方面，企业跨国并购多采用在外国证券市场上买壳上市的方式。这种方式的成本优势表现在：首先，股份流通性强，能够以较少的资金控制较大的资本；其次，在资本市场发达的国家，可以利用杠杆收购等并购方式来降低并购成本，并充分利用另一国的资本市场进行融资；最后，在收购时机选择上，跨国并购常常选择在东道国股市较低迷的时候进行，目标公司的资产和市值通常被低估，此时并购较为经济。③在

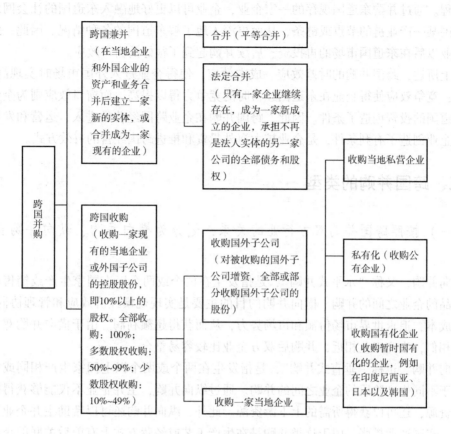

**图 8-1 跨国并购的形式**

资料来源：UNCTAD. 2000 年世界投资报告：跨国并购与发展 [M]. 冼国明，等译，

北京：中国财政经济出版社，2001：116.

经营成本方面，企业跨国并购不仅获得了一个企业，同时也获得了许多其他有价值的资产，如目标企业的无形资产、生产能力、市场经验、销售渠道、原料来源、市场和品牌等。这不仅可以节省购买这些资产所需的资金，还能有效减少经营的不确定性，降低风险成本。

第三，竞争效应。跨国并购在降低信息不对称方面发挥着重要作用。一方面，跨国并购为企业提供了一个接近国外创新型竞争者的平台，包括研发基础设施、知识中心和研发成果等。另一方面，跨国并购为企业提供了了解全球消费者偏好、产品标准和未来创新趋势等信息的机会。这些信息通过技术或非技术渠道传递给企业，有助于企业学习到国外的先进技术管理和竞争策略，从而提升生产效率。此外，跨国并购还有助于企业扩大市场占有率，开拓东道国市场和扩大出口，从而发挥规模经济效应，并进一步提升企业的市场竞争力。因此，跨国并购可以通过降低信息不对称和扩大市场占有率等途径确立企业的优势，使企业在竞争中处于有利地位。

第四，窗口效应。窗口效应主要体现在通过跨国并购，企业能够更深入地了解东道国的投资环境，为未来的投资做好准备。在跨国并购过程中，企业需要咨询投资银行、律师、会计师、资产评估师等专业人士的意见，这种咨询也是对东道国环境进行全面系统调研的过程。通过并购东道国现存的一家企业，企业可以更好地融入东道国的社会网络或者成为该国某一产业链的节点或链条，从而更深入地了解东道国的各种情况。因此，跨国并购为企业以后在东道国市场的再投资、后续并购起到了很好的窗口效应。

综上所述，跨国并购的时差效应、成本效应，使得企业进入外国市场时实现高效率、低成本；竞争效应使得企业在东道国经营时的竞争力得以提高，而窗口效应则为企业进一步在东道国的投资创造了条件。因此，跨国并购在企业跨国经营的进入、运营和发展诸阶段都为企业创造了有利条件，是企业扩大海外投资和推进跨国经营的有效方式。

## 三、跨国并购的类型

（一）按照跨国并购双方行业的关系，划分为横向并购、纵向并购和混合并购

横向并购，又称"水平式并购"，是指发生在两个或两个以上国家生产或销售相同或相似产品的企业之间的并购。横向并购的目的主要是实现规模经济效应和管理协同效应，以节约成本，追求世界市场份额和市场势力，从而获得超额利润。由于横向并购双方生产的产品相似，生产工艺相近，并购后双方企业比较容易整合。

纵向并购，也称"垂直式并购"，是指发生在两个或两个以上国家生产相同或相似产品但处于不同生产阶段的企业之间的并购。通过纵向并购，主并企业不仅能够获得被并购企业的资源，还可以获得所需的上下游资源。此外，纵向并购还可以帮助主并企业进入其他行业，实现产业扩张。由于这类并购是在生产工艺或经营方式上有前后关联的企业之间进行的，因此并购双方对于对方的生产情况比较熟悉，并购后比较容易融合在一起。

混合并购，又称"复合式并购"，是指发生在两个或两个以上国家不同行业的企业之间的并购。混合并购可以分散企业的经营风险、优化企业经营组合，同时也给予企业进入其他行业的机会。由于这种并购的企业处于不同领域、产品属于不同市场，且各自的产业部门之间不存在特别的生产技术联系，所以这类并购企业间的整合更为复杂；然而，由于这些因素的存在，被并购企业也有可能从主并企业那里获得更多更大的经营自主权，从而获得预期的并购结果。

（二）按照持股对象是否确定，划分为要约收购和协议收购

要约收购是指当并购企业已经持有另一企业30%的股份后，按照法律规定，向该企业的所有股东公开发出收购要约，以符合法律规定的价格，用货币支付方式购买股票，从而获取目标企业的股权。这种收购方式直接在股票市场中进行，受到市场规则的严格限制，因此风险较大，往往被视为恶意收购行为。但是，要约收购具有较强的自主性，能够迅速完成收购过程。

协议收购是指并购企业不通过二级股票市场，而是直接与目标企业进行联系，经过谈判和协商达成共同协议，从而实现目标企业股权的转移。协议收购容易得到目标企业的理解和合作，有助于降低收购行为的风险和成本。然而，在谈判过程中，契约成本可能会比较高。

## 四、跨国并购投融资的特点

### （一）经营环境的复杂性

跨国并购活动在全球范围内展开，面临着各种复杂的国际环境因素，包括东道国的自然、文化、政治、法律和经济等。在不同政治体制和经济水平的国家进行生产经营活动，可能会面临不同的政治风险。跨国并购所面临的金融环境比国内金融环境更为复杂，资金筹集受到国际金融环境的影响，面临的金融政策、利率、汇率和外汇管制程度都远比国内企业复杂得多。此外，跨国并购不仅受到母国法律的制约，还受到诸多东道国法律和国际法律的制约。

### （二）财务目标的全球性

现代企业追求的目标是实现收益和财富的最大化。因此，在跨国并购活动中，企业需要围绕这一目标进行决策，以实现企业整体利益的最大化。有时，为了实现这一目标，企业可能需要牺牲某个海外子公司的局部利益。在跨国并购中，企业的生产、销售、采购或资本转移都需要以企业集团的最大利益为核心，以确保企业集团取得最佳经济效益。例如，企业可以实行资金集中管理制度，建立现金结算中心，实行双边或多边净额结算，及时调动资金，降低现金持有成本，提高资本使用效益。此外，在产品销售时，企业可以实行转移价格策略，最大限度地减少税赋和外汇风险，增加整个公司的利润。

### （三）并购风险的多样性

跨国并购的环境复杂性使其风险与国内企业有很大区别。除了需要面对国内企业所面临的风险外，跨国并购还面临国际社会政治、经济变化的各种风险。例如，在经济方面，跨国并购可能面临外汇风险、利率风险等；在政治方面，可能面临政权变更风险、战争风险、法律和政策变动风险。因此，需要认真研究和分析风险，采用科学的方法规避和防范风险，减少风险损失，提高管理水平。

### （四）资金筹集方式的多样性

与国内企业相比，跨国并购企业既可以从母公司国内市场筹集资金，又可以在国际市场筹集资金；既可以从公司内部调拨资金，又可以在国际股票市场、国际债券市场和国际信贷市场筹集资金。

## 五、跨国并购的发展趋势

### （一）全球跨国并购呈现波动性快速发展，中国企业跨国并购有所减少

20 世纪 90 年代之前，跨国并购在整个对外直接投资中的比重一般在 50%~60%，近年来这一比重呈现进一步快速上升趋势。从统计数据来看，自 1996 年开始，全球兼并收购的规模大体上呈现快速上涨的趋势。然而，受到 2001 年 "9·11" 事件和 2008 年次贷危机的影响，全球经济增速下降，使得跨国并购浪潮在大趋势中出现了局部减缓的迹象。

据联合国贸易和发展会议统计，2022 年，全球跨国并购市场总交易规模 3.8 万亿美元（见表 8-1），同比下跌 36%，其中战略交易规模 2.6 万亿美元，中国战略交易金额为 3 040 亿美元，较 2021 年下降 34%，50 亿美元以上规模交易仅 5 笔，5 亿美元以下交易占比达 38%。但从中长期的发展趋势来看，跨国并购将继续发展。

表 8-1　全球跨国并购总值　　　　　　（单位：万亿美元）

| 年份 | 2016 | 2017 | 2018 | 2019 | 2020 | 2021 | 2022 |
|---|---|---|---|---|---|---|---|
| 金额 | 4.7 | 3.5 | 3.4 | 3.2 | 2.9 | 5.8 | 3.8 |

资料来源：贝恩公司，《全球并购市场报告》。

从 2003 年正式提出"走出去"战略以来，我国对外直接投资实现了 13 年的连续增长。到 2016 年我国对外直接投资金额达 1 961.5 亿美元，创历史新高，首次位列全球第二。金融危机后全球掀起了一股并购潮，2008 年中国的对外直接投资并购额一度高达 302 亿美元，2012 年之后跨国并购额均保持在 400 亿美元以上，2012 年是中国对外直接投资并购进入快速增长的分水岭。近年来，我国政府审时度势，提出"一带一路"倡议，成立亚投行和丝路基金等，以前所未有的力度扩大对外开放。在这一背景下，对外直接投资大发展的同时，跨国并购方兴未艾。

2022 年中国对外直接投资统计公报显示，2011—2016 年，中国对外直接投资并购交易额整体呈现上升趋势。2016 年成为近年来中国企业对外投资并购最为活跃的年份，共实施完成并购项目 765 起，涉及 74 个国家（地区），实际交易总额 1 353.3 亿美元，同时，跨国并购占对外直接投资的比例也达到了 69.0%。然而，由于地缘政治影响、标的国债务危机加重、企业对外投资风险偏好减弱等多方面原因，中国对外直接投资并购金额在 2017 年开始降低，2022 年达到最低，仅有 200.6 亿美元（见表 8-2）。2022 年，全球外国直接投资流出流量下降 14%，跨境并购规模大幅下降。中企宣布的海外并购总额仅为 287.4 亿美元，创历史新低，同比下降 52%，且大额交易大幅减少；宣布的交易数量为 507 宗，同比减少 6%。尽管如此，根据中国商务部统计的"大口径"投资（全行业对外直接投资，含跨境并购和绿地投资）数据显示，中国对外直接投资流量已连续 11 年位列全球前三。2019—2021 年，中国对外直接投资仍保持稳定向好的态势，投资金额分别为 1 369.1 亿、1 537.1 亿、1 788.2 亿美元。2022 年，中国对外直接投资流量 1 631.2 亿美元，占全球份额的 10.9%。

表 8-2　中国对外直接投资并购金额　　　　　（单位：亿美元）

| 年份 | 2011 | 2012 | 2013 | 2014 | 2015 | 2016 |
|---|---|---|---|---|---|---|
| 金额 | 272.0 | 434.0 | 529.0 | 569.0 | 544.4 | 1353.3 |
| 年份 | 2017 | 2018 | 2019 | 2020 | 2021 | 2022 |
| 金额 | 1196.2 | 742.3 | 342.8 | 282.0 | 318.3 | 200.6 |

资料来源：中华人民共和国商务部，《2022 年度中国对外直接投资统计公报》，2023 年。

从全球和中国的跨国并购的发展速度来看，跨国并购已然成为对外直接投资的主要形式，且跨国并购呈现出波动性快速发展的态势。

（二）跨国并购的区域分布呈现全球化发展态势

在 20 世纪初至第二次世界大战之前的并购活动，主要是在少数国家，尤其是在美国内进行的。20 世纪 90 年代以来，发达国家仍然是跨国并购的主要战场，但发展中国家所吸引的并购投资在明显增加。亚洲、拉丁美洲等新兴市场日益成为发达国家跨国并购的重点，并购活动已呈现出全球化的态势。

2008 年金融危机以后，发达经济体经济增长持续不振，以中国为代表的发展中国家抓住机遇，积极改善内部发展环境，适应并改变外部发展环境，为跨国并购创造了条件。尤其是近年来，中国政府提出的"一带一路"倡议得到了众多国家，尤其是发展中国家的广泛支持。跨国并购越来越呈现出全球化发展的态势。

（三）采掘行业、服务业和制造业等战略性行业与 TMT 新兴产业的跨国并购强势发展

自 20 世纪 90 年代以来，跨国并购浪潮在经济全球化和信息化步伐不断加快的背景下应运而生。大规模的跨国界并购活动不再仅仅是竞争，而是着眼于全球范围内的资源配置和整合，以构建全球生产体系。这是一种基于长期竞争的战略驱动型经济活动。强强并购和战略性并购成为跨国并购获得竞争优势的主要手段。

近年来，跨国并购主要表现为采掘行业、服务业和制造业等战略性行业与 TMT 新兴产业的强势发展。技术行业的并购交易在中国海外并购中处于领先地位，投资境外高科技企业并"引进来"的项目持续获得支持。据 2022 年中企并购情况统计，从交易金额来看，中企宣布的海外并购前五大行业分别为 TMT，医疗与生命科学，房地产、酒店与建造，采矿与金属，以及先进制造与运输，并购金额分别为 73.2 亿、43.8 亿、41.6 亿、35.1 亿、33.6 亿美元。其中，TMT，房地产、酒店与建造以及消费品为亚洲最受欢迎的行业，占总金额的 66%。TMT 为欧洲交易金额最大的行业，宣布的并购金额占中企对欧洲投资总额的45%。另外，中企在北美洲并购额最大的两个行业——医疗与生命科学和先进制造与运输行业，并购额均创近四年来新高，且分别录得 42% 和 178% 的逆势增长，合计占北美洲并购总额的 76%；按交易数量计，医疗与生命科学行业继续保持最热门并购行业，占比进一步提升至 33%。

（四）国际经济环境与政策对跨国并购影响显著

一方面，尽管跨国并购取得了迅猛发展，但是近年来英国退出欧盟、美国放弃泛太平洋伙伴关系（TPP）并重新谈判北美自由贸易协定（NAFTA）等事件的发生，导致地缘政治风险和政策不确定性上升，跨国并购受到了影响。

另一方面，虽然多数共建"一带一路"国家和地区有较高的政治风险和法律变化风险，但以中国为主的新兴市场国家积极推动"一带一路"、亚投行等的建设，促进区域经济合作的发展。在此背景下，中国在传统产能富余领域不断进行产业升级，并以基础设施建设为切入点，在援建合资基础上，积极促进共建"一带一路"国家的跨国并购。此外，东盟和西亚对石化行业的收购最为活跃，且远远超过其他区域，说明东盟和西亚在承接石

化行业的产业转移。"一带一路"倡议的实施使得域内各国和地区通过并购实现产能的跨国配置、资源的优势互补和产业链的协同升级。

# 第二节　跨国并购的资金来源及支付方式

## 一、跨国并购融资的战略设计

跨国并购常常会涉及巨额资金的筹措及支付问题,管理层首先设计融资战略,以确定长期财务目标,然后选择不同的路径达到目标。在进行融资的初期,跨国并购通常会聘请知名的投资银行作为自己的融资顾问。这些投资银行的银行家们与外国潜在投资者接触紧密,可深入了解他们的投资需求,了解不同国家的融资制度和障碍因素。

一般情况下,跨国并购首先考虑在国内资本市场筹集资金。在国内市场筹集资金不足的情况下,再考虑进入国际资本市场。如果企业此前从未在国际资本市场活动过,知名度不高,可能不足以吸引外国投资者,这时,国际投行的银行家门可以通过宣传和协调,为企业在国际资本市场筹资创造机会。依据国际资本市场筹资要求的严格程度不同,跨国并购在国际资本市场筹资一般会遵照以下顺序(见图8-2):

第一,通过声誉一般的国际债券市场发行外国债券筹集资金;

第二,在著名的或主要的国际债券市场发行欧洲债券;

第三,在一个声誉一般的市场挂牌上市或发行股票,以吸引国际投资者的注意;

第四,在高度流动性的外国股票市场(如纳斯达克市场)挂牌;

第五,选择声誉高的目标市场直接上市融资。

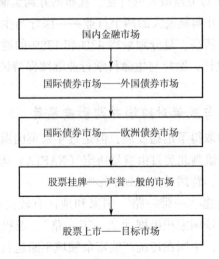

**图8-2　跨国并购在国际资本市场筹集资金的顺序**

资料来源:作者根据相关资料整理。

## 二、跨国并购的资金来源

### (一) 内部融资

跨国并购融资，从便捷性和成本角度看，内部筹集资金是首要来源。跨国并购母公司从内部筹集资金时应发挥领导作用。无论对于母公司还是海外子公司，当公司生产经营扩张需要资金支持时，应该首先考虑从集团内部筹资。

图 8-3 显示了跨国并购中某海外子公司缺乏资金，跨国公司集团内部向其提供资金的途径。有以下四种情况：

第一，如果母公司拥有闲置资金，可以动用自身的资金增加对海外子公司的投资或者向该子公司提供贷款，使资金流向子公司，从而增强对子公司的所有权和控制权。

第二，如果母公司无法运用自己的资金向海外子公司注资，可以调查其他海外子公司的财务状况，将资金盈余的海外子公司资金集结起来，然后投资到资金缺乏的子公司。

第三，母公司可以运用内部价格转移机制为海外子公司筹集资金。母公司自身或要求其他子公司在向资金缺乏的海外子公司销售产品时，降低产品销售价格，从而为其提供现金流。

第四，母公司可以自身或要求其他子公司在同资金缺乏的海外子公司进行业务来往时，对该子公司的应收账款滞后收取，而对该子公司的应付账款提前支付，从而缓解该子公司现金流紧张局面。

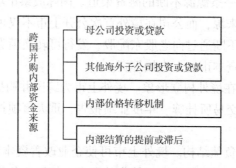

**图 8-3 跨国并购内部资金来源**

资料来源：作者根据相关资料整理。

### (二) 国际债务融资

#### 1. 国际债券融资

国际债券市场给跨国并购提供了多种不同期限、不同还款结构和不同币种的筹资工具。

（1）欧洲债券市场。对跨国并购而言，发行欧洲债券的最大好处是成本低廉。与国内市场相比，欧洲债券市场的手续费和其他费用较低，因为欧洲债券市场不存在法规管制。另外，由于欧洲债券能为投资者带来好处，如不记名方式发行，二级市场较发达以及在税收方面的优惠等，投资者愿意接受较低的收益率。

（2）欧洲票据市场。欧洲票据市场是跨国并购筹集国际债务资本的中短期工具市场。欧洲票据的发行大致可以划分为两类：公开承销发行便利与非公开承销发行便利。前者主要是指欧洲票据的发行，后者包括欧洲商业票据和欧洲中期票据的发行。

欧洲票据的发行主要是通过各种发行便利安排进行的。这种便利是指由发行公司与若干银行组成的银团达成承销协议，允许发行者在今后几年随时通过发行本票而筹措短期资本，每次发行由银团承销。如果票据没有完全销售出去，承销商有买进未售出票据的义务。从投资者角度看，发行欧洲票据可以增加证券组合投资手段，而且投资风险相比欧洲货币大额定期存单并不高。

欧洲商业票据由公司直接对外发行，不需要承销，可节省承销费用。欧洲商业票据给跨国并购提供了畅通的国际债务筹集平台，而且资信较高的跨国并购能够以低利率筹措到所需资金。

欧洲中期票据的基本特征与债券相似，有固定的面值、到期日和利率。

2. 国际信贷融资

国际信贷融资是指向国际金融机构、国际商业银行或国际上其他经济组织借款的一种筹资方式，主要包括世界银行贷款、亚洲开发银行贷款、国际商业银行贷款和国际银团贷款等。

（三）国际股权融资

1. 国际股权融资的优点

跨国并购通过国际股票市场筹集资金，具有以下优点：

（1）为跨国并购提供一条源源不断的融资渠道。国际股票市场为那些正处于成熟发展阶段的公司提供重要资金来源，而公司在境外首次公开上市不仅可获得生产经营所需的巨额资金，而且上市后还可不断通过向老股东配股、发行可转换债券和认股权证等其他与股权相关的派生形式从国际资本市场上直接筹资。

（2）有利于上市公司在境外树立形象。境外上市为跨国并购提供许多宣传的机会，如新股发行时的推荐宣传、交易所挂牌、年度业绩报告、重大事项披露等，可以大大提高企业在境外市场的知名度。

（3）改善企业的资产负债结构。境外上市可使企业改善资本结构、降低资产负债率。同时，跨国并购可以使用在国际股票市场筹集的资金，拓展业务领域。

2. 国际股权融资的可选工具

跨国并购在国际市场筹集股本的可选工具大致有以下几种：

（1）发行美国存托凭证。在美国股票市场，外国股票通常通过美国存托凭证（American depositary receipt, ADR）的形式上市交易。ADR 代表外国公司的股票，由美国的一家托管银行发行，发行后完全像一般美国股票那样在股票市场买卖、登记与转让。

国外股票在美国托管分为委托和非委托两种方式。委托是指希望上市的外国公司委托美国托管银行发行 ADR 的方式，国外上市公司要付给托管银行一定的托管费。目前，新发行的所有 ADR 都是委托发行的。历史上早期发行的 ADR 中，有些是非委托的，即国外公司没有主动要求美国银行发行代表该公司股票的 ADR，但为满足美国投资者的需要，美国银行主动推出该国外公司的 ADR，这时，国外公司不需要付给美国托管银行托管费，而是由美国投资者付托管费。

（2）私下募股。私下募股又称"私募"，是指将股份出售给一部分有资格的机构投资者，这种机构投资者一般是指保险公司、基金公司和投资公司，而不是普通公众。机构投资者购买股票后，一般会长期持有。现阶段，大多数国家都存在私募行为。1990年4月，美国SEC通过了144A规则，允许合格的机构投资者（qualified institutional investors）不必遵守股份持有时间限制，也不必在证券交易委员会登记注册。144A规则允许外国公司在不经过美国证券交易委员会登记和审批的情况下，直接在美国私募市场募集资金。证券交易商全国协会（National Association of Securities Dealers，NASD）建立了PORTAL屏幕自动交易系统以支持这些未注册的私募股份建立流通的二级市场。

美国证券交易委员会颁布的144A规则扫除了外国投资者在美国筹集资金必须在美国证券交易委员会注册登记的障碍，为跨国并购企业在美国市场筹集资金提供了便利。

（3）买壳上市融资。从本质上来说，这种方式实际上是非上市公司利用上市公司的壳，首先达到绝对控股地位，然后对企业进行资产及业务重组，利用目标壳公司的法律上市地位，通过合法的公司变更手续，使自己成为上市公司。

对于众多跨国并购中的买壳上市行为，买壳的主要目的是通过壳公司进入境外资本市场，吸收资本，融入资金。买壳公司不仅关注目标公司的短期效益，更重视其长期发展。因此，进行成本分析是至关重要的。

（4）造壳上市融资。造壳上市是指跨国公司或其子公司在海外注册一家控股公司，然后由该海外控股公司在海外证券市场上市，所筹资金用于支付跨国并购，从而达到海外间接上市的目的。海外控股公司与跨国公司或子公司在产权和人事方面有紧密的联系，通常在拟上市地或与拟上市地有着相似政治、经济、文化和法律等背景的国家或地区注册，以便取得上市地位。通过海外控股公司取得上市地位后，跨国公司或子公司就可以通过壳公司进行融资和支付。这种方式是一种相对便利的上市方式，介于首次公开发行上市和买壳上市之间。与上述两种方式相比，造壳上市的优点在于：一是能够创造一个相对满意的壳公司，而无须支付收购成本或承担收购失败的风险；二是可以规避直接上市中遇到的和本国法律相抵触的问题，因为壳公司在海外注册并受相应法律管辖，实行当地的会计制度，遵守当地公司规定、上市规则等，还可以免去繁琐的审批手续；三是由于壳公司是境外法人，更容易获得海外上市资格，上市成本也较低。

（四）特殊融资方式

杠杆收购（leverage buy-out，LBO）是一种特殊的融资方式，通过增加并购企业的财务杠杆来完成并购交易。通常，收购企业会投资设立一家直接收购企业，该企业以其资本及未来收购的目标企业的资产和收益为担保进行举债，如向银行贷款、发行债券、向公开市场借贷等，以借贷的资本获得目标企业的股权或资产，进而完成对目标企业的收购。然后用目标企业的现金流偿还负债。通过精心的财务设计，杠杆收购可以使并购中的资本投入降低到全部收购价格的5%以下，也就是说，杠杆收购的债务融资可以高达交易成本的95%。其突出特点是并购企业不需要投入全部资金即可完成并购，然而整个并购行为具有很高的风险。

按目标企业经理层是否参与对本公司的并购杠杆收购，可以分为管理层收购和非管理层收购。虽然为了完成管理层收购，需要大量举债从而使收购具有很大的风险性，但收购人是目标企业的管理层人员熟悉企业内部的情况，所以一般具有应对风险的措施和避免风险的把握。

在发达国家的资本市场上，跨国并购的融资结构安排充分展现了融资多样化的特点，形成了多层次的融资结构，以吸引各种投资者的参与。通常情况下，最顶层的是对公司资产具有最高求偿权的银行贷款，约占收购资金的 50%~60%；中间层的是被统称为垃圾债券的从属债务，约占收购资金的 20%~30%；最底层的则是收购企业的自有资金，约占收购资金的 10%~20%。

## 三、跨国并购的支付方式

### （一）现金购买资产支付方式

现金购买资产支付方式是指收购企业通过使用现款购买目标公司的资产，以实现对目标公司的控制，并购完成后，目标公司成为有现金无生产资源的空壳。其优点是等价交换、交易清楚，不会产生纠纷。主要适用于产权清晰、债权债务明确的目标企业。

### （二）现金购买股票支付方式

现金购买股票支付方式是指收购公司以现金在股票市场上购买目标公司的股票，以实现对目标公司的控制。这是一种简便易行的支付方式，但要受到有关证券法规信息披露制度的制约，而且公开收购价格较高，会增加收购成本。

### （三）股票购买资产支付方式

股票购买资产支付方式是指收购公司向目标企业发行自己的股票、交换目标公司的资产，以实现对目标公司的控制。通常采取定向发行收购公司股票的方式，目标公司一般在并购完成后解散，收购方将目标公司的资产重新组建新的企业。

### （四）股票交换股票支付方式

股票交换股票又称"换股"。股票交换股票支付方式一般是收购公司直接向目标公司的股东发行股票，以交换目标公司的股票。收购完成后，目标公司仍然存在。采取这种支付方式收购方可以减少现金支出，还可以利用收购公司较高的股价以较低的成本收购其他企业。

# 第三节　跨国并购的投资方式

## 一、跨国并购投资的影响因素

跨国并购作为企业的综合性重大投资行为，会受到跨国并购战略目标、经营状况、核心竞争力、东道国政策以及母国与东道国关系等诸多因素的影响。因而，必须在考虑内外部因素的基础上综合进行权衡。

## （一）母公司状况

母公司自身的技术、资金和管理等方面的状况是影响公司选择投资方式的基本因素。

### 1. 技术状况

技术状况对公司的跨国并购活动具有特别重要的影响。如果母公司具有较强的研发能力，且技术先进，则既可选择技术授权方式，又可将技术契约转化为股权，选择合资途径。

### 2. 资金状况

母公司若有巨额资金，可以选择独资经营方式；若有技术而无资金，则只能选择"技术授权"途径。

### 3. 管理能力与要求

母公司若想接近市场或顾客，可选择合资或独资的途径，反之，则可选择技术授权的途径；母公司若想囊括子公司的全部利润或敢冒风险，可选择独资的途径，反之，则选择合资途径；母公司若在管理上要求高度统一，掌握决策权，则可选择多数股权合资或独资途径，反之，可选择少数股权合资或其他途径；母公司如果不愿派主管人员去不同文化背景的国家，那么即使技术、资金和管理等条件优越，也不适宜选择独资或多数股权合资的途径；母公司虽技术与资金条件均好，但缺乏管理子公司的能力，最好选用少数股权合资或技术授权等方式。

### 4. 保守秘密要求

一些高技术或拥有独特产品的跨国并购，为保持其独占的优势（技术或商业秘密），往往选择对其海外分支机构全资拥有。但如果这些秘密已经扩散，出现了一些竞争者，为有利于同其他对手竞争，跨国并购企业往往愿意与东道国合营或将技术有偿转让出去。

### 5. 文化背景

文化背景和价值观的差异必然影响投资方式的选择。美国和英国的企业一般不愿意与东道国企业共享资产所有权。他们认为，当地合伙人只对怎样尽快从合资企业谋利感兴趣，在处理企业收益时追求增加红利，不愿再增加投资，这会影响合资企业的长期利益。所以，美英两国的企业更愿以独资、多数股权合资或技术授权等方式进行跨国并购。日本的企业则多以少数股权投资进行跨国并购，并认为这样风险小，可获得当地政府的优惠与支持。

### 6. 对东道国环境的了解程度和适应能力

如果企业熟悉东道国的环境，并有能力快速适应环境，跨国并购就不必在东道国寻找合作伙伴，此时独资等股权投资成为主要的进入方式。如果情况相反，则可以寻找一个当地伙伴作为投资企业的利益保护者，此时合资等股权投资成为主要的进入方式。

## （二）东道国状况

东道国对跨国并购的政策、法律法规以及东道国的政治与经济状况是影响企业进行跨国并购时选择投资方式的又一重要因素。

### 1. 对外国投资者的股权规定

有些国家在法律上对外国投资者在当地企业拥有的股权比例没有限制，企业进行跨国并购时便可以根据自身的需要自由地选择投资方式。有些国家出于国家安全和利益的考虑，禁止外国公司兴办全资拥有的企业，或者在某些特定的部门禁止外国企业进入，或者确定外资的出资比例，此时进行跨国并购就只能采取合营方式。

### 2. 公众的民族意识和开放意识

东道国的民族意识和开放意识与民族文化传统、民族的历史经历（如是否受到过外来侵略、奴役）有一定关系，但更重要的是商品经济的发达程度对意识形态带来的影响。在一个公众对外来资本存有严重戒心甚至敌意的国家里，即使该国政府允许外国投资者兴办全资拥有的企业，外资企业在开展业务时也会遇到许多矛盾或阻力，有时政府还可能在公众的压力下改变政策，从而增加了企业被征用或没收的风险。选择与当地人合营，不仅可以减少这类风险，也可能在业务上获得诸多方便。

### 3. 合伙人能力

与当地人合营通常是跨国并购企业初次进入某个东道国时的首选之策。在这种情况下，合伙人的能力便成为影响跨国并购决策的一个重要因素。合伙人在当地的社会形象、资金实力、管理能力以及处理各种关系的能力都会影响到跨国并购决策。如果合伙人具有非凡的处理各种社会关系的能力和管理能力，就能促进并购尽快正常运转，增加投资收益。如果合伙人实力雄厚，在当地具有强大的影响力，就可以很好地保护投资人的利益。反之，投资人的利益将无法得到保障。

### 4. 资金配套能力

一些东道国鼓励与外国投资者合营办企业，但由于合营中仅以土地折价入股，一般难以达到股权比例的要求，所以就需要东道国企业提供部分配套的货币资金。东道国，特别是发展中东道国的资金一般都较短缺，如果正逢东道国的财政和信贷紧缩，那么获取配套资金就更加困难。此时，独资就成为跨国并购的唯一选择。

### 5. 其他因素

东道国的经济体制、竞争情况对跨国并购的投资方式选择也有着重要的影响。在一个原材料、电力等计划配给的国家里，拥有当地的合作伙伴比独资方式更为可行。在没有竞争对手的情况下，企业可采取自愿的投资方式。但在有竞争对手介入的情况下，如果竞争对手采取了较灵活的运营模式，企业也要有应对之策。

## 二、跨国并购的股权投资方式

### （一）股权投资的特点

股权投资是指以所有权为基础，以持股并掌握经营权为途径，实现对企业或项目有效控制的直接投资方式。按跨国并购持股程度的不同，股权投资有两种方式：全部股权投资方式（母公司拥有子公司股权在95%以上）和部分股权投资方式。后者又可以分为多数股权投资方式（拥有子公司51%~94%的股权）、对等股权投资方式（拥有子公司50%的股权）和少数股权投资方式（拥有子公司49%以下的股权）。

在跨国并购过程中，持有目标企业的股权比重越高，对目标企业经营活动的控制能力就越强。所以，企业进行跨国并购时一般都力图通过占有全部股权或多数股权，达到对国外子公司进行直接控制的目的，从而把子公司完全纳入其全球经营体系。

在早期的国际投资中，进行跨国并购的企业大多选择股权投资方式进入国外市场，其主要原因在于：①控制简单。投资者持有股权后，即可通过股权控制企业，而不用事必躬亲。这样既可以有效控制企业，又可以相应地减少负担，达到"四两拨千斤"的效果。②方式灵活。这主要表现在两个方面：一是参股比例灵活，可以根据自己的需要灵活处理在目标企业的股权比例；二是投资方式灵活，既可以选择绿地投资的方式投资，也可以选择并购方式投资，从而形成不同的参股比例，在适应东道国的要求同时，满足跨国并购的发展需要。

（二）股权投资的基本形式

1. 全部股权投资方式

全部股权投资方式又称"独资方式"，是指在东道国境内通过独立投资而控制全部股权的一种投资方式。采用全部股权投资的子公司成为跨国公司的全资子公司。一般来说，那些生产规模大、技术水平高、在国际市场中处于优势地位的大型跨国公司倾向于通过全部股权投资，即独资方式对外直接投资。全部股权投资方式作为跨国并购传统、典型的形态，曾经被投资者在国际范围内广泛采用。不过，这种方式的优缺点都非常明显。

全部股权投资方式的主要优点为：①经营灵活。多数国家没有规范的独资企业法，对独资企业的限制主要集中在业务范围方面，因此，独资经营企业受政府控制少。而且，由于独资经营管理大权掌握在跨国并购企业手中，所以企业经营管理灵活而主动。②易于保守秘密。独资企业除了填写所得税表格中规定的项目外，不必像合资企业那样事无巨细定期向股东汇报。秘密，特别是技术秘密、财务秘密，往往对企业的生存发展影响极大。因此，具有好的秘密性是跨国并购企业选择该投资方式的重要原因之一。③合理避税。内部交易可以为跨国并购节约成本费用，因而，内部交易国际化成为跨国并购的一个显著特点。在全部股权投资方式下，跨国并购企业可以利用东道国政府在所得税制度上的差异，灵活确定内部交易产品和劳务的价格，充分发挥其所有权和经营权独占、产供销渠道独家掌握、财务资料无须公开的优势，轻而易举地制定并实施"转移价格"，从而达到避税的目的。④独享利润。在全部股权投资方式下，由于子公司的全部资产都是跨国公司单独投资所形成的，子公司通过生产产品及提供服务产生的收益，理所当然地全部归跨国并购企业所拥有。

全部股权投资方式的主要缺点为：①风险较大。当独资企业为无限公司时，要对其全部债务承担无限责任；当企业资不抵债时，所有资产（包括母公司或个人的财产）都有偿债义务。所以，采用全部股权投资方式的跨国并购承担的风险较多，甚至可能为此付出巨大代价。②经营受限。独资企业不能采用股权筹资等方式利用他人资金，而只能采用利润积累和借贷方式扩大再生产，在资金来源方面受到一定限制。更为重要的是，有些国家还设置各种障碍限制外国投资者创办独资企业，限制独资企业经营范围和领域等。③发展难度大。选择独资方式意味着没有现成的生产基地、缺乏合作伙伴、难以与有影响的政府机构发展联系等，从而给企业的发展带来了一定的难度。

2. 部分股权投资方式

部分股权投资方式是指在东道国境内通过建立合营企业等途径，拥有目标企业部分股权的国际直接投资方式。采用这种投资方式的企业在我国又被称为合资企业或合资经营企业。合营双方除可以用现金投资外，还可以用机器设备、厂房等实物资产以及技术、专利、土地使用权、商标等无形资产作价后作为投入，共同出资组成一个具有法人资格的经济实体。其基本特点是和东道国投资者共同投资、共同经营、共享利润并共担风险。

采用部分股权投资方式时应注意以下重点问题：

（1）出资比例。部分股权投资按股权比例的多少，可以分为多数股权、对等股权和少数股权等类型，表现在外国投资者和东道国投资者的出资比例上，一般来说有"外国过半"、"本国过半"和"各占一半"三种形式。对于出资比例，不同国家、地区、行业以及不同时期均有明确规定。经济发达国家一般实行资本自由化的开放政策，不限制出资比例。这是经济发达国家兴办独资经营企业较多的原因。但是，在电信、电报、航空及内河航运、广播电视、金融保险及被认为外资比重不宜过大的部门和行业，发达国家也会限制外资比例。发展中国家对部分股权投资的外资比重均有限制性的规定。这些规定大体有以下几个方面：一是从企业控制权的角度，规定外资不得超过股权比重的49%，本国投资必须在51%以上。二是在市场方面，如果是外向型企业及其产品，外资所占比重可以较高；反之，对于依靠当地资源且以国内市场销售为主的企业，外资的比重则可以适当降低。三是从企业要素方面考虑，对于资金密集型和技术密集型企业，外资的比重可以较高；但对于其他类型的企业，外资的比重仍然被限制在较低水平上。

（2）出资方式。部分股权投资的出资方式实际上与股本结构密切相关。一般来说，部分股权投资中的资本包括有形资产和无形资产两大方面，并可进一步细分为：

第一，现金出资。合资企业在生产经营中需要的现金一般由两部分组成：一是按照规定的比例由双方共同投入，有些国家还明确规定现金在外资股金中至少占一半以上；二是向银行贷款，此部分主要用于部分股权投资企业中的流动资金部分。

第二，实物出资。实物出资一般是指以机器设备、原材料、零部件、建筑物、厂房等作价出资。建筑物与土地通常是东道国实物出资的主要形式。机器设备是否作为出资，通常视部分股权投资企业是新建企业还是以东道国原有企业为基础建立而定。一般来说，前者的机器设备主要由技术先进方提供，并按设备的先进程度，参考市场价格作价；而后者的原有设备也要作价。

第三，工业产权出资。工业产权是指商标、专利和专有技术。专利作为公开的技术知识，受法律保护。专有技术作为未公开的技术知识和商业秘密，不受法律保护。前者因不可擅自和无偿使用，故能无条件地折算为出资。后者虽不受法律保护，但由于它以技术诀窍、技术资料、工艺流程和关键参数的形式出现，若不实行有偿使用，其所有者便不会将这些专有技术公开出来，所以这部分也能折算为出资。至于对工业产权的折算，可由双方协商确定，也可由双方均同意的第三方估算。

部分股权投资形式具有以下优势：①减少或避免政治风险。由于部分股权投资方式下的企业有东道国资本参加并且由两者共同经营，可望减少东道国政策的变化或征用等风险。②占领新市场。一方面，通过与当地合营，可以在东道国市场推销一部分产品。合资企业的产品往往是东道国需要进口或当地市场紧俏的产品，因而可以取得一部分新的市场。另一方面，可以带动跨国并购贸易的增长。例如，如果以机器设备、工业产权、专利技术、管理知识作为股本投资，实际上是输出了"产品"，是进行贸易替代性投资。而且，如果合资企业生产中使用的原材料需要进口，则外国投资者又可以获得原料商品的优先供应权。③获取多重优惠。采取部分股权投资方式，外国投资者既可以享受东道国给予的外资优惠，又可获得东道国给予本国投资者的优惠，有时还可以得到母国政府给予的优惠。④增强竞争优势。一方面，外国投资者可以利用当地合伙人理解东道国政治、经济、社会和文化等优势，取得企业经营所需的信息资源；另一方面，通过与当地合伙者的关系，外国投资者可以获得当地财政贷款、资金融通、物资供应、产品销售等优惠，从而增强企业的竞争优势，提高企业的经济效益。

从东道国，尤其是发展中东道国来看，采用部分股权投资方式引进跨国并购投资的优势在于：①弥补资金不足。资金不足是东道国特别是发展中国家在经济发展过程中面临的重要问题之一，部分股权投资可以弥补东道国建设资金的不足。外资能否收回并增值，主要取决于企业本身的经济效益，不会形成国家的外债负担。②引进先进技术。由于投资双方共同投资、共同经营、共负盈亏，经营的成败直接关系到外国投资者的利益，所以，外国投资者出于本身利益的考虑，会不断地提供真正先进而适用的技术和设备，并同当地合伙人密切合作，促使引进的技术有效地形成生产力。此外，引进技术还可以填补东道国国内技术空白，使东道国能够发展短线生产部门，促进企业的技术改造和产品的更新换代。③扩大出口，增加外汇收入。合资企业的产品能否进入国际市场，能否创汇，直接关系到合资企业的外汇平衡，关系到外资本息的外汇支付问题。因此，外国投资者通常会愿意提供销售渠道。由于合资企业利用了外国投资者的销售渠道，所以其产品可以顺利并快速地进入国际市场，增加出口创汇。④获得先进的管理理念和方法。如组织管理、人力资源管理、市场营销等方面的先进思想和方法。此外，部分股权投资还有利于带动东道国相关产业的发展，增加当地的产值，促进产业结构调整和产业升级。

当然，部分股权投资也有缺点，具体表现为：①合资双方可能在投资、生产、市场营销以及利润分配等方面发生争执；②观念上的差异会导致双方在企业战略决策方面发生分歧；③不利于实施对合营企业的绝对控制，可能面临技术流失、商业机密泄露等问题。

**【思考题】**

1. 国际投资中采用跨国并购方式的目的是什么？与绿地投资相比，跨国并购投资的利弊有哪些？
2. 跨国并购的类型有哪些？如何评价不同类型的并购绩效？
3. 跨国并购的债券融资方式与股权融资方式分别具有哪些特征？
4. 跨国并购投资有哪几种类型？其优缺点分别是什么？
5. 跨国并购的支付方式有哪几种？如何运用这些支付方式完成并购交易？
6. 在当前复杂多变的情境下，中国进行跨国并购需要注意的问题有哪些？
7. "一带一路"背景下，中国如何促进企业的高质量跨国并购？

# 第九章 国际投融资环境评价与测度

【引导案例】

### 政策与制度环境是影响企业跨国融资选择的重要因素

企业在不同国际市场上进行融资的选择，体现出其对不同市场能否满足自身所需要的投融资环境的评价。

据 Wind 数据，2021 年共有 41 家中资企业在美股市场上市，中资企业年内在美上市募资 141.67 亿美元，较 2020 年的 122.6 亿美元增长了 15.58%。从时间来看，2021 年境内企业赴美上市主要集中在上半年，在下半年有所降温，中概股回归趋势增强，较多企业考虑在中国香港或 A 股市场二次上市。这一方面是因为美国对在美上市的中资企业启动了更加严格的审查机制以及信息披露要求，《外国公司问责法案》的实施进一步加剧了中概股的退市压力；另一方面是因为国内对教育和互联网板块的监管、反垄断措施逐渐落地，中概股持续承压。可见，随着不同国际市场政策制度环境的变化，企业投融资的选择也处于不断的动态调整中。

2021 年，中国企业赴香港上市数量同比下降，港交所推动建立多层次资本市场结构，深化资本市场改革。2021 年 12 月 17 日，港交所特殊目的收购公司（SPAC）机制落地，将加大对具有高成长性的中小市值企业赴香港上市的吸引力。

近年来，我国逐步推进注册制改革，全面深化资本市场改革开放，加快构建更加成熟、更加定型的资本市场基础制度体系。围绕注册制改革，进一步完善资本市场制度规则，统筹推进提高上市公司质量、健全退市机制、多层次市场建设、强化中介机构责任、投资端改革、完善证券执法司法体制机制等重点改革，持续完善资本市场基础制度。稳步推进资本市场高水平对外开放，加快完善企业境外上市监管制度。随着北京证券交易所成立，中国资本市场体系得到进一步完善。对于企业而言，融资渠道拓宽，退出渠道更加丰富，将吸引越来越多的中小企业和"专精特新"企业进入市场。

（资料来源：陈雳：《企业境内外融资环境比较与选择》，《中国金融》，2022 年第 4 期，第 52-53 页，有删改。）

【学习目标】

◆ 掌握投融资环境的概念及特点；

◆ 掌握投融资环境评价的影响因素；

◆ 了解新形势下如何贯彻投融资环境评价体系；

◆ 熟悉投融资环境评价指标体系的构建原则和方法；
◆ 掌握投融资环境评价与测度的方法；
◆ 熟练运用投融资环境评价的理论进行案例分析。

# 第一节　国际投融资环境评价概述

## 一、投融资环境研究的概念及理论基础

投融资环境是指影响和制约投融资活动及其结果的一切外部条件的总和。它包括与项目投融资相关的政治、经济、自然、社会、宗教、文化等诸因素，是这些因素相互作用、相互影响、相互制约而形成的有机体，并通过一定的经济制度和社会制度表现出来。

对投融资环境的研究是在区域经济理论和国际资本流动理论框架下展开的。区域经济理论认为，区域产业结构的演化，生产和经济活动在空间有规律的转移，有助于促进区域社会经济得到协调发展。区域经济理论的新发展，也推动了国际经济理论的研究和拓展，特别是对于国际资本流动相关理论给予了更为深刻和丰富的诠释，因而也带动了投融资环境理论的研究。

对于投融资环境而言，区域经济大系统决定了投融资环境的各种要素组成，区域经济的发展变化影响着投融资环境的形态和特征。一般而言，区域经济的发展呈现出梯度运动规律，即区域经济以主导产业生命周期循环而形成的不同经济技术梯度为特征。高梯度经济发展区成为知识、技术、资本的高度密集区。相对应地，低梯度地区具有成本优势，促使经济活动从高梯度地区向低梯度地区扩散，在一定时期内也带动和影响了资本向这个区域流动。投资环境客观上也存在着梯度问题，不同梯度的投融资环境具有不同的性质与特征。区域发展梯度与投资环境梯度会在一定的条件下转化。当一个地区的经济具备了自我发展的能力时，就会不断地积累有利因素，获得规模效益和聚集效益，以正反馈的形式迅速成长，打破原有的区域结构，进行新的组合；或者将已经积累的部分发展要素通过与周边经济技术联系扩散出去，形成带动发展的效应，进行区域架构的重新组合。这就是所谓的极化效应和扩散效应。投融资主体研究投融资环境时必须面对现实的投融资环境，着眼于未来的投融资环境变化。

## 二、环境评价的影响因素

影响环境评价的因素很多，下面主要分析自然资源、经济形势、政治法律和社会文化四个方面。

（一）自然资源

自然资源包括地理和气候。地理因素包括地理位置、地区特征、地形条件、矿产资

源、水资源以及森林资源等。这些地理条件直接或间接地影响着国家的投资活动。例如，如果投资者打算开发和利用资源，就需要考察东道国的各种资源情况；而如果投资者准备投资于精密仪器行业，就需要考虑东道国的地形条件是否会影响产品的精密程度等方面。此外，气候因素主要包括温度、日照、降雨量、风暴和台风等，这些因素会从不同角度对多个行业的投资产生影响。气候的差异和变化不仅关系到企业的生产和运输，还会影响到消费市场的潜力。

（二）经济形势

国际投资活动中，经济状况是最直接、最基本的因素之一，也是国际投融资决策中首要考虑的因素。对经济形势的分析主要包括考察经济发展能力水平、市场完善程度和开放程度、基础设施状况、经济和物价稳定程度以及经济管理政策等方面。

（三）政治和法律

政治和法律因素对国际投资的安全性有着直接的影响。由于国际直接投资是一项长期的管理活动，投资者极为关注投资地区的长期政治社会稳定和法律制度保障程度。政治和法律因素包括政治的稳定性、政府的对外关系、政治体制以及法律制度的健全性等。

（四）社会文化

因为地理和历史的因素，不同国家的社会文化背景存在差异，甚至有些国家内部也存在地域差异。这种差异使得外国投资者在东道国投资时面临一些挑战，对国际投资产生了影响。社会文化因素主要涉及语言文化传统、教育水平、社会心理和宗教信仰等。例如，教育水平高的地区对书籍、音乐和电影等产品的需求与落后国家和地区有显著差异。

## 三、新形势下国际投融资环境评价与测度

（一）新形势下国际投融资环境的现状和未来发展趋势

随着世界经济发展的加速，国际投资环境正在经历巨大变革。进入新时代，各国经济之间的联系更加紧密，国际投融资的重要性也日益凸显。为了更好地理解国际投融资环境的现状和未来发展趋势，下面将从政策、市场和技术三个环境方面进行分析：

1. 政策环境

以中国为例，近年来，中国政府大力吸引外国投资，出台了一系列政策措施，比如放宽市场准入、优化营商环境等。此外，中国还大力推动"一带一路"建设，吸引更多的国际投资。但同时，中国政府对于外部投资也加强了审查，进一步确保了国家安全和利益。而在美国，特朗普政府时期实行了一系列限制外来投资的措施，如对中国制造 2025 计划相关行业的投资进行限制，对国内企业收购海外企业等实施较为严格的审查程序。这些政策直接影响到了外部投资在美国市场上的表现。

2. 市场环境

近年来，全球市场竞争更加激烈，各国之间开展贸易的模式和方式发生了极大的变化，市场环境也出现了明显的差异。一方面，随着全球消费者的消费需求升级，市场对高品质、创意、个性化等产品需求越来越高。这对企业产品的研发和营销都提出了更高要

求。另一方面，随着科技的进步，越来越多的高科技产品和服务涌入市场，比如 5G 技术的普及和推广、物联网的发展等。这些新技术的应用对企业的生产和市场经营都带来了很大变化和挑战。在美国，随着人工智能、机器学习、区块链等技术的发展，美国多家科技公司也在技术上取得了相当大的优势。而在欧洲市场上，能源行业的信息技术化、数字化转型及可持续发展成为重点方向。欧洲也鼓励跨国合作，共同探索新兴技术领域，并为绿色转型和可持续发展做出贡献。

### 3. 技术环境

技术的创新和变革对全球投资环境产生了深刻影响。在新时代下，各国之间已经形成了一种相互关联、相互支撑的态势。科技的进步和变革不仅给全球市场形态带来了巨大的影响，也为全球的投资者和机构带来了利好。以人工智能为例，近年来随着大数据和计算能力的不断提高，人工智能技术逐渐获得了广泛关注。全球一些新兴科技创业公司也逐步采用人工智能技术。可以预见的是，科技行业仍将是未来投资的热点方向。

综上可见，近年来全球投融资环境在政策、市场、技术等方面呈现快速的发展变化。全球投资环境的未来发展趋势将有以下几方面：第一，全球贸易保护主义势力将继续抬头，各国政府对于外部投资的审查将更加严格。第二，随着人工智能、大数据、区块链等技术的蓬勃发展，科技股票等相关板块将持续被市场重视。第三，随着可持续性发展的重要性日益加强，投资人将更加注重企业的社会责任和可持续性发展。第四，随着全球市场的全面普及，国际化人才的招聘将成为企业更为重要的环节。企业将通过建立人才战略、完善全球化招聘系统等措施，吸纳来自全球范围内的优秀人才。

（二）新形势下投融资环境评价对于投资方以及受资方的重要性

对投资方而言，投融资环境影响投资决策，投资项目的地址选择、投资方式、投资规模、投资时序的安排都有赖于投资方对投资环境进行科学系统的评价后做出决定。投融资环境还进一步影响着投资方的投资效益。一方面，投融资环境提供了厂商生产经营所需的各种要素，规定了厂商获取这些要素的可能性、质量、数量、种类、成本等问题。另一方面，投融资环境在税收政策、股权比例、利润汇出等政策法规方面也直接或间接地影响着企业的投资收益。因此，投融资环境评价是投资者投资前必须做的工作。良好的投融资环境能够为投资方提供更多的投资机会。国际投融资环境的改善和开放，使得投资者可以进入新兴市场和发展中经济体，获取更多的投资回报和增长机会。同时，在新形势下，投资方可能会面临政策不确定性的挑战。地区政治环境的不稳定性可能对投资方造成影响。地缘政治冲突、政治变革等因素可能导致投资环境的不确定性和风险。

对于受资方而言，投融资环境的评价则影响着吸引外资的规模、速度和结构。如果投融资环境被专家团队或专业机构评判为良好，则该地区对于外资就具有较大的吸引力。另外，由于各个产业的投资都有选择适合自身发展环境的特殊标准，不同产业发展需要的投资环境有差别，对于当地投融资环境的科学评价有助于该地区正确认识自身的优势与不足，进一步科学完善自身投融资环境以及有针对性地吸引投融资项目。最后，投融资环境对于受资方能够产生广泛的综合效益。例如，受资方在引进外资时，同时也引进了国外的先进技术和管理经验，通过区内外人员交流推动了企业的技术进步和管理水平的提高，促进了本地区的经济发展和人员素质的提高。因此，科学、系统地评价投融资环境也是受资方经济工作的重要基础环节。新形势下的投融资环境改善了融资条件，如放宽担保要求、提供更长的贷款期限等。这有助于满足受资方的不同需求，提供更灵活和个性化的融资方案。新形势下的投融资环境鼓励创新和发展，为受资方提供了更多的机会。创新型企业和项目可以通过融资获得必要的资金支持，推动其技术研发、市场拓展等，促进经济发展和社会进步。然而，新形势下的投融资环境对受资方可能存在融资难度增加、高成本融资、融资限制、不确定性增加和竞争加剧等劣势。受资方需要认识到这些劣势，并采取相应的措施来应对挑战，提高融资的成功率和效率。因此，对投融资环境进行评价对于投资方和受资方愈加重要。

# 第二节  国际投融资环境评价指标体系

## 一、投融资环境评价指标体系的构建原则

投融资环境评价指标体系的设置与建立必须综合考虑国内外的各种影响和制约因素，全面、客观、准确地评价投融资环境。具体来讲，构建投融资环境指标体系时，应遵循三个原则。

（一）系统性原则

投融资环境是由政治、经济、法律、自然地理、社会文化和物质基础等诸多因素构成的一个多层次的动态系统，这些环境要素之间相互作用、相互影响，其最终形成的综合体决定了投融资环境的优劣。因此，对于评价投融资环境，应该以系统理论为基本出发点，设置和建立评价指标体系也需要遵循相应的系统性原则。首先，评价指标体系必须充分反映投融资环境的设立目标，即在构建指标体系时，既要考虑到投资者资本增殖的需要，又要考虑到受资方利用外资促进地方经济良性循环的目的，缩小两者的差距，寻求双方协调点。其次，评价投融资环境的指标体系应该从外资利用的整个过程出发，全面反映影响投资环境的各种因素，以尽力满足投融资环境的综合性要求。指标体系需要同时考虑物质环境和人文环境、经济因素和政治体制、社会文化等方面的因素。最后，评价指标体系还需要重视投融资环境要素之间的相关性和层次性要求，对不同的指标赋予不同的权重。

（二）可比性原则

由于不同国家的政治体制不同，自然资源禀赋存在差异，政治经济发展不平衡，不同领域对投资方实施优惠的程度也不同。因此，评价投融资环境的指标体系必须遵循可比性原则，否则，它对投资者和受资方的帮助指导作用将会变得很微弱。此外，随着受资方利用外资工作的逐步深入，吸引和利用外资的规模和种类等将有大幅度上升，投融资环境也将有明显的改善，这就要求评价指标体系能反映出这类变化，因此要求各个时期的投融资环境评价指标也具有可比性。总之，投融资环境评价指标要保持相对稳定性，口径基本统

一，以便于纵向的年度比较和横向的国际或区域间比较。

（三）可操作性原则

在选择投融资环境评价指标时，应该结合理论和实践，统一需求和可能性，并确保指标含义清晰、统计手段灵活、计算方法简单。在满足评价要求和提供决策所需信息的基础上，应尽量减少指标数量，以提高整个指标体系的使用价值和实际可行性，从而科学地引导各级政府和职能部门努力改善投融资环境。

## 二、投融资环境评价与测度指标体系的构建方法

投融资环境由社会和自然环境两部分组成。作为一个整体系统，它是一个复杂的系统，因此只能在一定程度上进行分析和评价。根据评价目标、被评价对象的性质、决策要求和可用的基础资料，可以将投融资环境分为七个子系统，然后进一步细分为多个指标项，以便监测投融资环境的变化，从而形成一个评价指标体系。

（一）自然条件子系统

自然地理环境是一个难以改变的环境要素，但对投资者却有极大影响。判别其优劣，一般应考虑以下几个方面：①地理位置是否优越。主要看交通是否方便，与市场和原材料供应地的距离，经济腹地的大小，等等。②自然资源拥有量。如石油、天然气、原煤、金属及非金属材料等的储量，开采的难易程度，等等。③气候适宜性。如年日平均气温及平均降雨量等。

（二）政治条件子系统

政治条件主要包括政治体制的有效程度、政局的稳定程度、政策的连续性、国际关系的紧张程度等。政治环境对其他环境有重要的影响，是环境评价的一个重要指标。

1. 政治体制的有效程度

政治体制是由经济基础决定的，政治体制又会反作用于经济基础，对经济基础产生影响。考察一国的政治体制有效性主要看政权的基础、权力的制衡关系、政权交替的方式、政府的意识形态等。

2. 政局的稳定程度

政局的稳定程度主要取决于政权的稳定性和得到支持的程度，以及主要领导人的经常性和非常规性更换情况，是否存在现实和潜在的政治冲突，民族和宗教矛盾是否尖锐，以及军队、警察对执政党的态度等因素。

3. 政策的连续性

政策的连续性是指在政权更迭时，下一届政权继承和发展上届政权制定的政策。政策的连续性与政局的稳定性直接相关，政局越稳定，政策越有可能连续。政策的连续性与政治制度也有很大的关系，一般而言，政治制度越民主，政策的连续性越好。

4. 国际关系的紧张程度

国际关系主要指与其他国家的关系。如果一个国家与其他国家关系紧张，通常会面临经济制裁、贸易壁垒甚至战争的风险。此外，在评估一个国家的政治环境时，也需要高度

警惕可能发生的动乱、内战、恐怖主义等情况。

### （三）社会基础设施子系统

社会基础设施是保证生产经营顺利进行的必要条件，其优劣程度对投资的成本、工作效率、效益有着重大的影响。社会基础设施涉及的范围很广，主要包括以下七个方面：①能源供应设施，如煤气、热、电等动力燃料的供应设施；②给排水设施；③交通设施，包括港口货物吞吐量、铁路营业里程、公路通车里程、内河航运里程等；④邮电通信设施；⑤防灾系统；⑥环境系统，主要是环境美化和保护设施；⑦生活服务设施，如住宅、商店、医院、旅馆、学校等。

### （四）经济条件子系统

作为一项经济活动，投资必然同当地的经济直接发生这样或那样的关系，因此，在投融资评价指标体系的构建中，经济条件是一个很重要的指标。经济条件子系统主要包括：

#### 1. 经济发展状况

经济发展状况主要包括经济发展水平、发展速度和安全程度等几个方面。经济发展水平是指一国经济实力达到的程度，通常可用国民生产总值或人均国民生产总值来反映。经济发展速度则是以动态形式反映一国经济的情况，发展速度越快，市场扩大也就越快，从而使需求增长，投资和获利机会增加。经济安全程度是指经济上出现大起大落的可能性，可以用币值、汇率、股指的稳定性和外债情况以及银行的不良资产、资本充足率等加以测定。

#### 2. 经济体制

与政治体制相对应，经济体制是指国家或地方组织管理经济活动制度、方式和方法的总称，主要包括商品流通体制、金融体制、财税体制、投资体制、工商管理体制、对外经贸体制、物资管理体制等。

#### 3. 市场体系的完善程度

市场体系的完善程度影响着投资者获得经营资源的难易程度和成本的高低，进而影响经济效益。评判该项指标，首先要看劳动力市场、技术市场、投资品市场、资本市场等各类市场是否都具备，其次要看各类市场的运作是否规范以及效率高低。

#### 4. 技术与管理水平

技术与管理水平标志着当地生产力质量的高低，对投资项目的投入产出影响很大。可以从三个方面衡量技术与管理水平：劳动者文化素质和技术熟练程度，管理人员的经营管理水平，当地的协作配套能力。

### （五）政策条件子系统

政策条件子系统主要指国家或地方对某类经济活动在一定期间内的要求和规定，是对经济进行干预的重要手段。其主要包括以下政策：

#### 1. 外资政策

外资政策由受资方对外资的投资方式、投资领域、经营管理、资本和利润汇出等特殊规定组成。这些政策集中反映了受资方对外资的态度，直接影响外资进入的可能性和收益性，对外资的影响非常大。

## 2. 产业政策

产业政策由产业结构政策、产业组织政策、产业技术政策和产业布局政策组成。了解产业政策有助于投资者了解该国对产业发展的意图，从而大大降低投资风险。

## 3. 税收政策

税收政策直接影响投资者的投资收益，包括公司所得税率、个人所得税率、税收优惠、税收抵免等内容。税收负担较轻的地方往往比较受青睐。

## 4. 外汇政策

外汇政策主要包括货币是否可自由兑换和外汇汇出是否有限制等。投资收益大多以东道国货币形式实现，投资者需要将东道国货币换成外币，因此外汇政策对投资收益的影响不容小觑。

## 5. 贸易政策

贸易政策主要是看是否存在地方保护主义、进口限制、返销率等。

## 6. 雇工政策

投资者在当地投资建厂时，必然需要招募当地员工。当地的雇工政策，例如最低工资线标准、休假日和加班加点工资的计算、招收当地雇员的比例等，将直接影响到人工成本。

## 7. 价格政策

价格政策主要看物价是管制的还是有市场供求决定的。

### （六）法律条件子系统

法律条件主要包括当地人的法治观念、法律的完备性、执法的公正性。投资者到一个陌生的地方进行投资活动，必须了解当地人对待法律的态度，以及合法权利受到侵害时能否得到当地司法部门的帮助。

## 1. 当地人的法治观念

投资者在投资项目建设及运营过程中，必然会与当地人发生各种关系，如建设工厂、雇用员工、购买材料、销售产品等。如果当地人法治观念强，知法守法，不必要的纠纷就会减少很多，即使发生纠纷，也容易通过法律途径解决。反之，如果当地人蔑视法律，那么正常的投资活动将难以进行。这也是有许多投资者不愿到落后国家或地区投资的原因。

## 2. 法律的完备性

法律的完备性主要指与投资相关的法律法规（如公司法、知识产权保护法等）是否完备齐全，确保投资者在投资活动中有法可依。

## 3. 执法的公正性

法律最终还需要人来执行，而且许多诉讼、仲裁需要在当地进行，因此，如果当地执法机构腐败，法律再完备也是一纸空文，投资者权益依然无法得到保证。

### （七）社会文化条件子系统

由于投资者必然要与当地居民发生联系，所以两者文化上的差异性对投资活动的顺利进行肯定会产生一定的影响。社会文化环境的优劣主要由以下几点来评判：①国民的精神风貌；②国民的价值观念；③历史文化传统；④主要风俗习惯；⑤国民对外资的态度；

⑥人口素质；等等。

以上列出了投融资环境评价指标的七个子系统，需要指出的是，投融资环境评价指标体系不是一成不变的。

一方面，投融资环境是一个不断运动发展和扩张的系统，其系统边界不是恒定的。随着对外开放度的提高，投融资环境系统会向国内和国际两个方向延伸扩展，由沿海到内陆，从较少国家和地区到较多国家和地区，由工业、服务业到整个三次产业，而且在国民经济的生产、流通、分配、消费等领域吸引和利用外资的成分也在不断增加。因此，在评价投融资环境时，要合理确定一定时期系统的边界范围，科学合理地设置与建立评价指标体系。

另一方面，各行业投融资环境的制约因素不同，有些指标对大多数行业部门都适用，如政治体制、交通设施等；有些指标则与行业的特点密切相关，如非生产性的旅游业要考虑旅游资源，资源开发型项目要考虑自然资源，而制造业则要考虑生产要素的供应、市场开发等。各行业的制约因素是不完全相同的，因此，指标体系的确定方式往往因投融资环境的结构性差异而有所不同。

# 第三节　国际投融资环境评价与测度方法

投融资环境的评价与测度方法选择与投融资环境的评价标准有关，而投融资环境的评价标准通常又与投资者对投资预期目标的选择相关。在一般项目投资中，投资者在对投融资环境进行考察时，更多地注重对投资硬环境状况的分析，特别是基础设施和公共配套设施的考察，如道路交通状况、通信设备和服务能力、能源配置、生活服务设施的完善程度，以及获取这些资源使用权的成本等，而对软环境的要求则相对较低。高科技产业的项目对软环境的要求较高。尽管投资者对环境的要求各不相同，但在利益最大化、资金安全性和服务完善性等基本原则上却是一致的。

目前国内外对投融资环境评价与测度的方法有很多，如国别"冷热"比较法、雷达图分析法、投资环境等级评分法等，这些方法主要分为宏观、中观和微观三个层面。

## 一、宏观层面上的投融资环境评价方法

宏观层面上的投融资环境评价的目的在于为投资者的宏观决策提供科学依据，即选择哪个国家或大的区域进行投资。

### （一）国别"冷热"比较法

投融资环境是指投资者在一国进行投资活动时各种条件的综合体，是关系跨国投资成败的关键①。美国的伊尔·A. 利特法克（Isiah A. Litvak）和彼得·M. 班廷（Peter M. Banting）通过对美国和加拿大等国的大批工商业人士的调查，在《国际商业安排的概念框

---

① 费清，卢爱珍. 中亚国家投融资环境现状及对策研究 [J]. 西伯利亚研究，2015，42（1）：34-38.

架》一文中提出了投融资环境的国别"冷热"比较法，其中列举了影响一国投融资环境的七大因素，具体包括：

### 1. 政治稳定性

政治稳定性体现在有一个由全国各阶层代表所组成、得到广大人民群众拥护的政府，这个政府能够鼓励和促进企业发展，创造出良好的适宜企业长期经营的外部环境。若一国的政治稳定性高，则这一因素被称为"热"因素；反之，则被称为"冷"因素。

### 2. 市场机会

市场机会是指有广大的顾客，对外国投资生产的产品或提供的劳务有尚未满足的需求，并且具有切实的购买力。若市场机会大，则为"热"因素；反之，则为"冷"因素。

### 3. 经济发展和成就

如果一个国家的经济发展速度快，经济运行良好，那么就是"热"因素；反之，则是"冷"因素。

### 4. 文化一元化

一国国内各阶层民众的相互关系、处世哲学、人生观、价值观都要受到其传统文化的影响。如果一元化程度高，则为"热"因素；反之，则为"冷"因素。

### 5. 法规阻碍

如果东道国的法律过于复杂并且有太多限制，就会对资金流入造成阻碍。根据法规对资金流入的阻碍程度可以被称为"热"因素或"冷"因素。

### 6. 实质阻碍

实质阻碍是指自然和地理环境的优劣，对企业经营成败有着重要的影响。如果实质性阻碍较小，就被称为"热"因素；反之，则被称为"冷"因素。

### 7. 地理和文化差异

投资方所在国与东道国之间的距离、文化差异和观念上的差别都会影响投资方的决策。如果地理和文化差异较小，就被称为"热"因素；反之，则被称为"冷"因素。

在以上七大因素中，冷热因素所占比重大小决定了一个国家在投资环境方面是"冷国"还是"热国"。通常情况下，"热国"对外商投资的吸引力要大于"冷国"。

国别"冷热"比较法被认为是最早的一种投资环境评估方法，这种方法简洁易行，但指标粗糙，只能反映宏观因素对投资的影响，对微观因素考虑很少。不过，它或多或少地为后来的评估方法提供了思路和框架。

### （二）等级尺度评分法

等级尺度评分法是由美国经济学家罗伯特·斯托伯（Robert Stobaugh）于1969年9月在《哈佛商业评论》杂志上发表的《怎样分析外国投资气候》一文中提出并采用的。该方法为目前国际上最流行的一种目标市场分析法。

等级尺度评分法将影响投资的环境因素分为几类，通过考察资本抽回限制、外商股权比例、对外商的管制和歧视程度、币值稳定、政治稳定、关税保护态度、当地资本供应能力和近五年的通货膨胀率八大因素，以评估投资环境。每个因素又分成若干子因素，然后根据各个子因素对投资环境的有利程度进行评分，满分为100分。这些分数依据八大因素在投资环境中的作用大小来确定，总分范围为8~100分。较高的分值表示投资环境较好，反之，则表示投资环境较差。详细情况见表9-1。

**表 9-1  等级尺度评分法的主要因素和评分标准**

| 投资环境因素 | 评分 |
|---|---|
| 一、资本回收 | 0~12 |
| 无限制 | 12 |
| 只有时间上的限制 | 8 |
| 对资本有限制 | 6 |
| 对资本和红利都有限制 | 4 |
| 限制繁多 | 2 |
| 禁止资本抽回 | 0 |
| 二、外资股权 | 0~12 |
| 准许并欢迎全部外资股权 | 12 |
| 准许外资控制全部股权但不欢迎 | 10 |
| 准许外资占大部分股权 | 8 |
| 外资股权最多不超过股权半数 | 6 |
| 只许外资占少部分股权 | 4 |
| 外资不得超过股权三成 | 2 |
| 不准外资控制股权 | 0 |
| 三、对外商的管理程度 | 0~12 |
| 外商与本国企业一视同仁 | 12 |
| 对外商略有限制但无管制 | 8 |
| 对外商有少许管制 | 6 |
| 对外商有限制并严加管制 | 4 |
| 对外商严加限制和管制 | 2 |
| 禁止外商投资 | 0 |
| 四、货币稳定性 | 4~20 |
| 完全自由兑换 | 20 |
| 黑币与官价差距在一成之内 | 18 |
| 黑币与官价差距在一至四成之间 | 14 |
| 黑币与官价差距在四成与一倍间 | 8 |
| 黑币与官价差距在一倍以上 | 4 |
| 五、政治稳定性 | 0~12 |
| 长期稳定 | 12 |
| 稳定但因人而治 | 10 |
| 内部分裂但政府掌权 | 8 |
| 国内外有强大的反对力量 | 4 |
| 有政变或动荡的可能 | 2 |
| 不稳定，政变或动荡可能发生 | 0 |

续表

| 投资环境因素 | 评分 |
|---|---|
| 六、给予关税保护的意愿 | 2~8 |
| 给予充分保护 | 8 |
| 给予相当保护但以新工业为主 | 6 |
| 给予少许保护但以新工业为主 | 4 |
| 很少或不保护 | 2 |
| 七、当地资本的可供程度 | 0~10 |
| 成熟的资本市场有公开的证券交易所 | 10 |
| 少许当地资本有投机性的证券交易所 | 8 |
| 当地资本有限，外来资本不多 | 6 |
| 短期资本极其有限 | 4 |
| 资本管制很严 | 2 |
| 高度的资本外流 | 0 |
| 八、近五年的通货膨胀率 | 2~14 |
| 小于 1 | 14 |
| 1~3 | 12 |
| 3~7 | 10 |
| 7~10 | 8 |
| 10~15 | 6 |
| 15~35 | 4 |
| 35 以上 | 2 |

　　等级尺度评分法通过对投资环境的主要影响因素进行评分，使其量化，并根据各因素在投资环境中的作用大小确定不同的分数，从而避免了对不同因素的均等看待。采用这种方法，投资者可以更容易地对不同的投资环境进行合理评价，使定性分析有了一定的数量化内容。鉴于以上优点，等级尺度评分法使用较为普遍。

（三）多因素系统分析法

　　多因素系统分析法由香港中文大学教授闵建蜀提出，它将所有影响因素进行系统归类，形成层次结构。先根据大的影响因素分为11类，即政治环境、经济环境、财务环境、市场环境、基础设施、技术条件、辅助工业、法律制度、行政机构效率、文化环境、竞争环境；在每个大类环境中再逐层将具体环境要素进行细分，以达到全方位综合评价投资环境的目的。详细情况见表9-2。

表9-2　多因素系统分析法

| 影响因素 | 子因素 |
|---|---|
| 1. 政治环境 | 政治稳定性，国有化可能性，当地政府的外资政策，等等 |

续表

| 影响因素 | 子因素 |
|---|---|
| 2. 经济环境 | 经济增长，物价水平，等等 |
| 3. 财务环境 | 资本与利润外调，汇率水平，融资的可能性，等等 |
| 4. 市场环境 | 市场规模，分销网点，营销的辅助机构，地理位置，等等 |
| 5. 基础设施 | 通讯，交通运输，外部经济，等等 |
| 6. 技术条件 | 科技水平，适合工资的劳动生产力，专业人才的供应，等等 |
| 7. 辅助工业 | 辅助工业的发展水平，配套情况，等等 |
| 8. 法律制度 | 商法、劳工法、专利法等各项法律是否健全，执法是否公正，等等 |
| 9. 行政机构效率 | 机构的设置，办事程序，工作人员的素质，等等 |
| 10. 文化环境 | 当地社会是否接纳外资公司及对其的信任与合作程度，外资公司是否适应当地社会风俗，等等 |
| 11. 竞争环境 | 当地竞争对手的强弱，同类产品进口额在当地市场所占份额，等等 |

在评价投资环境时，专家首先对各类因素的子因素进行综合评价，然后根据评价结果对该类因素进行优、良、中、可、差的判断，最后，根据下列公式计算投资环境总分：

$$E = \sum_{i=1}^{n} W_i(5a_i + 4b_i + 3c_i + 2d_i + e_i)$$

式中：$W_i$ 代表第 $i$ 类因素的权重；$a_i$、$b_i$、$c_i$、$d_i$、$e_i$ 分别表示第 $i$ 类因素被评为优、良、中、可、差的百分比，且 $a_i + b_i + c_i + d_i + e_i = 1$，$i = 1$，2，3，…，$n$。投资环境总分的取值范围在 1~5，越接近 5，说明投资环境越好；越接近 1，说明投资环境越差。

（四）准数分析法

准数分析法是由我国学者林应桐提出的。他按各种投资环境因素的相关性，将其分类为：投资环境激励系数 $K$，城市规划完善因子 $P$，税利因子 $S$，劳动生产率因子 $L$，地区基础因子 $B$，汇率因子 $T$，市场因子 $M$，管理权因子 $F$。并把每一类因子又分成若干子因子，再对子因子进行类似于多因素评估法的加权评分，求和得到该类因子的总分。为了反映各因子处于一个系统之中且相互存在着有机联系，他提出了投资环境准数的数群概念。详细情况见表 9-3。

表 9-3　投资环境准数数群参照表

| 项目要素代号 | 内涵 | 评分 |
|---|---|---|
| 投资环境激励系数 $K$ | ①政治稳定性；②资本汇出自由；③投资外交完善程度；④优惠政策；⑤对外资兴趣程度；⑥币值稳定程度 | 0~10 |

| 项目要素代号 | 内涵 | 评分 |
|---|---|---|
| 城市规划完善因子 P | ①整体经济发展战略；②吸引外资中长期计划；③总体布局配套性 | 0~1 |
| 税利因子 S | ①税收标准；②合理收费；③金融市场 | 0.5~2 |
| 劳动生产率因子 L | ①工人劳动素质与文化修养；②技术工人数量；③社会平均文化素质 | 0~1 |
| 地区基础因子 B | ①基础设施；②工业用地；③制造业基础；④科技水平；⑤外汇资金充裕程度；⑥自然条件；⑦第三产业水平 | 2~10 |
| 效率因子 T | ①政府机构管理科学化程度；②有无完善的生活服务体系；③咨询体系；④管理手续简化程度；⑤信息资料提供系统；⑥配套服务系统；⑦生活环境 | 0.5~2 |
| 市场因子 M | ①市场规模；②产品市场占有率；③进出口限制；④人、财、物供需市场开放度 | 0~2 |
| 管理权因子 F | ①开放城市管理权范围；②三资企业外资股权限额；③三资企业经营自主权程度 | 0~2 |

投资环境准数（$N$）的公式如下：

$$N = \frac{K \cdot B}{S \cdot T}(P + L + M + F) + X$$

式中：$X$ 表示其他机会因素，可正可负，对 $N$ 起修正作用。$N$ 值越大，表明投资环境越好。这种方法评价的因素较为全面，既有宏观因素，也有微观因素，综合性比较强，能较好地反映投资环境的全貌。

（五）动态评价法

由于投融资环境始终处于发展变化过程中，在评价投融资环境时，需要考虑当前的状态，同时也要估计未来可能发生的变化，以确定这些变化在一定时期内对投融资活动的影响。美国道氏化学公司发明的一套投融资环境的动态评价方法具有一定的参考价值。

该方法认为，投资者面临的风险可以分为两类：一是正常企业风险或称竞争风险，如竞争对手可能会生产出性价比更好的产品；另一类是环境风险，包括政治、经济和社会因素，它们可能会导致企业所处环境、经营规则和经营方式的变化，对企业的利弊影响是不确定的。

用该方法进行评价的过程如下：

首先，评估现存对企业生产经营活动有影响的一些因素，主要包括实际经济增长率、当地资产获取、价格控制、基础设施、利润汇出规定、再投资自由、劳动力技术水平和稳定性、投资刺激以及对外国人的态度等，共计 40 个因素。

其次，评估现存可能有变化并对上述现存因素产生影响的社会、政治、经济因素，主要包括国际收支结构及趋势、易受外界冲击程度、经济增长相对预期、舆论界领袖观点的变化趋势、领导层的稳定性、邻国关系、恐怖主义骚乱、经济和社会进步的平衡、人口构成和趋势、对外国人和外国投资的态度等因素。

再次，对前两项进行评价后，选出8~10个在某个国家的项目能获得成功的关键因素，这些因素将成为持续查核的指标或国家评估的基础。

最后，提出四套国家（项目）预测方案，供决策参考。这四套方案分别为：①未来七年中关键因素造成的"最可能"方案；②如果情况比预期的好，影响有多大；③如果情况比预期的糟，会有怎样的影响；④可能导致公司遭遇困难的方案。

（六）雷达图分析法

投融资环境雷达图以其形似雷达指引方向而得名。雷达图的编制办法是：首先画三个同心圆，均分为五个区域，分别代表投融资环境的流动性、安全性、成长性、优惠性和收益性（见图9-1）。同心圆中最小的环代表地区投资环境较差的状况；中间环代表平均水平，称为标准线；最大环代表投资环境的最佳状态。在每个区内标出相应的放射线，分别代表每个指标体系的存在状态，在每个反射线的上方分别标出待评估的投资环境的具体指标，然后把这些点连在一起，形成无规则的闭环，即可清楚地反映出投资环境的状态，并通过与参照系相比较，进行分析评价。根据有关专家的研究归纳共设计出8种类型图，分别是稳定理想型、保守型、成长型、特殊型、积极扩大型、消极安全型、活动型和均衡缩小型等投资环境评价图（见图9-2至图9-9）。

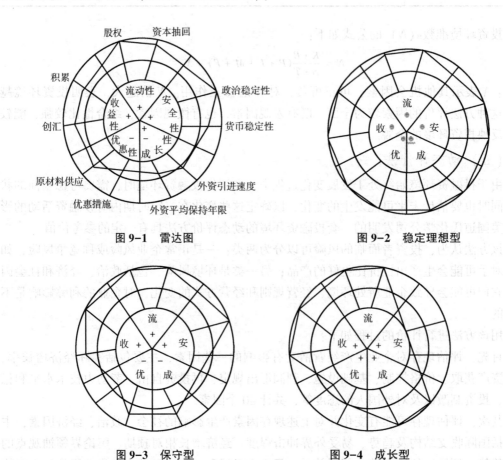

图9-1　雷达图　　　　　　　　　图9-2　稳定理想型

图9-3　保守型　　　　　　　　　图9-4　成长型

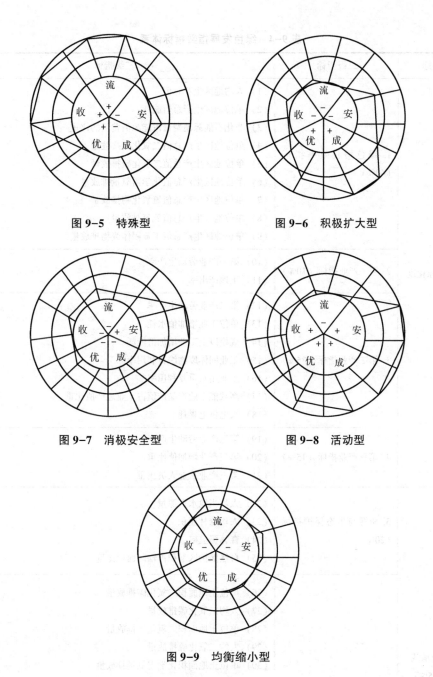

图 9-5　特殊型　　　　　　　　图 9-6　积极扩大型

图 9-7　消极安全型　　　　　　图 9-8　活动型

图 9-9　均衡缩小型

（七）绿色发展指数法（ESG）

绿色发展指数法是由李晓西等学者 2011 年提出的[①]，在比较分析各类评价方法的基础上，结合中国实际，提出了编制中国绿色发展指数体系的思路，构造了一个包括 3 个一级指标、9 个二级指标和 55 个三级指标的结构体系，并简要阐释了测算方法，具体指标见表 9-4。

---

① 李晓西，潘建成. 中国绿色发展指数的编制：《2010 中国绿色发展指数年度报告——省际比较》内容简述 [J]. 经济研究参考，2011（2）：36-64.

表 9-4 绿色发展指数指标体系

| 一级指标 | 二级指标 | 三级指标 |
|---|---|---|
| 经济增长绿化度（30%） | 1. 绿色增长效率指标（40%） | （1）人均地区生产总值<br>（2）单位地区生产总值能耗<br>（3）非化石能源消费量占能源消费量的比重<br>（4）单位地区生产总值二氧化碳排放量<br>（5）单位地区生产总值二氧化硫排放量<br>（6）单位地区生产总值化学需氧量排放量<br>（7）单位地区生产总值氮氧化物排放量<br>（8）单位地区生产总值氨氮排放量<br>（9）单位地区生产总值工业固体废物排放量 |
| | 2. 第一产业指标（10%） | （10）第一产业劳动生产率<br>（11）土地产出率 |
| | 3. 第二产业指标（35%） | （12）第二产业劳动生产率<br>（13）单位工业增加值水耗<br>（14）规模以上工业增加值能耗<br>（15）工业固体废物综合利用率<br>（16）工业用水重复利用率<br>（17）高载能工业产品产值占工业总产值比重<br>（18）火电供电煤耗 |
| | 4. 第三产业指标（15%） | （19）第三产业劳动生产率<br>（20）第三产业增加值比重<br>（21）第三产业从业人员比重 |
| 资源环境承载潜力（45%） | 5. 资源与生态保护指标（20%） | （22）人均当地水资源量<br>（23）人均森林面积<br>（24）森林覆盖率<br>（25）自然保护区面积占辖区面积比重 |
| | 6. 环境与气候变化指标（80%） | （26）单位土地面积二氧化碳排放量<br>（27）人均二氧化碳排放量<br>（28）单位土地面积二氧化硫排放量<br>（29）人均二氧化硫排放量<br>（30）单位土地面积化学需氧量排放量<br>（31）人均化学需氧量排放量<br>（32）单位土地面积氮氧化物排放量<br>（33）人均氮氧化物排放量<br>（34）单位土地面积氨氮排放量<br>（35）人均氨氮排放量<br>（36）单位土地面积工业固体废物排放量<br>（37）人均工业固体废物排放量<br>（38）单位耕地面积化肥施用量<br>（39）单位耕地面积农药使用量 |

续表

| 一级指标 | 二级指标 | 三级指标 |
|---|---|---|
| 政府政策支持度（25%） | 7. 绿色投资指标（40%） | （40）环境保护支出占财政支出比重<br>（41）环境污染治理投资占地区生产总值比重<br>（42）农村人均改水、改厕的政府投资<br>（43）单位耕地面积退耕还林投资完成额<br>（44）科教文卫支出占财政支出比重 |
| | 8. 基础设施和城市管理指标（30%） | （45）城市人均绿地面积<br>（46）城市用水普及率<br>（47）城市污水处理率<br>（48）城市生活垃圾无害化处理率<br>（49）城市每万人拥有公交车辆 |
| | 9. 环境治理指标（30%） | （50）矿区生态环境恢复治理率<br>（51）人均造林面积<br>（52）工业二氧化硫去除率<br>（53）工业化学需氧量去除率<br>（54）工业氮氧化物去除率<br>（55）工业氨氮去除率 |

由表9-4可见，绿色发展指数体系包括3个一级指标：经济增长绿化度、资源环境承载潜力和政府政策支持度。经济增长绿化度反映的是生产对资源消耗以及对环境的影响程度，资源环境承载潜力体现的是自然资源与环境所能承载的潜力，政府政策支持度反映的是社会组织者处理解决资源、环境与经济发展矛盾的水平与力度。

绿色发展指数体系有9个二级指标，绿色发展指标体系包括绿色增长效率指标、第一产业指标、第二产业指标、第三产业指标、资源与生态保护指标、环境与气候变化指标、绿色投资指标、基础设施和城市管理指标以及环境治理指标。为确定二级指标，采取的方法是两次归类、适度调整。即在确定了一级指标和选择三级指标后，先按一级指标指向归类，再按其性质接近程度归类。

绿色发展指数体系有55个三级指标，这些指标有的与经济增长绿化度、有的与资源环境承载潜力、有的与政府政策支持有重要的联系，对二级指标指数形成有实质性的贡献。此外，三级指标的选取有典型性或代表性，例如，在电力能耗的指标上，选择火电供电煤耗，是因为火电在供电比重中最大，而火电耗煤量大小是各个地区普遍面临的问题。

## 二、中观层面上的投融资环境评价方法

以上介绍的几种方法主要为跨国或跨地区投资决策提供依据。就投资而言，在确定了某个投资国家或地区后，进一步要考虑在该国或该地区的哪个城市进行投资，一般基础良好、发展势头强劲、前景广阔的城市将成为投资者的首选之地。这时就要用到中观层面的投融资环境评价方法。

## （一）相似度法

相似度法利用模糊综合评判原理，以若干地区（城市）的相对指标为统一尺度，确定评价标准值，从而得出一个地区（城市）在诸指标上与标准值的相似度，用以评判该地区（城市）的投资环境优劣。

运用相似度法评价某一地区的投融资环境，一般要确定并采用以下指标：

### 1. 投资系数（$H$）

投资系数即投资额与在一定时间内所获得的利润额之比。若投资额为 $T$，利润为 $P$，则 $H=P/T$。投资系数 $H$ 越大，投资效果越好。

### 2. 投资乘数（$C$）

投资乘数是指投资增量与获利增量的比率。在以一个社会为总体时，$C$ 也可以用居民收入与投资的比例来表示。投资乘数越大，意味着投资环境越好。

### 3. 边际消费倾向（$B$）

边际消费倾向是指消费增加额与收益增加额的比率。居民的边际消费倾向越大，意味着投资环境越好。

### 4. 投资饱和度（$D$）

投资饱和度是指某一投资领域已投入的资金与该领域投资容量的比值。

### 5. 基础设施适应度（$J$）

假定各项基础设施完全适应投资项目需要时定为1，则：

$$J = \frac{k_1a_1 + k_2a_2 + \cdots + k_na_n}{n}$$

式中：$k_i$ 为各项基础设施的权重，$a_i$ 为各项基础设施与1对比的适应程度，$n$ 为基础设施项目个数。

### 6. 投资风险（$F$）

投资风险的估计方法是：①确定各风险因素；②依据来自各方面的信息，拟订若干假设方案和估计值；③进行敏感度分析，逐个变换风险因素的假设估计值，看会引起什么样的变化结果；④计算各种假设方案的数学期望，然后将最大的数学期望与最小的数学期望相除，得到的比值即为投资风险度。各种假设方案的数学期望之间差别越小，说明投资风险度越小，表明投资环境越稳定；反之，则表明投资环境越不稳定。

### 7. 有效需求率（$Y$）

有效需求率的计算公式为：

$$Y=社会平均利润或利息/（销售收入-成本）$$

### 8. 国民消费水平（$G$）

国民消费水平即当地国民收入与居民储蓄额之间的比值，即：

$$G=国民收入/居民储蓄额$$

### 9. 资源增值率（$Z$）

资源增值率即生产技术与管理在资源转换与增值中的作用大小，其计算公式为：

$$Z=资源加工产品价值总额/资源初级产品价值总额$$

### 10. 优化商品率（$S$）

优化商品率是指当地的商品总数与地方、国家、国际名优商品总数的比重，综合反映了生产竞争能力。

计算以上指标后，采用模糊综合评判原理，通过选择公认的投融资环境良好的地方的同类指标，来计算所研究的环境与公认投融资环境良好的地区（城市）的相似度。两者越相似，则表明所研究的投融资环境越好；反之，则表明所研究的投融资环境越差。

相似度法采用了数量分析的方法，旨在以尽量少的相对指标作为客观尺度来进行定量评价，是对投融资环境评价方法的一种创新。然而，此方法在指标体系的设置上有着一些缺陷，比如指标过于笼统，没有包括国际投资者普遍重视的政治、社会文化、外资政策及相关法律因素等，而且引入了一些主观性强的指标，因此，相似度法一般适用于中观层面的一国国内城市或地区的投融资环境的评价。

（二）城市投资环境评价法

城市投资环境评价法由同济大学教授石忆邵提出[①]，目的是为已在某国或某一地区投资的宏观决策投资者服务。

城市投资环境评价法选择人均铺装道路、每万人拥有公共汽电车、人均邮电业务总量、每百人拥有电话机数、人均生活用水量、人均生活用电量、人均住房使用面积、工业废水排放达标率、人均园林绿地面积9个硬环境指标，以及每万人拥有高等学校在校学生数、人均教育事业费支出、每十万人拥有医生数、每十万人拥有医院床位数、每百万人拥有影剧院数、居民储蓄年末余额、人均社会消费品零售总额、GDP增长率、人均利税总额9个软环境指标组成投资环境评价指标体系。

城市投资环境评价法对各城市原始指标数据进行归一化处理后，运用主成分分析方法和原理进行数量分析和建模。根据所得出的评价结果，运用坐标图示方法对各年度城市投资环境进行分类，划分出四种类型：第一类是软硬环境互动发展型；第二类是硬环境滞后发展型；第三类是软环境滞后发展型；第四类是软硬环境缓慢发展型。

## 三、微观层面上的投融资环境评价方法

在宏观和中观决策的基础上，在进行项目投资时，还要对具体的投资场所的适宜性和投资潜力进行比较分析评价，以便为投资者的投资决策提供科学依据。这就需要用到微观层面上的投融资环境评价方法。由于微观层面评价方法主要是从投资项目、投资时机和投资方式等方面来进行场址选择，涉及投融资环境具体的细节问题，因此，目前还没有普遍适用的方法。在此介绍石忆邵教授所提出的微观投资环境评价法。

进行投资场所的适宜性评价时，应根据重工业、轻工业、高新技术产业和服务业等不同产业对自然、经济、技术、环境等条件的个性要求，来选择和构建评价指标体系。在自然条件和环境条件方面，应综合考虑海拔高度、地面坡度、地基承载力、水质、大气质量、绿化覆盖率、洪水淹没的概率、地震烈度、外方职员子女教育问题、"三乱现象"等因素。在经济和技术条件方面，应综合考虑：距车站、机场、港口等主要交通节点的距

---

① 石忆邵，洪琳，张洪武. 中国投资环境评价方法论研究［J］. 同济大学学报（社会科学版），2003（2）：65–71.

离，土地成本和租税，水、电、气的供应及成本，离市级商业中心的距离，当地的支持产业和辅助性工业的配套程度，劳动力技术水准，资源禀赋，现有的产品网络和相关的服务业网络，个人和企业的信用状况，等等。

投资场所评价的具体方法有：①专家决策法，即根据所选取的场址特征指标值进行评判和加权，以场址综合得分最高者为最优选址；②匹配法，即根据用户需求和可选择的场址之间的最佳匹配程度来选择最优场址；③层次分析法，即在可能性选择中运用层次分析方法来确定其最优场址。

目前，全球对 ESG 的评级尚未形成统一的标准，诸多评级机构和投资机构等均有自己的评价体系，多元化趋势较为显著。国外 ESG 评价体系发展较早，大多采用国际标准，总体体系较为完善，覆盖对象范围较广，国际影响力较大。与国外相比，国内的 ESG 评价体系起步较晚，目前仍处于多元化发展的探索阶段，尚未形成较为统一的标准。

## 【思考题】

1. 什么是投融资环境？为什么要对投融资环境进行评价和测度？
2. 影响和制约投融资环境评价的因素有哪些？简述其主要内容。
3. 我国如何通过国际投融资合作践行互利共赢？
4. 投融资环境评价指标体系应该以什么样的原则进行构建？
5. 投融资环境评价指标体系一般分为哪几个子系统？简述各个子系统指标的构成及其作用。
6. 评价与测度投融资环境的方法有哪些？哪些因素构成测度的重要因子？
7. 在运用相似度法评价某一地区的投资环境时，一般要确定并采用哪些评价因子？如何运用测度结果对投融资环境进行评价？

# 第十章　国际投融资风险防范及监管

**【引导案例】**

## 俄罗斯境外 4 300 亿美元资产被冻结

据今日俄罗斯电视台网站 2023 年 7 月 6 日报道，欧盟委员会负责法律事务的委员迪迪埃·雷恩代尔透露，自俄乌冲突升级以来，欧盟已经冻结了价值 2 070 亿欧元的俄罗斯国家资产和储备。据报道，作为制裁俄罗斯政策的一部分，欧盟及其盟友冻结了俄罗斯央行价值数千亿欧元的资产，这些被冻结的资产预计将产生大约 30 亿欧元的利息。被冻结的俄罗斯资产中有一半以上为现金和存款，其余"大量"资产为有价证券。

近年来，以美国为首的西方国家加大对俄罗斯的制裁和政治压力，俄罗斯在海外的资产被冻结和没收的风险急剧上升，这给俄罗斯的经济和金融安全带来了巨大的挑战和损失。为了保护自己的利益，俄罗斯央行开始大量增加本国的黄金储备，并将部分存放在海外的黄金运回国内。俄罗斯的做法引起了其他国家的关注和效仿。在全球经济不稳定和地缘政治紧张的背景下，许多国家开始认识到黄金作为一种硬通货和避险资产的重要性，并加强了对自己黄金储备的管理和控制。

（资料来源：作者根据相关资料整理。）

**【学习目标】**

◆ 企业和金融机构在进行国际投融资时，会面临哪些风险？

◆ 企业和金融机构可以从哪些方面控制国际投融资风险，政府和央行能提供哪些政策？

◆ 掌握外汇风险管理的分类、措施；

◆ 了解 2008 年以后国际投融资监管的新趋势；

◆ 了解中国政府在推进国际投融资监管中的贡献。

# 第一节　国际投融资风险管理概述

国际投融资面临着各种不确定因素，也使投融资过程中面临多重风险因素的影响。如何识别国际投融资中的风险并进行有效管理，最大限度地减少和避免这些风险带来的损失，是本章要讨论的主要问题。

国际投融资风险是指在国际投融资过程中，由于各种不确定因素，使参与主体的实际收益与预期收益发生一定的偏差，从而有蒙受损失和获得额外收益的可能性。国际投融资风险虽然最终体现为支付成本、收益价值变化，即名义价值（成本）与实际价值（成本）的背离。但导致风险发生及冲击程度的因素却是多方面且复杂的。比如，汇率波动不仅使企业筹资成本即投资成本增加，使投资的净收益减少，而且在转换为本币时也可能因为外币贬值而导致名义收益不变而实际收益减少。而导致汇率变动的因素则有很多，如战争、强制国有化、外汇管制政策等，这些风险有些是可以预判评估的，而有些是不可预见的；有些是单个风险因素的作用，而有些是多重因素的叠加共同作用；有些是市场因素，而有些则是政治因素。因此，国际投融资中的风险识别、评估、管控及治理是国际投融资理论与实务的重要组成部分。

## 一、国际投融资的主要风险与分类

国际投融资风险的分类主要有以下几种方式：

### （一）根据资金来源的不同分类

根据资金来源不同，国际投融资风险可以分为直接投资风险和间接投资风险。

直接投资风险是指投资者直接参与跨国投资和经营所面临的风险。这种风险的特点是投资者拥有或控制外国企业，并直接参与企业的经营管理。直接投资风险主要包括经营风险、政治风险、汇率风险、技术风险和人力资源风险等。这些风险因素可能对投资者的经营业绩和资产安全产生重大影响，因此需要进行充分的风险评估和管理。

间接投资风险主要指投资者通过金融中介进行的投融资活动所面临的风险，如贷款风险、债券风险、信用风险等。间接投资风险主要源于金融市场的波动和投资决策的失误。为了降低风险，企业需要制定合理的投资策略，进行充分的市场调研和风险评估，并定期对投资组合进行监控和调整。同时，企业也需要保持足够的流动性和资本储备，以应对可能出现的风险和挑战。

### （二）根据融资方式的不同分类

根据融资方式不同，国际投融资风险可以分为股权融资风险和债权融资风险。

股权融资风险是指企业通过国际金融市场发行股票或股东出资等形式筹集资金所面临的风险，这种风险主要表现在两个方面：一是经营风险，即由于企业经营不善，导致企业市场价值下跌，股东的权益受损；二是稀释风险，即股权融资会导致企业原有股东的股份被稀释，降低其对公司的控制力。

债权融资风险是指企业在债权融资过程中可能面临的各种不确定因素，这些因素可能导致企业的经营状况出现恶化、资金链断裂，甚至会让企业破产。债权融资风险主要包括两种：一是债务违约风险，即企业在进行债权融资时，需要按照约定的利率和期限偿还本金和利息；二是流动性风险，即债权融资的流动性风险是指企业无法在需要时以合理的价格出售债权或找到合适的买家。

（三）根据投资期限的不同分类

根据投资期限不同，国际投融资风险可以分为长期投资风险和短期投资风险。

长期投资风险是指在进行长期跨国投资决策时，投资者面临的不确定性因素和可能出现的风险。长期投资通常涉及较大的资金投入和较长的投资周期，因此投资者需要承担较大的风险，如固定资产投资风险、项目融资风险等；短期投资风险主要指企业进行短期跨国投资所面临的风险，如贸易信贷风险、外汇交易风险等。

（四）根据投资领域的不同分类

根据投资领域不同，国际投融资风险可以分为制造业投资风险、服务业投资风险和资源业投资风险等。不同领域的投资风险有其自身的特点，投资者需要根据领域的特点进行针对性的风险管理。

综上所述，国际投融资风险的分类依据多种多样，投资者需要结合自身实际情况进行针对性的风险管理。在分类的过程中，应全面考虑各种因素的影响，并进行深入的分析和评估，以制定有效的风险管理策略。

## 二、国际投融资风险的管控措施

基于国际投融资风险管理的实践，国际投融资风险防范既包括国家或国际的防范措施，也涉及一般性的防控策略。

（一）国际投融资风险的国家或国际组织防范措施

国际投融资风险的防范措施主要通过国家间政策、行为的协调，努力为跨国投融资活动创造一个较好的政治、经济大环境，以防范、控制和减少国际投融资风险，促进世界各国经济稳定发展。这些措施包括：

1. 国际多边和双边投融资保护

多年来，联合国及一些世界区域性组织和专业性组织，均在积极地采取一系列努力，协调各国的投融资管理的政策，加强各国在投资鼓励与限制方面的合作，力图通过多边条约建立国际投资保证机构，来防范和控制跨国的国际投融资风险。世界银行在 1985 年的年会上正式通过了《多边投资保证机构公约》，成为该方面具有标志性、国际性的制度安排。国际多边投资保护措施的制定体现了广泛性、一般性原则。为有效地促进海外投资和利用外资活动的发展，投资国政府与东道国政府之间往往通过协商，根据两国具体实情，结合国际投融资管理惯例，签订双边投资保护协定，使跨国企业的投融资活动具有法律上的保障。国家双边投资条约一般包含两国间双边投资者的待遇、政治风险的规定、投资争议的处理，等等。

2. 资本输出国的海外投资保护和东道国对外资保护等

国家政府间进行的投融资风险防范措施是从宏观整体层面上考虑的，除非有专项保护，一般不针对某个企业或特定项目。投融资者在进行海外投融资活动时，可能基于与本国有投资保护的双边或多边协议进行东道国的选择。但是鉴于东道国的政治、经济形势在不稳定期时可能出现的不确定因素较多，而各类企业在生产、经营、进出口中遭遇的风险及风险程度不同，因而投融资者风险的自我控制与化解显得更为重要。

（二）投融资风险一般性管控的策略选择

1. 风险回避

风险回避是指事先估计出风险产生的可能程度，判断导致其出现的条件和因素，并在行动中尽可能地予以避免，或改变行动的方向。例如，可放弃对风险较大国家的投资和贷款计划等。风险回避是风险控制中最根本的措施，也是基于风险承担持保守态度时采取的策略与手段。但采取风险回避策略的同时，也会失去参与国际竞争和获取盈利的机会。因此，该策略的选择与运用通常存在一定的前提条件：一是特定风险所导致的损失频率和损失幅度相当高，超过可能的风险承担预期；二是实施风险管理的成本远远高于其所产生的效益；当任一情况存在时可选择实施风险回避。

2. 风险控制

风险控制是指投融资者在分析风险的基础上实施对抗风险的措施，以维持原有决策，减少风险出现的可能性和经济损失的程度。例如，当东道国发生政变内乱或宗族冲突时，经分析并不严重，则可增派本国或公司人员进行驻地保卫，以防止受骚乱的冲击。以控制的时间为依据，风险控制可分为事前控制和事后控制。事前控制，就是在损失发生前消除或减少可能引起损失的各种因素，如在进行投资时仔细分析东道国的风险，通过若干手段改善与东道国政府、企业和消费者的关系，以降低发生政治风险的可能性；事后控制，是在损失发生后尽可能降低损失程度。

3. 风险自留

风险自留是指对一些无法避免、无法转移的风险采取内部化的处理，以机构对风险控制的能力降低对投资人可能形成的风险冲击。风险自留是一种较为积极务实的风险控制手段。该方法往往在下列情况下适用：一是处理风险的成本非常高；二是风险可能造成的损失在企业的承受范围之内；三是风险不可转移。

风险自留的能力取决于两点：一是投融资者分析风险、控制风险的驾驭能力，二是投融资者自身的经济能力；前者反映出不论企业大小，均能通过风险自留过程来降低风险的冲击力；后者则反映出不同机构在风险自留中的损失承担能力。一般跨国公司都有数量相当大的风险准备金，以应对风险发生时可能的冲击和影响。

4. 风险集合

风险集合是指在大量同类风险发生的环境下，行为人联合起来以分散风险损失，并降低因防止风险产生的经济成本。例如，为防范债务偿付中的风险，可建立国际合作性质的多边担保机构。当某债务国发生偿债困难或债务未及时偿还，使某债权银行陷于困境时，该担保机构可提供"搭桥贷款"①，帮助债务国或债权国银行渡过难关。目前国际上盛行的"联合融资"就是通过风险集合手段来减轻风险损失的。

5. 风险转移

风险转移是指某风险承担者通过某些技术或经济手段，将风险转移给其他主体承担。保险是一种最常见的风险转移技术，很多国家为了保护其跨国公司的利益，针对战争、征收、汇兑限制等政治风险为企业提供政策性保险，以及通过不同类别的商业保险为因不同风险发生及可能造成的损失提供风险转移路径。除保险外，还有其他技术途径也可以实现风险转移的效果，如租赁合同、转包合同、各种金融或金融衍生工具等。

上述五种风险防范措施在内容、使用方式、作用上不尽相同，故在实践中，进行国际投融资活动的企业必须根据自身所处风险的位置、投融资进行的深入程度，采取不同的手段单独或组合进行风险控制与化解。

## 三、国际投融资风险管理的流程

在国际投融资风险管理研究的文献中，一般把风险管理程序简要概述为：风险识别、风险估测、开发并选择处理技术、风险预警管理、监督和评价五个步骤。

（一）风险识别

风险识别是通过一定的方法和途径认知各种风险的存在情况，采用合适的方法对所面临的风险进行分析、归类、整理和鉴定，以便了解面临的风险的类型、性质、形成机制与传导路径等。概括地说，从事国际投融资的企业面临三类风险：

第一类，价格风险。这是指由于输出商品和要素价格或者输入商品和要素价格发生变化，所引发的企业现金流量的变化。因此，价格风险划分为商品价格和要素价格风险、汇率风险和利率风险。

第二类，信用风险。当公司的客户和当事人不能履行所承诺的支付时，公司就面临着信用风险。绝大多数公司在应收账款上都面临着一定程度的信用风险。如果公司向外借债，在使贷款人陷入信用风险的同时，公司所有者也面临着公司因无法偿还债务而被迫倒闭的风险，以及因为信用风险的存在，而使公司再次借债所导致的成本增加的风险。

第三类，纯粹风险。这种风险包括四种类型：一是由于物理损坏、被盗以及政府征收而引起的财产损失的风险；二是由于给客户、供应商、股东以及其他团体带来人身伤害或者财产损失而必须承担的法律责任风险；三是由于对雇员造成人身伤害而必须进行赔偿的风险；四是按照雇员福利计划，由于雇员死亡、生病以及伤残引起的必须给予支付的风险，除此之外也包括养老和退休计划中公司所承担的责任。

（二）风险估测

风险估测是对各种已识别出的风险进行评价。一般的风险估测包括两个方面的内容：一是风险发生的概率估测；二是风险可能造成的损失程度估测。同时，既要考虑所有可能

---

① 搭桥贷款，又称"过渡贷款"（bridge loan），是一种过渡性的贷款。在国外通常是指在公司安排较为复杂的长期融资以前，为公司的正常运转提供所需资金的短期融资。

发生损失的可能规模，又要考虑发生的损失最大程度。风险估测相当困难，即使是一些大公司、跨国企业，因受其所在行业因素的限制，也不具备足够多的独立风险估测能力。所以，国际投融资中的风险估测通常由专门从事风险管理研究的单位或部门进行。

（三）设计并选择处理技术

风险处理方法概括起来主要有两种类型：控制型和财务型。各种类型中又有若干具体方式。控制型风险处理法致力于消除、回避或减少风险发生的频率，限制风险损失的扩大及其危害程度等。财务型风险处理法的重点在于解决为潜在的损失融资的问题。要求事先做好吸纳风险损失的财务安排，力求以较低的风险处理成本取得较大的安全保障。

（四）风险预警管理

风险预警管理的组织和实施，是指如何具体落实风险管理方案。具体落实风险管理方案效果的好坏直接影响风险管理能否达到预期的管理目标。基本步骤是：第一，设计跨国企业的风险管理组织架构。根据投资所在国的政治、经济、文化、技术条件，以及企业自身的风险目标、经营环境、规模和发展阶段等，通过合理的制度设计来达到有效预防风险、转嫁风险的目的；第二，制订合理的授权计划，规定各级管理人员的操作权限，并赋予其相应的责任；第三，进行高效的领导和协调。国际企业风险管理的领导者应该具有高度的创造性思维能力、良好的合作能力以及采取果断行动的能力。由于跨国企业的文化差异显著，风险管理策略实施中的协调问题非常重要。

（五）监督和评价

影响国际投融资的因素是不断变化的，对各种风险的动态管理也需要持续的评估与监督。其中既包括对公司风险管理方法的评估，也包括对风险管理战略的实施情况的评价与监督。风险监督工作强调的是对正在执行的业务及其风险管理进行实时跟踪、评估和纠正。监管与评价的基本内容包括：风险管理的指导思想是否合适，风险识别是否存在重大遗漏，风险管理策略是否适当，风险管理的成本收益是否偏离预期，风险管理流程是否合理，等等。通过上述评估工作，发现问题并改进，不断完善风险管理工作。

# 第二节　外汇风险及其管理

## 一、外汇风险的概念与影响因素

（一）外汇风险的概念

外汇风险（foreign exchange exposure）一般是指在一定时期的国际经济交易中，因未料到汇率或利率的忽然变动而给外汇持有人带来的经济收益或损失。从广义上讲，外汇风险也包括国际经济、贸易、金融活动中产生的信用风险，但一般是指货币汇率变动带来的风险。狭义的外汇风险是指在国际经济贸易、金融活动中，以外币调价的收付款项、资产与负债因汇率变动而蒙受损失。因此，外汇风险也被称为"汇率风险"。本书中仅讨论狭义的外汇风险。

（二）外汇风险的影响因素

1. 国际收支差额

国际收支差额，又称"综合差额"，包含除官方储备以外的所有国际收支项目差额。具体由经常项目差额、资本项目差额、直接投资、证券投资及其他投资项目的差额构成。在国际收支差额中，贸易收支差额又是影响汇率变化的重要因素。当一国存在国际收支顺差时，本国外汇收入比外汇支出多，外汇的供给大于外汇的需求，则外汇贬值，本币升值；反之，当一国有国际收支逆差时，外汇的供给小于需求，则本国货币贬值，外币升值。

2. 不同国家间利率波动带来的汇率风险

在开放经济和市场经济条件下，利率变化将通过短期资本流动的变化引起汇率变化。如果一国提高其利率水平，造成本国利率高于外国利率，会引起外国资本流入该国，外汇需求会减少，外汇供给增加，导致外汇汇率下降，本币汇率上升；反之，如果一国降低利率水平，造成本国利率低于外国利率，会引起资本从该国流出，对外汇需求会增大，促使外汇汇率上升，本币汇率下降。

3. 不同国家间相对通货膨胀率的存在和变化的影响

通货膨胀率的变化会直接影响到该国货币的购买力，进而影响到该国货币与其他国家货币的汇率关系。如果一国的通货膨胀率高于其他国家，该国货币汇率可能会下跌；反之，则可能上升。这种汇率波动会给持有外汇的投资者带来风险。此外，不同国家间相对通货膨胀率的差异会导致各国商品价格的差异，从而影响到进出口贸易和国际资本流动，进而加剧汇率波动。

4. 国家实际经济实力是本币币值稳定的根本因素

稳定的经济增长率、低通胀水平、良好的国际收支状况、充足的外汇储备以及合理的经济结构、贸易结构等都标志着较强的经济实力，为本币币值稳定提供了物质基础，有助于加强外汇市场投资者对本国货币的信心，保持本国货币坚挺。

5. 宏观经济政策变化

市场开放条件下，一国政府为协调宏观经济而采取的货币政策和财政政策，将会对该国货币汇率产生影响。例如，央行通过调整利率水平来影响国内货币供应和需求，从而影响到汇率的变动。当央行提高利率时，国内货币供应减少，汇率上升；反之，则汇率下降。政府通过增加或减少财政支出、调整税收政策等方式来影响国内总需求和总供给的平衡，从而影响到汇率的变动。当政府增加财政支出时，国内总需求增加，汇率上升；反之，则汇率下降。

6. 其他因素

在金融自由化和金融深化发展的背景下，国际金融市场运行的内涵在发生变化，汇率对于投机资本的冲击、政府干预政策的变化、政治因素的影响等因素非常敏感，特别是一些重要的证券市场以及大宗商品期货（如石油市场）的价格波动对汇率也有重要影响。

## 二、外汇风险的类型

根据外汇风险的作用对象及其表现形式，外汇风险可以划分为交易风险、会计风险和经济风险三类。

交易风险，也称"汇兑风险""头寸风险"，是指由于外汇汇率波动引起应收资产与应付债务的价值发生变化的风险。这些应收资产与应付债务在汇率变动前已经发生，但在汇率变动后才清算。交易风险是以外币标价进行经营活动客观存在着协议成交与实际交割时间错配而引致的。

会计风险，也称"折算风险"，是指会计人员在进行会计工作时可能面临的各种风险。这些风险可能来自多个方面，包括经济、法律、公司决策等。这类风险基于账面价值，主要反映汇率波动带来的实际损失和会计处理中出现的账面损失。会计风险的大小由国外子公司的资产负债结构、收入支出结构和母公司进行折算时采用的折算方法决定。折算风险造成的损失或收益通常并不会真正实现，即不会影响企业未来的现金流量，只会改变公司合并财务报表或外币换算财务报表上所反映的经营成果和财务状况，但这些账面上的损益会影响到企业向股东和社会公开营收报告书的结果。

经济风险，也称"经营风险"，是指因经济前景的不确定性，使各经济实体在从事正常的经济活动时蒙受经济损失的可能性。它是市场经济发展过程中的必然现象。经济风险是一种普遍的经济现象，可能由多种因素引发，如市场需求变化、政策调整、技术进步等。

## 三、外汇风险的管理

外汇风险的管理是企业和个人在进行国际贸易、投资等活动时必须面对的重要问题。汇率波动引起的外汇风险可能导致经济损失，因此，有效管理外汇风险对于保护资产和收益至关重要。在国际投融资中进行外汇风险管理是非常必要的。

（一）交易风险的识别管理

外汇交易风险的识别是外汇风险管理过程中的重要环节。它涉及对外汇交易中可能出现的各种风险因素的认知和理解，以便及时采取有效的管理措施来降低或避免风险。以下是外汇交易风险识别管理的主要步骤和内容：

1. 了解外汇市场和交易规则

在进行外汇交易前，必须充分了解外汇市场的运作机制、交易规则和相关法律法规。这有助于投资者对外汇交易风险有一个初步的认识，并为后续的风险识别和管理打下基础。

2. 分析汇率波动

汇率波动是外汇交易风险的主要来源之一。投资者需要密切关注国际政治、经济事件以及各国经济政策的变化，这些因素都可能对汇率产生影响。通过对汇率波动趋势的分析，可以预测未来可能出现的风险。

3. 评估交易对手的信用风险

在外汇交易中，交易对手的信用风险是一个不可忽视的因素。投资者需要对交易对手的信用状况进行评估，了解其财务状况、经营历史、市场声誉等信息，以确保交易的安全进行。

4. 关注流动性风险

外汇市场的流动性可能会受到多种因素的影响，如市场波动、交易时段、交易量等。在流动性不足的情况下，投资者可能难以按照合理的价格进行交易，从而面临损失。因此，关注流动性风险对于外汇交易者至关重要。

5. 使用风险管理工具

为了更好地识别和管理外汇交易风险，投资者可以使用各种风险管理工具，如止损订单、限价订单、对冲交易等。这些工具可以帮助投资者在风险发生时及时采取措施，降低损失。

（二）会计风险的防范与管理

会计风险防范主要针对的是由于汇率变化引起的资产负债表中某些外汇项目金额变动的风险。以下是一些防范会计风险的方法：

1. 资产负债表保值

通过调整资产负债表中的货币敞口，使其对汇率变动不敏感。可以通过匹配资产和负债的货币，以减少汇率波动对净值的影响。

2. 及时的会计处理和报告

确保及时、准确地记录和报告外汇交易和汇率变动对财务报表的影响。这有助于及时发现潜在的会计风险，并采取适当的措施进行管理。

3. 提高会计人员素质

加强会计人员的培训和教育，提高其对外汇风险和会计处理的认知和理解。这有助于减少人为错误和疏漏，提高财务报表的准确性和可靠性。

4. 建立健全的内部控制体系

确保外汇交易和会计处理的合规性和准确性，包括明确的职责分离、规范的业务流程、有效的监督机制等。

5. 定期审计和风险评估

定期对财务报表进行审计和风险评估，以发现潜在的会计风险并采取相应的应对措施。

6. 关注国际会计准则和法规的更新

及时关注国际会计准则和相关法规的更新和变化，确保企业的会计处理符合最新的要求和标准。

（三）经济风险的规避与管理

外汇风险中的经济风险是指因汇率波动使企业未来的现金流产生的不确定性。规避经济风险的方法如下：

1. 运用多种货币

企业应尽量使用多种货币进行交易和投资，以分散汇率波动的风险。通过使用多种货币，企业可以降低单一货币汇率波动对整体现金流的影响。

2. 调整现金流

企业可以通过调整现金流来降低汇率波动的影响。例如，当预期某种货币汇率将下跌时，企业可以减少该货币的支出或增加该货币的收入。

3. 运用金融衍生工具

金融衍生工具如远期合约、期货、期权等可以为企业提供保护，避免汇率波动的风险。通过这些工具，企业可以锁定未来的汇率，以避免因汇率波动带来的现金流不确定性。

4. 经营多样化

企业可以通过在多个国家和地区开展业务，使现金流多样化，从而降低单一货币汇率波动对企业整体的影响。

5. 提前或延期结算

企业可以通过提前或延期结算的方式来调整现金流的汇率风险。当预期某种货币汇率将下跌时，企业可以提前结算该货币的收入或延期结算该货币的支出。

6. 建立外汇风险管理机制

企业应建立完善的外汇风险管理机制，包括风险识别、评估、控制和监控等环节。通过明确职责和流程，企业可以更好地规避汇率波动的风险。

综上所述，无论运用哪一种策略来防范外汇风险，都必须付出一定的代价和成本。因此，在多大程度上调整风险管理策略取决于成本效益估算。只有进行风险管理所获得的收益大于所付出的成本，风险管理才是有效率的。

## 四、外汇风险的国际监管

外汇风险是指汇率波动导致的经济主体资产、负债和收益的不确定性。随着经济全球化的深入发展，外汇市场日益活跃，外汇风险也随之加大。为了防范外汇风险，维护金融市场的稳定，各国政府和国际组织纷纷加强了对外汇市场的监管。

（一）外汇风险国际监管的重要性

为了防范外汇风险，维护金融市场的稳定，各国政府和国际组织纷纷加强了对外汇市场的监管。国际监管的重要性主要体现在以下几个方面：

1. 保护投资者利益

国际监管可以确保市场的公平、公正和透明，防止欺诈和操纵行为，保护投资者的合法权益。

2. 维护金融市场稳定

国际监管可以及时发现和处理市场的异常情况，防止风险的扩散和蔓延，维护金融市场的稳定。

3. 促进全球经济发展

国际监管可以促进跨国贸易和投资的发展，推动全球经济的增长。同时，国际监管还可以协调各国政策，避免政策冲突对全球经济造成负面影响。

（二）外汇风险的国际监管原则

**1. 全面性原则**

全面性原则要求监管机构对外汇市场进行全面监管，包括市场准入、交易行为、市场退出等各个环节。监管机构应制定完善的法律法规，明确市场参与者的权利和义务，确保市场的公平、公正和透明。

**2. 及时性原则**

及时性原则要求监管机构及时发现和处理外汇市场的异常情况，防止风险的扩散和蔓延。监管机构应建立高效的信息收集和处理系统，对市场进行实时监控，及时识别和处理异常交易和违规行为。

**3. 公正性原则**

公正性原则要求监管机构在处理外汇市场风险时保持公正和客观，不受任何利益集团的影响。监管机构应建立独立的管控机制，确保监管过程的科学性和公正性。

**4. 合作性原则**

合作性原则要求各国监管机构之间加强合作，共同应对外汇市场的风险。监管机构应建立信息共享机制，加强信息交流和合作，共同打击跨境违规行为并实现风险管控。

（三）外汇风险国际监管的实践

**1. 完善法律法规体系**

各国政府和国际组织纷纷制定了相关的法律法规，规范外汇市场的交易行为。例如，美国制定了《商品期货交易法》和《外汇管理条例》等法律法规，对外汇市场进行了严格的监管。国际组织如国际货币基金组织（IMF）也发布了相关的监管指引和建议，为各国提供参考。

**2. 建立监管机构体系**

各国政府和国际组织建立了专门的监管机构，负责对外汇市场进行监管。例如，美国设立了商品期货交易委员会（CFTC）和国家期货协会（NFA）等机构，负责对外汇市场进行监管。这些机构具有独立的法律地位和执法权力，可以对违规行为进行处罚。

**3. 加强跨境监管合作**

为了应对跨境违规行为和风险，各国监管机构之间加强了合作。例如，美国、英国、日本等国的监管机构建立了信息共享机制，共同打击跨境违规行为。此外，IMF 等国际组织也积极推动各国之间的监管合作，共同维护全球金融市场的稳定。

（四）中国外汇监管原则

近年来，随着中国经济的持续发展和对外开放的深入推进，外汇市场日益活跃，外汇风险也随之加大。为了防范外汇风险，维护国家经济安全和金融稳定，中国政府和监管机构加强了对外汇市场的监管。完善中国外汇风险监管体系可以从以下几个方面入手：

**1. 坚持全面性原则，确保对外汇市场的全面监管**

对银行、证券公司、保险公司等金融机构以及个人投资者的外汇交易活动都要进行监管。监管机构应制定完善的法律法规和监管指引，明确市场参与者的权利和义务，确保市场的公平、公正和透明。

2. 坚持及时性原则，提高对外汇风险的识别和处理能力

监管机构应及时发现和处理外汇市场的异常情况，防止风险的扩散和蔓延。监管机构应建立高效的信息收集和处理系统，对市场进行实时监控和分析，及时发现和识别异常交易和违规行为。同时，监管机构还应建立快速反应机制，对违规行为进行及时处理和处罚。

3. 坚持公正性原则，保护投资者合法权益

监管机构在处理外汇市场风险时应当保持公正和客观，不受任何利益集团的影响。监管机构应建立独立的决策机制和监督机制，确保决策的科学性和公正性。同时，监管机构还应加强对市场参与者的教育和引导，提高其合规意识和风险意识。

4. 加强跨境资本流动的管理与监控

随着人民币国际化进程的推进和资本项目可兑换程度的提高，跨境资本流动日益频繁和复杂。如何有效管理和监控跨境资本流动成为一大挑战。监管机构应加强与相关国家和地区的监管机构的合作和信息共享，共同打击跨境违规行为和风险。

5. 提升金融机构风险管理能力

金融机构是外汇市场的主要参与者之一。然而一些金融机构在风险管理方面存在不足，如缺乏完善的风险管理制度，导致内部风控管理体系存在漏洞，潜在风险增大。监管机构应加强对金融机构的监督和指导，要求其建立完善的风险管理制度和内部控制体系，提高其风险管理能力。同时，监管机构应建立金融机构风险评估机制，定期对金融机构的风险管理能力进行评估和监督，确保其符合监管要求。

# 第三节　利率风险及其管理

## 一、利率风险的产生与影响

利率风险是指多种不确定因素引起的利率变化直接或间接造成融资成本增加或投资收益降低的风险。

（一）利率波动原因分析

1. 外部因素

（1）宏观经济环境的变化。市场利率通常受到宏观经济因素的影响，如经济增长、通货膨胀、就业率等。当宏观经济环境发生变化时，市场对资金的需求和供应也会发生变化，导致利率波动。例如，当经济增长强劲时，企业可能会增加投资，从而增加对资金的需求，导致市场利率上升。相反，当经济不景气时，市场利率可能会下降。

（2）政策干预。政府可能会采取货币政策、财政政策等措施来调控经济，这些政策可能会影响市场利率水平。例如，中央银行调整基准利率，会对市场利率产生直接影响。此外，政府还可能会通过调整税收政策、产业政策等措施来影响经济运行，从而影响市场

利率。

（3）国际经济形势。国际经济形势的变化也会对国内利率造成影响。例如，国际贸易争端、汇率波动、国际资本流动等都可能引发利率波动。此外，发达国家的货币政策和利率政策也可能对新兴市场国家的利率造成影响。

2. 内部因素

（1）资产负债结构失衡。资产负债结构失衡是指银行的资产负债期限结构、利率结构等不匹配，导致银行面临利率敏感性缺口风险。具体来说，如果银行的短期负债比例过高，而长期资产比例过低，当市场利率上升时，银行的负债成本将增加，而资产价值可能会下降，导致银行面临流动性风险和信用风险。相反，如果银行的长期负债比例过高，而短期资产比例过低，当市场利率下降时，银行的资产价值将减少，而负债成本保持不变，导致银行的收益下降。

（2）利率决策管理失误。利率决策管理失误是指银行在制定利率政策和进行利率决策时出现失误，导致银行面临利率风险。具体来说，银行可能过于注重短期收益而忽视了长期利率风险，或者对市场利率变化的预测不准确，导致资产负债错配加剧。例如，银行可能会在市场利率较低时制定了过高的贷款利率，导致贷款需求不足；或者在市场利率较高时制定了过低的存款利率，导致存款流失。

（3）内部管理体制不合理。内部管理体制不合理是指银行内部管理体制存在缺陷，如风险管理机制不完善、内部控制薄弱等，导致银行难以有效地识别、评估和控制利率风险。例如，银行可能缺乏有效的风险管理制度和内部控制制度，或者执行力度不够，导致难以发现和纠正存在的问题。

（4）技术水平和技术手段落后。内部管理体制不合理是指银行内部管理体制存在缺陷，如风险管理机制不完善、内部控制薄弱等，导致银行难以有效地识别、评估和控制利率风险。例如，银行可能缺乏有效的风险管理制度和内部控制制度，或者执行力度不够，导致难以发现和纠正存在的问题。

（二）利率波动对国际投融资的影响机制

利率波动对国际投融资的影响主要体现在以下几个途径：

1. 汇率风险上升

国内利率水平上升，吸引国际资本流入，导致本币升值，可能会增加以本币计价的国际投融资成本，因为需要兑换更多的本币来获得相同的投资回报。相反，国内利率水平下降，可能导致本币贬值和资本外流，因为可能会降低国际投资者对以本币计价的投融资项目的兴趣。例如，一个美国投资者在英国进行投资，如果英国的利率下降，英镑贬值，该投资者需要用更多的美元来购买英镑，才能获得相同的投资回报。

2. 投资组合重新配置

利率波动可能会影响国际投资者的投资组合配置。当利率上升时，投资者可能会将资金从固定收益类资产转向风险较高的资产类别，如股票或房地产。相反，当利率下降时，投资者可能会将资金从风险较高的资产类别转向固定收益类资产。这种重新配置可能会导致国际资本流动的变化，从而影响国际投融资市场。

### 3. 跨境融资成本

不同国家和地区的利率水平存在差异，因此企业和个人可能会选择在不同的国家和地区进行融资或投资，以降低成本或获得更高的收益。如果一个国家的利率上升，而另一个国家的利率下降，资金可能会从一个国家流向另一个国家，以寻求更低成本的融资或更高收益的投资。这种跨境融资成本的变化可能会对国际投融资市场造成一定的影响。

### 4. 金融市场的稳定性

利率波动会对金融市场的稳定性造成影响。例如，在固定汇率制度下，如果国内利率水平受到外部冲击而发生大幅度波动，可能会导致货币危机。此外，国内利率水平过高或过低，可能导致资本流动过于频繁或停滞不前，从而影响国际投融资市场的正常运行。

## 二、利率风险管理

随着全球金融市场的快速发展和资本流动的不断增强，利率风险已成为金融机构和企业面临的重要风险之一。利率风险是指由于市场利率变动导致金融机构或企业资产、负债和表外项目价值发生变化的风险。为了有效管理利率风险，金融机构和企业需要遵循一系列原则，以确保其稳健运营和持续发展。

### （一）积极管理原则

积极管理原则是指金融机构或企业应主动制定并实施利率风险管理策略，以控制和管理利率风险。具体而言，积极管理原则包括以下几个方面：

#### 1. 制定明确的利率风险管理政策

金融机构或企业应明确其利率风险管理的目标和策略，并将其纳入全面风险管理体系中。政策应明确规定管理范围、管理工具和风险限额等。

#### 2. 建立完善的信息系统

为了有效管理利率风险，金融机构或企业需要建立完善的信息系统，及时获取和分析市场利率变动的相关信息。信息系统应具备数据收集、整理、分析和报告等功能。

#### 3. 配置专业的风险管理团队

金融机构或企业应配置专业的利率风险管理团队，负责实施利率风险管理策略、监控市场利率变动、评估和管理利率风险等工作。团队成员应具备相关的专业知识和技能。

#### 4. 定期进行压力测试

为了评估金融机构或企业在极端市场环境下的利率风险承受能力，应定期进行压力测试。压力测试可以模拟不同市场利率变动情景，评估其对金融机构或企业的影响。

### （二）风险评估原则

风险评估原则是指金融机构或企业应重视利率风险评估工作，明确利率风险的来源，分析其可能造成的影响，并制订风险评估方案。具体而言，风险评估原则包括以下几个方面：

#### 1. 识别利率风险来源

金融机构或企业应识别其资产、负债和表外项目中存在的利率风险来源，如固定利率贷款、浮动利率债券等。

### 2. 量化评估利率风险

为了准确评估利率风险的大小，金融机构或企业应采用适当的量化方法，如敏感性分析、久期分析等，对利率风险进行量化评估。

### 3. 制定风险限额

根据金融机构或企业的风险承受能力和业务特点，制定合理的利率风险限额，以确保其在市场利率变动时能够保持稳健运营。

### 4. 监控和报告

定期对利率风险进行监控和报告，确保管理层及时了解利率风险的状况和管理效果。

### （三）资源分配原则

资源分配原则是指在变动的利率环境下，金融机构或企业应合理分配资源，避免或降低经济损失，有效控制财务风险，保证投资收益和稳定性。具体而言，资源分配原则包括以下几个方面：

### 1. 优化资产负债结构

根据市场利率变动趋势和自身业务需求，调整和优化资产负债结构，降低利率风险敞口。

### 2. 分散投资组合

通过分散投资组合，降低单一资产或投资组合的利率风险暴露。这可以通过投资不同期限、不同收益率和不同信用等级的债券或其他金融工具来实现。

### 3. 利用金融衍生工具

金融衍生工具如远期合约、期权、互换等可以用来对冲和管理利率风险。金融机构或企业应根据自身需求和市场条件合理利用这些工具。

### 4. 提高资金使用效率

通过提高资金使用效率，降低资金成本，以增强抵御利率风险的能力。这可以通过优化资金调度、加强现金流管理等方式实现。

### （四）风险控制原则

风险控制原则是指金融机构或企业应采取一系列措施，以控制和管理利率风险。具体而言，风险控制原则包括以下几个方面：

### 1. 风险避免

对于无法承受的高风险业务或投资，金融机构或企业应选择避免参与，以减少潜在损失。

### 2. 风险转移

通过购买保险、与其他机构进行合作等方式，可以将部分利率风险转移给第三方承担。这可以缩小需自身承担的利率风险敞口。

### 3. 风险控制

可以采取多种措施降低已承担的利率风险等级和影响程度。例如，通过调整投资组合结构、使用金融衍生工具进行对冲等方式，缩小利率风险敞口。

### 4. 风险保留

对于无法转移或避免的部分利率风险，金融机构或企业需预留一定资本作为风险准备金以应对潜在损失。这可以确保在极端市场环境下仍能保持稳健运营。

### （五）合作与监管原则

合作与监管原则是指金融机构或企业在管理利率风险时应加强与其他机构和监管部门的合作与沟通，以确保稳健运营并符合监管要求。具体而言，合作与监管原则包括以下几个方面：

### 1. 与其他金融机构合作

通过与其他金融机构合作，共同开展投融资活动，分享经验和资源，共同应对国际金融风险，可以增强双方抵御利率风险的能力并提高整体运营效率。

### 2. 与监管部门沟通

与监管部门应保持密切沟通，及时了解监管政策的变化和要求，确保业务合规运营。同时，可以向监管部门反馈市场情况和业务需求，共同推动完善监管政策体系。

## 三、利率风险的国际监管

2016 年 4 月，巴塞尔委员会正式发布《银行账户利率风险监管标准》，代替其 2004 年发布的《利率风险管理和监管原则》，在第二支柱①下对商业银行的银行账户利率风险计量、管理、监测以及监管提出了新的要求。由于我国商业银行长期以来在银行账户利率风险管理方面存在不足，监管部门对银行账户利率风险监测的重视程度不高，巴塞尔委员会的新监管标准将给我国商业银行和监管部门带来巨大挑战。

2017 年 12 月 7 日，巴塞尔银行监管委员会公布了对巴塞尔协议Ⅲ的诸多修订改革，这一版本也被称为巴塞尔协议Ⅲ最终版。此次修订着重提高标准风险权重资产（RWA）计算模型的稳健性，限制银行内部资本模型的使用范围，同时对杠杆率和最低资本要求有额外的修改。

### （一）国际监管框架与原则

### 1. 巴塞尔协议

巴塞尔协议是国际银行业监管的重要标准，其中涉及对利率风险的管理和监管。巴塞尔协议要求银行建立健全的风险管理框架，包括风险识别、计量、监控和报告等环节，以确保对利率风险的有效控制。

### 2. 国际证监会组织（IOSCO）原则

IOSCO 发布了一系列关于金融市场监管的原则，其中包括对利率风险的监管要求。这些原则强调监管机构应确保市场参与者具备足够的风险管理能力，同时要求监管机构对市场进行持续监控，以及时发现和应对潜在的风险。

---

① 第二版巴塞尔资本协议构建了"三大支柱"的监管框架，其中，"最低资本要求"是第一支柱，"监督检查"是第二支柱，"市场纪律"是第三支柱。

**3. 国际货币基金组织（IMF）和世界银行的建议**

IMF 和世界银行等国际组织也关注利率风险的管理和监管。他们通过发布相关研究报告和政策建议，推动各国政府和监管机构加强对利率风险的重视，并采取有效的措施降低风险。

**（二）各国监管实践**

**1. 美国**

美国对利率风险的监管相对成熟。美联储等监管机构要求银行和其他金融机构建立全面的风险管理框架，并定期进行压力测试和情景分析，以评估潜在的风险。此外，美国还通过立法手段加强对金融市场的监管，如《多德-弗兰克法案》等。

**2. 欧洲**

欧洲央行等监管机构也重视利率风险的管理和监管。他们要求金融机构建立稳健的风险管理体系，并定期进行风险评估和压力测试。同时，欧洲还通过实施宏观审慎政策来降低系统性金融风险，如对银行的资本充足率和流动性要求进行严格监管。

**3. 亚洲**

亚洲地区的监管机构也逐渐加强了对利率风险的关注和监管。例如，中国人民银行等监管机构要求金融机构建立健全的风险管理制度和内部控制机制，并加强对市场利率的监测和分析。此外，亚洲各国还通过加强跨境金融监管合作来共同应对潜在的金融风险。

**（三）利率国际监管的挑战**

尽管各国政府和监管机构已经采取了一系列措施加强对利率风险的监管，但仍面临一些挑战。首先，随着金融创新的不断发展，新的金融产品和交易策略不断涌现，可能带来新的利率风险。其次，跨境金融交易的增加使得利率风险的传染效应更加显著，需要各国监管机构加强合作以共同应对。最后，金融科技的发展为利率风险管理提供了新的工具和方法，但同时也带来了新的挑战和风险。

展望未来，随着全球经济的不断发展和金融市场的日益融合，对利率风险的有效监管将更加重要。各国政府和监管机构需要继续加强合作与交流，共同研究和应对潜在的金融风险。同时，金融机构和企业也需要不断提高自身的风险管理能力，以适应不断变化的市场环境。

# 第四节　国际投融资的政治风险及其管理

国际投融资的政治风险是指企业在国际投融资活动中，由于所在国的政治环境发生变化，导致企业处于劣势地位或遭受经济损失的可能性。相对于其他风险而言，投资者在选择投资目标国时会对该国政治环境做充分考察，尽量避免在投资期出现政治风险。从这个角度来看，在投资期出现政治风险的可能性较小，除非出现突发事件，政治风险对纯粹的国际融资活动的影响有限。但近一二十年，由国家经济改革或局部民族纷争而引发的政治风险时有发生，因此，对于国际投融资活动政治风险的化解也正日益成为政府和投资机构更加关注的问题。

# 一、政治风险的形式

政治风险主要来自其所在国政府对外国投资进入的限制管制政策，具体形式有三类：

## （一）经营性限制

经营性限制，是指跨国公司所在国政府对跨国公司的生产经营所施加的限制，它导致企业难以正常地进行生产经营，如对外汇交易进行直接控制（外汇管制），以防止不利于所在国的资本流动；跨国公司雇用外国员工与当地员工比例的限制；当地所有权的限制；产品品种规格的限制；等等。以外汇管制为例，具体包括：对外汇供求的管制；对外汇汇率的管制，包括实行多种汇率制度、外汇转让制度及混合汇率制度等；对贸易与非贸易的管制，包括进口管制、出口管制和非贸易管制等；对资本输出与输入的管制；等等。

## （二）歧视性限制

歧视性限制，是指跨国公司所在国政府针对外国企业及其子公司和分公司（分支机构）而规定具有歧视性的限制政策。例如：增加税收，以削弱外国企业及其子（分）公司的控制能力；为使当地投资者能够占有一定地位而强制性要求外国企业及其子公司放弃部分或全部所有权或控制权的政策规定；针对外国企业及其子（分）公司为进口某种产品所征收的特殊关税；跨国公司使用厂房设施需要支付较高的使用费；所在国要求跨国公司为当地职工支付较高的工资待遇，等等。

## （三）剥夺性政策措施

当所在国发生重大政治、经济体制变革时，其政府可能对外国企业实施属于国家主权行为的剥夺性措施。主要有以下几种形式：

### 1. 强制收购或出售

这是指所在国政府通过行政或法律手段强行以低价收购外国企业，或者所在国政府迫使外国企业向当地居民或经济组织以低价出售其股票或其他财产。

### 2. 征用

这是指所在国政府占有或控制外国资产，对外国资产进行部分或全部征用，并给予一定的名义补偿。根据国际法的规定，所在国在征用外国资产时，应给予外国企业及时而足够的补偿，所补偿金额必须是可以兑换的货币。但在大多数情况下，补偿金额远远低于被征用资产的市价。

### 3. 没收

当两国政府关系严重恶化时，跨国公司所在国政府可以强制性地无偿没收和接管外国企业的资产和收入，而不给予任何补偿，作为外国企业的跨国公司将遭受巨大损失。

### 4. 国有化

国有化是指整个产业或行业由私人所有转为国家所有，并且国有化的过程往往与征用和没收交织在一起，从而形成较为复杂的政治环境，由此给跨国公司造成政治风险损失。

同时，在自然资源生产业、金融服务行业和公共事业领域都出现过国有化形式的征用。

## 二、政治风险来源

国际投融资的政治风险不仅可能给投资者带来经济损失，还可能影响国际关系和全球经济稳定。因此，了解国际投融资政治风险的来源至关重要。

（一）民族情绪的抵触

民族情绪的抵触是国际投融资政治风险的一个重要来源。不同国家和民族之间在历史、文化、宗教等方面存在差异，这些差异可能导致民族情绪的抵触。当投资者进入一个与自身文化背景不同的国家时，可能会遭遇当地民众的排斥和反感，从而影响投资项目的顺利进行。例如，在某些国家，外国投资者可能被视为"经济侵略者"，引发当地民众的抗议和抵制。这种情绪可能导致政府对外国投资者的政策收紧，甚至采取制裁措施，从而给投资者带来巨大的经济损失。

（二）经济政治制度的对立

经济政治制度的对立也是国际投融资政治风险的一个重要来源。不同国家在经济政治制度上存在差异，这些差异可能导致国际投资者面临制度性风险。例如，一些国家实行计划经济体制，政府对经济活动的干预程度较高，而另一些国家则实行市场经济体制，政府对经济活动的干预较少。这种制度性差异可能导致投资者在投资决策、项目运营等方面会面临诸多困难。此外，经济政治制度的对立还可能表现为贸易保护主义的加强。在全球化的背景下，一些国家为了维护自身利益，可能采取贸易保护主义政策，限制外国投资者的市场准入和经营活动。这种政策可能导致国际投资者的市场份额减少，盈利能力下降。

（三）社会政局动荡及混乱

社会政局动荡及混乱是国际投融资政治风险的另一个重要来源。一些国家由于政治体制不健全、社会矛盾尖锐等原因，可能陷入政局动荡和混乱之中。这种动荡和混乱可能导致政府更迭频繁、政策不稳定，给国际投资者带来巨大的不确定性。在政局动荡和混乱的情况下，投资者可能面临诸多风险，如项目被中止、资产被冻结、合同被违约等。此外，社会动荡还可能引发社会安全问题，如恐怖袭击、犯罪率上升等，给投资者的生命和财产安全带来威胁。

（四）当地资本势力的抵制与骚扰

当地资本势力的抵制与骚扰也是国际投融资政治风险的一个重要来源。在一些国家，当地资本势力可能对外国投资者持排斥态度，采取各种手段阻挠和干扰外国投资者的经营活动。这种抵制和骚扰可能导致投资者的项目进展受阻、市场份额减少、经营成本增加等。例如，一些当地资本势力可能通过政治关系或媒体舆论等手段对外国投资者进行抹黑和攻击，破坏其形象和声誉。此外，他们还可能利用行政手段或法律诉讼等方式对外国投资者进行打压和排挤，使其在当地市场难以立足。

（五）政变或叛乱

政变或叛乱是国际投融资政治风险的极端表现。在一些国家，由于政治体制不健全、社会矛盾尖锐等原因，可能发生政变或叛乱等极端事件。这种事件可能导致政府倒台、社会秩序崩溃，给国际投资者带来巨大的损失。在政变或叛乱的情况下，投资者的资产可能面临被没收、被摧毁等风险。同时，投资者的员工和合作伙伴可能面临生命安全和人身自由的威胁。这种极端事件对国际投融资活动的影响往往是灾难性的，投资者需要高度警惕并采取相应的防范措施。

### （六）他国对东道国政治的干预或操纵

他国对东道国政治的干预或操纵也是国际投融资政治风险的一个重要原因。在国际关系中，一些国家可能出于自身利益考虑，对其他国家的内政进行干预或操纵。这种干预或操纵可能导致东道国的政治局势不稳定，给国际投资者带来不确定性。例如，一些国家可能通过支持反对派、提供军事援助等方式干预他国内政，导致东道国政府倒台或政策变化。这种干预或操纵可能对投资者的项目造成直接影响，如项目被中止、合同被违约等。此外，他国的干预或操纵还可能引发国际制裁或经济封锁等措施，进一步加剧投资者的困境。

## 三、政治风险分析和评估

### （一）政治风险分析

在国际投融资中，政治风险是一种常见的风险类型，可能对投资者的利益造成严重影响。因此，投资者需要对投资项目进行全面的政治风险评估，以便及时发现和应对潜在的政治风险。通过政治风险评估，投资者可以了解东道国的政治稳定性、政策变化、社会动荡等因素对项目的影响程度，从而制定相应的防范措施和应对策略。此外，政治风险评估还可以帮助投资者与当地政府和企业建立良好的合作关系，减少因政治因素引起的冲突和不确定性。在国际投资中，特别需要防范的是在项目实施过程中东道国态度的转变。对于东道国态度转变所带来的政治风险的分析，美国学者[①]认为，外资项目的政治风险与该项目对东道国的"看中价值"呈反向关系。所谓看中价值，即该项目为东道国所需要的程度。动态地看，"看中价值"会随着技术领先程度的降低和其他跨国公司竞争的加强而逐渐下降。决定投资项目价值的主要因素如表 10-1 所示。

**表 10-1　决定投资项目价值的因素**

| 1 | 投资项目所属产业 | 项目越属于对当地经济贡献大的产业，则越具有"看中价值"；反之，"看中价值"越低 |
|---|---|---|
| 2 | 该产业中当地企业的数量 | 同一产业中当地企业的数量越多，表明外国企业与当地企业在相同领域的竞争就越激烈，外资项目的价值评估就被降低 |

---

① 弗雷姆. 组织机构中的项目管理：如何最有效地利用时间、技术和人力 [M]. 北京：世界图书出版公司，2000.

| 3 | 该产业中当地企业的市场份额 | 此份额越大，当地企业的重要性越大，外资项目的价值就相应越低 |
|---|---|---|
| 4 | 该投资项目占有当地市场的份额 | 此份额越大，意味着项目的市场竞争力越强，盈利能力越高 |
| 5 | 国民经济计划中该产业的优先发展地位 | 如巴西将重要的计算机产业划作巴西本地企业的"保留市场"，外资企业在这样的市场中经营就会受到诸多限制 |
| 6 | 该项目的创新与技术领先程度 | 该项因素修正第5项因素的作用，即使是在优先发展的产业中，如果只有外资项目能充分满足该产业优先发展需要，外资项目就会为当地所需要 |
| 7 | 该项目在出口中的作用 | 项目出口能力越强，越受当地欢迎 |
| 8 | 同产业中其他国籍跨国企业的数量 | 数量越多，东道国挑选其他国籍外国公司的余地越大，越不倚重某一项目，本项目的需要价值越小 |
| 9 | 获得非跨国公司技术的容易程度 | 同类技术有多种渠道取得时，则利于东道国技术来源多样化的策略和需要 |
| 10 | 本公司的形象 | 形象越佳，投资越受欢迎 |
| 11 | 符合东道国进入管理制度 | 如满足当地投入需要、加速本土化、遵守当地税收与法律规定，则受东道国欢迎 |

### （二）政治风险评估

在项目评估中纳入对有关国家政治风险分析和预测，以提高事前对风险防控及保险的能力。政治风险评估的方法主要包括以下几种：

1. 专家调查法

邀请相关领域的专家，通过单独接受调查的方式，反复多次征询意见，当得到的专家意见基本一致时结束调查。

2. 实地考察法

企业派出一个考察小组进入目标市场国进行考察访问，以收集第一手资料并了解当地实际情况。

3. 利用驻外专家调查法

企业利用本国驻目标市场国的专家进行调查，获得真实、有价值的第一手资料。

4. 利用国际咨询机构法

借助向各国企业、政府和个人提供信息咨询服务的机构，对目标市场国的政治风险进行预测。

5. 政治体制稳定指数（PSSI）法

一种研究政治不稳定的定量模型，通过分析客观因素求出政治体制稳定指数，在此基础上对政治风险进行判断。

在尽量准确和深入地分析海外投资的政治风险时，需要考虑特定风险在特定时期对特定业务的影响，因而要针对性地选择相应方法。

对于我国的对外投资企业而言，在投资项目的政治风险评估中，需特别注意这样几个问题：其一，项目类型。如资本和技术密集型的项目，就既有固定资产的暴露，也有现金流量的暴露，各种类型的政治风险都有可能发生。其二，东道国经济发展速度与产业调整。对于新兴工业化国家而言，由于其经济现代化所凭借的技术已今非昔比，某一投资项目对它们的吸引力会下降很快，投资项目后续现金流入不可估计得过于乐观，特别是在项目能享受当地政策优惠的情况下更是如此。对于发达国家而言，由区域一体化或维持国际地位等因素决定的产业结构调整与产业转移政策变化也会影响投资项目的政策环境，并影响项目运转中外部条件的变化。其三，海外项目的国际采购和销售。这类项目的运转依赖多国环境，区域一体化和国际关系的变化无疑有可能使之面临多重风险，故在评估中需适当提高折现系数或较保守地估计现金流量。

## 四、政治风险管理

对政治风险的管理分为事前管理、事中管理与事后管理。

### （一）事前管理

事前管理是指当跨国公司处于投资前的评估阶段，尚未决定项目是否实施时进行的风险评估与管理。事前风险管理可供选择的对策有：

#### 1. 回避

回避的原则是除非投资前该国或该地区已经发生战争、暴乱、征用财产、国有化等极端情况，出现禁止投资风险，否则不应轻易停止投资计划的实施；对于其他政治风险，则采取有限度的回避和容忍的态度，设法从其他方面获得相应的补偿，以抵消政治风险带来的部分损失。跨国公司应该认清能够承受的政治风险水平，以及承受这一风险能够得到的补偿。

#### 2. 保险

对外投资保险承保的政治风险包括国有化风险、战争风险和转移风险三类。一般程序是：投资者向保险机构提出保险申请，保险机构经过调查认可后接受申请并与之签订保险单。投资者有义务不断报告其投资的变更情况、损失发生状况，且每年定期支付费用。

#### 3. 协商

这是指与东道国政府进行主动接触，就投资有关事宜进行协商谈判，在双方的权利和责任等方面达成必要的协议，即特许协定。特许协定是双方在投资项目有关内容上达成的共识，双方均应该遵守。协商要求东道国政府讲信誉和保持相对稳定，对于一些政权更迭频繁的第三世界国家，跨国公司应采取更积极主动的政治风险管理手段。

#### 4. 技术性安排

这是指跨国公司在决定向某一国投资后，通过在投资方案中加入一些特别的防范政治风险的措施，以期使项目因政治风险而产生的损失尽可能减少。具体做法是通过调整企业生产、后勤、出口和技术转让等领域的经营策略，将国外经营项目与本公司的风险管理结合起来，保持海外项目对本公司总体市场和产品的依赖性以及提高东道国政府征用资产的成本，由此减轻可能的政治风险。跨国公司还可以通过集中研究开发设施和技术，控制专利、商标和专有技术，控制货运、销售市场与原材料供应等方法来提高东道国国有化的成本。

（二）事中管理

跨国公司一旦将其投资计划付诸实施，就意味着它对政治风险的防范能力比投资前大大削弱，但公司依然可以采取一些措施来减少政治风险可能造成的损失。

1. 有计划地放弃权益

如果面临政治风险的潜在威胁，跨国公司可以按照事先制订的计划，在一定时期内逐渐将投资项目的股权全部或大部分转售给当地投资者。

2. 短期利润最大化

一方面是指跨国公司常常试图在尽可能短的时间内，从当地经营中获取最大的利益回报；另一方面是指在东道国政府采取敌对行动的情况下，跨国公司用防御性策略保护短期利润。面对可能发生的资产被征收的危险，跨国公司可以调整其对外投资项目的经营目标，采取使短期利润最大化的措施，尽可能快地从投资项目中抽取尽可能多的现金流。相应的手段有：推迟设备大修、保养，新投资维持在保证原有正常生产所需的最低水平，削减营销费用，取消培训计划，加速折旧等。

3. 改变收益与成本利率

这是指在政府征用目标合理的情况下，即获得的经济利益超过成本补偿时，跨国投资者采取一系列计划来减少当地所有者预期的收益，从而减少和消除当地政府排斥外国投资者的欲望。在减少征收收益方面可以采取的措施有：为子公司产品开发出口市场；在当地建立 R&D 机构；为当地培训工人和管理人员；生产进口零星替代产品等。另外，跨国公司还可以采取一些使征收成本提高的措施，如对出口市场、技术、商标、原材料等实行严格的控制，对关键零部件由其他子公司限额供应，等等。这样就使得东道国政府在进行有关决策时有所顾忌。

4. 强化与当地潜在利益者的联动关系

所谓的潜在利益者，包括消费者、原材料供应商、公司的当地雇员、因政治风险外溢而关联的当地银行，以及其他关联的社会组织等。作为一项比较积极的风险应对策略，强化与这些潜在利益者的联动关系，可以较大程度地减少与弱化可能的风险冲击，降低被征用或国产化的风险。当然，与当地私人投资者合伙经营也可以获得一定的保护。

5. 适应性调整

这是指不试图抵制潜在的征用，而是把征用看成是不可避免的，同时一旦发生征用即改由特许证和管理合同的方式来从公司的资源中获利，因为所有权的丧失并不一定意味着利润来源的中断。由于在技术、生产和管理上的专属优势，当地政府在获得子公司的全部股权以后，往往不得不继续留用或聘请有关的技术专家和管理人员。这样，通过签订技术转让协定、管理合同和生产许可合同，跨国公司仍然可以从原项目中取得一定的利润。

（三）事后管理

东道国政府在决定征收外国公司资产时，一般会事先通知有关跨国公司。在收到这一通知后，跨国公司可以随着资产征收行动的进程，分阶段采取对策。

1. 通过谈判争取效益最大化

一方面，阐明利害关系，即公司应阐明该项目的正常经营将会给东道国带来经济收益，以及资产被征收后将给东道国造成的不利后果；另一方面，在无法改变被征收的结果时，可以通过条件谈判最大限度地减少损失。

2. 发挥公司力量

如果理性谈判无法实现预期的目的，跨国公司接下来的选择就是调动自身可聚集的政治力量和经济力量与东道国抗衡，以使损失降到最少。政治力量方面，可以争取东道国反对党的支持，或者向母国政府寻求帮助；经济力量方面，则可采取如停止关键零部件的供应、关闭产品出口市场、中止技术和管理支持等措施。

3. 采取法律补偿措施

跨国公司在采取上述两种对策的同时，或者当上述对策不能奏效时，还可以采取相应的法律行动来寻求补偿，从东道国法律上找到法律依据，或争取避开当地的法庭而向本国或国际法庭提出申诉。

4. 管理妥协

当前面三种对策都无效时，跨国公司只好放弃继续持有产权的努力，力争获得较高的补偿以及通过合同方式继续从被征用的企业中获利。因此，所有权的放弃并不等于盈利机会的丧失，关键是具有运用现有资产创造现金流量的能力。

## 五、新形势下需要防范的政治风险

受 2020 年新冠疫情的影响，国际投融资活动的规模和数量呈下降趋势，但随着疫情结束，全球 FDI 流量已逐步恢复到 2019 年及以前的水平。根据联合国贸易和发展会议发布的《2022 年世界投资报告》（以下简称《2022 年报告》）统计，2021 年 FDI 流量为 1.58 万亿美元，较 2020 年的极低水平增长了 64%。同时，《2022 年报告》重点强调了乌克兰战争等政治因素对于国际投资环境的恶劣影响，投资者的不确定性和风险规避行为对当前及未来几年的国际投资环境带来了巨大的下行压力。在复杂多变的政治风险的影响下，各国对于国际投融资的监管力度持续增强，不利于投资的措施所占比例达到历史最高水平（42%，比 2020 年高出一个百分点）。由于监管或政治原因而被撤回的价值超过5 000 万美元的并购交易数量达到 14 起，总计超过 470 亿美元。发达国家持续推出和加强基于国家安全标准的投资审查制度，为保障国家安全而对外国直接投资进行审查的国家总数达到了 36 个（《2022 年报告》）。在新形势下，政治风险已经成为当下国际投资领域最需要重视的风险，企业开展海外业务需及时制定与变通相关的应对措施，以有效预防和规避政治风险。

（一）新形势下政治风险的常见类型

当前，国际投融资需防范的政治风险主要有：强制征收风险、战争及内乱引起的政治风险、东道国违约风险。

1. 强制征收风险

在所有的政治风险中，强制征收和相关类似风险是企业在推进海外业务时最为关注的一大风险领域。在国际法的语境中，征收主要是指东道国通过立法或官方行为的方式，强行取得投资者的财产或财产性权益。在国际公法的层面，国际社会对于征收的限制主要体现在联合国大会决议、国际条约、国际仲裁裁决以及其他国际实践中。

一般而言，东道国要实现合法性征收，必须符合三项原则：①非歧视原则，即不得在征收中对特定企业或个人进行特殊对待；②公共利益原则，即征收必须是为东道国的公共利益而进行的；③全面补偿原则，即征收时必须提供及时、充分、有效的补偿。我国已将上述原则纳入国内立法中，《中华人民共和国民法典》第二百四十三条规定："为了公共利益的需要，依照法律规定的权限和程序可以征收集体所有的土地和组织、个人的房屋以及其他不动产。……征收组织、个人的房屋以及其他不动产，应当依法给予征收补偿，维护被征收人的合法权益；征收个人住宅的，还应当保障被征收人的居住条件。"此规定保障了国内的公民和企业的合法权益，同时也以此给外商投资企业创造了适宜的投资环境，使外商投资企业放心地到我国开展相关业务。

2. 战争及内乱引起的政治风险

在俄乌战争的大背景下，战争冲突一跃成为对国际投资环境影响最大的风险来源。首先，从战争本身的影响来看，俄乌战争的影响范围远远超出其周边地区，直接导致全球能源和粮食价格急剧上涨，加剧了国家和企业的债务压力。就能源这一国际投资重头领域而言，联合国贸易和发展会议认为，乌克兰战争可能会成为能源转型过程中的一大挫折。统计数据显示，2022年以来，可再生能源公司公布的预期收益平均下调了22%，此倒退有可能会逆转多年来在可持续能源投资方面取得的进步。其次，从战争引起的国际社会和政策的变动方面看，俄乌战争爆发后，美国及欧盟多国相继对俄罗斯实施制裁。2023年2月，美国与日本、英国等G7集团国家联合采取对俄罗斯的经济制裁措施，欧盟也同步通过了对俄罗斯的第十轮制裁方案，相关制裁措施再度加码。

以美国的制裁措施为例，美国对俄措施主要包括经济制裁（如冻结制裁对象的在美资产，限制俄罗斯在美使用美元结算，等等）、出口管制（如扩大商业管制清单所包括的出口管制物项范围等）、其他制裁（如关税制裁、入境限制等）。在这样强势的制裁措施之下，已经在俄罗斯开展业务的中国企业，以及在中国的中俄合资企业，也会受到实际影响，进行投资决策时需考虑所投项目是否也会纳入西方国家对俄制裁的范围。经典案例带给我们的启示是，当战争及内乱引发政治风险时，需要及时重新评估国际投融资的风险。

3. 东道国违约风险

在国际投融资的各项活动中，参与方有时会使用BOT（build-operate-transfer）、BTO（build-transfer-operate）、BTL（build-transfer-lease）等项目融资的模式。以BOT为例，在此模式下，一国政府就某个基础设施建设项目与另一国私人项目公司签订特许权协议，授予其特许权以对该项目进行投资、建设、维护。在协议约定的期限内，准许其通过向用户收取费用以回收投资并赚取利润。项目期满后，企业将该基础设施无偿转让给该国政府部门。由于此类基础设施建设项目具有周期长、投入大、跨国界的特点，如发生东道国违约的情形，争议解决难度较大。一般来说，若外国投资者的母国与东道国的双边投资协定中就争议解决条款达成一致，如约定使用"国际投资争端解决中心"（ICSID）争议解决机制，则可按照协定约定的方式进行争议解决。2020年以来，印度政府对于中国企业的态度表现出敌对和警惕，尤其在中印边境冲突、中美贸易战等背景下，印度政府采取了一系列针对中国企业的限制和打压措施。例如，印度政府曾经禁止使用包括小米在内的多款中国应用程序，在国防、电信等领域也对中国企业进行了排斥和审查。

（二）国际投融资政治风险的防范举措

如上所述，在风云变幻的国际市场上，如何预判、把握、处理政治风险是企业在开展海外业务时必须学好的"必修课"。简要来说，上述政治风险可以从以下几个方面进行预防：

1. 全方位展开尽职调查

在正式开展投资项目前对东道国进行详细的尽职调查。调查范围应当包括但不限于东道国与投资者母国之间的双边投资协定的具体内容（重点关注其中的征收补偿条款、投资资本的转移条款、争议解决条款等）、东道国国情、东道国国内法相关规定、相关项目情况等。总之，任何对项目可能产生影响的国际、国内因素都应当纳入尽职调查中进行风险评估，以避免隐藏风险的遗漏。

2. 建立恰当的风险管理架构

如公司可以在法律允许的范围内设立 SPV 公司[①]，将相关资产、技术、数据放置到东道国之外的其他司法管辖区，以避免被东道国征收或征用。如果东道国要求所有的信息、数据必须放置在东道国境内，则至少应当在境外留存相关数据的副本，以供需要时查阅。同时，可通过设立多个子公司的形式，巧用有限责任公司的责任独立制度以分担风险。

3. 善用对外投资风险的转移机制

在国际投资的领域，对征收征用等政治风险的转移可以通过购买投资保险的方式完成。可供选择的投资保险既包括我国国内保险公司提供的相关海外保险（如中国出口信用保险公司提供的汇兑限制险、征收险、战争及政治暴乱险、政府违约险等），也包括《多边投资担保机构公约》所设立的相关国际保险制度。

4. 开展本土化经营，引入当地员工以获得东道国认可

国际投资互利共赢的理念不应当只存在于母国与东道国之间，也应该树立于投资企业与东道国之间。企业可通过开展本土化经营模式，融入东道国当地的政治经济环境，努力成为东道国经济结构中的一分子。提高所在国本地员工在公司员工中的比重、提拔优秀的本地员工进入管理层等方式在一定程度上也有助于避免海外投资政治风险。

5. 加强企业合规建设，建立健全风险预警机制

由于国际形势处在时刻变幻中，在跨境交易及投融资推进过程中，有必要对目标国家乃至整个国际社会的执法动态及法律法规、社会动向进行高度关注，识别可能对企业的全球业务造成影响或引发风险的政策及执法动态。基于监控、分析、解读，制定防范和应对相关风险的制度层面及操作层面的措施，并根据相关动态变化及时调整业务活动，最大限度地实现不同监管要求之间的平衡。如欧盟于 2018 年出台的《通用技术保护条例》（General Data Protection Regulation, GDPR）就对跨国企业在网络安全和数据保护方面提出

---

① SPV（special purpose vehicle）公司即特殊目的公司，又称作"项目公司"，是为实施政府与社会资本合作（PPP）项目这一特殊目的而设立的公司，通常作为项目建设的实施者和运营者而存在。

了历史新高的要求。亚马逊公司由于对个人数据的处理不符合 GDPR 的要求而被卢森堡国家数据保护委员会开出近 8.8 亿美元的罚单，足见建立与推进全球视角的动态合规建设体系的重要意义。

综上所述，近年来无论是俄乌战争的爆发，还是美国所谓的"涉疆法案"的出台等一系列政治因素引发的风险，都对跨国企业内外部投融资及经营策略产生了重大冲击。在这样的大背景下，企业在海外的贸易和投资业务不仅需要保证自身的制度规范和行为准则应当符合相关国际条约、所涉国家国内法的要求。也将面临数据出境、贸易制裁、投资审查等相关法律风险，同时需要准备更多的资料和文件，证明自己的业务是在完全合规的条件下运转的。因此，企业必须进行全球范围内的合规化管理，以预防和应对海外业务推进过程中产生的相关风险。

# 第五节　全球治理视角下国际投融资监管的新趋势

## 一、2008 年金融危机以后国际投融资监管的新趋势

随着全球化的不断深入，国际投融资已经成为各国经济发展的重要手段。然而，与此同时，国际投融资也面临着越来越多的风险和挑战。在全球治理视角下，各国监管机构需要不断创新监管手段，提高监管效率，以应对日益复杂的国际投融资环境。

（一）投资者保护成为监管重点

投资者保护是国际投融资监管的核心任务之一。在全球化背景下，各国监管机构更加重视投资者的权益，采取了一系列措施来加强投资者保护。

1. 加强信息披露和风险提示

为了保障投资者的知情权，各国监管机构要求上市公司和金融机构充分披露信息，包括财务状况、运营情况、风险管理等方面。同时，监管机构还加强了对投资者的风险提示，提醒投资者注意投资风险，避免盲目投资。这些措施有助于提高市场的透明度和公正性，降低信息不对称的风险。

2. 建立投资者赔偿机制

为了保护投资者的利益，一些国家建立了投资者赔偿机制。这种机制通常包括设立专项基金或担保机构，对投资者的损失进行赔偿。例如，一些国家设立了投资者保护基金，用于补偿因金融机构破产或欺诈行为而受损的投资者。这种机制可以增强投资者对市场的信心，促进市场的稳定发展。

（二）跨境监管合作成为重要方向

随着国际投融资的全球化发展，跨境监管合作已经成为各国监管机构的重要方向。通过加强跨境监管合作，各国监管机构可以共同应对跨境风险和挑战，维护金融市场的

稳定。

### 1. 建立跨境监管协调机制

为了加强跨境监管合作，一些国家建立了跨境监管协调机制。这种机制通常包括定期召开跨境监管会议、分享监管信息、共同制定监管政策和措施等。通过这种机制，各国监管机构可以加强信息共享和协同监管，提高监管效率。

### 2. 加强跨境监管技术的研发和应用

为了提高跨境监管效率，一些国家加强了跨境监管技术的研发和应用。例如，利用大数据、人工智能等技术对跨境交易数据进行实时监测和分析，及时发现异常交易和潜在风险。同时，一些国家还加强了跨境监管人才的培养和技术交流，提高跨境监管的水平和效率。

## （三）市场透明度成为关键指标

市场透明度是国际投融资监管的重要指标之一。提高市场透明度可以降低信息不对称的风险，增强投资者对市场的信心。在全球治理视角下，各国监管机构更加注重市场透明度的提高。具体体现在：

### 1. 加强信息披露的监管

各国监管机构要求上市公司和金融机构充分披露信息，包括财务状况、运营情况、风险管理等方面。同时，监管机构还对信息披露的质量和准确性进行监督和检查，确保信息的真实性和可靠性。这些措施有助于提高市场的透明度和公正性，降低信息不对称的风险。

### 2. 监控市场交易行为

为了维护市场的公平和公正性，各国监管机构加强了对市场交易行为的监控。例如，利用大数据和人工智能等技术对交易数据进行实时监测和分析，及时发现异常交易和操纵市场等行为。同时，监管机构还对内幕交易、欺诈行为等进行严厉打击，维护市场的公平和公正性。

## （四）风险管理成为核心内容

风险管理是国际投融资监管的核心内容之一。有效的风险管理可以降低投资风险、减少损失并提高收益稳定性。在全球治理视角下，各国监管机构更加注重风险管理。具体体现在：

### 1. 加强投资项目管理

各国监管机构加强了对投资项目的风险管理。例如，在审批投资项目时，监管机构会对项目的可行性、合规性、风险控制等方面进行严格审查。同时，在项目实施过程中，监管机构还会对项目的进展情况进行持续跟踪和评估，确保项目的顺利实施和风险可控。这些措施有助于降低投资风险和提高投资收益的稳定性。

### 2. 强化金融机构风险管理能力

为了防范金融风险和维护金融稳定，各国监管机构加强了对金融机构的风险管理能力的评估和监督。例如，要求金融机构建立完善的内部控制和风险管理体系，提高风险防范意识和能力水平。同时，监管机构还对金融机构的资本充足率、流动性风险等进行持续监控和管理，确保金融机构的稳定运行和风险可控。这些措施有助于降低金融机构面临的风险水平并保障其稳定持续经营和发展，同时维护整个金融系统的稳定运行并有效防范系统性金融风险的发生，最终保障整个经济体系的稳健运行和发展，提高其抗风险能力和水平，促进其可持续发展能力的提升，并实现其高质量发展的目标追求。

（五）环境和社会责任成为重要考量

随着全球社会对可持续发展和环境保护的日益关注，国际投融资监管也开始将环境和社会责任纳入考量范围，具体包括以下几个方面：

1. 环保要求

监管机构对投融资项目的环保要求越来越高，要求企业在投资决策中充分考虑环境因素。例如，在审批投资项目时，监管机构会加强对项目环保方面的审查，评估其对环境的影响，并要求企业采取相应的环保措施。

2. 可持续发展

监管机构鼓励企业和投资者关注可持续发展，推动经济、社会和环境的协调发展。例如，一些国家制定了相关政策和法规，鼓励企业投资于环保、教育、医疗等领域，推动社会的可持续发展。

3. 社会责任

监管机构要求企业和投资者履行社会责任，关注员工福利、消费者权益等方面。例如，监管机构可以要求企业披露社会责任报告，公开企业在环保、劳工权益、社区发展等方面的表现，促进企业的社会责任感。

在全球治理视角下国际投融资监管呈现出多种新的趋势和方向，包括强调投资者保护、加强跨境监管合作、提高市场透明度、强化风险管理以及关注环境和社会责任等方面。这些趋势反映了监管机构在适应全球化发展趋势的同时，也在不断完善和更新监管手段和理念，以更好地维护金融市场的稳定和可持续发展。未来随着全球经济的不断变化和发展，国际投融资监管也将面临更多的挑战和机遇，需要各国监管机构不断创新和完善，以适应新的经济形势和发展需求。

# 二、巴塞尔协议Ⅲ及《最终方案》对宏观审慎监管的影响

（一）巴塞尔协议Ⅲ及《最终方案》的形成背景

巴塞尔协议体系是 1975 年巴塞尔委员会成立后，针对国际银行监管所发布的一系列标准的统称。这一体系的目标是确保国际银行业的安全和稳健，通过制定资本充足率和其他风险管理标准来减少银行的风险。

1988 年，根据英美两国建议形成的巴塞尔协议Ⅰ创立了衡量银行稳健运行的资本充足率量化标准，奠定了巴塞尔协议体系的基础。这个协议的主要目的是建立防止信用风险的最低资本要求。

2004 年制定的巴塞尔协议Ⅱ形成了银行稳健运行及有效监管的"三大支柱"，即最低风险资本要求、资本充足率监管和内部评估过程的市场监管。这一协议鼓励银行不仅要识

别当前的风险，而且要识别将来的风险，并且改进现有的风险管理体系来管理这些风险，即力求建立一个更为前瞻性的资本监管方法。

然而，2008年的全球金融危机暴露了银行监管制度上的不足，巴塞尔委员会经过研究并经二十国集团（G20）首脑会议同意公布的巴塞尔协议Ⅲ，形成了宏观审慎与微观审慎相结合的制度体系。这一协议在2010年9月12日宣布，对资本充足率的要求进行了进一步修改，并新增了留存超额资本要求、系统重要性附加资本要求、逆周期超额资本要求等。作为应对全球金融危机的快速产物，2010年12月17日巴塞尔委员会发布了《巴塞尔Ⅲ：增强银行和银行体系稳健性的全球监管框架》（简称《巴塞尔Ⅲ》），强化了资本工具的合格标准，提高了资本充足率监管要求，但仍沿用了巴塞尔Ⅱ风险加权资产的计量框架。

经过长达七年的研究讨论、影响评估和复杂博弈，2017年12月8日巴塞尔委员会发布了《巴塞尔Ⅲ：后危机改革的最终方案》（简称《最终方案》），对2010版《巴塞尔Ⅲ》进行了补充修订，核心是重新构造风险加权资产计量监管框架。《最终方案》的发布标志着巴塞尔委员会完成了资本充足率监管三个基本要素——资本工具合格标准、风险加权资产计量方法和资本充足率监管要求的改革进程。至此，后危机时期资本监管国际规则改革尘埃落定，并对全球银行体系的运行产生持久而重大的影响。

（二）巴塞尔协议Ⅲ及《最终方案》的内容变化

1. 资本充足率监管的强化

巴塞尔协议Ⅲ对资本充足率的要求更加严格，以增强银行体系对风险的吸收能力。具体来说，协议对资本的定义进行了修改，将监管资本从现行的两级分类修改为三级分类，即核心一级资本、其他一级资本和二级资本。此外，还严格执行对核心一级资本的扣除规定，提升资本工具吸收损失的能力。同时，优化风险加权资产计算方法，扩大资本覆盖的风险范围，包括信用风险、市场风险和操作风险等。

2. 逆周期资本缓冲的建立

巴塞尔协议Ⅲ引入了逆周期资本缓冲，以减少商业银行的顺周期风险。在经济上行阶段，银行需要积累资本，以便在经济下行阶段吸收损失。逆周期资本缓冲的建立有助于提高银行体系的稳健性，并减轻经济波动对银行体系的影响。

3. 风险覆盖范围的扩大

巴塞尔协议Ⅲ扩大了风险覆盖范围，包括对衍生产品交易对手、资产证券化和表外业务等资本市场活动风险的覆盖。这有助于更全面地评估银行体系的风险状况，并采取相应的监管措施。

4. 杠杆率要求的引入

巴塞尔协议Ⅲ引入了杠杆率要求，以增强对银行表内外资产总规模的资本约束。这有助于控制银行体系的杠杆化程度，降低金融风险。

5. 流动性风险的重视

巴塞尔协议Ⅲ加强了对银行流动性风险的监管，包括设立流动性覆盖率与净稳定融资比率两项监管指标。这些指标的引入有助于衡量银行在压力情况下维持流动性的能力，及时发现和化解流动性风险。

6. 系统性重要银行的监管强化

对于系统性重要的大型商业银行，巴塞尔协议Ⅲ提出了更高的要求，包括附加资本、额外信息披露和更严格的压力测试。这些措施旨在降低"大而不能倒"的道德风险，确保大型商业银行在出现危机时不会对整个金融体系造成严重影响。

7. 微观审慎与宏观审慎相结合

巴塞尔协议Ⅲ确立了微观审慎和宏观审慎相结合的金融监管新模式。这意味着在注重单个银行稳健的同时，也要考虑整个金融体系的稳定。通过综合运用微观审慎和宏观审慎监管工具，确保金融体系具备足够的抗风险能力。

整体上，较之巴塞尔协议Ⅱ，巴塞尔协议Ⅲ主要从资本最低要求等几个方面对银行风险监管做了补充和加强，见表10-2。巴塞尔银行监管委员要求新规则从2013年起开始多项监管指标的并行安排，过渡期将于2018年年底结束，2019年开始全面实行巴塞尔协议Ⅲ的各项监管要求。

**表10-2 巴塞尔协议Ⅱ与巴塞尔协议Ⅲ的资本要求标准对比**

| 风险加权资产百分比 | 资本最低要求 | | | 资本额外要求 | | |
|---|---|---|---|---|---|---|
| | | | | 资本留存附加 | 逆周期资本缓冲附加 | 系统重要性银行的额外吸收损失要求 |
| | 普通股 | 一级资本 | 总资本 | 在普通股中实现 | 在普通股或其他可吸收损失的资本中实现 | 在普通股中实现 |
| 巴塞尔协议Ⅱ | 2% | 4% | 8% | — | — | — |
| 巴塞尔协议Ⅲ | 4.5% | 6% | 8% | 2.5% | 0~2.5% | 1%~2.5（3.5）% |

资料来源：巴塞尔银行监管委员会网站。

总体来说，巴塞尔协议Ⅲ下的宏观审慎监管新变化旨在提高银行体系的稳健性，降低金融风险，并维护整个金融体系的稳定运行。这些新变化对于商业银行经营模式、银行体系乃至宏观经济运行都将产生深远的影响。

（三）巴塞尔协议Ⅲ及《最终方案》的意义

巴塞尔协议Ⅲ的提出以及《最终方案》的确定具有重要的意义，主要体现在以下几个方面：

1. 提高了资本充足率的要求，使得银行的抗风险能力得到增强

巴塞尔协议Ⅲ提高了核心资本充足率的要求，同时提出了更高的资本质量要求，这使得银行的资本基础更加扎实，抗风险能力更强。

2. 加强了流动性管理，提高了银行的流动性风险抵御能力

巴塞尔协议Ⅲ引入了流动性覆盖率和净稳定融资比率等流动性管理指标，要求银行持有足够的流动性资产，以满足短期和长期流动性需求，从而增强了银行的流动性风险抵御能力。

3. 加强了风险管理和监管，提高了银行的风险控制能力

巴塞尔协议Ⅲ引入了宏观审慎监管和微观审慎监管相结合的监管框架，对银行的风险

进行全面管理和监控，从而提高了银行的风险控制能力。

4. 促进了国际银行业的公平竞争

巴塞尔协议Ⅲ对全球银行业提出了统一的监管标准，使得不同国家和地区的银行能够在相同的监管环境下公平竞争，提高了银行业的整体水平。

（四）巴塞尔协议Ⅲ及《最终方案》对宏观审慎监管的影响

巴塞尔协议Ⅲ提出以及《最终方案》确定，对宏观审慎监管产生了深远的影响。具体有以下五方方面影响：

一是从强化资本监管要求看，巴塞尔协议Ⅲ提高了银行的资本充足率要求，并引入了更严格的资本定义和质量标准。这有助于确保银行在面临风险时具备足够的资本缓冲，从而增强整个银行体系的稳健性。宏观审慎监管通过关注银行体系的整体风险，进一步强化了资本监管的重要性，有助于降低单一银行以及整个银行体系的风险。

二是从杠杆率监管看，巴塞尔协议Ⅲ及《最终方案》引入了杠杆率监管作为资本充足率监管的补充，限制了银行的过度杠杆化，降低了金融体系的风险。宏观审慎监管通过监测和控制杠杆率水平，有助于防范系统性风险的积累。

三是从风险覆盖范围看，巴塞尔协议Ⅲ及《最终方案》扩大了风险覆盖范围，将更多的风险类型纳入监管范畴，如市场风险、操作风险等。这有助于全面评估各种风险对银行体系的影响，及时发现和应对潜在的系统性风险。宏观审慎监管通过综合考虑各种风险因素，制定更加全面的监管政策，提高了监管的有效性和针对性。

四是从流动性监管看，为了加强银行的流动性管理，巴塞尔协议Ⅲ及《最终方案》引入了流动性覆盖率（LCR）和净稳定资金比率（NSFR）等监管指标。这些指标要求银行保持充足的流动性储备，以应对可能出现的流动性风险。宏观审慎监管通过监测这些指标，有助于确保银行体系的流动性安全，维护金融市场的稳定运行。

五是从逆周期资本缓冲看，巴塞尔协议Ⅲ提出了逆周期资本缓冲的概念，要求银行在经济繁荣时期积累资本，以应对经济衰退时期可能出现的风险。宏观审慎监管通过调整逆周期资本缓冲的要求，有助于平滑经济周期的波动对银行体系的影响，降低银行体系在经济下行期的风险敞口。

（五）巴塞尔协议Ⅲ在中国落地实施的新进展

2017年巴塞尔银行监管委员会完成对巴塞尔协议Ⅲ的修订，《最终方案》于2023年开始实施，并将于2028年结束过渡期。自此，世界各国开始逐步在各自银行监管框架内根据各国具体情况落实《最终方案》。中国监管部门也据此对2012年版资本管理办法进行修订。从《最终方案》在中国落地实施情况看，2023年2月18日，中国银行保险监督管理委员会和中国人民银行发布《商业银行资本管理办法（征求意见稿）》。2023年11月1日，新挂牌成立的国家金融监管总局公布《商业银行资本管理办法》（以下简称《管理办法》），自2024年1月1日起正式实施。《管理办法》的实施，不仅对接了巴塞尔国际监管标准，而且从中国实际出发，引导银行持续提升风险管理水平，更好地服务实体经济的重点领域和薄弱环节。具体来看，主要体现在以下几个方面：

一是完善了监管框架。《管理办法》完善了风险加权资产计量规则和第二支柱监督检查规定，并提高了第三支柱信息披露标准和内容。这一修订也标志着巴塞尔协议Ⅲ在中国正式落地实施。

二是调整了贷款风险权重。《管理办法》明确了在新的资本监管规则下，贷款风险权重有所调整，包括按揭贷、开发贷以及第一档银行企业贷款中的投资级及中小企业风险权重。这些调整旨在更好地反映银行的贷款风险，提高银行业对风险的抵御能力。

三是全面提升了信息披露标准。《管理办法》提高了银行的信息披露标准，要求银行更加透明地披露其资本充足率、风险加权资产和杠杆率等信息。这将加强市场对银行的监督，有助于提高银行业的稳健性。

四是推动中国银行业对标国际标准。新资本监管规则的发布，标志着中国银行业对标国际标准进入新阶段。《管理办法》在一定程度上促使中国银行业对接巴塞尔协议Ⅲ等国际规则，推动金融业对外开放不断扩大和深化，提升全球竞争力。

综合而言，巴塞尔协议Ⅲ及《最终方案》在中国落地实施有助于提高银行业的稳健性，推动中国银行业进一步与国际接轨。同时，《管理办法》的实施也将给银行业带来一定挑战，需要银行加强自身风险管理，提高信息披露标准，以适应新的监管要求。

## 三、中国政府参与国际金融监管的新举措与新贡献

2008 年以来，国际投融资格局出现了许多新的变化。随着中国经济在世界经济中的占比不断提高，中国参与全球治理的能力不断攀升，中国政府对国际投融资的发展做出了重要贡献，提出了许多新的理念与举措。

（一）参与制定国际金融监管规则

中国积极参与国际金融监管合作，参与制定国际金融监管规则和标准，这是中国在加强国际投融资监管方面的重要贡献之一。

1. 参与巴塞尔协议Ⅲ及修订版的制定和实施

作为全球金融业的重要一员，中国积极参与了巴塞尔协议Ⅲ的制定和实施。巴塞尔协议Ⅲ是全球金融监管领域的一项重要改革，旨在提高银行体系的稳健性和抗风险能力。中国在此过程中发挥了重要作用，参与了协议的讨论和修改，为协议的最终实施做出了贡献。

在参与巴塞尔协议Ⅲ及修订版的制定过程中，中国积极提出自己的意见和建议，强调发展中国家的特殊情况和需求。中国主张在制定国际金融监管规则时，应充分考虑发展中国家的实际情况和发展阶段，确保规则的公平性和合理性。同时，中国还积极参与了巴塞尔协议Ⅲ实施过程中的监督和评估工作，与其他国家共同推动协议的实施和落地。

2021 年 12 月，中国人民银行发布《宏观审慎政策指引（试行）》，初步明确了中国宏观审慎政策框架总体原则和整体思路。例如，明确了宏观审慎政策目标为防范系统性金融风险，尤其是防止系统性金融风险顺周期累积以及跨机构、跨行业、跨市场和跨境传染，提高金融体系韧性和稳健性，降低金融危机发生的可能性和破坏性，促进金融体系的整体健康与稳定；概述了宏观审慎政策主要应对的系统性金融风险类别及监测评估机制；明确宏观审慎政策可包含的主要工具，规定工具的启用、校准和调整流程；明确宏观审慎

政策治理机制；提出宏观审慎政策实施所需的支持保障，阐释宏观审慎政策与其他政策的协同配合。

2. 参与国际货币基金组织和世界银行等国际金融机构的改革

中国还积极参与了国际货币基金组织和世界银行等国际金融机构的改革。这些机构是全球金融治理的重要平台，其改革对于提高全球金融体系的稳定性和抗风险能力具有重要意义。

一方面，中国参与国际金融治理改革体现了经济大国的责任和担当。作为世界第二大经济体，中国在国际经济舞台上的地位不断提升，对全球经济的影响力不断增强。因此，中国有责任和义务参与国际金融治理改革，推动建立更加公平、公正、合理的国际金融秩序，促进全球经济的稳定发展。

另一方面，中国参与国际金融治理改革有效推进了全球化进程。全球化是当今世界经济发展的重要趋势之一，也是中国经济转型升级的重要方向之一。中国需要通过加强与各国的合作，推动全球化进程的发展，提高自身的竞争力和影响力。

在此过程中，中国积极提出自己的改革方案和建议，主张加强这些机构的代表性和参与度，提高发展中国家的发言权和代表性。同时，中国还积极参与了这些机构改革过程中的讨论和协商工作，与其他国家共同推动改革的进程。

（二）推动国际金融治理改革

中国积极推动国际金融治理改革，主张建立更加公平、公正、合理的国际金融秩序，促进全球经济的稳定发展。具体而言，可以体现在以下几个方面：

1. 推动"一带一路"倡议下的金融合作

"一带一路"倡议是中国提出的重要国际合作倡议之一，旨在加强与沿线国家的经济合作和人文交流。在金融领域，中国与沿线国家积极开展金融合作，推动金融市场的互联互通和金融资源的优化配置。

在此过程中，中国积极倡导建立更加公平、公正、合理的国际金融秩序，推动沿线国家之间的金融合作和风险防范。同时，中国还积极参与了沿线国家之间的金融监管合作和金融稳定评估工作，"一带一路"倡议下的金融合作有助于促进区域经济一体化，推动全球经济增长和稳定。加强各国之间的金融合作，可以降低金融风险，提高金融市场的稳定性，从而为实体经济的发展提供更好的支持。此外，"一带一路"倡议下建立的金融机构将为各国企业提供更多的融资机会和渠道，帮助它们解决融资难的问题，从而促进经济的稳定增长。因此，"一带一路"倡议下的金融合作对于国际金融稳定具有重要的意义。

2. 推动人民币国际化进程

人民币国际化是中国金融业发展的重要战略之一，也是中国加强国际投融资监管的重要举措之一。人民币国际化的进程已经经历了十几年的时间，随着中国经济的成长，开放水平的提升，人民币的跨境支付、投融资、储备和计价等国际货币的功能全面增强。近年来，人民币国际化进程取得了显著的进展，人民币在国际市场上的地位和影响力不断提升。

当前世界经济复苏面临挑战，国际市场需求减弱，地缘政治格局深刻调整，外部环境动荡不安，给我国经济发展带来新的困难和挑战。在此背景下，中国稳步推动人民币国际化，有利于促进我国对外贸易投资活动，加强与周边国家地区的经贸往来；有利于降低交易成本，规避汇率风险，促进国际贸易和国际投资合作；有利于提高国际社会对人民币的使用信心，分流美元使用需求，缓解美元霸权带来的负面冲击。

在此过程中，中国积极推动人民币在国际市场上的使用和推广，加强与其他国家之间的货币合作和金融交流。同时，中国还加强了对人民币跨境流动的监管和管理，防范跨境金融风险的发生。这些举措有助于提高人民币的国际地位和影响力，促进全球经济的稳定发展。

（三）维护国际金融稳定

中国致力于维护国际金融稳定，采取了一系列措施来防范和化解金融风险。具体而言，可以体现在以下几个方面：

1. 加强金融机构的监管和风险评估

中国加强了对金融机构的监管和风险评估工作，提高了金融机构的资本充足率和风险管理能力。具体举措如下：

（1）成立专门的机构和组织。为加强金融风险的防范和化解，中国政府成立了一系列专门的机构和组织，如金融稳定保障基金、金融风险化解委员会等。这些机构和组织通过密切跟踪金融市场动态、及时识别和评估风险，采取相应措施防范和化解风险。

（2）实施分类监管。中国央行对金融机构进行评级，根据评级结果对金融机构进行分类监管。通过对不同类型金融机构的风险状况进行分类管理，可以更加有针对性地采取风险防控措施。

（3）实施压力测试。2023年，中国人民银行对全国3 985家银行机构开展压力测试，以评估各银行在不同经济环境下的风险状况。参试银行共3 985家，包括6家大型国有商业银行、12家股份制商业银行、125家城市商业银行、1 604家农村商业银行、513家农村信用社、23家农村合作银行、1 640家村镇银行、19家民营银行、42家外资法人银行和1家直销银行。通过压力测试，可以及时发现潜在风险，并采取相应措施进行防范和化解。

（4）健全"风险为本"的审慎监管框架。把防控金融风险放到更加重要的位置，优化监管技术、方法和流程，实现风险早识别、早预警、早发现、早处置。同时，充实政策工具箱，完善逆周期监管和系统重要性金融机构监管，防范风险跨机构、跨市场和跨国境传染。

（5）深化金融供给侧结构性改革。全面强化金融服务实体经济能力，坚决遏制脱实向虚。健全资本市场功能，提高直接融资比重。完善金融支持创新体系，加大对先进制造业、战略性新兴产业的中长期资金支持。督促中小银行深耕本地，严格规范跨区域经营。强化保险保障功能，加快发展健康保险，规范发展第三支柱养老保险，健全国家巨灾保险体系。稳妥推进金融业高水平开放，服务构建"双循环"新发展格局。

在此过程中，中国建立了完善的金融监管体系和风险预警机制，对金融机构进行全面的风险评估和监督管理。这些举措有助于及时发现和处理潜在的风险事件，保护投资者和消费者的利益，维护金融体系的稳定运行。

**2. 积极参与国际金融风险预警和应对机制的建立和完善**

中国积极参与了国际金融风险预警和应对机制的建立和完善工作。具体举措如下：

（1）推动完善国际金融监管体系。中国积极参与国际货币基金组织、世界银行等国际金融机构改革，参与制定全球资本流动规则、跨境资金监测标准等国际金融治理相关规则和标准，提升国际社会对中国金融监管标准和政策的理解与认可。

（2）加强宏观审慎管理。中国不断完善宏观审慎管理制度框架，加强对系统重要性金融机构、金融控股公司以及金融基础设施的统筹监管，强化对跨行业、跨市场风险及跨境风险的识别和管理能力。

（3）防范和化解重点领域风险。中国坚持底线思维，牢牢守住不发生系统性金融风险的底线，坚决打好防范化解重大风险攻坚战。经过几年努力，我国金融业总体平稳健康发展，金融风险趋于收敛，金融安全基础不断夯实。

（4）推进金融对外开放。中国政府稳步扩大金融开放，加强与国际金融机构合作，共同应对全球性挑战和问题。同时，中国政府还积极参与国际金融合作与协调，推动完善国际金融秩序和规则，为全球经济和金融稳定发展做出了贡献。

（5）稳妥处置重点机构风险。中国政府积极采取措施处置重点机构风险，及时阻断风险传播渠道，有效维护金融稳定。

在此过程中，中国与其他国家共同建立了风险预警机制和危机应对机制，加强了对全球金融市场的监测和分析能力。同时，中国还积极参与了国际金融风险防范和处置的合作和交流工作，与其他国家共同应对全球金融风险和挑战。这些举措有助于提高全球金融体系的稳定性和抗风险能力。

**【思考题】**

1. 请简要阐述国际投融资存在哪些风险。

2. 请系统分析从那些方面控制国际投融资风险。

3. 国际投融资为什么会面对利率风险？如何规避利率风险？

4. 简述影响汇率变动的主要因素。

5. 简述外汇风险的类型及其监管措施。

6. 国际投融资需防范的政治风险有哪些？

7. 简述 2008 年金融危机以后国际投融资监管的新趋势。

8. 国际投融资在跨国投资过程中面临的不确定因素有哪些？

9. 简述跨国企业如何减少和避免投融资风险。

10. 近年来全球形势多变下，国际投融资出现了哪些新风险？监管有何变化？

11. 人民币国际化进程中如何应对可能出现的国际投融资风险？

12. 简述中国参与国际金融监管的新举措与新贡献。

# 参考文献

［1］安辉．金融监管、金融创新与金融危机的动态演化机制研究［M］.北京：中国人民大学出版社，2016.

［2］鲍淑君．完善"一带一路"基础设施建设投融资机制［J］.宏观经济管理，2022（10）.

［3］蔡伟毅，孙传旺，陈珉昊．东道国恐怖活动、中国对外直接投资及其区位偏好转移［J］.经济学（季刊），2023（3）.

［4］曹国俊．金融机构 ESG 鉴证：现实需要、国际借鉴与框架构想［J］.西南金融，2022（11）.

［5］曹华．另类投资［M］.厦门：厦门大学出版社，2014.

［6］昌裕．国际直接投融资［M］.北京：中国人民大学出版社，2007.

［7］陈建安．国际直接投资与跨国公司的全球经营［M］.上海：复旦大学出版社，2016.

［8］陈柳钦．有关全球价值链理论的研究综述［J］.重庆工商大学学报（社会科学版），2009（6）.

［9］陈宁，孙飞．国内外 ESG 体系发展比较和我国构建 ESG 体系的建议［J］.发展研究，2019（3）.

［10］陈骁，张明．通过 ESG 投资助推经济结构转型：国际经验与中国实践［J］.学术研究，2022（8）.

［11］陈杨．国际金融组织知多少［J］.中国金融家，2014（8）.

［12］陈志恒，高婷婷．对外直接投资维护国家经济安全：日本的实践及其新动向［J］.现代日本经济，2023（3）.

［13］程实，高欣弘．数字经济与数字货币［M］.北京：中国人民大学出版社，2022.

［14］丁杰．"一带一路"倡议下对外直接投资效应分析［J］.西安财经大学学报，2022（6）.

［15］独娟．跨国公司低碳竞争力研究［M］.成都：四川大学出版社，2016.

［16］房裕，邢文昕，田泽．RCEP 全面实施背景下中国–东盟数字经济合作机遇、挑战与对策［J］.国际贸易，2023（10）.

［17］房裕，邢文昕，田泽．RCEP 全面实施背景下中国–东盟数字经济合作机遇、挑战与对策［J］.国际贸易，2023（10）.

[18] 费清, 卢爱珍. 丝绸之路经济带视阈下中亚国家投融资环境及对策研究 [J]. 金融教育研究, 2015 (3).

[19] 冯玲, 黄煜. 全球治理视角下投融资国际合作新模式的探索: 以亚投行和新开发银行为例 [J]. 金融理论与实践, 2023 (1).

[20] 葛永波, 陈磊, 刘立安. 管理者风格: 企业主动选择还是管理者随性施予? [J]. 经济研究, 2016 (4).

[21] 郭树华. 企业融资结构理论研究 [M]. 昆明: 云南大学出版社, 2012.

[22] 黄大禹, 谢获宝, 邹梦婷. 通往绿色之路: 企业 ESG 表现与环保投资 [J]. 上海经济研究, 2023 (10).

[23] 黄河. 国际直接投资规则的新变化及其对金砖国家的影响与挑战 [J]. 深圳大学学报 (人文社会科学版), 2015 (4).

[24] 霍建国, 庞超然. 国际基础设施领域投融资新模式 [J]. 国际经济合作, 2016 (4).

[25] 姜思同. 中国碳金融市场运行机制的构建策略研究 [J]. 中国集体经济, 2023 (3).

[26] 蒋大兴. 公司组织形态与证券 (融资) 权利: 摈弃有限公司 "改制上市" 的法律习规 [J]. 现代法学, 2013 (1).

[27] 蒋冠宏. 中国企业对外直接投资模式选择 [J]. 经济学动态, 2022 (10).

[28] 焦微玲, 王慧颖. 互联网金融概论 [M]. 南京: 南京大学出版社, 2021.

[29] 康绍大, 马葵, 陈金香. BOT 项目投融资的风险管理问题研究 [J]. 会计之友 (上旬刊), 2010 (6).

[30] 孔淑红. 国际投资学 [M]. 5 版. 北京: 对外经济贸易大学出版社, 2019.

[31] 李波, 李连发. 私募股权投资基金理论及案例 [M]. 北京: 中国发展出版社, 2008.

[32] 李翀. 国家金融风险论: 对国际资本投机冲击的分析和思考 [M]. 北京: 商务印书馆, 2000.

[33] 李方. 资本流动下的汇率安排与资本管理: 新兴国家货币危机与我国金融改革开放 [M]. 北京: 中国对外经济贸易出版社, 2003.

[34] 李红坤, 岳媛媛. 基于博弈论对我国央地金融监管协调机制的制度解读 [J]. 投资研究, 2022 (5).

[35] 李红梅. 国际经济组织 [M]. 北京: 机械工业出版社, 2007.

[36] 李丽, 邢俊兰. 产业结构调整下中西方投融资环境比较分析 [J]. 商业时代, 2011 (2).

[37] 李玮. 全球价值链理论和发展中国家产业升级问题研究 [J]. 工业技术经济, 2017 (1).

[38] 李向阳. 共建 "一带一路" 高质量发展的路径选择: 一个分析框架 [J]. 经济学动态, 2023 (10).

[39] 李晓西. 中国绿色发展指数的编制 [J]. 经济研究参考, 2011 (2).

［40］李稚，董士浩．国际供应链金融风险评估［J］．国际经济合作，2018（8）.

［41］蔺楠．公共风险资本与私人风险资本合作机制研究［M］．上海：上海财经大学出版社，2014.

［42］刘刚．金融危机后人民币汇率大国博弈研究［M］．厦门：厦门大学出版社，2015.

［43］刘浩，唐松，楼俊．独立董事：监督还是咨询？［J］．管理世界，2012（1）.

［44］刘华军，张一辰．新时代10年中国绿色金融发展之路：历程回顾、成效评估与路径展望［J］．中国软科学，2023（12）.

［45］刘辉群，卢进勇．国际投资规则的演变与中国企业"走出去"战略［M］．厦门：厦门大学出版社，2016.

［46］刘辉群，卢进勇．跨国公司、全球价值链与中国企业升级［M］．厦门：厦门大学出版社，2019.

［47］刘清杰，胡必亮．"一带一路"投资风险防范［M］．北京：北京师范大学出版社，2022.

［48］刘志阳，赵隆隆．私募股权基金最新国际动向及其监管完善［J］．福建论坛（人文社会科学版），2008（10）.

［49］卢汉林．试论投融资概念的理论创新与现实意义［J］．武汉大学学报，2003（4）.

［50］卢进勇，杜奇华，李锋．国际经济合作教程［M］．北京：首都经济贸易大学出版社，2016.

［51］陆燕．全球经济不确定性前所未有［J］．国际经济合作，2009（1）.

［52］逯宇铎．国际政治与经济［M］．北京：对外经济贸易大学出版社，2014.

［53］马海燕．中国服装产业国际竞争力研究：全球价值链的视角［M］．北京：中国地质大学出版社，2010.

［54］欧明刚，杨佩玮．国际资本流动研究新进展［J］．经济学动态，2023（6）.

［55］裴长洪，郑文．国家特定优势：国际投资理论的补充解释［J］．经济研究，2011（11）.

［56］彭民，马海超，李义鹏．海外油气项目投融资环境评价指标及方法选择［J］．中国石油大学学报（自然科学版），2012（2）.

［57］祁林海．"双碳"目标下加快推进我国碳金融市场发展的路径探究［J］．当代经济，2023（6）.

［58］屈航．谈融资理论的发展历程及应用现状［J］．商业时代，2011（23）.

［59］梯诺尔．金融危机、流动性与国际货币体系［M］．北京：中国人民大学出版社，2004.

［60］任纪英，董白桦，肖倩．国家气候投融资项目分类标准研究［J］．环境保护，2022（19）.

［61］申宇，赵静梅．吃喝费用的"得"与"失"：基于上市公司投融资效率的研究［J］．金融研究，2016（3）.

[62] 施航华，翟毅，贾琼．城市基础设施建设投融资理论与实践创新［M］．天津：南开大学出版社，2016.

[63] 石忆邵，洪琳，张洪武．中国投资环境评价方法论研究［J］．同济大学学报（社会科学版），2003（2）.

[64] 宋敏，唐方方，张生，等．绿色金融［M］．武汉：武汉大学出版社，2020.

[65] 孙睦优，陈倩，陈燕和，等．国际投资［M］．北京：清华大学出版社，2016.

[66] 孙向忠，郑筱玮．我国企业票据融资现状及发展对策［J］．宏观经济研究，2001（4）.

[67] 孙轶颋．金融机构开展气候投融资业务的驱动力和国际经验［J］．环境保护，2020（12）.

[68] 田宝良．国际资本流动：分析、比较与监管［M］．北京：中国金融出版社，2004.

[69] 田柯．博弈视角下我国双向国际直接投资制度安排研究［J］．中国软科学，2019（7）.

[70] 万喆．"一带一路"与新发展格局［M］．北京：北京师范大学出版社，2022.

[71] 王海净，刘虹雨，徐东方，等．中国绿色金融发展研究［M］．南京：南京大学出版社，2019.

[72] 王怀民．国际经济学［M］．北京：对外经济贸易大学出版社，2014.

[73] 王磊，师萍．私募股权投资国内发展现状初探［J］．西安电子科技大学学报（社会科学版），2008（3）.

[74] 王庆安，罗蓉．金融市场学［M］．北京：人民邮电出版社，2014.

[75] 王斯德，钱洪．世界当代史 1945—2000［M］．北京：高等教育出版社，2008.

[76] 王颂尧．新趋势下我国国际投资存在的问题及对策建议［J］．对外经贸，2014（11）.

[77] 王伟，张胜辉．印度班加罗尔软件科技园投融资环境及模式研究［J］．亚太经济，2011（1）.

[78] 王伟涛．不确定性冲击、东道国风险与国际直接投资流入：基于风险偏好和投资动因视角的分析［J］．投资研究，2021（6）.

[79] 王雪．东道国金融发展与中国对外直接投资模式选择［J］．经济纵横，2023（5）.

[80] 王妍，范爱军．中国对"一带一路"国家直接投资与东道国出口产品质量［J］．经济经纬，2023（3）.

[81] 王颖．国际资本流动理论述评［J］．湖北函授大学学报，2011（3）.

[82] 王媛．私募股权投资基金的管理和运作研究［J］．财经论坛，2007（11）.

[83] 温树英．国际金融监管改革中的消费者保护法律问题研究［M］．北京：中国人民大学出版社，2019.

[84] 吴超鹏，吴世农，程静雅，等．风险投资对上市公司投融资行为影响的实证研究［J］．经济研究，2012（1）.

[85] 吴小节，钟文玉，谭晓霞，等．跨国并购研究的知识结构与述评［J］．管理评论，2022（10）．

[86] 小岛清．对外投资论［M］．周宝廉，译．天津：南开大学出版社，1987．

[87] 熊英，马海燕，刘义胜．全球价值链、租金来源与解释局限：全球价值链理论新近发展的研究综述［J］．管理评论，2010（12）．

[88] 阎敏．国际投资学［M］．北京：清华大学出版社，2015．

[89] 杨继波，凤卫卫．国际风险投资在我国的投资运作研究［J］．上海金融，2008（10）．

[90] 杨荣珍，魏倩．"一带一路"倡议下国际直接投资规则及中国方案研究［J］．国际贸易，2018（4）．

[91] 杨韶艳．"一带一路"倡议下中国与沿线国家贸易投资便利化［M］．北京：中国人民大学出版社，2022．

[92] 于晓晖．中国碳金融市场有效性实证研究［J］．黔南民族师范学院学报，2023（3）．

[93] 袁保生，王林彬，邓峰．双边条约对中国对外直接投资的影响机制研究：基于"一带一路"沿线国家的面板分位数实证分析［J］．国际商务（对外经济贸易大学学报），2020（6）．

[94] 袁蓉丽．中国金融机构投资者和公司治理［M］．北京：中国人民大学出版社，2014．

[95] 臧培华，金碚．跨国并购与自主创新：摆脱创新双低困境的理论机制与战略选择［J］．上海经济研究，2023（11）．

[96] 张成虎，刘鑫，王琪．互联网金融监管的动态演化与长效机制研究［J］．西安交通大学学报（社会科学版），2023（3）．

[97] 张红梅．金融投资理论及其运用［M］．北京：经济管理出版社，2013．

[98] 张嘉明．参与全球治理：人民币国际化的促进方式［J］．科学社会主义，2016（3）．

[99] 张劲松．网络金融［M］．杭州：浙江大学出版社，2010．

[100] 张钧，韦凤巧．有限合伙制PE治理–LP与GP的博弈焦点［M］．武汉：武汉大学出版社，2012．

[101] 张明生．跨境投融资市场发展及前景［J］．中国金融，2023（6）．

[102] 张明哲．"一带一路"数字经济对中国对外直接投资区位选择的影响研究［J］．当代财经，2022（6）．

[103] 张小蒂，王焕祥．国际投资与跨国公司［M］．杭州：浙江大学出版社，2004．

[104] 张晓涛，徐微茵，郑艺．私募股权投资基金在跨国并购交易中的角色与作用：以中联重科并购CIFA为例［J］．国际贸易，2020（12）．

[105] 张学勇，刘茜．碳风险对金融市场影响研究进展［J］．经济学动态，2022（6）．

[106] 张艳辉．价值链视角下创意产业融合创新的路径选择［M］．上海：华东理工

大学出版社，2011.

[107] 张宇. 新科技革命与新冠疫情冲击下的国际直接投资格局：原因、趋势与影响 [J]. 国际贸易, 2022 (6).

[108] 张宗斌, 朱燕. 习近平关于国际投资重要论述的理论逻辑与现实路径 [J]. 山东师范大学学报（社会科学版）, 2020 (6).

[109] 赵广华. 构建国际化的供应链 [J]. 企业管理, 2005 (6).

[110] 钟红, 王家强. 我国国际债券市场新机遇 [J]. 中国金融, 2016 (8).

[111] 钟俊. 中小企业国际贸易融资困境分析与对策研究 [J]. 金融纵横, 2012 (7).

[112] 周丹, 王恩裕. 私募股权投资基金存在性的经济学分析 [J]. 金融理论与实践, 2007 (6).

[113] 周小川. 金融政策对金融危机的响应：宏观审慎政策框架的形成背景、内在逻辑和主要内容 [J]. 金融研究, 2011 (1).

[114] 朱民, 郑重阳, 潘泓宇. 构建世界领先的零碳金融地区模式：中国的实践创新 [J]. 金融论坛, 2022 (4).

[115] 朱晓娟. 金融危机风险的法律防范机制研究 [M]. 北京：中国政法大学出版社, 2021.

[116] 卓骏. 国际金融实务 [M]. 北京：清华大学出版社, 2003.

[117] ACKERLOF G. The market for lemons：quality uncertainty and the market mechanism [J]. Quarterly journal of economics, 1970 (84).

[118] AHERN K R, DAMINELLI D, FRACASSI C. Lost in translation? The effect of cultural values on mergers around the world [J]. Journal of financial economics, 2015 (1).

[119] ANTRAS P, FOLEY C F. Poultry in motion：a study of international trade finance practices [J]. Journal of political economy, 2015 (4).

[120] BAER W, MILES W. Foreign direct investment in latin America [M]. London：Taylor and Francis, 2013.

[121] BAIG A S, BLAU B M, BUTT H A, et al. Do retail traders destabilize financial markets? An investigation surrounding the COVID-19 pandemic [J]. Journal of banking and finance, 2022 (144).

[122] BARBERIS W, SHLEIFER A, VISHNY R. A model of investor sentiment [J]. Journal of financial economics, 1998 (49).

[123] BENA J, LI K. Corporate innovations and mergers and acquisitions [J]. The journal of finance, 2014 (5).

[124] BERNANKE B S, GERTLER M, GILCHRIST S. The financial accelator and the flight to quality [J]. Review of economics and statistics, 1996 (1).

[125] BOEH K K. Contracting costs and information asymmetry reduction in cross - border M&A [J]. Journal of management studies, 2011 (3).

[126] BRUTON G D, AHLSTROM D. An institutional view of China's venture capital

industry explaining the differences between China [J]. Journal of business venturing, 2003 (18).

[127] BUCKLEY P J, HASHAI N. Firm configuration and internationalisation: a model [J]. International business review, 2010 (14).

[128] CASELLA B, FORMENTI L. FDI in the digital economy: a shift to asset－light international footprints [M]. Social science electronic publishing, 2023.

[129] CASSON M. The firm and the market: studies on the multinational enterprise and the scope of the firm [J]. Canadian journal of economics, 1987 (3).

[130] CLARKE W B. Handbook of international credit management [M]. London: Taylor and francis, 2018.

[131] COLEN L, MAERTENS M, SWINNEN J. Determinants of foreign direct investment flows to developing countries: the role of international investment agreements [M]. London: Routledge, 2012.

[132] CORBET S, LARKIN C. Has the uniformity of banking regulation within the European Union restricted rather than encouraged sectoral development? [J]. International review of financial analysis, 2017 (53).

[133] CRONQVIST H, MAKHIJA A K, YONKER S E. Behavioral consistency in corporate finance: CEO personaland corporate leverage [J]. Journal of financial economics, 2012 (103).

[134] DEMEKAS G D M, GRIPPA P. Financial regulation, climate change, and the transition to a low－carbon economy: a survey of the issues [J]. IMF working papers, 2021 (296).

[135] DENG P. Absorptive capacity and a failed cross－border M&A [J]. Management research review, 2010 (7).

[136] DIAMAND D, DYBVIG P. Bank runs, deposit insurance, and liquidity [J]. Journal of political economics, 1983 (91).

[137] DORIANE I. The impact of macroprudential policies on the transmission of shocks across financially integrated countries [J]. Review of international economics, 2022 (1).

[138] DU J, ZHANG Y. Does one belt one road initiative promote Chinese overseas direct investment? [J]. China economic review, 2017 (1).

[139] EICHENGREEN B, TOBIN J, WYPLOSZ C. Two cases for sand in the wheels of international finance [J]. Economic journal, january, 1995 (105).

[140] EICHENGREEN B. Three generations of crises, three generations of crisis models [J]. Journal of international money and finance, 2003 (22).

[141] FRANÇOIS J H, DYLAN S. International business research: The real challenges are data and theory [J]. Journal of international business studies, 2022 (9).

[142] GALLAGHER K P, YUAN T. Regulating capital flows in emerging markets: the IMF and the global financial crisis [J]. Review of development finance, 2017 (12).

[143] GEANAKOPLOS J. Liquidity, default and crashes: endogenous contracts in general

equilibrium [M]. Social science electronic publishing, 2001.

[144] GEREFFI G, HUMPHREY J, STURGEON T. The governance of global value chains [J]. Review of international political economy, 2005 (1).

[145] GEREFFI G, LEE J. Economic and social upgrading in global value chains and industrial clusters: why governance matters [J]. Journal of business ethics, 2014 (1).

[146] GOMPERS P, KOVNER A, LERNER J, et al. Performance persistence in entrepreneurship and venture capital [J]. Journal of financial economics, 2010 (1).

[147] HO J. Contractual renegotiations and international investment arbitration: a relational contract theory interpretation of investment treaties [J]. European journal of international law, 2021.

[148] HONG H, STEIN J C. Disagreement and the stock market [J]. Journal of economic perspectives, 2007 (2).

[149] HUMPHREY J, SCHMITZ H. How does insertion in global value chains affect upgrading in industrial clusters? [J]. Regional studies, 2002 (9).

[150] HYMAN M, et al. Stabilizing an unstable economy [M]. New Haven: Yale University Press, 2008.

[151] ISHII J, XUAN Y. Acquirer-target social ties and merger outcomes [J]. Journal of financial economics, 2014 (3).

[152] KARLIBAEVA R. Theory of finance and financing strategies [J]. International journal of advanced research, 2021 (9).

[153] KIM H. Globalization of International Financial Markets [M]. London: Taylor and francis, 2019.

[154] LEVIN J S. Structuring venture capital, private equity and entrepreneurial transactions [M]. Amsterdam: Wolters kluwer, 2007.

[155] LEVINE O. Acquiring growth [J]. Journal of financial economics, 2017 (2).

[156] LINUS W. Gambling and financial markets a comparison from a regulatory perspective [J]. Frontiers in sociology, 2022 (7).

[157] LIU J. Analysis of international gold market and research on Chinese gold market development [J]. Gold, 2016 (3).

[158] LIU Y, WOYWODE M. Light - touch integration of Chinese cross - border M&A: the influences of culture and absorptive capacity [J]. Thunderbird international business review, 2013 (4).

[159] MATSUYAMA K. Institution - induced productivity differences and patterns of international capital flows [J]. Journal of the european economic association, 2014 (12).

[160] MCQUADE P, SCHMITZ M. The great moderation in international capital flows: a global phenomenon? [J]. Journal of international money and finance, 2017 (73).

[161] MODIGLIANI F, MILLER M H. The cost of capital, corporate finance, and the theory of investment [J]. American economic review, 1958 (48).

[162] MOORE J, KIYATAKI N. Credit cycles [J]. Journal of political economy, 1997 (105).

[163] NARANJO P, SAAVEDRA D, VERDI R S, et al. The pecking order and financing decisions: evidence from changes to financial-reporting regulation [J]. Journal of accounting, auditing & finance, 2020 (4).

[164] OGROKHINA O. Market integration and price convergence in the European Union [J]. Journal of international money and finance, 2015 (3).

[165] PIERRE V, YANN F L, MAURIZIO D, et al. Corporate finance: theory and practice [M]. New York: John Wiley & Sons, Ltd, 2017.

[166] PING Z, YIRU W, RUYAN W, et al. Digital finance and corporate innovation: evidence from China [J]. Applied economics, 2024 (5).

[167] QI X, ZHANG B, ZHAO X. The necessity and feasibility study for private capital participation in urban redevelopment [M]. Berlin: Springer berlin heidelberg, 2014.

[168] RICE B. The alternative answer [M]. New York: harper Business, 2013.

[169] RIOJA F, VALEV N. Financial structure and capital investment [J]. Applied economics, 2012 (14).

[170] ROSS S A. The Arbitrage Theory of capital asset pricing [M]. Singapore: World scientific publishing chapters, 2013.

[171] RUGMAN A M, WARNER M A A. Corporate responses to free trade: strategies for canada's multinationals [M]. Toronto: University of Toronto Press, 1988.

[172] RUGMAN, ALAN, M. Foreign operations and the stability of U. S. corporate earnings: risk reduction by international diversification [J]. Journal of finance, 1974 (8).

[173] SAUVANT K P. The International investment law and policy regime: challenges and options [M]. Social science electronic publishing, 2016.

[174] SCHMITZ H, KNORRINGA P. Learning from global buyers [J]. Journal of development studies, 2010 (2).

[175] STEFANO C, MARCO F, DANIELA V. Financial support to innovation: the role of european development financial institutions [J]. Research policy, 2022 (10).

[176] STURGEON T, KAWAKAMI M. Global value chains in the electronics industry: was the crisis a window of opportunity for developing countries? [J]. Policy research working paper, 2010.

[177] SU T, ZHANG Z J, LIN B. Green bonds and conventional financial markets in China: A tale of three transmission modes [J]. Energy economics, 2022 (113).

[178] SYLLA R. A concise history of international finance: from babylon to bernanke [J]. Business history review, 2016 (3).

[179] TENG J T, MIN J, PAN Q H. Economic order quantity model with trade credit financing for non-decreasing demand [J]. Omega, 2012 (40).

[180] VITHESSONTHI C. Capital investment and internationalization [J]. Journal of

economics and business, 2017（90）.

［181］WARD H, BRACK D. Trade Investment and the Environment［M］. London: Taylor and francis, 2014.

［182］XU Z J, SHAN W, QI T, GAO J. Characteristics of individual particles in Beijing before, during and after the 2014 APEC meeting［J］. Atmospheric research, 2018（5）.

［183］YAGUCHI M. Changes of tokyo financial market: from a perspective of a global financial center［J］. Institute for international monetary affairs, 2018（3）.

［184］YAO S, WANG P, ZHANG J, et al. Dynamic relationship between China's inward and outward foreign direct investments［J］. China economic review, 2016（40）.

［185］YI F, ZHIQUAN S, YANG Z. Risk spillovers in global financial markets: evidence from the COVID-19 crisis［J］. International review of economics and finance, 2023（83）.